수업기술

권낙원 지음

아카데미프레스

머리말

교사는 태어나는 것이 아니라 길러진다고 한다. 그렇다면 어떠한 교사를, 어떻게 기를 것인가?

이 문제는 교사를 양성하는 사람 또는 교사가 되고자 하는 사람에게 있어서는 가장 근본적이면서 중요한 과제가 아닐 수 없다. 상식적으로 생각해 보았을 때 교사는 우선 지식이 있어야 할 것으로 생각된다. 가르칠 내용을 알고 있어야 잘 가르칠 것 같다. 가르칠 내용만 알면 충분할까? 이 점에 대해서 Shulman은 교사가 갖추고 있어야 할 지식으로 여섯 종류의 지식을 제시하고 있다. 즉 내용지식, 방법지식, 내용별 방법지식, 교육과정지식, 학습자에 관한 지식, 교육맥락에 관한 지식, 교육목적에 관한 지식이 바로 교사가 갖추고 있어야 할 지식이라고 한다. Shulman의 생각으로는 학생을 올바로 가르치려면 교과에 관한 내용지식만으로는 올바르게 가르칠 수 없다는 것이다. 그렇다면 여기에 제시된 여섯 가지 지식만 갖추고 있다고 곧 훌륭한 교사가 되는 것인가? 그렇지는 않을 것이다. 지식이 있다고 해서 반드시 잘 가르친다고 볼 수 없다. 경험에서 보아 알 수 있듯이, 아는 것이 많은 것 같은데 가르치는 것은 시원하지 못한 교사가 있는 반면, 아는 것은 많지 않음에도 학생들에게 쉽고 재미있게 가르치는 교사도 있다. 우리는 후자의 교사를 '수업기술이 뛰어난 교사', 전자의 교사를 '수업기술이 졸렬한 교사'라고 부를 수 있을 것이다. 수업기술은 수업을 수행할 수 있는 능력이라고 볼 수 있다. 알고 있으되 알고 있는 내용을 학생들이 잘 알아듣고 이해할 수 있도록 수업을 올바로 수행하는 것이 곧 수업기술인 셈이다.

우리나라에도 수업기술에 관련된 서적이 다수 있다. 그러나 대부분의 서적은 수업의 구체적 기술보다는 수업의 이론, 모형 및 전략, 설계와 같은 보다 이론적이고 포괄적인 수준에서 수업을 논의한 책들이다. 여기서는 좀 더 범위를 좁혀 교사가 아동을 가르치는 데 꼭 필요하다고 생각되는 몇 가지 수업기술을 선정하여 이에 대한 이론과 함께 그 실천기술을 정리해 보았다. 최근 들어와 교사평가가 진행되고 있는 상황에서 자신의 수업을 개선하고자 노력하는 교사에게 또는 교직을 준비하고 있는 예비교사들에게 다소나마 도움이 되었으면 하는 바람을 갖고 이 책을 저술하게 되었다. 출판사 사정이 어려운데도 불구하고 출판을 쾌히 승낙해 주신 아카데미프레스 사장님에게 감사의 말씀을 전한다.

2013년 9월 25일

권 낙 원

차 례

제1장 효과적인 수업과 수업기술

제2장 수업계획

제7장 토의수업

제8장 발문기술

제1장

효과적인 수업과 수업기술

효과적인 수업을 논의하기에 앞서 과학으로서의 수업과 예술로서의 수업의 특징을 알아본다. 수업은 이들 두 특성을 모두 갖고 있다. 이어서 의사결정과정으로서의 수업에 대하여 알아본다. 수업이 예술적 특성과 과학적 속성을 지니고 있다고 할 때 교사의 이 두 가지 관점 모두 수업의 의사결정과정에 반영될 것이다. 의사결정의 여하에 따라 효과적인 수업이 결정된다. 효과적인 수업의 특징은 많으나 여기서는 수업기술을 중심으로 논의한다. 아울러 최근 미국 초임교사의 기본 자질을 알아본다.

1. 과학과 예술로서의 수업

1) 과학으로서의 수업

교육에서의 과학화 운동은 대체로 1900년대 초로 알려져 있다. 특히 수업 분야에서 과학적 연구가 체계적으로 시도된 것은 아마도 1930년 Barr와 그의 동료들에 의한 '성공적 수업의 필수적 특징은 무엇인가?' 라는 연구에서 비롯되었다고 볼 수 있다. 즉 이들은 수업의 예언 변인으로 교사의 태도, 흥미, 인성 또는 인구학적 변인에 초점을 두어 연구하였던 것이다. 이러한 연구는 여러 시대를 거쳐 오면서 그 양상을 달리하였다. 그러나 공통된 점은 수업을 예측할 수 있는 법칙을 찾으려 한 연구였다. 이러한 교육의 과학적 연구에 대하여 Eisner는 과학의 기본 가정을 다음과 같이 제시하고 있다.

첫 번째 가정은 교육은 원칙적으로 그 자체로 하나의 학문이 될 수 없다는 것이다. 그러나 교육은 오히려 하나의 연구영역이고 이 영역을 연구하기 위한 가장 유력한 방법은 사회과학이다. 사회과학의 이론을 구성하는 개념들은 본래 비교육적 현상, 예를 들면 쥐의 미로학습, 가정이 감옥과 교회에서의 사회화를 연구하기 위하여 고안되었으나 이러한 이론에서 밝혀진 것은 교육에서도 일반적으로 존재하는 것이다.

두 번째 가정은 우리가 학습에 관한 연구를 통하여 배울 수 있는 점은 연구 단위가 작고 단편적이며 모호성이 거의 없다는 것이라는 점이다. 그래서 이러한 작은 단위는 통제하기 쉽고, 변인을 분리시키고, 효과적인 교육처치를 밝혀내고, 이들을 종합하여 교육 실천 공학을 수립할 수 있게 된다. 즉, 수업을 도입하고, 이어 학생들에게 질문을 제기하고, 그 다음 원리를 시연하고, 그 다음 수업을 종결짓는 방법을 배우게 된다. 이러한 수백 가지 수업기술을 학습하게 되면 학생들은 능수능란하게 가르칠 수 있는 능력이 생길 것이다.

세 번째 가정은 결론에 대한 신뢰는 사용된 도구의 신뢰보다 높지 않기 때문에 교수학습의 실제를 측정하기 위한 도구는 아주 신뢰로울 필요가 있다는 것이다. 이 말은 교육적으로 중요하면서 동시에 측정, 관찰이 어려운 것을 중요하지 않으면서도 동시에 측정, 관찰이 용이한 것으로 대체하라는 의미이다.

네 번째 가정은 (1) 처방적인 교육과학은 인간의 행동을 예언, 통제하며 (2) 이러한 성취는 교육적으로 바람직하다는 것이다. 즉 예언, 통제를 많이 할수록 그만큼 더 좋은 것이다.

물론 교육에 대한 과학적 가정에 대해서는 많은 논란이 제기될 수 있으나, 지금까지 학교 교실수업은 과학적 접근이 거의 지배해오고 있다 해도 과언이 아니다. 앞에서도 잠깐 언급했듯이 수업에 대한 과학적 접근은 지금도 시도되고 있으며 교실수업에 상당한 영향을 미치고 있다. 이러한 과학적 접근을 시도한 연구로 대표되는 것이 교수(사) 효과성에 관한 연구이다. 교수 효과성은 교수가 학습에 미치는 영향 정도를 의미한다. 학습에 영향을 미치는 정도에 따라서 교수 효과성은 평가된다.

Medley는 교사 효과성에 관한 연구를 크게 네 단계로 나누고 있다.

제1단계는 효과적인 교사의 특성을 규명하려는 연구였다. 초기의 연구는 효과적인 교사와 비효과적인 교사를 구분하는 특성을 기술하는 것이었다. 이 당시에는 정신능력, 인성, 태도 등을 측정하는 기법이 존재하지 않았기에 단지 학생들이 알고 있는 효과적인 교사를 기술하도록 하였다.

제2단계는 교수방법의 효과를 비교한 연구이다. 전형적인 실험 절차는 아래와 같다.

우선 둘 내지 그 이상의 학급을 선정하고 각 학급마다 다른 종류의 수업 방법을 처치하고 그 다음 각 방법으로 가르친 반의 평균 학업 성취를 비교하여 어느 방법이 효과적인지를 알아낸다. 이러한 연구 결과는 교사에게 어떠한 수업 방법이 가장 효과적인지를 알려주는 데 큰 의의가 있다 하겠다. 그러나 연구 결과들은 일관적이지 못했다.

제3단계는 효과적인 교사의 행동을 규명하는 연구이다. 이 연구의 패러다임을 일명 과정-산출 연구라고도 한다. 다시 말해 교사의 행동과 학생의 학습 간의 관계를 규명하려는 연구이다. 과정 산출 연구는 교사의 특징을 밝히는 데 집중하는 것이 아니고 행동유형으로 교수양식 또는 수업분위기라는 차원에 집중한다. 1971년 Rosenshine과 Furst가 과정-산출 연구를 검토하고 효과적인 교사와 비효과적인 교사를 구분하는 행동유형을 다음과 같이 제시하였다. 즉 명확성, 다양성, 열정, 과제 지향 행동, 비판, 교사 비지시성, 준거자료를 학습할 수 있는 기회, 구조적 논평으로 구분하고 있다.

제4단계, 제5단계는 교사의 전문적 능력을 숙달 활용하는 단계이다. 교사 효과성 연구에 중요한 의미를 주는 것은 바로 교원 양성 모델로서의 능력 중심 또는 수행 중심 교사 교육 프로그램이다. 이 모형의 기본가정은 효과적인 교사와 비효과적인 교사 사이에는 효과적인 수업에 기여하는 능력 요소인 지식, 기능, 태도 활용에 차이가 있다는 점이다. 이러한 능력 요소들은 너무도 방대하기 때문에 어느 누구도 이러한 요소들을 모두 소유하고 있지 않을 뿐 아니라 모두 그럴 필요도 없다.

이러한 능력 요소들 중에는 기본적으로 꼭 소유해야 할 요소가 있는가 하면 그렇지 않은 요소도 있다. 교사의 능력(competence)을 연구할 때는 꼭 언제, 어떻게, 왜 교사는 그렇게 행동하게 되는지를 고려해야 한다. 이러한 연유로 오늘날에는 교사 효과성을 연구할 때 세 변인을 고려한다. 즉 학생의 학습에 기초한 교사 효과성 척도, 교실 상호작용의 체계적 관찰로부터 도출한 교사 행동 척도, 교사의 의도 및 목적에 관한 정보이다. 1990년대에 접어들면서 교사 행동에 대한 연구로 두 가지 동향이 나타나고 있다. 그 중 하나는 전문교사와 초임교사 간의 수업 전문성에 대한 연구이고 나머지 하나는 은유, 이야기, 전문가 의견, 자서전의 방법을 통한 언어와 담론에 대한 연구에 초점이 맞추어지고 있다.

1990년대 후반까지 교사의 효과성에 대한 연구 결과는 크게 둘로 나누어지고 있다. 어떠한 교육학자는 좋은 교사 또는 졸렬한 교사, 효과적인 교사 또는 비효과적인 교사를 구분할 수 없다고 한다. 그들은 유능한 교사가 어떠한 교사인지 확실히 알지 못한다고 주장하며 심지어 수업 전문가조차도 교사의 전문성을 정의하고 측정할 수 있는 사람은 거의 없다고 주장한다. 심지어 똑같은 연구자들조차도 측정에서 사용되는 용어, 문제에 대하여 의견의 일치를 보이고 있지 않은데 그 이유 중의 하나가 교사의 수업행동이 너무도 복잡하기 때문이라는 것이다. 그렇기 때문에 연구의 결과가 혼선을 빚고 있다는 것이다. 한마디로 수업을 복잡하게 보면 볼수록 그만큼 성공적인 수업에 대한 합의를 이끌어내기는 더욱 어려워진다는 점이다.

또 다른 연구자들은 적절한 수업행동을 정의할 수 있고 효과적인 교사와 비효과적인 교사는 구분될 수 있으며 이러한 특성이 학생에게 미치는 효과도 결정할 수 있다는 입장을 취한다. 그들은 학업성취에 영향을 미치는 요소들로 발문의 종류, 학생에 대한 반응 양식, 교사의 기대와 태도, 학급 경영 기법, 일반적인 교사 행동 등이 있다는 결론을 내리고 있다. 그러나 이러한 입장을 지지하는 사람들조차도 교수학습 과정에서 교사가 유일한 변인은 아니다. 또한 교사는 학생들에게 부정적 또는 긍정적 영향을 미치기도 한다. 그러나 만일에 교사가 긍정적 영향을 미치지 않는다면 교사의 존재 이유가 없는 것이다.

결론적으로 아직까지도 수업을 과학이라고 단정 지을 수는 없는 상황이다. 그러나 수업의 많은 부분이 과학적으로 설명될 수는 있다. 지금까지의 수업연구에 사용했던 과학적 방법의 문제점을 해결한다면 수업의 많은 부분을 과학으로 해결할 수 있으나 그렇다고 온전한 과학을 기대하기는 어렵다. 이미 수업의 속성 자체가 자연과학과 달리 감정, 정서가 작용하며 이러한 행동은 과학으로 이해하기가 쉽지 않기 때문이다.

2) 예술로서의 수업

대부분의 학자들이 예술로서의 수업에 대한 논의를 할 때 주로 많이 인용하는 책이 1891년에 출간된 James의 『Talk to Teachers on Psychology』(1983)이다. 이 책에서 James는 다음과 같이 적고 있다. "심리학은 과학이고 수업은 예술이다: 그리고 과학은 그 자체로부터 직접 예술을 생성해낼 수 없다"(p.15).

James의 이러한 진술 이후에 1990년대까지 이 분야에 대한 경험적, 이론적 연구에는 거의 진전을 보이고 있지 않다. 그래도 그 이후 이 분야의 주창자라고 할 수 있는 사람은 Highet(1954)와 Gage(1978)라고 할 수 있다. Highet에 의하면 수업은 예술이고 과학이 아니다. 왜냐하면 수업에는 인간과 인간의 정서와 인간의 가치가 포함되어 있으며, 이것은 과학으로 이해할 수 없으며, 수업은 과학적 목적과 과학적 방법을 적용하려는 시도에 의하여 위협받고 있다. 그러나 Gage에게 있어 수업은 예술이냐 아니면 과학이냐가 문제시되는 것이 아니라 과학적 방법을 통하여 수업을 보다 많이 이해하는 것이 문제라고 한다. 그는 예술활동에는 내재적 질서와 법칙이 있어 과학적으로 분석하기에 적합하다고 주장한다. 더욱이 예술을 과학적으로 연구하는 데 어떠한 위험도 없다고 주장한다. 그리고 법칙을 드러내는 예술가들은 자동화되지 않으며 미묘함과 개성의 여지가 많은 사람들이다(1964, p.270).

물론 Gage는 과학적 방법의 수업 적용을 강조하지만 수업 자체를 과학으로 보는 것은 아니다. 그는 수업을 미의 창출 또는 미적 쾌락을 자아내는 것으로의 예술이라고 보지 않고 유용하거나 실천적인 예술로 본다. 실천 예술로서 수업은 직관, 창의성, 즉흥행동, 표현성을 요구한다. 이것은 규칙, 공식에서 벗어나는 것이다. 따라서 수업은 어떠한 방법, 예를 들면 CAI를 통한 수업에서조차 예술성이 요구된다. 한마디로 Gage는 수업은 실천 예술이며 과학적 기초를 필요로 하는 실천 예술인 셈이다.

또한 Gallagher(1970)에게 있어 수업은 예술이다. 그는 수업을 수술에 비교하고 수술은 예술적인 부분이 너무 많고 과학적인 부분이 충분하지 않기 때문에 사람들은 사망하는 일이 생긴다고 한다. Gallagher는 또한 무엇인가를 예술로 분류하는 데 대한 중요한 논평을 가하고 있다. 그는 예술로 분류하는 것에 대한 두 가지 의의를 눈여겨본다. 즉 소수의 사람만이 예술가에게 필요한 기술을 갖고 있다는 점과 예술가라 하더라도 예술성을 기술하고 이를 모델을 통하여 전수하기 어렵다는 점이다. Gallagher에게 있어 교육, 수업의 개선은 체계적인 연구를 적용하여 수업의 신비를 벗길 수 있다고 한다.

이처럼 Gage나 Gallagher처럼 수업을 예술로 보되 과학적 방법을 통하여 수업을 개선할 수 있다는 입장에서의 논의는 많이 있지만 수업개선을 위한 예술적 방법의 적용에 대하여는 거의 논의가 없었다. 이 글에서는 Eisner의 수업의 예술성에 대하여 좀 더 자세히 알아본다. Eisner에 의하면 수업은 하나의 예술로서 교육적 가치, 개인적 요구, 그리고 교사가 진실이라고 믿는 신념 또는 일반화에 따라 안내되는 예술이다. 이 점에 대하여 그 동안 수업의 과학을 위해 헌신해온 사람들에게는 역설적인 말이 될 수도 있다. 그럼에도 불구하고 수업을 과학으로 보는 사람들조차도 수업을 예술로 보는 사람들이 많다는 것이다. Eisner의 『Educational Imagination』이라는 책에서 수업의 예술성을 크게 네 가지 측면에서 논의한다.

첫째, 수업은 기술과 아름다운 우아함으로써 이루어지므로 교사, 학생에게 있어 그 경험은 심미적 특징이 있다. 교사가 여러 활동을 조정하고, 질문을 받고, 강의를 진행하는 일은 모두가 예술적 표현의 한 형태인 것이다. 또한 수업은 교사에게 내적인 만족감을 준다.

둘째, 교사는 화가, 작곡가, 배우, 무용수들과 마찬가지로 활동 중에 드러나는 질적인 특징을 토대로 판단을 내린다는 점에서 예술이라고 볼 수 있다. 교사는 말의 속도와 어조, 분위기, 토론의 속도, 전진 동작 같은 수업의 여러 질적인 특징을 선택, 조정, 조직하는 데 지성의 질적 특성을 사용한다. 교사는 수업 중에 드러나는 질적 특성을 읽고 교사가 학생에게 바라는 목표나 방향에 맞추어 질적 특성에 반응해 나간다. 이 과정에서 질적인 목표성취를 알아보기 위해서는 질적인 판단이 사용된다.

셋째, 교사의 활동은 처방이나 틀에 박힌 절차에 따라 지배되는 것이 아니라 예상치 못한 특징과 우발적 사태에 영향을 받는다는 의미에서 수업은 예술이다. 교사는 이러한 우발적 사태를 극복하기 위하여 혁신적인 방법으로 역할을 다해야 한다. 여기서 처방이나 틀에 박힌 절차가 교사의 활동을 지배하지 않는다는 말은 수업에서 어떠한 역할도 하지 않는다는 말은 아닌 것이다. 수업에는 예술적 표현을 위한 일정한 절차가 있으며 교사는 이에 필요한 충분한 자원을 갖고 있어야 한다.

넷째, 목표는 과정 중에 생긴다는 점에 있어 수업은 예술이다. 기능이란 미리 정해진 목표에 도달하기 위하여 기술을 사용하는 과정이고, 예술이란 행위를 통하여 목표를 발견하기 위하여 기술을 사용하는 과정이다. 저명한 미술사학자인 H.W. Janson은 예술가는 숨바꼭질을 하는 사람으로 발견하기까지는 무엇을 찾고 있는지조차 모른다고 하였다. 이와 유사한 의미로 수업은 인간행위의 한 형태로 많은 교육목적은 미리 예측되고 효과적으로 달성된다기보다 학생과의 상호작용 과정에서 나타난다. 결국 과정 중에 생기는 목표의 달성은 도외시하고 있는 것이다.

지금까지 수업이 예술인 점을 네 가지 의미 즉 심미적 경험의 원천이라는 의미에서, 수업의 질에 따라 감각과 통제에 의존한다는 의미에서, 발견술적이거나 모험적인 활동이라는 의미에서 그리고 수업은 과정 속에서 목표를 찾아간다는 의미에서 찾아볼 수 있다.

이러한 수업의 예술성에 대한 논의는 수업이 예술이라고 하여 과학 자체를 부정한다는 뜻은 아닌 것 같다. 과학의 원리를 적용하되 그것만으로 교육의 목표를 달성할 수 있는 것이 아니고 궁극적으로는 예술을 통하여 달성할 수 있다고 한다.

3) 과학과 예술로서의 수업

앞에서 과학으로서의 수업의 특징 그리고 예술로서의 수업의 특징을 알아보았다. 주지하는 바와 같이 수업은 과학만으로 설명할 수 없고 그렇다고 예술만으로 설명할 수도 없다. 수업은 하나의 실천 예술로서 과학적 속성과 예술적 속성을 모두 갖고 있다고 보아야 할 것이다(Jameous and pelolle, 1970; Gage, 1978; Eisner, 1977; Hunter, 1990: 15).

이 점에 대하여 Gage는 과학과 예술의 연속선을 제안하고 있다. Gage에 의하면 연속선상의 한쪽 끝에는 수업의 예술이 자리하고 있고 다른 한쪽 끝에는 교사 대신 공학이 자리하고 있다고 한다. 공학은 교수 기계, CAI, 멀티미디어와 같은 형태를 띠는 것이다. 그리고 이 연속선상의 중간쯤에 수업 예술의 과학적 기초가 존재한다고 한다. Gage 이외의 대부분의 교육자들도 좋은 수업을 예술로 규정하고 있으며 동시에 교수학습의 원리를 적용할 것을 제안한다.

한편 Eisner는 수업의 기능과 수업의 예술에 대하여 다음과 같이 주장한다. Eisner가 말하는 수업의 기능은 Gage가 말하는 수업의 과학에 해당된다고 볼 수 있다.

1. 수업을 일상화시킬 수 있을 만큼의 처방적인 수업과학은 존재하지도 않으며 존재할 수도 없다는 점을 인정해야 한다. 우리가 할 수 있는 최선은 과학에서 나온 보다 나은 도구를 사용하는 것이다.
2. 교실은 역동적이기 때문에 교사는 학급에서 발생하는 의미 있는 역동적 구조를 읽어낼 수 있어야 한다. 이러한 것을 읽어내려면 교사와 학생 활동의 유형과 그 뉘앙스에 관심을 기울여야 한다.
3. 감지만으로 충분하지 않다. 교사는 보다 상상적인 교수활동을 펴나가야 한다.
4. 수업의 예술이란 규칙에 지배되는 처방을 없애려는 것보다는 교육적 수행의 미를 표상하고 있다는 점을 인정해야 한다.

이처럼 Eisner도 최대한도로 과학을 이용하되 그것을 전적으로 이용하라는 뜻은 아니다. 그는 'The craft and art of teaching' 이라는 논문에서 다음과 같은 주장을 펴고 있다. "우리들도 교육 실제에서의 실험을 정상적인 교육활동의 일부로 생각하는 태도가 필요하다." 이 말은 과학 자체를 부정한다는 뜻은 아니다. 과학도 필요하다. 그러나 과학이 다는 아니다. 과학 자체는 예술이 될 수 없다. 수업은 궁극적으로 예술이다. 단지 과학은 예술을 이해하는 기초가 될 뿐이다. 이러한 주장은 Gage의 주장과 크게 다를 바가 없다. 단지 Eisner는 수업의 예술을 위하여, Gage보다는 좀 더 구체적으로 수업의 질에 대한 질적 판단의 기준으로 감식안과 교육비평을 제안하고 있다.

좀 더 구체적으로 말하면 교사는 교실 상황에 나타나는 메시지를 읽어내야 하는데 이 때 요구되는 것이 '감식안' 이다. 감식안이란 자신이 대면하는 상황을 감지할 수 있는 능력이다. 그리고 전체 상황의 문제를 해결하기 위하여 규칙을 사용하는 것이 아니고 보다 포괄적인 도식을 사용하고 발견술에 따라 학생을 가르치라는 것이다. 그러나 어떻게 해야 감식안이 생기며 수업을 바라볼 수 있는 도식은 어떻게 생기며 창의적인 수업을 한다고 창의적 수업의 효과는 어떻게 보장할 수 있을지에 대한 답은 구체적으로 제시하고 있지 않다. 그렇다 하더라도 수업에서 예술을 빼놓을 수는 없다.

수업의 예술성은 어떻게 길러지는가? 이 점에 대해서는 어떤 묘책이 없는 것 같다. Einstein(1950: 16)은 학교가 학생을 성공적으로 가르치고 이들을 사회의 중요한 분야로 인도하려면 교사는 자기 영역에서 일종의 예술가가 되어야 한다고 주장한다. 이어서 그는 다음과 같은 질문을 제기한다. "과연 이러한 예술가의 정신을 얻기 위해 무엇을 하여야 하는가?" 그는 이 점에 대한 시원스러운 대답을 내놓지 못하고 있다. 그러나 그는 두 가지 조건이 충족되어야 한다고 주장한다. 첫째는 교사들이 이와 같은 예술가로서의 교사들이 있는 학교에서 성장하여야 한다는 것이다. 다시 말하면 학생들이 모델로 삼을 수 있도록 교사가 예술가로서 활동하는 것을 볼 필요가 있다는 것이다. 둘째는 교사에게 자료 선택과 방법 선택에 있어 많은 자유가 허용되어야 한다는 점이다. Eistein이 교사를 예술가로 보는 이유는 교사가 자신의 일을 조형하고 더 나아가 자신의 일을 통하여 학생을 조형한다는 것이다. Einstein은 교사의 성장 발달과 관련하여 수업의 예술성을 다음과 같이 설명한다. 교사 초기에는 수업계획이나 학습 경영에 관한 기초적인 수업기술이 충분히 개발되지 않은 상태에서 과학적 원리를 적용한다. 이 단계에서 교사는 과학자도 예술가도 아니다. 오히려 교사는 마치 도제나 인턴 단계로 보아야 할 것이다. 그래서 여러 수업기술을 관찰하고 실천한 다음 그 결과를 반성해 보아야 한다. 이러한 가운데 수업의 과학적 측면과 예술적 측면이 발달해간다. Rubin은 높은 예술성에 도달한 교사의 특성을 다음과 같이 제시하고 있다.

- 수업에 있어서의 여러 가지 의사결정을 직관적으로 한다.
- 학생들을 감각적으로 이해하고 있을 뿐만 아니라 교과도 잘 파악하고 있다.

- 자신의 능력을 확신하고 있다.
- 지나칠 정도로 상상력이 풍부하다.
- 추측적 수업 방법에 관심이 많다. 추측적 방법이란 신중한 숙의가 아닌 직감을 근거로 선택하는 수업 방법을 말한다.
- 부수적 수업에 관심이 많다. 예술적 교사는 동시에 여러 목표를 달성하고자 하는 어떻게 보면 수업에 욕심이 많은 교사이다. 그는 가능한 한 많은 내용을 가르치고자 한다.
- 교육학적 지성에 관심이 많다. 교실 상황에서는 정답이 없는 많은 수업 문제가 발생한다. 이러한 상황에 직면하여 예술적 교사는 평범하게 문제를 해결하려는 것이 아니라 상상력을 발휘하여 문제 해결을 추구한다. 그러한 과정에서 교육학적 지성을 활용한다. 즉 경험, 통찰, 전문성을 활용한다.

그러면 어떻게 하면 높은 수준의 수업 예술성에 도달할 수 있는가? 이 점에 대하여 Einstein은 모방과 수업의 자유를 지적했고 Eisner는 감식안과 상상력의 적용을 주장했다. Ornstein은 예술성에 도달하기 위한 세 가지 기회와 세 가지 위협을 제시하고 있다.

첫 번째 기회는 연습, 연습, 연습의 기회를 가지라는 것이다. 잘 가르치는 교사는 자기가 하는 일에 열중하는 교사이다. 자기가 하는 일이 어느 경우에는 실패했다 하더라도 그 일이 가치가 있다고 생각하면 끝까지 열심히 노력한다. 자기가 하는 일을 잘 하려면 시간이 걸리기 마련이다. 끊임없이 연습하는 가운데 발전이 기약된다.

두 번째 기회는 관찰, 관찰, 관찰 기회를 가지라는 것이다. 잘 가르치는 교사를 관찰하고 잘 가르치는 교사에 관한 책을 읽어보라. 훌륭한 골프 선수가 다른 훌륭한 골프 선수를 관찰하여 배우듯이 좋은 교사가 되려면 다른 좋은 교사의 수업을 관찰하는 것이 도움이 된다.

세 번째 기회는 반성, 반성, 반성의 기회를 가지라는 것이다. 여러분은 학생을 어떻게 가르치고 있는지를 생각해보기 바란다. 여러분은 무엇을 하려고 하는지를 생각해보고 그 다음 여러분이 무엇을 했는지 반성해보기 바란다.

수업은 다분히 많은 정신적 노력을 필요로 한다. 그러나 이러한 기회를 갖는데 방해가 되는 몇 가지 위협적인 요소가 존재한다. 그 중의 하나는 학교가 바쁘고 복잡한 곳이란 점이다. 대부분의 교사들에게는 수업을 계획하고 수업을 반성할 만한 충분한 기회가 주어져 있지 않다. 두 번째 위협요소는 규격화된 프로그램과 기법이 넘쳐난다는 점이다. 대부분의 교사들은 창의적으로 문제를 해결하려 들지 않고 이미 규격화된 프로그램을 활용하는 경우가 많다. 세 번째 위협요소는 교육법이나 규칙이 교사의 선택을 제한하고 있다는 점이다. 아무튼 이러한 상황이 교사의 수업을 제한시키고 있다 하겠다. 이상의 논의를 요약하면 다음과 같다.

1. 효과적인 수업은 과학과 예술의 통합을 통하여 가능하다.
2. 입증된 과학적 원리가 있으면 이를 적용하도록 노력하고 그것으로 부족할 때는 창의와 통찰을 통한 예술을 적용하도록 한다.
3. 가능하면 과학은 상황에 맞추어 적용하도록 하여야 한다. 물론 법칙이라는 것은 모든 수업 상황을 다 고려하여 일반화한 것은 아니다. 따라서 교사는 이론 법칙을 맹목적으로 적용할 것이 아니라 상황에 맞추어 수정 보완 및 적용해 나가야 할 것이다.
4. 초임교사인 경우에는 우선 과학에 철저를 기하도록 노력한다. 교육경력이 쌓이면서 서서히 예술을 적용하도록 한다.
5. 과학에 대한 적용능력 못지않게 교사는 예술적 능력을 길러야 한다.

결국 수업은 과학만으로 또는 예술만으로 설명할 수 없다. 수업은 과학과 예술을 통합할 때만이 그 효과를 기대할 수 있다. 그러나 어떻게 통합해 나갈지에 대하여는 많은 연구가 필요하다. 그뿐만 아니라 가장 기본적인 과학조차도 제대로 밝혀져 있지 못하다. 과정 산출 연구는 많은 문제점이 있다. 교사 행동 이외의 변인인 교실 생태학적 변인에 따른 수업 효과에 관한 연구가 이루어져야 하겠다. 특히 수업의 예술적 능력에 대한 연구가 시급히 요구된다.

2. 의사결정과 효과적 수업

1) 의사결정 과정으로서의 수업

수업을 일련의 의사결정 과정이라고 볼 수 있다. 수업의 계획에서 수업의 평가에 이르는 전 과정에 걸쳐 교사는 나름대로의 의사결정을 내려야만 한다.

그런데 의사결정이 잘못되면 결국은 수업도 잘못되는 것이다. 반대로 의사결정이 잘되면 수업도 잘된다고 보아야 할 것이다. 그렇다고 의사결정이 효과적인 수업의 결정요소라고는 볼 수 없다. 의사결정 이외의 다양한 변인이 수업의 질에 영향을 미친다고 보아야 한다. 결국 의사결정은 효과적인 수업의 전제조건 또는 필요조건이라고 볼 수 있지만, 충분조건이라고는 볼 수 없다. 그렇다고 하더라도 효과적인 수업을 위해서는 타당하고 합리적인 의사결정이 이루어져야 한다.

Wilen은 의사결정을 연속선상의 개념으로 인식하고 있다. 그에 의하면 의사결정은 의식이 없는 선택단계, 의식이 있으나 어느 정도 임의적인 선택단계, 그리고 마지막으로 숙의에 의한 선택단계가 있다는 것이다. 의식이 없는 선택행동으로는 조건화된 반응, 습관적 행동, 무릎반사행동 등이 있다. 어떤 말을 반복하여 사용한다든가, 분필을 손으로 부러뜨리는 행동, 학생의 소란에 대하여 소리를 지르는 행동도 이 범위에 포함된다. 중간단계의 의식적 행동으로는 의자에 앉히는 일상적 행동, 교과서를 유일한 교재로 사용하는 행동, 규칙적으로 숙제에 대한 답을 알려주고 수업을 하는 행동 등이 있다. 마지막으로 숙의의 단계에서의 의사결정의 특징은 반성이다. 그러나 우리가 바라는 것은 숙의의 과정을 통한 사려 깊은 의사결정인 것이다. 이 점에 대하여 반대하는 사람은 없을 것이다. 그렇다면 어떻게 하면 사려 깊은 사고를 해낼 수 있을까? 사려 깊은 사고는 무엇을 근거로 하는 사고일까? 이것은 모든 교사들의 관심거리가 아닐 수 없다.

(1) 의사결정에 영향을 미치는 요소

수업에서 교사의 의사결정에 미치는 요소는 다양하다. Eggen과 Kauchak(2004)은 이들 요소를 연구, 경험, 맥락으로 나누고 있다. 한편 Wilen은 의사결정의 결정적 요소를 신념체제로 보고, 신념체제를 다시 직관적 요소와 합리적 요소로 나누어 제시하고 있다. 여기서는 Wilen이 제시하고 있는 의사결정에 영향을 미치는 요소를 중심으로 논의한다.

Wilen에 의하면 교사의 의사결정은 교사가 갖고 있는 직관적이고 합리적인 신념체제에 의해 영향을 받는다. 일반적으로 의사결정이 직관적 요소에 의해서만 영향을 받게 된다면 그 의사결정은 효과적이라고 보기가 힘들다. 왜냐하면, 직관적인 것은 구체적인 사고과정을 거치지 않고 직접적인 감각이나 지각에 따라 판단하기 때문에 그 결과를 믿을 수 없다. 반면에 합리적 요소에 의한 의사결정은 비교적 효과적이라고 볼 수 있다. 여기서 합리적 요소는 여러 가지 이론이나 연구결과로서 객관적으로 입증된 요소이다. 따라서 이들 요소에 대한 반성적 사고를 통하여 내린 결정은 비교적 타당하다고 볼 수 있다.

그렇다면 합리적 요소에 따라서만 의사결정을 내려야 하는가? 반드시 그러한 것은 아닌 것 같다. 왜냐하면 수업이라는 현상은 너무나 복잡해서 모든 수업 문제에 대한 해답이 존재한다고 볼 수는 없다. 연구나 이론에서 밝혀진 것은 어디까지나 일반화된 것이고 어느 특정 상황에서의 개별적인 모든 현상을 설명해 준다고는 볼 수 없다. 그렇다면 합리적 요소에만 의존하는 의사결정도 반드시 효과적이라고만 말할 수 없다. 이 논리는 직관적 요소에 따른 의사결정에도 적용된다. 직관적 요소에 따른 의사결정은 효과적일 수도 있고, 그렇지 않을 수도 있다. 결국 효과적인 의사결정은 직관적 요소와 합리적 요소를 모두 고려한 반성적 사고를 통한 의사결정이라고 볼 수 있다.

Wilen은 직관적 요소와 합리적 요소를 다음과 같이 제시하고 있다. 직관적 요소에는 경험에 기반을 둔 인상, 전통적인 실제, 인성적 요구가 있고 합리적 요소에는 교육학적 원리, 구성주의 접근, 교사효과성 실천, 연구결과, 학자의 공헌, 검증된 실제 등이 있다. 이들을 간단히 설명하면 아래와 같다.

경험에 기반을 둔 인상이라는 것은 실제적으로 무엇이 적합하고 무엇이 유용한지에 대한 교사의 개인적인 판단을 말한다. 예를 들면, "10년이 지나고 나서야 수업이 시작되기 이전에 학생들의 주의를 집중시켜야만 된다는 것을 알았다."와 같이 경험을 통하여 얻은 지식을 의사결정의 근거로 삼는 경우이다.

두 번째 요소는 전통적 실제이다. 전통적 실제란 학교에서 널리 수용되고 있고, 전통적인 지혜 속에 근거를 두고 있는 일반적인 전략과 기법을 말한다. 전통적으로 늘 실천되어 오는 것이라 일반적으로 깊이 따지지 않고 일상적으로 사용되고 있다. 그렇다고 그것이 항상 합리적 근거로서의 구실을 하는 것은 아니며, 어느 경우에는 잘못된 실제일 수도 있는 것이다.

세 번째는 인성적 요구로 개인의 지각과 행동을 사전에 결정짓는 인성과 관련이 있고, 정신건강과 관련이 있는 요소를 말한다. 예를 들면, 어느 교사는 학생들의 책상을 일렬로 배치하여 앞에서 학생들의 소음을 줄이고 수업을 지도해 나간다. 물론 수업에서 교사의 인성특징을 무시할 수는 없다. 그렇다고 교사의 인성이 수업에 대한 의사결정을 내리는 데 주된 기준이 되어서는 안 될 것이다. 무엇보다도 중요한 것은 자신의 인성이 수업의 효과에 긍정적인 영향을 미칠 수 있도록 유념하는 일일 것이다.

지금까지 직관적 요소에 대해 알아보았다. 이제 합리적 요소에 대해 알아본다.

합리적 요소로서 교육학적 원리는 심리학, 사회학, 의사소통, 지도성, 조직, 집단과정 등에 기반을 둔 잘 수립된 원리를 말한다. 예를 들면, 긍정적 강화는 학생들의 학습수준을 최상으로 끌어올린다. 학생들은 주제에 대한 의미와 적절성을 지각할 때 가장 잘 학습해 나간다.

구성주의 접근에서는 학습자를 의미구성자로 강조한다. 예를 들면, 학습자를 미리 조직된 지식의 수용자가 아닌 개인적 의미를 탐구하고 발견하는 데 적극적으로 참여하는 사람으로 본다.

교사효과성 실천이란 효과적인 교사가 일반적으로 사용하고 있는 수업기법의 실제적용을 의미한다. 예를 들면, 교사가 전 집단에게 질문을 제기하고 잠깐 멈추고 그 다음 하나의 개별학생을 불러 답을 요구하면, 모든 학생들이 인지적으로 참여할 확률은 더욱 증가된다.

연구결과란 교육내용, 수업접근, 학습효과에 관한 체계적 연구방법을 통하여 얻어진 발견물을 말한다. 예를 들면, 능력이 낮은 학생들은 구체적인 접근방법을 통하여 가장 잘 학습해 나간다. 과제에 투입한 시간은 학생의 학업성취와 긍정적인 상관이 있다.

학자의 공헌이란 해박한 학자들의 에세이, 이론, 판단을 말하며, 이것은 지적인 활력과 발달촉진의 핵심적 원천이 된다. 예를 들면, Gardner의 마음의 틀, 가장 우수한 수업실제에 대한 연구, 새로운 표준 등이 있다.

검토된 실제란 경험을 통하여 전문적으로 지지되고 있는 교육학적 원리에 일치되고 효과가 있다고 판단되는 전략과 기법을 말한다.

이상의 직관요소와 합리적 요소에 근거하여 교사는 수업에 대한 의사결정을 내리게 된다.

(2) 의사결정의 영역

앞에서도 언급했듯이 수업에서의 의사결정영역은 수업의 전 과정이 이에 해당된다. Wilen은 수업의 전 과정을 계획 단계, 상호작용 단계, 평가 단계로 나누고 있다.

① 계획 단계에서의 의사결정

계획 단계에서는 순간적이고 즉각적인 결정을 요하지는 않는다. 비교적 여유 있는 긴 시간의 사고를 요한다. 이 단계에서 교사는 탐색적 질문도 해보고, 수업과 관련 있는 원리, 연구결과, 이론 등을 검토할 시간을 갖는다. 이 단계에서 결정할 사항으로는 학습자의 요구, 수업목표, 동기유발, 수업방법, 수업매체, 평가 등이 있다.

Mosston과 Muska(1972)는 계획 단계를 '수업 전 결정 단계' 로 보고, 이 단계에서 결정할 사항을 다음과 같이 비교적 구체적으로 제시하고 있다.

1. 누구를 가르칠 것인가(전체, 부분 또는 개인들)
2. 무엇을 가르칠 것인가(교과 내용 및 구조)
3. 어디에서 가르칠 것인가(지리적 여건, 학습, 도서관, 체육관 등등)
4. 시간
5. 내용량
6. 질(학습)
7. 교수양식
8. 예상되는 학습 양식
9. 학급 분위기
10. 의사소통
11. 교육의 가치 · 철학
12. 평가 절차 · 평가 자료
13. 기타

② 상호작용 단계에서의 의사결정

교사들은 상호작용 단계에서 2분 내지 6분마다 평균 한 번의 상호작용적 의사결정을 내린다. 더욱이 상호작용 단계에서 내리는 의사결정은 신속하며, 시간의 제한이 따른다. 그러나 교사로서의 성공은 의사결정의 질에 달려 있는 것이다. 상호작용 단계에서의 의사결정은 순식간에 이루어진다는 점에 있어 계획 단계나 평가 단계에서의 의사결정과는 차이가 난다. 또한 계획, 평가도 중요하겠지만, 가장 본질적인 단계는 역시 상호작용 단계인 것이다. 상호작용 단계에서의 의사결정이 그 무엇보다 중요하다. 그런데 순식간에 이루어진다는 점에 있어서 많은 실수도 내포하고 있다. 일반적으로 신념체제가 합리적 요소에 의하여 잘 확립되어 있는 교사는 그렇지 않은 교사보다 상호작용 단계에서는 더 효과적인 수업을 할 가능성이 크다. 반면에 보다 직관적인 신념체제를 지닌 교사들은 교사와 학생 모두에게 문제를 일으킬 가능성이 크다.

Mosston과 Muska는 상호작용 단계를 '수업 중 결정 단계' 로 본다. 수업 전 결정 단계에서 주로 결정할 사항은 계획 및 준비인 데 반하여, 수업 중 결정할 내용은 실천 및 수행인 것이다. 이 단계에서 구체적으로 결정될 내용은 아래와 같다.

1. 수업 전 결정 사항의 실천
2. 조정
3. 기타

이 단계에서 조정할 수 있는 경우는 다음과 같이 세 가지 경우가 있는 것 같다. 첫째는 수업 전 결정 사항을 변경할 수 있는 경우이다. 계획과 실천은 반드시 일치하지 않는다. 둘째는 사전 결정에 따라 진행되고 있는 행위를 중단하는 경우이고, 마지막으로 사전 결정을 무시하고 그렇게 함으로써 사전 결정으로 생기게 될 어떠한 행위도 사전에 예방할 수 있다. 결국 조정 결정이란 교수-학습 과정에서의 어떠한 의사결정을 변경 · 중단, 도외시해 나가는 것을 뜻한다.

③ 평가 단계에서의 의사결정

끝으로 수업의 전, 중, 후의 평가에 대한 의사결정을 해야 한다. 교사는 모종의 기준에 비추어본 학생들의 수행정도를 결정해야만 한다. 학습에 대한 목표와 평가기준이 분명할수록 학생의 수행에 대한 의사결정도 더 명확하고 타당하게 되는 것이다. 미리 학습에 대한 목표와 평가기준을 개발했던 교사들은 형성평가와 총괄평가를 실시하기가 더 쉽다고 한다.

Mosston과 Muska는 평가 단계의 의사결정을 '수업 후 결정 단계' 로 본다. 수업 후 결정은 수업이 진행되고 난 이후의 평가에 관한 결정을 뜻하며, 이 단계에서 주로 결정할 사항은 다음과 같다.

1. 즉각적인 피드백 절차에 관한 의사결정
2. 일반적인 강화에 관한 의사결정
3. 구체적인 과제 수행 후 구체적인 강화에 대한 결정
4. 매일 매일의 평가에 대한 결정
   - 절차: 이 결정은 학습자에 대한 자료 수집 방법과 관계된다.
     (검사, 평정척도, 상호작용기법, 오디오테이프, 비디오테이프 등)
   - 빈도: 얼마나 자주 자료 수집을 할 것인가?
   - 규준: 자료 수집시 학생의 위치 결정을 위한 규준의 사용에 관한 결정
5. 교수-학습 상호작용에 관한 결정
6. 보상과 꾸지람에 대한 결정

이처럼 수업의 전 과정에 대한 의사결정이 곧 수업의 질을 결정하게 될 것이다. 그러나 교사도 인간이기 때문에 언제나 올바른 의사결정을 내린다는 것은 쉬운 일이 아니다. 그렇다고 이러한 의사결정의 어려움으로 인해 아무렇게나 판단을 내려서는 안 될 것이다. 무엇보다도 합리적이고 체계적인 생각을 하고, 이를 바탕으로 의사결정을 내리도록 노력해야 할 것이다.

2) 효과적인 수업

효과적인 수업이 무엇이냐에 대하여는 수세기에 걸쳐 제기되어온 문제이다. 지금까지의 결론은 모든 상황, 모든 아동에게 효과적인 수업은 없다는 점이다. 수업은 너무나 복잡하다. 학습자의 특성이 다르고 교사의 특성이 다르며 교수학습이 이루어지는 상황이 다르기 때문에 가장 효과적인 수업을 하나 찾아낸다는 것은 불가능

에 가깝다. 또 하나의 다른 어려운 점은 교사, 학생, 학부모마다 수업을 보는 관점이 다르다는 점이다. 아마도 교사들은 교육목표를 잘 달성한 수업을 효과적이라고 볼 수 있을 것이고, 학생들은 오히려 자기들을 잘 이해하고 관심을 가져주는 수업을 효과적인 수업으로 여길 수도 있다. 또한 학부모들은 상급학교에 많이 진학시킨 수업을 효과적이라고 볼 수 있다. 심지어 교사들 사이에서도 효과적인 수업에 대하여 의견일치를 보기가 쉽지 않다.

그렇다 하더라도 이들의 공통된 점은 효과적인 수업의 궁극적 지향점은 수업목표의 달성인 것이다. 수업목표가 달성되면 상급학교도 진학하게 되고 개인적인 만족감도 생기기 마련인 것이다. Gage는 교사의 효과성은 모종의 가치실현에 교사가 미치는 영향이라고 하였다. 달리 말하면, 가치실현에 기여한 수업이 효과적인 수업인 셈이다. Cole과 Chan은 효과적인 수업이란 수업원리에 따라 학생의 학습을 증진시키고, 학생의 인지적, 정서적, 사회적 발달을 드높이는 수업으로 정의하고 있다. 그러나 수업의 효과는 수업의 원리, 법칙만을 적용한다고 하여 결정되는 것은 아니라고 볼 수 있다. 수업은 과학적인 부분도 있고 예술적인 부분도 있는 것이다. 결국 수업의 원리 법칙과 말로는 설명하기 어려운 기예를 적용하여 수업의 목표가 달성되었을 때 효과적인 수업이 이루어졌다고 볼 수 있다.

효과적인 수업에 대하여는 여러 학자들에 의하여 다양하게 연구되어 오고 있다. 이와 같은 연구결과가 종합된 입장이 Braskamp가 제시하고 있는 수업효과성 모형이라고 볼 수 있다. 그는 효과적인 『수업효과성평가』(Braskamp, 1984)라는 저서에서 효과적인 수업효과성평가를 위해서는 세 가지, 즉 투입, 과정, 산출 영역이 고려되어야 한다고 주장하고 있다. 그는 효과적인 수업의 세 가지 측면을 다음 표와 같이 제시하고 있다.

일반적으로 수업의 투입, 과정, 산출 중에서 어느 것을 강조하느냐에 따라 좋

〈표 1-1〉 효과적인 수업의 세 가지 측면

투입	과정	산출
학생특성(지식수준, 전공분야) 교사특성(지위, 성, 교과내용 지식) 내용특성(범위)	교실분위기 교사행동 학생학습활동 내용조직 평가절차	단기적 학습, 단기적 태도변화와 기능습득 장기적 학습, 장기적 태도변화와 기능습득

은 수업의 의미가 달라질 수도 있다. 이 중 어느 한 요인만을 강조할 수도 있고 동시에 세 변인 모두를 고려할 수도 있다. 투입변인을 강조할 때, 좋은 수업의 판단기준은 수업이 시작되기 전에 이미 결정된다. 예를 들면 학급규모, 교사와 학생의 교육적 배경과 경험 등을 들 수 있다. 이러한 투입변인은 학습에 직접 영향을 미치게 된다. 과정변인은 투입변인들끼리 상호작용하는 과정을 말한다. 한마디로 가르치고 배우는 과정인 셈이다. 여기서 중요한 것은 ① 교사는 학생들에게 무엇을 요구하여(과제, 과업), ② 교사가 수업을 어떻게 진행하고(강의, 토론), ③ 교실내·외에서 학생들과 어떻게 관계를 유지하는가 등이다. 따라서 효과적인 수업의 판단기준은 학생의 행동이라기보다는 교사의 행동이 된다. 그러나 교사가 가르친 내용과 학생들이 배운 내용은 항상 일치하는 것이 아니기 때문에 과정요소 한 가지에만 의존하는 것은 바람직하지 않다. 산출변인을 강조하게 되면 효과적인 수업의 판단기준은 학생의 학습량이 된다. 이러한 정의는 상당한 지지를 얻고 있지만 학생의 학습을 효과적인 수업과 관련시키기 위해서는 두 가지 중요한 문제가 있다. 첫째, 의도한 바를 제대로 평가할 수 있도록 성취도 평가가 이루어져야 한다. 과연 시험은 학생이 수업과정에서 학습한 바를 적절하게 측정하고 있는가? 둘째, 학생의 능력, 동기, 선행지식은 학생이 수업시간에 학습할 것에 영향을 준다. 이런 저런 요소들은 교사의 효과성을 판단하는 데 고려되어야 한다. 그래서 학생들의 학습이 교수능력을 판단하는 유일한 기초로서 사용되어서는 안 된다. Braskamp는 훌륭한 수업을 정의하는 데 있어서 본질적인 문제들이 있음에도 불구하고, 수업에 대한 일반화를 다음과 같이 제시하고 있다.

1. 수업은 학습자의 학습과 관련되고 학습을 촉진하기 위한 조건 조성을 다룬다. 그러므로 수업효과는 투입, 과정, 산출영역 모두를 포함하여야 한다.
2. 어떠한 수업전략이 언제나 다른 어떤 수업전략보다 더 나은 것은 아니다. 예를 들면 강의를 담당하는 교사가 언제나 토의를 지도하는 교사보다 더 나은 것은 아닌 것이다.
3. 효과적인 수업은 학생들 앞에서 수업을 즐기는 것 그 이상을 의미한다.
4. 교사들마다 수업기술, 능력, 기호가 다르다. 교사는 이 점을 인식하고 이들을 기꺼이 활용해야 한다.

이상의 논의를 통하여 볼 때 수업의 효과성은 투입, 과정, 산출을 동시에 고려하여야 한다고 볼 수 있다. 이 중 어느 하나만을 강조하게 되면 나머지 두 영역의 효과는 무시되기 쉽다. 따라서 수업의 효과는 이들 세 영역 모두가 질적으로 우수한 수업으로 궁극적으로 수업목표가 달성된 수업이다.

3) 효과적인 교사

어떻게 하면 잘 가르치느냐의 문제는 어제 오늘의 이야깃거리가 아니라, 오랜 역사를 거쳐오면서 우리 모두가 고민해온 문제 중 하나일 것이다. 그럼에도 불구하고 아직까지도 이 문제에 대한 명확한 해답이 제시되지 못한 데에는 그만한 이유가 있으리라 짐작해볼 수 있는 이유 중 하나는 수업현상이 너무나 복잡하기 때문이 아닌가 생각된다.

수업을 학자에 따라서는 여러 가지로 설명할 수 있으나, 간단하게 교사가 학생에게 어떠한 의도를 달성하기 위하여 어떠한 내용을 가르치는 활동이라고 했을 때, 우선 교사변인만 생각해도 무수한 변인이 작용이 되어 학습의 성공에 영향을 미칠 가능성이 있을 것이다. 그렇다고 교사변인만이 학습에 영향을 주는 것만도 아니고 학생변인, 과제변인도 영향을 주며 또 이들 변인 간 상호작용 역시 학업성취에 영향을 준다고 볼 때 수업이라는 현상은 너무도 복잡하여 예측하기가 어려워진다.

여기서는 몇몇 학자들의 연구를 중점으로 논의한다.

Hamachek(1975)에 의하면 교사 효과성에 관한 연구는 주로 교사의 인성과 교사의 행동에 관한 연구들로 다음과 같이 구분하고 있다. 즉, ① 개인적 특성에 관한 연구, ② 수업절차와 상호작용 양식에 관한 연구, ③ 자아지각에 관한 연구, ④ 타인 지각에 관한 연구. Medley는 교사효과성 연구를 네 단계로 나누고 있다. 제1단계는 교사의 특성 또는 인성에 관한 연구 단계, 제2단계는 교사의 수업방법에 관한 연구 단계, 제3단계는 교사의 수업행동에 관한 연구 단계, 제4단계는 교사의 전문적 능력에 관한 연구단계이다. Rosenshine은 수업효과성에 관한 연구를 제1주기는 교사의 인성과 특성을 연구한 주기로, 제2주기는 교사와 학생의 상호작용에 초점을 두어 연구한 기간으로, 제3주기는 학생의 주의, 학생이 숙달해야 할 내용, 학생의 주의를 증진시키는 상황에 관한 연구 주기로 나누고 있다. 최근에 Ornstein(2004)은 효과적인 교사에 관한 연구에서 1970년대 이전의 연구는 교사 스타일, 교사학생 상호작용, 교사특성과 같은 특성에 초점을 두었음을 밝혔다. 즉, 교실에서 일어나는 일 또는 교사의 행동에 집중되었다. 1970년대와 1980년대에 이르러 Gage나 Medley 등의 연구가 대표적으로 교사효과성, 수업의 결과에 관한 연구에 집중되었다. 1990년대에 들어오면서 수업의 전문성과 초임교사와 전문교사의 수업사태의 차이점을 규명하는 연구가 주류를 이루게 되었다.

Cooper와 Ryan(2003)은 효과적인 교사가 갖추어야 할 전문적 능력에 관한 여러 연구를 검토하고 나서 "교사는 다음과 같은 전문적 능력을 갖추어야 한다"고 지적하고 있다.

(1) 학습과 인간발달에 관한 지식

지식이란 제멋대로 가르친다고 곧 학생들이 이해하는 것이 아니다. 특히 교사가 교과내용을 안다고 해서 곧 잘 가르치게 되는 것이 아니다. 학생들의 학습과정, 발달과정을 잘 알면 알수록 학생들이 쉽게 이해할 수 있게 가르칠 수 있을 것이다. 따라서 학습과 인간발달에 관한 지식이 많으면 많을수록 학생들을 잘 가르칠 가능성은 커지는 것이다.

(2) 학생들에게 가르칠 내용지식

교사가 교과내용을 모르고 가르칠 수는 없을 것이다. 물론 교과내용을 잘 알고 있다고 곧 잘 가르치는 것도 아닐 것이다. 교사들의 경험담 속에는 어느 경우에는 자신도 잘 모르는 내용을 가르치는 경우가 있다는 것이다. 교과내용을 알되 좀 더 깊고 넓게 이해하면 더욱 좋을 것이다. 그 내용의 뜻은 물론 내용과 내용의 관계, 그 내용을 포괄하는 이론, 그 내용을 탐구하는 방법 등에 대한 지식이 있으면 있을수록 그 내용을 보다 쉽고 깊이 있게 가르칠 수 있을 것이다.

(3) 개인적 실천지식

개인적 실천지식이란 수업의 실천을 통하여 얻은 지식으로 특히 이론적 지식과는 다르다. 여기에는 가르치는 데 관련된 개인의 신념, 통찰, 습관 등이 포함되며 이러한 지식은 시간의 제약을 받고 상황에 따라 다른 실천행위를 지향한 것이다. 교사들은 자신의 개인적 실천지식을 사용하여 현장의 수업문제를 해결해 나간다.

Cooper와는 약간 다른 입장에서 지식을 분류하는 학자로 Shulman이 있다.

Shulman은 교사의 지식을 일곱 가지로 분류하고 있다. 즉, 그는 지식을 내용지식, 방법지식, 내용별 방법지식, 교육과정지식, 학습자에 관한 지식, 교육맥락에 관한 지식, 교육목적에 관한 지식으로 나누고 있다. 이러한 분류는 Cooper의 분류보다 더 구체적이며 Cooper가 제시하고 있는 교과에 관한 지식은 Shulman이 분류한 내용지식에 해당되고, 이론적 지식은 방법적 지식에 해당되며, 개인적 실천지식은 내용별 방법지식에 해당된다고 볼 수 있다.

(4) 필요한 수업기술

수업기술이란 주어진 교과내용을 효과적으로 가르칠 수 있는 능력을 말한다. 수업기술은 일반적으로 수업의 전 과정에 걸쳐 있다고 볼 수 있다. 대체로 수업 전 기술, 수업 중 기술, 수업 후 기술로, 수업 전에는 수업계획 수립기술이 요구되고, 수업 중에는 수업을 효과적으로 이끌 수 있는 기술로 동기유발, 내용제시, 매체활용 등의 기술이 있으며, 수업 후 기술에는 평가기술을 생각해볼 수 있다.

(5) 긍정적인 태도

교육에 있어 교사의 인성은 중요하다. 그러나 수업상황에서 교사의 인성이 교사의 수업행동에 구체적으로 어떠한 영향을 미치는지에 대하여는 잘 알려져 있지 못하다. 오히려 인성보다는 보다 하위에 내재해 있는 태도나 동기가 교사의 교수행동에 직접적인 영향을 미치는 것으로 알려져 있다. 무엇보다 중요한 것은 교사 자신에 대한 태도이다. 교사 자신이 긍정적으로 생각하면 학생도 긍정적으로 생각할 가능성이 커진다. 자신을 소중히 여기면 학생도 소중히 여길 가능성이 커진다. 학생에 대한 바람직한 태도로 아동에 대한 존중, 애정, 공감적 이해, 진실성과 같은 태도가 제안되고 있다.

4) INTASC 기준(초임교사 자격기준)

INTASC는 Interstate New Teacher Assessment and Support Consortium의 약자로 각 주가 공동으로 구성한 신임 교사평가, 지원 컨소시움으로 여기서는 초임교사의 자격을 부여하고 이들을 준비시키기 위한 기초로서 열 개의 기준을 제정하였다 (CCSSO, 2011). 이 기준은 초임교사가 반드시 소유해야 할 교사의 지식, 성향 그리고 수행을 상세히 밝히고 있다. 이제 열 가지 기준을 살펴본다. 이 기준을 살펴보는 이유는 교사의 전문적 자질(자격조건)을 분명하게 밝히고 있을 뿐 아니라 이 기준들은 과거부터 지금까지 연구되어온 결과들을 종합하고 있다는 점에서 그 의의를 찾을 수 있기 때문이다. 여기에 제시될 기준은 크게 네 유목으로 나누어지고 각 유목에 따라 자격 기준이 제시되어 있다. 그 네 유목은 학습자와 학습, 내용, 수업실제, 전문적 책임으로 나누어진다. 이제 각 유목의 특징과 각 유목에 속한 기준을 살펴본다.

유목1 학습자와 학습

수업은 학습자와 더불어 시작된다. 학습자마다 새로운 지식과 기능 학습을 보장하기 위하여 교사는 다음과 같은 내용 즉, 개인들 간에는 학습 유형과 발달 유형이 다양하고, 학습자들은 독특한 개인차를 갖고 학습과정에 임하며, 학습자들은 성장을 위한 지원적이고 안전한 학습 환경을 필요로 한다는 것을 이해하여야만 한다. 효과적인 교사는 모든 학습자에 대하여 높은 기대감을 갖고 있으며 모든 학습자들이 높은 기준에 도달하고 그들의 잠재력을 충분히 발휘하는 데 도움이 되는 다양한 학습 환경에서 발달적으로 적합하고 도전적인 학습 경험을 실행해 나간다. 교사들은 학습자들이 개인 및 가족 배경, 기능, 능력, 재능, 흥미가 다르다는 점을 인식하고 학생들의 인지적, 언어적, 사회적, 정서적, 신체적 발달이 어떻게 이루어지는지에 대한 이해를 포함한 전문적 지식을 바탕으로 삼아 학생에 대한 기대를 갖게 된다.

교사들은 학생들을 더 잘 이해하고 그들의 학습을 극대화하기 위하여 학습자, 동료, 학교 지도자, 가족, 학습자 공동체 회원, 지역 사회 조직과 함께 협력해 나간다. 교사들은 학습자가 자신의 학습에 대한 책임감의 수용을 조장해 나가고 자기주도 학습과 협력 학습의 효과적 설계, 실행을 보장하기 위하여 학습자와 협력해 나간다.

기준 1 학습자 발달

교사는 학습과 발달의 유형이 인지적, 언어적, 사회적, 정서적, 신체적 영역 내

그리고 이들 영역 사이에 차이가 있음을 인식하고 학습자가 어떻게 성장하고 발달하는지를 이해하고, 발달적으로 적합하고 도전적인 학습 경험을 설계하고 실천하여야 한다.

기준 2 학습차

교사는 학습자마다 높은 기준에 도달하게 할 수 있는 포괄적인 학습 환경을 보장하기 위하여 개인차와 다양한 문화와 지역 사회에 관한 이해를 활용하여야 한다.

기준 3 학습 환경

교사는 개별 학습과 협력학습을 지원하고 긍정적인 상호작용, 학습에의 적극적 참여, 자기 동기를 조장하는 환경을 조성하기 위하여 타인과 함께 협력해 나가야 한다.

유목2 내용

교사는 자신이 가르칠 내용 영역에 관한 깊이 있고 융통성 있는 이해력을 지녀야 하고, 학생들과 함께 정보를 접하고 지식을 실생활 장면에 적용하고, 학습자의 내용 숙달을 보장해주는 유의한 문제를 다루어 나갈 때 내용 지식을 활용할 수 있어야 한다. 오늘날의 교사는 디지털 미디어, 정보 공학을 포함하는 다중 의사소통 수단을 사용하여 학습자들이 쉽게 내용 지식에 다가설 수 있도록 해야 한다. 교사들은 교차 학문 기능(예: 비판적 사고, 문제해결, 창의성, 의사소통)을 통합하여 학습자가 해결책을 제안하고, 새로운 이해를 구성하고, 문제를 해결하고, 가능성을 생각하는 데 내용을 사용하도록 도와야 한다. 마지막으로 교사는 내용 지식을 지역, 주, 국가, 지구촌 문제에 연결 지음으로써 내용 지식을 학습자와 관련이 있도록 해야 한다.

기준 4 내용 지식

교사는 자신이 가르치는 핵심개념, 탐구 방법, 학문의 구조를 이해해야 한다.

그리고 학습자의 내용 숙달을 보장하기 위하여 학문에 다가서기 용이하고 유의미하게 하는 학습 경험을 조성해야 한다.

기준 5 내용 적용

교사는 개념을 관련 짓고 관점을 달리하여 학습자를 비판적 사고, 창의성, 그리고 실제적인 지역 및 지구촌 문제와 관련 있는 협력적 문제해결에 참여시켜야 한다.

유목3 수업 실제

효과적인 수업을 실천하려면 교사는 평가, 계획, 수업전략을 조화롭고 유관한 방식으로 통합하고 이해할 필요가 있다. 교사는 목적으로 시작하여 우선 학생들의 학습 목표와 내용 기준을 규명하고 이들 목표와 평가를 일치시켜야 한다. 교사들은 형성 평가와 총괄 평가를 통하여 어떻게 설계하고 실행하며 결과를 어떻게 해석할지를 이해해야 한다. 이러한 지식은 학생의 학습을 강화하고 수업을 수정하기 위하여 즉각적인 피드백을 제공하는 데 사용될 정보에 쉽게 다가갈 수 있도록 수업 실제 속에 통합되어야 한다.

수업을 계획할 때는 다양한 학습 방식에 부응하고 학습을 극대화하고 개별화하기 위하여 새로운 공학을 통합하며, 학습자로 하여금 자신의 학습과 그 학습을 창의적인 방식으로 수행하게 하기 위하여 적합하고 딱 들어맞는 다양한 수업전략의 활용에 초점을 맞추어야 한다.

기준 6 평가

교사는 학습자들을 자신의 성장에 참여시키고 학습의 진전을 조정하고 교사와 학습자의 의사결정을 안내하기 위한 다양한 평가 방법을 이해하여 활용하여야 한다.

기준 7 수업 계획

교사는 학습자와 지역 사회 상황에 관한 지식은 물론 내용영역, 교육과정, 교차 학문적 기능, 교수 방법에 관한 지식을 토대로 모든 학습들의 엄격한 학습 목표에의 달성을 지지하는 수업을 계획해야 한다.

기준 8 수업전략

교사는 내용영역과 그들 간의 관계에 대한 심층적 이해력을 개발하고 지식을 유의미하게 적용할 수 있는 기능을 구축하도록 격려해주는 다양한 수업전략을 이해하여 사용하여야 한다.

유목4 전문적 책임

학습자에게 높은 수준의 성취를 가져다주는 안전하고 생산적인 학습 환경을 창안하고 지원하는 것은 교사의 일차적 책임이다. 이것을 잘하기 위하여, 교사는 계속적인 연구, 자기 조절, 협력을 통하여 수업의 실제를 정규적으로 검토함으로써 의미 있고 집중적인 전문적 학습과 자기 갱신에 참여해야만 한다.

계속적인 자기 개선은 지도성, 동료의 지원, 협조를 통하여 이루어진다. 전문적인 학습과 협조에 적극 참여함으로써 교수 학습의 개선을 목적으로 하는 보다 나은 수업 실제의 발견과 실행이 이루어진다. 교사들은 또한 학습자의 요구에 부응하고 학교의 임무와 목적을 달성하는 수업 실제의 개선에 기여하여야 한다. 교사들은 학습자, 가족, 동료, 기타 학교 전문가, 지역 사회 구성원과 협력하고 그들로부터 도움을 받는다. 교사들은 윤리적 행동을 모방하고 수업 실제의 긍정적 변화에 기여하고 교직을 향상시킴으로써 지도성을 발휘해야만 한다.

기준 9 전문적 학습과 윤리적 실천

교사는 계속적인 전문적 학습에 참여하고 자신의 수업 실천, 자신의 선택과 행동이 타인(학습자, 가족, 다른 전문가, 지역사회)에게 미친 영향을 평가하기 위하여 증거를 활용하고 각 학습자의 요구에 부응하도록 수업 실제를 적용해 나가야 한다.

기준 10 지도성과 협력

교사는 학생의 학습에 대한 책임을 감당하고 학습자의 성장, 교직의 개선을 위하여 학습자, 가족, 동료, 기타 다른 학교 전문가들 그리고 지역 사회 구성원들과 협력하기 위한 기회와 이에 적합한 지도적 역할을 모색해 나가야 한다.

5) 수업기술

교사에게 가장 일차적으로 요구되는 것은 교과에 대한 지식이다. 교사가 가르치려는 교과내용을 잘 모르고서는 학생을 제대로 가르칠 수 없다. 가령 가르친다고 하더라도 잘못된 내용을 가르치게 될 것이다. 그러나 교사는 단순히 많이 알고 있다고 해서 반드시 잘 가르친다고는 볼 수 없다. 가르치는 기술이 있어야 한다. 똑같은 지식을 갖고 있다고 해서 똑같이 잘 가르치는 것은 아니다. 우리는 교육현장에서 실력은 있는데도 잘 못 가르치는 교사를 많이 목격해왔다. 반면에 아는 것은 많지 않은데도 학생들에게 이해하기 쉽고 흥미 있게 가르치는 교사도 보아왔다. 전자의 경우는 결국 수업기술이 부족한 사람인 경우라고 볼 수 있고 후자의 경우에는 수업기술이 뛰어난 교사라고 볼 수 있다. 수업기술은 이루 다 열거할 수 없을 정도로 다양하다. 또한 학자에 따라서는 수업기술의 중요성에 대한 비중도 달리 두고 있는 것 같다. Smith(1969)는 교사로서 구비해야 할 수업기술을 다음과 같이 열거하고 있다.

1. 다양한 종류의 질문을 제기할 수 있는 능력, 여기에서 말하는 다양한 질문은 학생들에게 다양한 사고를 유발할 수 있는 질문이어야 한다.
2. 학생의 행동을 강화할 수 있는 능력
3. 학생의 요구와 문제를 진단할 수 있는 능력
4. 학생들을 학습상황에 참여하도록 학습상황을 변화시킬 수 있는 능력
5. 시청각 기재를 활용할 수 있는 능력
6. 학습목표를 진술할 수 있는 능력
7. 학습을 학생의 경험과 관련 지을 수 있는 능력
8. 학생들에게 내용을 효과적으로 전달할 수 있는 능력

한편, Danielson(1996)은 최근의 수업기술에 관한 연구를 검토한 후 효과적인 교사가 지니고 있어야 할 수업기술을 아래와 같이 제시하고 있다.

1. 수준 높은 수업계획과 준비에의 참여
2. 긍정적인 교실환경 준비
3. 입증된 수업기법의 사용
4. 전문적 행동

이러한 수업기술 영역은 구성주의 학습에 근거하고 동시에 초임교사에게 요구되는 중요한 과제의 분석을 기초로 하고 있다. 이들 수업기술을 좀 더 구체적으로 살펴보면 아래와 같다.

(1) 수준 높은 수업계획과 준비에의 참여

Danielson은 효과적인 교사에 필요한 사항을 다음과 같이 제시하고 있다.

- 내용과 교수법에 관한 지식(교과와 교과를 가르치는 방법을 안다.)
- 학생에 관한 지식(학생들이 어떻게 학습하고 발달하는지를 안다.)
- 수업목적을 선정할 수 있는 능력(적절한 기대치를 설정한다.)
- 자원에 관한 지식(수업을 증진시킬 수 있는 자료와 사람을 정한다.)
- 수업을 설계할 수 있는 능력(효과적인 수업계획을 수립할 수 있다.)
- 학생의 평가를 설계할 수 있는 능력(공평하고 유의미한 평가를 설계할 수 있다.)

효과적인 교사는 이들 요소를 수업계획 속에 일관되게 결합할 수 있어야 한다.

(2) 긍정적인 교실환경 준비

효과적인 교사는 학습이 일어나도록 환경을 조성하고 유지하여야 한다. Danielson은 긍정적 학습경험을 제공하는 학습환경을 만들려면 다음과 같은 수업기술이 요구된다고 하였다.

- 존중과 친밀감이 있는 환경조성(배려적인 교사-학생 관계, 동료 관계를 조성한다.)

- 학습문화 수립(학습이 가치 있고, 유의미한 경험이 일어나는 환경을 만든다.)
- 학급관리(학급일의 관리에 성공한다.)
- 학생행동관리(적절하고 부절적한 행동에 효과적으로 반응한다.)
- 물리적 공간의 조직(공간을 적극적으로 활용한다.)

(3) 입증된 수업기법의 사용

Danielson은 효과적인 교사는 다음과 같은 수업기법을 사용하고 있음을 알아내었다.

- 명료하고 정확하게 의사소통한다.(언어, 비언어 의사소통 기술을 사용한다.)
- 효과적인 발문과 토론기법을 사용한다.(다른 형태의 질문과 반응을 사용한다.)
- 학생들을 학습에 참여시킨다.(적극적으로 학생을 학습에 참여시킨다.)
- 학생들에게 피드백을 제공한다.(학습 진전에 대한 정보를 제공한다.)
- 융통적이고 반응적이다.(수시로 피드백에 근거하여 수업을 수정한다.)

(4) 전문적 행동

교사는 진정한 전문인이 되기 위해 노력한다. Danielson은 진정한 전문교사는 다음과 같은 특성이 있음을 발견하였다.

- 수업을 반성한다.(무엇이 어떻게 가르쳐졌는지 철저히 생각한다.)
- 정확한 기록을 유지한다.(학습을 기록한다.)
- 가족과 의사소통한다.(학습 진전을 돕기 위해 서면이나 언어로 접촉한다.)
- 학교와 지역사회에 공헌한다.(학교와 지역의 기능을 돕는다.)
- 전문인으로 성장한다.(코스와 워크숍을 택하고 타인과 상의한다.)
- 전문성을 보인다.(학생과 가족의 지지자로 도움을 준다.)

이 책에서는 수업기술을 다음과 같이 나누어 제시하고자 한다. 우선 1장에서는 효과적인 수업과 수업기술을, 2장에서는 수업계획을, 3장에서는 학급에서의 의사소통을, 4장에서는 학습동기 유발을, 5장에서는 학습강화 기술을, 6장에서는 설명기술을, 7장에서는 토의수업을, 8장에서는 발문기술을, 9장에서는 학습관리 기술을, 10장에서는 피드백 제공 기술을, 11장에서는 평가기술을 다룬다.

참고문헌

Barr, A. S., & Emans, L. M. (1930). What qualities are prerequisite to success in teaching. *Nation's Schools*, 6(9), 60-64.

Braskamp, L. A., Brandenburg, D. C., & Ory, J. C. (1984). *Evaluating teaching effectiveness*. CA: Sage Publications.

CCSSO (2011). *InTASC model core teaching standards: A resource for state dialogue.* Washington, DC: Council of Chief State School Officers.

Cole, P. G., & Chen, L. K. S. (1987). *Teaching principles and practice*. New York: Prentice Hall.

Cooper, J. M. (1986). *Classroom teaching skills*(3th ed.). Washington, D.C.: Heath and Company.

Danielson, C. (1996). *Enhancing professional practice: A framework for teaching*. Alexandria, VA: Association for Supervision and Curriculum Development.

Eggen, P., & Kauchak, D. (2004). *Educational psychology: Windows on classrooms* (6th ed.). Upper Saddle River, NJ: Pearson.

Eisner, E. W. (1985). *The educational imagination*(2nd ed.). New York: Macmillan.

Gage, N. L. (1972). *Teacher effectiveness and teacher education: The search for a scientific basis*. Palo Alto, CA: Pacific Books.

Gage, N. L. (1978). *The scientific basis of the art of teaching*. New York: Teachers College Press, Teachers College, Columbia University.

Gallagher, J. J. (1970). Three studies of the classroom. Classroom obsservation. *American Educational Research Association Monogaraph Series on Curriculum Evaluation*, Monograph, (6).

Hamachek, D. (1975). *Behavior dynamics in teaching, learning, and growth*(2nd ed.). Boston: Allyn and Bacon.

Higher, G. (1954). *The art of teaching*. New York: Vintage Books.

James, W. (1900). *Talks to teachers on psychology*. London: Longman.

Medley, D. M. (1979). The effectiveness of teachers. In P. L. Peterson & H. J. Walberg (Eds.), *Research on teaching*(pp. 11-27). CA: McCutchan.

Mosston, M. (1972). *Teaching: From command to discovery*. Belmont, CA: Wadsworth.

Ornstein, A. C., & Lasley, T. Jr. (2000). *Strategies for effective teaching*(4th ed.). New York: McGraw-Hill.

Polanyi, M., & Prosch, H. (1977). *Meaning*. University of Chicago Press.

Rosenshine, B., & Furst, N. (1971). Research on teacher performance criteria. In *Research in teacher education: a symposium*. Englewood Cliffs, NJ: Prentice-Hall.

Rosenshine, B. V. (1979). Content, time, and direct instruction. In P. L. Peterson & H. J. Walberg (Eds.), *Research on teaching concepts, findings, and implication*(pp. 28-56). Berkeley, CA: MaCutchan Publishing.

Ryan, D. G. (1960). *Characteristics of teacher*. Washington, D.C.: American Council on Education.

Shulman, L. S. (1995). Knowledge and teaching: Foundations of the new reform. In A. C. Ornstein & L. S. Behar (Eds.), *Contemporary issues in curriculum*(pp. 100-119). Needham Heights, MA: Allyn and Bacon.

Smith, B. O. (1969). Teachers for the real world. Washington, D.C.: American Association of Colleges for Teacher Education.

Wilen, W., Bosse, M. I., Hutchinson, J., & Kindsvatter, R. (2004). *Dynamics of effective secondary teaching*(5th ed.). Boston, MA: Allyn and Bacon.

제2장

수업계획

수업에 있어 일차적 과제는 수업을 계획하는 일이다. 하찮은 여행에도 계획이 필요하듯 복잡하고 어려운 수업에 계획이 필요함은 두말할 나위가 없다. 그럼에도 불구하고 수업계획의 필요성에 대하여는 찬성과 반대의 의견이 엇갈리고 있다.

수업계획이 필요하다는 입장은 Corey(1967)의 수업의 정의에 잘 나타나있다. 그에 의하면 "수업이란 학습자가 특정한 조건하에서 특정하게 행동하는 것을 배울 수 있도록 학습자 개인을 둘러싸고 있는 환경을 계획적으로 조작하는 과정"이라 하였다. 이 정의에서 보면 수업에는 의도가 있고, 이러한 의도는 계획적 조작에 의하여 성취된다는 것이다. 따라서 계획이 비체계적이어서 그냥 되는 대로 수업이 이루어진다면 소기의 성취를 거둘 수 없는 것이고, 보다 체계적이고 철저를 기함으로써 수업이 이루어지면 수업은 소기의 성과를 거둘 수 있는 것이다. 반면에 체계적 수업이 오히려 수업의 효과에 방해가 된다는 입장은 수업이 계획대로만 이루어지면 너무 기계적이고 그 결과도 너무 제한적이어서 수업과정과 그 결과의 다양성이 저해된다는 것이다. 따라서 수업의 계획은 너무 분석적이고 체계적이기보다는 보다 유연하고 개방적이고 수정가능성을 내포하고 있어야 한다고 주장한다. 그러나 지나치게 수정의 여지가 많은 계획도 좋지 않다.

결국 이 두 입장을 절충하는 것이 좋은 수업계획이 될 것이다. 즉, 수업계획은 체계적이면서 동시에 유연하여 수정의 가능성을 갖고 있어야 한다.

수업계획에는 연간계획, 주간계획, 단원계획, 일일계획, 차시계획 등이 있을 수 있다. 여기서는 이 모든 계획을 모두 설명할 수는 없고 주로 차시계획을 중심으로 논의하고자 한다. 우선 수업계획의 절차부터 알아본다.

1. 수업계획 절차

수업계획의 절차에 대하여는 학자들마다 관점에 따라 다양하게 제시하고 있다. 그 가운데 대표적인 것 중의 하나는 Moore(1995)의 수업계획 절차이다. 그는 수업계획 절차를 다음과 같이 7단계로 나누어 제시하고 있다.

제1단계는 내용을 결정하는 단계이고, 제2단계는 목표 진술단계이고, 제3단계는 수업의 도입단계이고, 제4단계는 수업전략의 선정단계이며, 제5단계는 수업의 정리단계이고, 제6단계는 수업의 평가단계이고, 제7단계는 새로 가르칠 내용을 결정하는 단계이다.

여기서 주목할 점은 제6단계의 평가결과에 기초하여 제7단계의 새로운 내용을 결정하게 된다는 사실이다. 이제 각 단계를 좀 더 자세히 살펴본다.

1단계는 가르칠 내용을 결정하는 단계인데, 주로 교과서와 교육과정지침, 학습자들의 요구분석 등을 통하여 내용을 결정한다. 통상 학생의 요구는 6단계의 평가결과와 과거수업의 관찰결과에 의하여 결정된다. 일단 내용이 결정되면 2단계의 내용과 관련하여 학습자들에게 기를 지식, 기능, 태도 등을 결정하여야 한다. 다시 말하면 수업목표를 결정해야 한다. 목표란 결국 수업이 끝난 후에 학생들이 행할 수 있는 바를 정확히 표현한 것이어야 한다. 3단계는 수업의 도입단계로, 이 단계의 목적은 학생들의 주의를 집중시키는 것이다. 이 도입은 통상 'set induction' 이라고도 한다. 4단계는 수업전략 선정단계로 사실 이 단계가 수업에서 가장 중요한 단계이다. 학습과제, 학생들의 학습양식, 발달특징, 교실환경 등을 고려하여 최적의 수업전략을 선정하여야 한다. 5단계는 정리단계로 학생들이 학습내용을 충분히 이해하도록 수업을 마무리하여야 한다. 6단계는 어떻게 보면 마지막 단계로 평가단계이다. 교사는 학생들이 주어진 목표에 도달했는지를 결정해야 한다. 그렇다고 평가가 수업의 종결을 의미하는 것은 아니며 그 다음 수업계획의 출발점이 되는 것이다.

2. 내용분석

수업을 계획하려면 제일 먼저 해야 할 일은 수업목표를 설정하는 일일 것이다. 그런데 수업목표를 선정하기 위해서는 교과내용부터 분석하여야 한다. 내용분석에 관하여 Price와 Nelson(2003)은 교과내용의 개요, 과제분석 또는 개념분석, 원리진술, 핵심용어와 어휘정의, 선수학습기능과 지식으로 나누고 있다.

교과내용 개요란 수업에서 취급할 구체적 내용의 개요를 말하며, 이것은 선언적 지식을 가르치기 위하여 조직된다.

과제분석이란 절차나 전략을 가르칠 목적으로 수업을 계획할 때 사용되는 것이다. 일반적으로 절차나 전략은 학생들이 구체적으로 무엇인가를 행하기를 바라는 것으로 과제분석을 통하여 잘 나타날 수 있다. 절차란 말 그대로 과제를 완수하게 하는 일련의 단계라고 볼 수 있다. 이것은 학문적 내용이 될 수도 있고, 사회적 내용이 될 수도 있으며, 어떠한 학급의 일상을 나타낼 수도 있다. 전략이란 절차의 하위 유목으로 볼 수 있다. 전략은 학생들의 학습 방법을 돕는 하나의 기법으로, 예를 들면 어떻게 노트정리를 하는지를 돕는 일 또는 어떻게 기억하는지를 돕는 일이 이에 포함된다. 과제분석은 어떻게 보면 가르칠 내용에 따라 방법이 달라지는데 어느 경우는 일반적으로 따라야 할 일련의 단계로 기술될 수도 있고 또 어느 경우에는 꼭 순서를 지킬 필요는 없으나 여러 하위기능을 분석하는 경우도 있다.

개념분석은 주로 개념을 가르치기 이전에 시도되는 내용분석 방법이다. 개념분석에는 ① 개념의 정의, ② 모든 본보기에서 발견되는 특징적인 결정적 속성 목록, ③ 모든 본보기에서 찾아볼 수 없는 비특징적인 비결정적 속성 목록, ④ 본보기 목록, ⑤ 비본보기 목록, ⑥ 관련개념 목록이 포함된다.

원리진술은 원리를 가르치기 위하여 시도된다. 원리란 두 개념 또는 그 이상의 개념들 간의 관계를 규정하는 규칙인 셈이다. 이들은 대체로 인과형태 또는 손가락 법칙과 같은 형태를 띤다. 예를 들면, '물은 화씨 32°F에서 언다.' 라든가 '효과적인 기억전략을 사용한다면 정보의 파지가 더 잘된다.' 와 같은 경우이다. 모든 교과내용 영역에는 단순하거나 복잡한 원리가 있다.

핵심용어와 어휘분석은 핵심용어나 전문적인 어휘를 찾아 이를 정의하는 일이다. 이 정의는 학생들이 이해할 수 있는 단어로 진술되어야 한다. 대부분 이러한 분석을 쉽게 생각하여 사전이나 용어집 등을 사용하여 정의를 그대로 사용할 수 있으나, 학생들은 이를 잘 이해하지 못할 수 있다. 따라서 학생들이 이해 가능하도록 용어나 어휘를 검토하여 재진술하여야 한다.

선수학습기능과 지식은 학생들이 본시 과제학습에 들어가기 이전에 꼭 습득하여야 하는 것이다. 어느 경우에는 그 기능이 보다 일반적이고 광범위한 기능이 될 수도 있지만 어느 경우에는 구체적인 기능이 될 수도 있다. 그렇다고 모든 선수학습기능과 지식을 모두 열거하는 것은 필요하지 않을지 모르나, 이들 요소들을 고려하는 것은 중요하다 하겠다.

이상의 설명을 요약해 본다면, 개념을 가르칠 때는 개념분석을, 절차나 전략을 가르칠 때는 과제분석을, 주제를 가르칠 때는 교과내용의 개요를, 원리를 가르칠 때는 원리진술을 하여야 하며, 모든 일반 수업에서는 핵심용어와 어휘정의를 실시하고 주어진 내용이 주어진 학생들에게 적합할지를 알려면 선수학습기능과 지식을 분석하는 것이 바람직하다.

3. 학습과제분석

교육이나 훈련 프로그램을 개발하고자 할 때 우선적으로 해야 하는 일 중의 하나는 성취하고자 하는 과제의 본질을 분석하는 일이다. 과제라 함은 하위 수준의 지식이나 기능으로부터 이와 관련된 보다 높은 수준의 지식이나 기능 등이 위계적으로 구성되어 있는 지적 능력과 기능의 총체적 체계를 말한다.

과제분석이란 설정된 목표 수준이나 선정된 과제를 숙지 · 숙달하는 데 필요한 과정이나 절차를 알아보는 방식, 또는 설정된 목표를 달성하기 위하여 무슨 일을 하여야 할 것인가를 알아보는 방법이라고 볼 수 있다. 그러므로 과제분석에서 수행해야 하는 일은 과제를 구성하고 있는 요소들을 최소의 단위나 최하위 수준의 단위까지 세목화하고, 세목화된 부분이나 단위들이 서로 어떻게 연관되어 있고 조직되어 있는지를 알아보는 것이다.

학습과제분석은 다음과 같은 점에서 필요하다. 즉 학생들에게 어떠한 행동을 육성시킬 것인가에 대한 목표수립을 위하여 학생들이 수행하게 될 학습활동이 무엇인지를 분명하게 알기 위하여, 학습활동의 계열성이나 위계성에 따라서 학생들의 선수학습요소를 파악하기 위하여, 학습활동을 어떠한 순서로 전개하여야 효율적인가를 알기 위하여, 학습의 위계구조에 따라서 학습활동을 촉진시킬 수 있는 학습 보조자료의 제작을 구체화하고 적절한 시기에 활용하기 위하여, 학습활동의 결과 또는 숙달 수준을 평가할 수 있는 준거를 마련하기 위하여 필요하다.

학습과제의 유형은 과제의 성격, 과제 영역의 특성에 따라서 주제, 작업, 기능으로 나눠진다(Davies, 1973).

주제과제는 지적인 영역과 관련된 과제로 이를테면, 소금의 가수 분해 원리, 도형의 넓이와 부피의 관계, 전기에서의 옴의 법칙 등과 같은 과제를 말한다.

작업과제는 신체적 또는 심체적 기능과 관련된 과제로 주로 주어진 과제를 수행했을 때 성취된 결과가 무엇이냐에 초점을 둔다. 이를테면, 카메라에 필름 끼우기, 시계의 부품 맞추기 등이 이러한 과제에 속한다.

기능과제는 심체적 과제가 이에 해당한다. 기능분석은 수행해야 할 과제가 매우 예민한 촉각과 시각의 조화를 필요로 하는 경우에 적용하는 것이다. 이를테면, 자동차의 운전기능 등이 이에 속한다.

학습과제의 분석은 학습 위계별 분석, 학습 단계별 분석, 시간 · 기능별 분석을 들 수 있다. 학습 위계별 분석은 하나의 학습과제가 다수의 학습요소들로 구성되어 있을 때, 그 요소들을 종적 · 횡적으로 분석하는 것이다. 이를테면, 삼각형의 높이 구하기를 학습과제로 한다고 할 때 하위의 학습 요소로 삼각형의 개념을 학습해야 하고, 삼각형의 개념을 학습하기 위해서는 그 하위의 학습요소로서 직각, 빗변, 밑변, 높이 등의 하위의 학습요소로 분석하는 것이다.

학습 단계별 분석은 학습과제의 내용을 몇 가지의 영역으로 세분한 후, 각 영역을 임의의 순서에 따라서 조직하는 방법으로 학습과제의 성격에서 볼 때 내용체계나 학습자의 지적 기능이나 능력 수준에 따른 위계적 관계가 명백하지 않고, 학습활동의 계열성을 크게 강조하지 않아도 되는 교과영역이나 단원에서 활용할 수 있다.

시간 · 기능별 분석은 일련의 과정이나 기능에 따라 학습과제의 수행이 이루어질 때 적용하는 것이며, 일련의 작업과정을 면밀히 관찰하여 하나하나의 작업 동작을 처음부터 끝까지 순서화해 놓는 것을 말한다.

이상에서 살펴본 세 가지의 과제분석 접근방식은 과제를 구성하고 있는 학습 요소들 간의 관계에 따라서 특징지어질 수 있는 것들이며, 교실의 수업사태에서는 대체로 지식교육활동이 주요 업무이므로 학습 위계별 또는 학습 단계별 분석법이 이용되고 있다.

4. 수업목표 진술

수업목표의 진술을 위해서는 다양한 접근법이 있을 수 있다. '피타고라스의 정리를 증명하기' 등과 같이 교사가 해야 할 활동을 목표로 삼는 경우가 있을 수 있고, '뉴턴의 법칙' 과 같이 교과내용 자체를 열거하는 경우도 있고, '문제해결력' 과 같이 내용에 대한 명백한 규정 없이 일반 행동형만 표시하는 입장도 있었다. 그러나 위와 같은 목표 진술은 구체적인 학습경험을 선정 · 조직하고, 나아가 무엇을 평가할지에 대한 구체적 지침이 되지 못하고 있다. 수업의 전 과정에 충분한 기준으로서의 역할을 다하려면 구체적이고, 학생에게 기대되는 행동의 변화가 무엇인지가 명확히 밝혀져야만 한다. 이러한 뜻에서 수업목표를 학습결과로 보는 입장이 설득력을 얻게 된다. 따라서 여기서는 수업목표란 일련의 수업과정을 거쳐 이루고자 하는 의도하고 기대하는 학습결과로 정의한다.

그런데 수업목표의 사용을 찬성하는 사람도 있고, 반대하는 사람도 있다. 수업목표의 사용을 찬성하는 사람은 수업목표를 사용하므로 수업에의 효과가 크다는 것이다. 이 점에 관하여 Cooper(1986)는 수업목표를 수업계획 및 수업실행과 관련하여 다음과 같이 설명하고 있다.

첫째, 수업목표는 수업을 계획할 때 중요한 내용을 부각시키고 별로 중요하지 않은 내용은 제거하도록 하는 데 도움이 되며, 동시에 여러 행동영역의 수준을 균형 있게 해준다. 즉, 기억, 이해, 문제해결 등과 같은 영역의 목표를 균형 있게 설정하는 데 도움이 된다.

둘째, 수업목표는 효과적인 수업사태를 계획하는 데 도움이 된다. 수업사태란 학생들이 학습을 목적으로 그들이 참여하는 일련의 활동을 의미한다. 교사의 설명을 듣는 것, 과제를 수행하는 것, 연습문제를 푸는 것 등 이러한 모두가 수업사태의 본보기가 된다.

셋째, 수업목표는 다양한 평가절차를 계획하는 데 도움이 된다. 학급평가에서 중요한 고려사항 중 하나가 타당도와 신뢰도이다. 수업목표는 바로 기대되는 학습결과로서, 이것은 타당도 검사도구의 개발에 있어 핵심이 된다.

수업목표는 단지 수업계획 단계에서만 도움이 되는 것은 아니다. 수업목표는 수업의 전 과정의 지침이 된다. 수업 중 교사와 학생의 모든 상호작용의 근거는 곧 수업목표가 된다. 수업목표에 따라 그 상호작용의 양태는 달라지는 것이다. 어떤 자료를 쓸 것인가, 어떠한 방법을 사용할 것인가, 어떠한 발문을 사용할 것인가, 어떠한 강화를 쓸 것인가 등 이 모든 활동의 준거는 바로 수업목표가 된다.

수업목표는 또한 평가의 준거가 된다. 평가란 수업목표의 실현정도를 판단하는 과정이기 때문이다. 이러한 수업목표의 기능 때문에 결국 수업은 효과적이 되어 학생들의 학습효과도 증대된다는 것이다.

이러한 주장에 대한 반론도 만만치 않다. 그 반대 입장을 Cooper는 다음과 같이 정리하면서 논의하고 있다.

1. 좋은 수업목표를 작성하려면 많은 노력과 전문성이 요구된다.
2. 수업목표를 활용하면 개별화 교육과 인간화 교육에 지장을 초래하게 된다.
3. 수업목표를 활용하면 교사의 융통성이 줄어든다.
4. 수업목표를 활용하므로 보잘것없는 학습결과에 이르게 된다.

그러나 이상의 반대를 좀 더 깊이 생각해 본다면 꼭 문제인 것만은 아니다. 오히려 수업목표를 적절히 사용한다면 각각의 반대에 긍정적인 면이 더 많음을 알 수 있다. 즉, 이들 반론 하나하나를 세밀히 검토해 본다면 수업목표 자체의 문제가 아니라 그 활용방식에 문제가 있는 것이다.

수업목표를 중요한 수업 보조도구로 사용하지 않고 단지 형식적인 것으로만 인식하고 적절히 사용하면 오히려 이러한 반론에 대한 긍정적인 면이 있다.

우선 수업목표가 많은 노력과 전문성이 요구된다는 반론과 관련하여 어느 면에서 그 주장은 옳다. 그럼에도 불구하고 수업목표가 수업을 개선해주고 효과적인 학습을 가져다준다면 분명 수업목표의 작성과 활용은 그만큼의 노력할 가치가 있다고 볼 수 있다.

둘째, 수업목표 활용이 개별화 교육과 인간화 교육에 방해가 된다는 주장은 아마도 주어진 목표에 모든 학생들을 똑같이 도달하게 하기 때문에 개인차를 충분히 고려한 수업이 어렵다고 보는 것 같다. 그러나 수업목표들을 상세화해 놓고 각각의 개인별 학습 진전에 따라 그 다음의 개인별 목표를 설정하는 데 도움이 될 수 있다.

셋째, 수업목표를 활용하면 자발성이 줄어들고 융통성이 감소된다는 주장은 아마도 수업목표에 자신의 행동을 맞추다 보니까 그러한 생각을 하는 것 같다. 그러나 교실에서는 돌발적인 상황이 자주 발생한다. 이러한 경우 수업목표가 분명할수록 수업의 방향을 올바로 잡아 오히려 수업의 효과에 도움이 될 수 있으나, 수업목표에 대한 분명한 의식이 없다면 혼란스럽고 우왕좌왕하기만 하여 수업을 엉망으로 만들기 쉽다.

넷째, 수업목표를 활용하면 사소한 학습결과를 가져온다는 주장은 아마도 행동적 수업목표에 대한 비판이라고 볼 수 있다. 수업목표를 행동적 목표로 상세화하다 보면 최종적으로 진술된 목표들은 사소한 것으로 구성될 수 있다. 그러나 목표 진술 그 자체의 문제라기보다는 수업이 끝난 후 평가를 실시할 때 이러한 사소한 목표들만을 대상으로 평가를 하는 데 문제가 있다. 대체로 수업목표는 단원목표를 근거로 분석되는데 목표는 지식, 이해, 사고력, 태도, 기능이 골고루 균형 있게 작성된다고 볼 때, 시시한 학습결과를 가져오는 것은 평가이지 수업목표가 아니라고 볼 수 있다.

이상의 논의에서 볼 때, 수업목표는 결국 수업을 효과적으로 이끌고 학생들의 학습을 증진시키는 데 도움이 된다.

5. 수업목표 진술형태

앞에서도 잠깐 언급했지만, 수업목표를 진술할 경우 교사의 행동만으로 그리고 내용만으로, 그리고 학생의 일반 행동형으로만 목표를 진술한 경우를 언급하면서 학습자의 기대되는 학습결과를 진술할 것을 제안하였다. 그런데 학습자의 학습결과로 진술할 경우 일반 수업목표로 진술할 것이냐, 구체적 수업목표로 진술할 것이냐가 문제시된다. 오래전에는 수업목표로 일반목표를 주로 사용하다가 Mager(1984)의 『수업목표 진술』이라는 책이 출간되면서 수업목표를 구체적 행동목표로 진술하는 경우가 많아졌다. 그러나 모든 목표를 행동적 목표로 진술하기가 어렵다는 점이 인정되면서 Gronlund(1991)의 『수업목표 진술』이라는 책이 나오면서 일반목표와 구체적 목표를 함께 제시할 것을 권장하게 되었다. 그러나 학교현장에서는 아직도 행동목표만을 강조하는 교사, 일반목표와 구체적 목표 모두를 강조하는 교사들이 있다. 여기서 수업목표 진술의 대표적인 몇몇 학자들의 목표진술 방법을 알아본다.

1) Tyler의 수업목표 진술

Tyler(1950)는 수업목표 속에는 다루어야 할 내용 영역과 추구해야 할 행동 영역이 동시에 기술되어야 한다고 주장하였다.

> "수업목표(그는 교육목표라고 말하고 있음)를 진술할 경우는 학생 속에 길러져야 할 행동의 유형과 그러한 행동이 나타나야 할 내용 또는 생활영역 모두가 진술되어야 한다. 예컨대, '사회생활문제에 관한 명확하고 잘 조직된 연구 보고서를 쓴다.' 라고 하는 수업목표에는 명확하고 잘 조직된 연구보고서를 쓴다는 행동과 그 연구보고서가 다루어야 할 생활영역 두 가지가 모두 표시되어 있다. '영양문제에 관한 믿을 만한 정보원에 익숙하기' 라는 목표 속에도 믿을 만한 정보원에 익숙하기라는 행동의 유형과 영양문제를 다루는 정보원이라고 하는 내용의 두 가지가 다 포함되어 있다" (Tyler, 1950, p.47).

내용과 행동이 동시에 들어 있는 수업목표의 예를 다음과 같이 들 수 있다.

"지도에서 축적의 의미를 이해할 수 있다."

2) Mager의 수업목표 진술

Mager(1984)는 Tyler 이래 수업목표를 행동용어로 진술하여 이 방면에 대한 새로운 연구 붐을 일으킨 업적을 가지고 있다. 그에 의하면 수업목표는 성공적으로 수업을 마친 학생들이 보여주어야 할 관찰될 수 있는 행위(performance)를 명시하도록 설정되고 표현되어야 한다는 것이다. 즉, 수업목표 속에는 다음과 같은 세 가지 요소가 동시에 포함되어야 한다.

1. 수업을 통해서 얻으려고 하는 도착점 행동을 나타내는 행위동사
2. 이 행위가 발생되어야 할 중요조건이나 장면의 기술
3. 이 행위가 성공적인 것인지 아닌지를 판단하기 위한 수락기준의 명시

이 세 가지 조건이 포함된 수업목표의 예로 '10개의 1차 방정식 문제가 주어졌을 때(조건) 40분 이내에 모든 문제를(수락기준) 정확하게 풀 수 있다(도착점 행동).' 를 들 수 있다.

이와 같은 Mager의 수업목표 진술방법은 Tyler의 '행동 + 내용' 의 2차원적 표시방법보다 훨씬 더 정밀하다. 그러나 Mager의 방법에 따라서 교과의 수업목표를 남김 없이 구체화할 수 있는가 하는 현실적인 어려움이 있다. 그러나 이 방법의 특유한 강점을 또한 경시할 수는 없을 것이다.

3) Gronlund의 수업목표 진술

Gronlund는 수업현장의 목표를 준비할 때는 항상 두 단계의 과정을 거치는 것이 바람직하다고 주장한다. 첫째 단계는 수업목표가 일반적인 학습결과로서 진술된다는 것이다. 둘째 단계는 각 수업목표가 학생들이 수업목표를 성취했음을 보여주기 위해 학습경험의 끝에 행동징표를 증명할 수 있는 특수학습과제를 열거함으로써 더욱 한정지어져야 한다는 것이다(Gronlund, 1991, p.10).

그의 진술양식을 밝히면 다음과 같다.

1. 의도적 학습결과로서 일반 수업목표를 진술한다.
2. 각 수업목표하에 목표의 도달을 가리키는 구체적이고 대표적인 학습결과 표본을 열거한다.

이상의 양식에 따른 보기를 들면 다음과 같다.

1. 단원에 속해 있는 기본 용어들의 의미를 안다.
   - 1-1. 용어의 정의를 쓴다.
   - 1-2. 뜻이 비슷한 용어를 구별한다.
   - 1-3. 용어의 동의어를 한 개 찾아낸다.
   - 1-4. 용어의 반의어를 한 개 찾아낸다.
   - 1-5. 개념의 묘사에 용어를 맞춘다.

이상의 수업목표 진술에서 보았듯이 Gronlund는 일반적인 수업목표를 제시하고, 그 다음으로 구체적이고 대표적인 행동목표를 제시할 것을 주장한다. 이 점이 앞서 검토한 Tyler나 Mager의 진술방식과 다른 점이다. 여기에서 일반 수업목표와 구체적 수업목표를 구분하여 설명할 필요가 있다.

(1) 일반목표 진술

수업목표의 일차적 단계는 수업에서 기대하는 일반적인 학습결과를 진술하는 것이다. 일반적 수업목표란 학생의 성취영역을 포괄할 수 있도록 일반적인 용어로 진술한 의도된 학습결과를 말한다. 그런데 일반 수업목표는 일련의 구체적 목표에 의하여 정의된다. 교사들은 흔히 교육과정, 학습과정 또는 교과에 집중하여 기대되는 수업결과를 소홀히 취급하는 경향이 있다. Gronlund는 일반목표 진술의 지침으로 다음과 같은 내용을 제시하고 있다.

1. 일반 수업목표를 의도된 학습결과로 진술한다(예, 학생들의 도착점 행동).
2. 각각의 일반목표는 학생의 성취영역을 포괄하리만큼 일반적인 동사를 사용한다. "학생은 …을 할 수 있다."라는 진술은 생략한다.

3. 일반목표가 한 가지 일반적인 학습결과만을 포함하도록 진술한다.
4. 수업목표 진술은 다른 여러 단원에서도 사용할 수 있도록 구체적인 교과내용을 포함시키지 않도록 한다.
5. 구체적인 일련의 학습결과로 정의될 수 있도록 각각의 일반목표의 일반성 수준을 맞추어 진술한다. 한 단원에는 2 내지 4개의 일반목표를 포함시킨다.

(2) 구체적 수업목표 진술

Gronlund에 의하면 일반 수업목표를 진술하고 나면 이제 각 일반목표를 그 목표가 달성된 증거로서 수용할 구체적인 학생의 성취유형의 입장에서 진술하여야 한다. 이 구체적 학습결과가 구체적 수업목표로서 "학생은 용어를 안다." 또는 "원리를 이해한다." 또는 "도표를 해석한다."라고 진술할 경우 그것이 뜻하는 바를 조작적으로 정의한 것이라고 볼 수 있다.

구체적 수업목표 진술과 관련하여 Gronlund는 다음과 같이 요약하고 있다.

1. 일반 수업목표를 기대되는 학습결과로 진술한다.
2. 각각의 일반 수업목표아래 구체적인 학습결과를 열거하라. 이 학습결과는 학습자가 목표를 달성했을 때 보여주게 될 도착점 행위를 나타낸다.
   - 분명하게 관찰할 수 있는 성취행위를 구체화하고 수업의 의도를 전달할 수 있는 동사를 사용하여 각각의 구체적인 학습결과를 진술한다.
   - 목표를 달성한 학생들의 성취를 나타내는 대표적이고 구체적인 학습결과 표본을 각각의 일반목표 아래 열거한다.
   - 수업목표에 표본검사문항을 함께 제시한다.
   - 다른 단원에 사용할 수 있도록 구체적인 학습결과를 진술할 때 구체적인 교과내용을 매개시킨다. 예를 들면, "심장의 부분들을 확인한다.", "허파의 부분을 확인한다."라는 목표 대신 "주어진 구조의 부분들을 밝힌다."로 진술한다. 이처럼 목표를 진술할 때 구체적 내용을 제외시켜 진술하면 다른 여러 단원에도 적용할 수 있다.
   - 각각의 구체적 학습결과가 목표와 관련이 있는지를 확인하다.

3. 일반 수업목표를 구체적인 학습결과의 입장에서 정의할 경우 필요하면 본래의 목표들을 수정하고 다듬는다.
4. 복잡한 수업목표를 구체적인 학습결과의 입장에서 정의하기 힘들다고 이를 생략하지 않도록 조심한다.
5. 복잡한 목표를 정의하는데 가장 적합한 구체적 성취행위를 밝히는데 도움이 되는 관련 자료들을 참고한다.

이상의 논의에서 어떠한 수업목표를 사용해야 하는지에 대하여는 많은 논란이 일고 있다. 교사가 어느 방법을 사용할지는 비단 교사 자신의 철학과도 관계있지만 그 외에 학교, 교육청, 교육부 등의 영향을 많이 받게 된다. 결국 수업목표는 학생들에게 교사의 의도를 전달하고 교사로 하여금 학생들의 성장발달을 평가하는데 도움을 주는 데에도 목적을 두고 있다.

상식적으로 또는 여러 연구결과에 의하면 대체로 Gronlund의 진술방법을 지지하고 있다. 앞에서도 언급했지만 그는 우선 일반목표를 진술하고 이어 이를 상세화하여 보다 구체적인 수업목표를 진술할 것을 강조한다. 어느 정도까지 상세화할 것이냐에 대하여는 정답이 없다. 그러나 일반 수업목표를 대표할 수 있다고 판단되는 구체적 수업목표를 진술하는 것이 좋을 것이다.

6. 교수 · 학습 과정안의 요소

수업계획의 마지막 단계는 교수 · 학습 과정안을 작성하는 것일 것이다. 대개의 경우 단원의 지도계획을 먼저 작성하고 그 다음에 차시별 교수 · 학습 과정안을 작성하게 된다. 교과목에 따라 약간 차이는 있으나 교과서는 5~6개의 대단원으로 구성된다. 그리고 대단원은 중단원 또는 소단원으로 구성된다. 교과나 단원의 특성에 따라 차이는 있을 수 있으나 우리나라의 경우 여러 교과에 공통적인 구성요소는 ① 단원명 ② 단원의 개관 ③ 단원목표 ④ 지도상의 유의점 ⑤ 학습과제 분석(내용의 구조) ⑥ 출발점 행동의 진단과 처치 ⑦ 단원의 전개 등이다.

미국의 경우 여러 단원계획에 공통된 요소를 아래와 같이 제시하고 있다(Moore, 2005).

1. 주제
2. 목적과 목표
3. 내용과 개요
4. 학습활동(교사활동 · 학생활동)
5. 자원과 자료
6. 평가

여기서는 차시수업계획을 좀 더 구체적으로 살펴본다. 차시수업계획은 구체적 수업목표를 달성하기 위한 교수 · 학습 과정에 대한 계획이다.

우리나라의 경우 대개 차시 교수 · 학습 과정안에 들어갈 공통된 내용은 ① 수업목표 ② 주요수업절차 ③ 학습내용 ④ 교수 · 학습 활동 ⑤ 수업매체 ⑥ 시간계획 등으로 구성되어 있다.

외국의 경우 일반적으로 널리 사용되고 있는 기본 교수 · 학습 과정안(Jacobson, Eggen & Kauchak, 1993; Orlich et al., 2001)은 다음과 같다.

1. 목표(단원계획으로부터 선정한 당일의 구체적인 학습의 의도)
2. 서론(도입) (수업 초에 학생의 주의와 관심을 끌어들이기 위한 활동)
3. 내용(수업에서 가르칠 내용의 개요)
4. 방법과 절차(단원계획에서 선정한 당일의 전개활동을 순서대로 열거하기)
5. 정리(마무리 활동)
6. 자원과 자료(수업에 필요한 수업자료의 목록)
7. 평가 절차(학생들이 수업에서 의도한 학습결과를 얼마나 잘 숙달하였는지를 결정하기 위한 활동과 기법)
8. 과제(다음날까지 완성해야 할 수업 중 과제 또는 숙제)

교수 · 학습 과정안은 어떠한 수업접근을 사용하느냐에 따라서도 달라진다. 크게 교사 중심 접근수업과 학습자 중심 접근수업으로 나누어볼 수 있다. 이 경우 교사 중심수업으로 강의, 암송, 소크라테스식 발문, 기능 수업을 생각해볼 수 있다. 이러한 수업형태에 적합한 교수학습 과정안으로 Hunter(1982)는 일곱 단계의 과정안을 다음과 같이 제시하고 있다.

1. 도입(수업이 시작되기 전 행동들을 집중시키기 위하여 고안된 교사의 활동)
2. 목표와 목적(학생들에게 다음 수업에서 무엇을 배우게 될지 그리고 그것이 어떠한 쓸모가 있는지를 알려주는 진술)
3. 투입(학생들이 배울 새로운 지식, 과정 또는 기술)
4. 모델링(배우게 된 지식, 과정 또는 기술의 이해력을 개발하는 데 사용되는 본보기—새로운 지식, 과정 또는 기술을 설명하기 위한 기법이 포함됨)
5. 이해의 점검(교사 지시 활동(모델링)의 전후나 학습자 안내 활동 전후에 있을 학습의 의도를 이해하고 있는지를 결정하기 위한 방법)
6. 지시적 연습(교사의 감독 아래 새로운 지식, 과정 또는 기술을 연습하는 것)
7. 독자적 연습(새로운 지식, 과정 또는 기술을 감독 없이 연습하는 것, 여기에는 자습이나 숙제가 있다.)

한편 학습자 중심 수업으로서의 소집단 학습에 적용될 수 있는 교수 · 학습 과정안으로 Moore(2005)는 다음과 같은 안을 제시하고 있다.

1. 목표(학생들이 수업이 끝난 후 무엇을 할 수 있는지 또는 구체적인 학습의 의도를 진술)
2. 주의집중(도입) (학습과제에 학생의 주의와 관심을 집중시키기 위한 교사의 지시적 활동)
3. 주요과제(집단과제 배당, 집단 학습지시, 학생의 선택사항에 대한 교사의 설명)
4. 집단 활동(교사에 의해 배당된 과제로 교사는 전략을 선택할 수 있게 하거나 아니면 학생 자신이 자신의 전략을 개발하도록 한다.)
5. 보고를 받는다.(효과적이고, 효과적이 아닌 전략은 물론, 부과된 과제의 결과의 제시 및 분석)

6. 자원과 자료(집단에 부과된 과제를 수행하고 완료하는 데 요구되는 자료를 열거한다.)
7. 평가(학생들이 과제와 목표를 성취했는지를 점검하기 위하여 사용되는 형식적, 비형식적 기법)

이상의 내용에서 보아 알 수 있듯이 교수 · 학습 과정안의 기본 틀은 큰 변화가 없다. 즉 목적, 목표, 도입, 내용의 개요, 방법, 절차, 자원, 자료, 평가의 기본체제는 공통적이라고 볼 수 있다. 단 차이가 있다고 한다면 방법 또는 교수 · 학습 활동이 목표나 내용에 따라 상당히 달라짐을 알 수 있다. 따라서 교사들은 이 점에 유의하여 교수 · 학습 과정안을 작성해야 할 것이다. 이제 단원의 계획과 차시 수업계획에 대하여 자세히 알아본다.

7. 단원계획

1) 단원의 개념

단원이라 함은 교재 및 경험내용의 통일성, 단일성, 전체성을 의미한다. 단원에는 중추적인 주제가 있고 이 주제를 중심으로 일련의 학습활동과 내용이 조직되어 있다. 다시 말하면 단원은 여러 차시수업으로 구성되어 있다. 교과서에 따라 차이가 있지만 대체로 교과서는 넷에서 여섯 단원으로 구성되고, 하나의 단원은 최소 3차시에서 많게는 7, 8차시 수업으로 나누어진다. 단원은 또한 자료단원과 학습단원으로 나누어진다.

자료단원이라 함은 교사가 학습단원을 계획하고 전개시키고 평가함에 있어 도움이 될 여러 자료를 조사, 분석하여 이를 체계적, 종합적으로 조직해놓은 것을 말한다(Alberty, 1954). 이영덕(1960)은 자료단원의 정의를 다음과 같이 풀이하고 있다.

"교사가 학생과 더불어 단원학습을 이끌어나갈 때 필요한 여러 가지 생각이나 자료를 끌어다 쓸 수 있는 이를테면 하나의 학습 자료의 저장고라 함이 타당할 것 같다." (pp. 186-187)

한편 "학습단원이란 학습자의 행동에 바람직한 변화를 가져올 수 있는 학생에게 유의한 목적과 내용과 사고와 작업과 평가를 포함하는 일련의 관련 활동을 말하는 것이다." (p. 206)

여기서는 학습단원을 중심으로 논의를 전개하고자 한다.

2) 단원의 계획, 요소

단원계획이란 교육과정을 학생에 제공하기 위한 구체적인 계획이다. 흔히는 이를 단원전개안, 단원지도안, 단원지도계획으로 부른다. 단원지도에 관련된 내용은 교사용 지도서에 자세히 진술되어 있다. 그러나 지역 및 학교의 특성, 학습자의 특성에 따라 차이가 있을 수 있어 단원지도계획을 재구성하여야 한다.

단원의 계획에는 어떠한 요소가 포함되어야 하는가?

이 문제에 대하여는 고정된 답이 없다. 학자들마다 단원계획에 포함시키는 요소가 다양하다. 그러나 단원전개에 대하여 김종서(1997, p189)는 다음과 같이 설명하고 있다.

"단원계획은 수업과정의 모형에 기초하여 이루어져야 한다. 즉 수업과정을 구성하고 있는 요소 하나하나에 대한 세안을 작성하는 것이 단원계획이라 할 수 있을 것이다. 이렇게 볼 때 단원계획은 교과별 수업모형에 근거해야 할 것이다." (p.189)

그러나 그는 이어 여러 교과에 공통적으로 적용될 수 있는 일반 수업모형을 수업목표의 설정, 학습과제의 분석, 출발점 행동 진단과 보충과정, 수업전략, 단원전개 및 평가로 나누어 단원전개계획을 설명하고 있다. 다음은 몇 명의 학자들이 제시하고 있는 단원계획안을 제시한다.

3) 단원계획안의 예시

여기에 제시되는 단원계획안으로는 Cole과 Chan의 계획안, Jacobson, Eggen과 Kauchak의 단원계획안, Shambaugh와 Magliaro의 단원계획안 그리고 김종서의 단원계획안을 소개한다.

(1) Cole과 Chan(1987)의 단원계획안

Cole과 Chan(1987)은 단원의 계획안을 여덟 단계로 나누어 설명하고 있다.

① 주제의 선정

우선 교과의 구체적인 주제를 선정한다. 주제는 사실, 관계 또는 개념으로 이루어진다. 예를 들면 교사는 화산, 일차 대전의 원인, 연립 방정식 풀기, 간단한 분수 계산과 같은 주제를 선정할 수 있는데 이러한 주제는 교육과정의 요구조건과 학생의 요구를 고려하고 난 후 선정된다.

② 내용의 선정

수업의 주제가 선정되고 나면 다음으로 단원의 내용을 결정해야 한다. 내용을 선정할 때는 학생의 흥미와 능력을 고려하여야 한다. 자료 선정 또한 마찬가지이다. 예를 들면 학생의 능력 수준에 따라 '비의 형성' 이란 주제는 단비와 대류성 강우의 형성과정에 대한 구체적이며 수준 높은 내용이 선정될 수도 있거나 비의 순환에 관한 단순한 기호적 사실이 될 수도 있다.

③ 과제분석

과제분석이란 최종목표를 달성하는 데 요구되는 하위요소나 기능을 분석하는 것을 말한다. 여기에는 세 가지 절차가 있다.

- 정보처리 분석: 이것은 학습자가 구체적인 성취행동을 완수하기 위하여 무엇을 할지를 밝히고 교사로 하여금 표적행동을 구성하는 하위 과제를 결정하는 절차이다.
- 과제 분류: 표적 수행행동을 사실, 개념, 관계, 규칙, 인지전략, 운동 기능 또

는 태도와 같은 학습 유목으로 분류하는 과정

- 학습과제 분석: 표적행동을 달성하기 위하여 학생이 습득해야 하는 선행조건(선수학습요소)을 규명하기 위한 절차

④ 계열구성과 시간사용 계획

정보처리 과정분석이 끝나고 표적행동의 구성과제가 규명되면, 교사는 가르치는 데 가장 적합한 계열을 결정하기 위해 구성과제 간의 관계를 알아보아야 한다. 구성과제들은 위계적 또는 비위계적으로 구성된다.

학생들이 하위과제를 숙달하지 못하면 상위과제를 적절히 학습하지 못하는 경우 위계적 순서가 존재한다고 볼 수 있다. 이러한 과제들은 이전 과제의 수행능력에 의존함으로 특별한 계열을 갖추어 가르쳐져야 한다. 여러 과제들이 꼭 순서에 따라 수행되지 않을 때는 비위계적이라고 한다. 이 경우 과제들은 쉬운 데서 어려운 과제로 또는 학문의 논리에 따라 계열을 갖출 수 있다.

그 다음으로 교사는 각 학습과제에서 요구되는 시간량과 단시수업 시간수를 결정하여야만 한다. 이러한 정보를 이용하여 교사는 각 단시수업의 수업목표와 내용을 명시한 잠정적인 시간계획을 수립할 수 있다.

⑤ 수업전략의 선정

다음 단계는 수업전략을 선택하는 일이다. 수업전략의 선정은 전 단계에서의 수업내용의 분석 및 상세화에 근거를 두어야 한다. 여기서는 수업방법의 종류, 매체와 자료, 학습활동 그리고 학생의 집단편성을 결정해야 한다.

- 수업방법: 특정 단원에 적합한 수업방법이 지시적 수업방법, 발견학습 방법, 개별학습, 소집단지도 방법 중 어느 하나인지 아니면 이 중 몇 가지인지 아니면 모든 방법인지 결정해야 한다.
- 매체와 자료: 교사는 연습장, 괘도, 도표, 필름, 비디오, 슬라이드 사진 또는 다른 시청각 자료를 활용할지 여부를 결정해야 한다.
- 학습활동: 모든 가능하고 적절한 학습활동 예를 들면, 연습문제 풀이, 쓰기 과제, 도서 찾기, 실험, 방문, 소풍과 같은 학습활동을 고려해야 한다.
- 학생집단 편성: 주어진 활동을 위하여 학생을 어떻게 편성할까? 주어진 활

동을 위한 집단의 크기는 어떠한가? 이러한 문제들이 고려되어 적합한 집단 편성이 계획되어야 한다.

⑥ 동기유발과 강화방법의 계획

수업의 효과를 위하여 앞에 설명한 수업전략은 동기유발 절차를 통하여 보충되어야 한다. 교사는 주제에 대한 관심을 불러일으키고 유지하기 위한 강화방법을 강구해야 한다.

⑦ 피드백과 교정절차의 계획

단원을 계획하려면 교사는 학생의 수행에 대한 피드백 제공 방법을 알고 있어야 한다. 또한 교정 수업을 조직하는 데 실제로 피드백을 어떻게 사용할지를 고려해야 한다. 첫 수업이 끝났는데도 목표에 도달하지 못한 학생들을 위하여 별도의 자료와 활동을 설계해야만 한다.

⑧ 사정 및 평가절차의 계획

교사들은 수업단원을 설계할 때 또는 수업의 중간단계에서 학생의 학습진전과 수업전략의 효과를 점검하기 위하여 평가계획을 수립해야만 한다. 선수기능, 학습내용에 관한 지식, 최종 학습결과를 측정하기 위한 방법을 고안해야만 한다. 이러한 방법으로는 구두 또는 필답시험이 있을 수 있고, 형식적 또는 비형식적 절차가 될 수 있으며, 평가목적을 위한 연습문제와 숙제가 될 수 있다.

(2) Jacobson, Eggen, Kauchak의 단원계획안

Jacobson과 Eggen, 그리고 Kauchak(1993)에 의하면 단원계획은 장기 수업계획과 구체적 단시 수업계획 사이의 중간단계에 있다는 것이다. 단원은 학생들의 연령이나 주제에 따라 일주일 또는 2주, 심지어 한 달까지 계속된다. 장기계획에서와 마찬가지로 단원계획에서 교사는 목표달성을 향한 학습 진전, 자료의 가용성, 특정 활동의 시간적 요구, 기타 문제를 고려해야 한다.

단원계획에 필요한 수업기술로는 다음과 같은 내용이 포함된다(Cooper, 2003).

1. 학생의 행동 관찰
2. 학생의 요구 진단
3. 목적과 목표 설정
4. 목적과 목표의 계열화
5. 목표와 관련된 적절한 학습활동 결정

단원을 계획하는 일은 개별적인 문제이고 단원의 구성요소들이 교사마다 차이가 있지만, 일반적으로 단원은 다음과 같은 구성요소를 포함한다.

〈단원의 구성요소〉

구성요소	설명
단원주제	단원주제를 명확히 한다.
단원목표	일반적으로 학습자들이 성취해야만 하는 것을 기술한다.
이론적 근거	왜 단원이 중요한지 구체화한다.
내용 개요	단원에 포함되어야 하는 주제를 명확히 하고 계열화한다.
구체적 단원계획	단원 내의 단위수업에 대한 구체적 지침을 제공한다.

〈서로 다른 영역의 단원주제들〉

국어	사회
명사	남북전쟁
구두점	식민시대
단편소설	자본주의와 사회주의
단락 쓰기	미국의 산업혁명
건강	**과학**
호흡체계	파충류
약물	식물
영양	전기
운동	핵에너지

표에 제시된 단원계획의 구성요소를 살펴본다.

① 단원 명칭

단원은 일반적 주제에 초점을 두고 있는 상호 관련을 맺고 있는 일련의 단시 수업들로 구성된다. 여러 내용 영역에서는 주제에 대한 본보기가 표에 제시되어 있다. 그런데 대부분의 주제들은 이미 각과 교육과정에 제시되어 있다. 그러나 지역사회, 학교, 학습자의 특성에 따라 단원의 주제는 달라질 수 있다. 그러므로 단원을 효과적으로 구성하려면 교사들은 교과서의 일부 장만을 (이것은 일반적으로 대략 단원의 길이와 관련이 있다) 채택하고 교과서에 없는 자료를 추가하거나 교과서의 주제의 계열을 바꾸어야 한다.

② 단원의 목적

단원주제를 정한 후에 교사들은 그 단원에 대한 전반적인 목적 또는 목표를 고려하여야 한다. 일부 단원목적의 예들이 표에 제시되어 있다. 목적은 단원의 핵심을 구성한다. 목적을 상세화할 때 교사들은 주제와 관련하여 학생들이 무엇을 이해하고 무엇을 실천할 수 있기를 바라는지를 결정하게 된다. 예를 들면, 식물에 관한 단원에서 '왜 식물이 우리의 삶에 중요한가' 를 이해하는 것이 수업목적의 중요한 구성요소임을 앎으로써 교사는 구체적인 차시수업안을 계획할 때 구체적인 수업목표와 학습활동을 결정하는 데 도움이 된다.

③ 단원에 대한 이론적 근거

단원의 계획 과정에서 이론적 근거에 대한 의사결정은 다른 어떤 계획 과정의 요소에 대한 의사결정보다 더 중요하다고 볼 수 있다. 이 의사결정이 중요한 데에는 두 가지 이유가 있다.

첫째, 우리는 지식의 폭발이라는 말을 자주 듣게 된다. 이것은 교과서에 실린 엄청난 양의 정보만 보아도 알 수 있다. 책에 있는 모든 주제들을 깊이 있게는 아니더라도 심지어는 피상적으로라도 이들을 모두 가르친다는 것은 불가능하기 때문에 교사는 어떠한 주제가 가장 중요하고, 이들을 어떠한 계열로 가르치는 것이 가장 중요한지를 결정해야 한다. 따라서 교사는 그들이 가르칠 주제를 선정하고 다른 것보다 더 중요한 목표와 주제를 장려하는 이유를 생각하지 않으면 안 된다.

〈단원의 주제와 목표〉

주제	목표
접미사(4학년)	이 단원의 목표는 학생들이 단어에 접미사를 첨가하는 규칙을 이해하는 데 도움을 준다.
식물(7학년)	이 단원의 목표는 학생들이 식물의 부분들, 그 부분들의 기능, 건강한 식물을 위한 필요조건들 그리고 생태계에서 식물의 결정적 역할을 이해하는 것이다.
남북전쟁(8학년)	이 단원은 미국의 역사를 배우는 8학년 학생들이 남북전쟁의 원인, 사건, 결과, 여파를 이해하도록 구성되어 있다.
방정식 풀이(대수)	이 단원 마지막에, 대수를 배우는 학생들은 두 개나 그 이상의 연립방정식을 풀 수 있어야 한다.

둘째, 계획과정에서 주제 선정에 대한 이유를 의식적으로 생각하므로 단원을 가르치고 난 후 반성을 위한 틀이 생겨나고, 나아가 반성의 과정을 더욱더 유의미하게 한다.

④ 내용의 개요

단원의 목적과 이론적 근거를 결정하고 나면 그 다음으로 단원의 주요 내용을 개괄해야 한다.

내용의 개요 부분에서는 일반적 주제를 보다 구체적이고 교수 가능한 하위 주제로 나눈다. 단원을 도입할 때 교사는 선행조직자로 단원의 개요를 제시하여 단원이 어디로 향하고 아이디어를 어떻게 관련 지을지를 이해시키는 데 도움을 준다. 이외에 단시 수업을 도입할 때, 교사는 학생들에게 본시 수업과 이전 수업 그리고 미래 수업과의 관계를 이해시키는 데 도움을 준다. 서로 다른 두 단원의 내용을 개관하는 상이한 방법이 다음 그림에 제시되어 있다. 어떠한 방법을 선택하느냐는 내용과 개인의 선호도에 따라 달라진다.

교사가 이 내용의 개요 중 어느 하나를 사용한다고 해보자. 그렇다면 교사는 이미 단원의 구체적 목표를 고려할 준비가 되어 있다고 볼 수 있다. 여기서 교사가 해야 할 과제는 내용의 주제들을 측정 가능한 목표로 번역해내는 일이다. 그리고 이러한 목표들은 Bloom의 목표 분류의 입장에서 계열화되어야 한다. 이것이 수업의 순서가 됨은 물론 학생들에게 기대되는 행동을 명료화하는 방법이 된다.

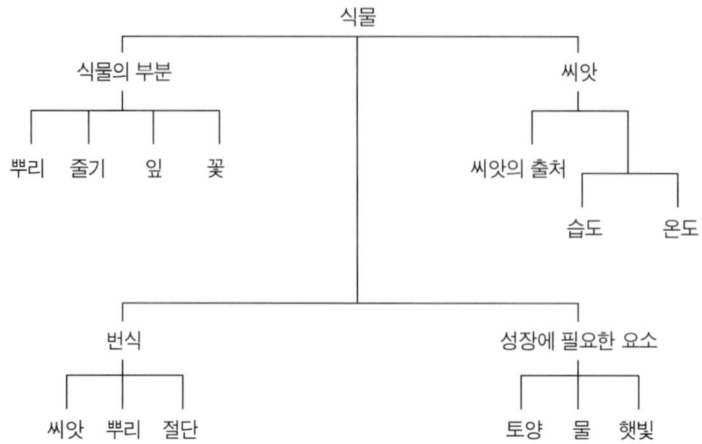

[그림 2-1] 식물 단원 내용의 개요

(3) Shambaugh와 Magiliaro의 단원계획안

Shambaugh와 Magiliaro(2006)는 단원계획의 요소를 크게 단원 기술, 단원 이전의 사고, 단원과 차시 수업의 개관, 단원평가, 참고사항, 차시계획안으로 나누고 있다. 이들 각각의 요소를 간단히 설명한다.

① 단원 기술

여기에는 단원의 성격 진술, 단원 선정의 이유, 학습 결과, 주요 수업전략과 학습 신념에 대한 기술(description)이 포함된다.

② 단원 작성 전 고려사항

학교 프로파일 지역사회, 학군의 학교체제, 개별학교를 기술한다. 학년 수준, 출석률, 교직원 수도 적는다. 학교의 철학과 이 단원과 관련 있는 정책을 기술한다. 예를 들면 통합, 공학, 부모참여에 관한 정책을 기술한다.

이전의 교수 방법 이 단원을 가르쳤던 교실 상황, 자신을 포함하여 동료, 협력 교사가 이전에 이 단원을 어떻게 가르쳤는지를 기술한다. 만일에 이 단원을 가르친 적이 없는 새로운 내용이라면 이전에 학생들은 그 내용을 어떻게 학습했는지를 기술한다.

〈표 2-1〉 표 유제품 단원 내용의 개요

우유와 유제품
- Ⅰ. 역사
- Ⅱ. 우유의 영양성분
  - A. 지방, 단백질, 탄수화물
  - B. 비타민
  - C. 미네랄
- Ⅲ. 우유 가공 과정
  - A. 저온살균
  - B. 균질화
- Ⅳ. 다양한 우유 제품
  - A. 우유
    1. 전체
    2. 지방 제거
    3. 크림
    4. 지방 제거 크림
    5. 버터우유
  - B. 버터
  - C. 요거트
  - D. 치즈
  - E. 사워크림
  - F. 아이스크림
- Ⅴ. 우유와 유제품의 저장과 관리
- Ⅵ. 메뉴 계획에 우유의 사용

새로운 교수법 단원의 내용을 가르치는 방법은 크게 세 가지가 있다. 첫째, 여러분이 가르치는 방법은 여러분의 동료교사가 가르치는 방법에 근거할 수 있고, 둘째, 여러분은 여러분이 가르칠 수 있다고 믿는 방법에 따라 가르치는 경우로 여러분의 판단은 그 내용을 가르쳐본 경험에 근거한다. 셋째는 전문가, 동료, 다른 교사로부터 교수방법을 찾아내는 경우이다.

학습자의 개인차 여기에는 학습 기호, 인지양식, 특별한 요구, 문화 차이, 다양성이 포함된다. 그러나 모든 학습자의 개인차를 생각하고 내용과 수업을 조정해 나가야 한다는 생각을 갖는 것이 중요하다.

매체와 공학 매체와 공학의 가능성을 확인한다. 그리고 전에 사용하지 않았던 새로운 매체와 공학을 고려한다. 매체와 공학을 사용함으로 학생들의 학습결과 달성에 어떠한 도움이 되는지를 진술한다.

자원과 제약조건 이 단원에는 어떠한 결정적 자원이 필요한가? 그리고 시간, 자원과 같은 문제 중 어느 것이 단원의 실행에 제한을 가하는가?

교사의 연구문제 수업을 연구하고자 한다면, 이에 관한 연구 절차를 기록해둔다.

단원 작성 중 고려사항 여기에서 여러분이 학습한 것이 무엇인지를 요약하는 것이 중요하다.

③ 단원과 단시(차시)수업의 개관

여기서는 단원을 소개하고 단원의 계열을 진술한다. 즉, 각 단시수업에서의 학습결과와 주요 활동을 밝힌다. 그리고 주요 수업전략을 요약하고 사용될 평가도구를 요약하며 끝으로 사용될 수업매체와 공학을 밝힌다.

④ 단원평가

여기서는 단원의 성공을 평가하는 데 사용될 기준을 열거한다.

⑤ 참고사항

여러분이 참고할 인쇄매체와 웹사이트를 열거한다. 상의하거나 면담할 사람들을 열거한다.

⑥ 단시 수업계획

단원의 핵심은 일련의 단시수업으로 구성된다. 단시수업안에는 다음과 같은 내용들이 포함된다.

1. 단위수업의 명칭
2. 전반적인 학습의 초점
3. 구체적인 학습목표
4. 자료, 수업매체와 공학
5. 단시수업에 사용되는 수업과 평가
6. 수업절차
7. 교사지침

8. 교사 연구 절차(미래의 수업 조정을 위해 자료를 수집하고 활용하기)
9. 검사 실시를 통한 반성적 논평 또는 실제 수업에 대한 관심
10. 수업 후의 변화

(4) 김종서의 단원계획안

김종서는 단원계획안이 수업과정 모형에 기초하여 이루어져야 한다고 설명하면서 수업 과정의 일반 모형 요소를 수업목표의 설정, 학습과제의 분석, 출발점 행동의 진단과 보충과정, 수업전략, 단원의 전개 및 평가로 나누고 있다. 이제 이들 요소들을 간단히 설명한다.

① 단원목표의 설정

단원목표는 교과목표와 수업목표의 중간에 있는 중간 목표로 교과목표를 세분화하여 단원목표를 세운다. 단원목표를 다시 세분화하여 수업목표를 세우게 된다. 단원목표는 수업을 직접 이끄는 목표로 따라서 이것은 교안에 진술되고 이 목표의 달성을 위해 수업활동이 전개된다. 단원목표는 10시간 내외가 소요되는 1개 단원 전개를 위한 목표를 말하고 수업목표는 1, 2교시의 목표를 말한다.

단원목표의 진술시 참고로 삼는 것이 Bloom의 교육목표분류이다. Bloom은 교육목표를 인지적 영역, 정의적 영역, 심체적 영역으로 나누고 있다. 이 분류를 그대로 받아들인다면 단원목표 진술은 각 영역별로 진술하는 것이 타당할 것이다. 그러나 최근에는 이러한 분류 없이 나열식으로 진술하고 있다. 그런데 단원목표를 세분화하여 진술할 것이냐 아니면 일반적으로 진술할 것이냐에 대하여는 찬반양론이 존재하는데 결론적으로 모든 교육목표를 세분화할 수는 없고 그것의 달성도가 외현적으로 표시될 수 있는 것만 세분화하고 교육목표 중 도덕, 예술 같은 목표는 내현적으로 나타나기 때문에 세분화가 어렵다.

② 학습과제의 분석

단원 전개에 있어 단원목표의 설정이 먼저인지 또는 학습과제의 분석이 먼저인지는 수업의 조건에 따라 결정된다고 볼 수 있다. 즉, 교재가 없는 상태에서 교육과정을 구성하여 수업을 진행시켜야 하는 경우는 단원목표를 먼저 설정하고 학습과

제를 나중에 분석하게 된다. 반면에 교재가 있는 조건하에서는 교재를 보고 여기에서 학습과제를 찾아내어 이러한 학습과제를 가르치면 어떤 목표를 달성할 수 있는지를 구성하게 된다. 우리나라의 경우 단원의 계획은 교과서를 중심으로 수립되기 때문에 먼저 학습과제 분석을 하고, 다음에 단원목표를 설정하는 것이 편리하다.

학습과제란 학습해야 할 요소와 항목이 어떤 계층에 따라 배열되어 있는 전체를 말하며 이는 학습요소의 상호위계적 관계를 표시한 수업지도이다. 우리가 학습계획을 세울 때 학습내용을 구성하는 어떤 개념, 법칙, 원리를 가르칠 것인가를 구상하게 되는데 이를 학습요소라 하고 이 학습요소를 한눈에 바라볼 수 있도록 체계화하고 시각화한 수업지도를 작성하는 것을 과제분석이라고 한다.

③ 출발점 행동의 진단과 보충과정

단원목표가 설정되면 이 목표를 달성하는 데 있어서 학생들의 사전학습 정도가 충분한지에 대한 진단을 할 필요가 있다. 진단의 결과 단원목표로 설정한 것을 학생들이 거의 또는 전부가 이미 숙달하고 있거나 부분적으로 숙달하고 있다면 수업의 목표 수정은 불가피하다. 부분적으로 도달한 학생, 일반적으로 80% 미만의 성취율을 보인 아동을 학습 결손아로 보고 이들에게 보충과정을 실시한다.

④ 수업전략

수업목표가 결정되면 이를 달성하기 위한 구체적인 계획을 세워야 한다. 여기에서 말하는 수업계획이란 진술된 목표의 효과적 달성을 위한 방안만을 의미하며 협의의 수업계획으로 확인하여 수업전략이라고 말할 수 있다. 여기에서 주로 고려해야 할 점은 학습 요소별 시간계획, 교수-학습 활동계획(교사 및 학생활동, 집단의 조직, 시청각 매체의 이용, 수업의 형태나 흐름, 시간에 대한 배려) 등일 것이다.

⑤ 평가계획

단원 전개에 앞서 실시되는 진단적 평가, 단원 전개 과정에서 실시되는 형성적 평가, 단원이 전개된 후에 실시되는 총괄적 평가에 대한 면밀한 계획이 이루어져야 한다.

8. 차시수업계획

영어 'Lesson'을 '차시수업계획'으로 옮겨보았다. 일반적으로 Lesson을 차시, 단시, 단위수업계획으로 보고 있다. 여기서는 차시 또는 단시계획으로 본다. 차시계획은 단원계획 다음으로 작성된다. 단원계획의 하위 단위계획이 차시수업계획인 셈이다. 앞에서도 언급했지만 하나의 단원은 10시간 내외의 차시계획으로 이루어진다. 차시계획의 구성요소를 무엇으로 볼 것이냐에 대하여는 학자들마다 약간의 이견이 있지만, 공통된 부분도 많다. 여기서는 대표적인 몇 학자의 차시계획안을 살펴본다.

1) Hunter, Gagné, Good과 Grouws의 단시수업계획의 구성요소

(1) Hunter의 완전학습 구성요소

Hunter(1982)의 수업모형은 미국뿐 아니라 전 세계적으로 잘 알려진 모형으로 특히 교사들의 전문성 개발에 효과적인 모형으로 알려져 있다. Hunter의 모형은 기존 다른 학자들의 모형과 크게 다르지는 않으나 몇 가지 특징이 있는 것 같다. 그녀가 제안하고 있는 수업계획안의 구성요소는 아래와 같다.

1. 복습: 전시학습에 초점을 둔다.
   학생들에게 구두 또는 글로써 질문을 검토하도록 요구한다:
   학생들에게 요점을 요약하도록 요구한다.
2. 학습태세 준비: 배울 학습 내용에 주의를 기울이도록 한다:
   새로운 자료에 대한 흥미를 유발시킨다.
3. 목표: 무엇을 배울지 명확히 진술한다.
   이론적 근거를 진술하거나 목표가 얼마나 유용할지를 진술한다.
4. 투입: 새로운 내용의 학습에 필요한 지식과 기능을 밝힌다.
   자료를 논리적, 계열적으로 제시한다.
5. 모방하기: 전 수업에 걸쳐 시범을 보인다.
   (새로운 지식 기능을 예시한다.)

6. 이해 점검: 학생들이 학습활동에 참여하기 전에 학생들의 학습을 조정한다: 학생들이 지시나 과제를 이해하고 있는지 점검한다.
7. 안내된 연습: 주기적으로 학생들에게 질문하거나 문제를 제기하고 답을 점검한다. 연습 안내 시에도 이해 점검에서와 똑같은 형태의 조정 및 반응 형태가 사용된다.
8. 개별 연습: 학생들이 최소의 노력으로 자신의 과제를 수행한다고 확인되면 독자적 학습이나 연습을 맡긴다.

(2) Gagné의 수업설계 구성요소

Gagné(1968, 1985)는 수업설계 구성요소로 수업사태를 제시하고 있다.

1. 주의 끌기: 학생들의 흥미와 학습할 내용에 대한 관심을 유도한다.
2. 목표 알려주기: 달성할 목표를 알려주어 학습동기를 활성화한다.
3. 선행지식 상기: 새로운 내용과 관련이 있는 사전에 배운 지식을 상기시킨다.
4. 자극자료 제시: 새로운 지식이나 기능을 제시한다.
   학습할 개념의 속성을 지적한다.
5. 학습안내 제공: 지시를 정교화하고 도움을 제공한다.
   새로운 정보를 이전의 정보와 통합한다.
6. 수행유도: 과제나 문제 수행을 제안한다.
   단서나 지시의 제공. 해답은 제시하지 않는다.
7. 피드백 제공: 새로운 배용을 획득할 때 학습을 점검하고, 자극 피드백을 제공하여 학습을 강화해 나간다. 수업을 학생들에게 적응시키기 위하여 피드백을 사용한다.
8. 수행 평가: 결과적 입장에서 학생의 수행을 알려준다. 기대 수준을 설정한다.
9. 전이와 파지: 여러 수업 기법을 활용하여 파지를 확실시한다. 다양한 단서, 연습 상황, 연결 개념을 제공하여 학습의 전이를 향상시켜 나간다.

(3) Good, Grouws, Ebmeier의 수업행동

Good과 Grouws, Ebmeier(1983)는 4학년 수학 수업을 위한 지침에서 수업의 계획 요소를 다음과 같이 제시하고 있다.

1. 복습: 숙제와 관련된 개념과 기능의 복습. 복습할 연습을 제공한다.
2. 전개: 새로운 자료에 대한 이해의 증진. 본보기, 설명, 시범을 제공한다.
3. 학생의 이해평가: 질문 제기. 통제된 연습을 제공한다.
4. 자습: 자유스러운 자습 제공. 모든 학생을 참여시킨다.
5. 책무성: 학습을 점검한다.
6. 숙제: 정규적으로 숙제 부과. 복습문제를 제공한다.
7. 특별한 복습: 주간 복습으로 월요일마다 학습을 유지, 향상시키기 위해 연습문제나 문제를 제공한다. 매달 네 번째 월요일에는 학습을 유지, 향상시키기 위한 복습을 시킨다.

이상에서 검토한 세 학자들의 공통점은 우선 이들이 단시수업안(lesson plan)에 대한 권위자라는 점이다. 그리고 이들 권위자들은 단시수업안을 지시적 수업의 관점에 따라 작성한다는 점이다. 즉 수업은 교사 중심적이고 자료와 방법은 계열화되어 있고, 내용은 방대하면서 초점이 맞추어져 있고, 학생들에게는 연습이 주어지고, 교사는 학습을 점검, 조정하고 학습을 평가한다. 목표는 수업 초에 명확히 진술되는데 그 이전에 복습이 실시된다. 학생의 요구나 흥미는 거의 관심 없이 학습 성취는 강조된다. 모든 단위수업의 구성요소는 교사가 통제하고 학생들에게는 어떠한 선택권도 주어지지 않는다. 교실은 아주 구조화되어 있고 사무적이다. 연습, 복습, 평가는 물론 지식, 기능, 과제가 강조된다. 문제해결, 창의성을 지향하는 수업은 거의 없고 따라서 사회성과 도덕성 발달도 거의 지향하지 않는다.

2) Cole과 Chan의 차시수업계획

Cole과 Chan(1987)에 의하면 잘 작성된 차시 수업계획안은 구체적인 수업목표, 수업자료와 준비, 수업절차, 사정평가와 같은 요소로 구성된다. 우선 이들 요소들을 하나하나 살펴본다.

(1) 구체적인 수업목표

모든 수업안에는 수업목표가 구체적으로 진술되어 있다. 수업목표는 학생들이 습득해야 할 지식, 기능 또는 구체적인 행동을 말한다. 차시수업의 구체적인 목표는 특정 수업단원을 계획할 때 수업내용의 계열화 및 시간사용 계획이 끝난 다음에 결정된다.

(2) 수업자료와 준비

교사는 수업에 필요한 모든 자료를 열거하여야만 한다. 이 자료는 교사, 학생이 사용할 자료로서 시청각 보조자료, 도표, 괘도, 연습지, 구체적 자료와 모형, 특수 장비, 책, 문방구로 구성된다. 모든 필요한 준비나 수업 조직은 수업이 시작되기 이전에 끝나야 한다.

(3) 수업절차

차시 수업계획안은 수업활동을 계획하여 놓은 것으로 수업 중 발생할 사건의 계열이 명확히 밝혀져야 한다. 일반적으로 수업은 도입 단계, 지시적 수업 단계 그리고 연습 및 정리 단계로 이루어진다.

① 도입 단계

모든 수업마다 도입 단계가 있다. 이 단계에서는 전시학습 또는 선수학습과 관련을 맺어주고, 또한 학습내용의 개요를 제시하거나 학생들의 학습동기를 유발하는 단계이다. 도입 부분에는 수업목표의 간단한 진술, 도전적인 질문, 선행조직자의 제시, 설명적 모형, 문제의 제시, 주제와 관련이 있는 흥미 있는 사건의 진술 또는 과거 학습에 대한 간단한 복습이 포함된다.

② 지시적 수업 단계

지시적 수업 단계는 교과에 관한 명시적 수업을 포함한다. 저자의 견해로 모든 수업은 아무리 간단한 수업이라 하더라도 어느 정도의 지시적 그리고 명시적 수업을 포함한다. 심지어 발견식 또는 경험적 수업방법을 사용하는 경우라 할지라도 교사는 처음에 주제에 관한 내용들을 직접 가르치게 된다. 그러므로 약간의 교사 주도의 수업활동을 꼭 계획할 필요가 있다. 지시적 수업에는 설명, 시범, 모방하기, 체계적 질문하기, 교사 주도의 토의 또는 연습 안내가 포함된다. 교사는 수업목표와 선정된 수업방법에 따라 위의 제시한 수업사태들을 계획해야 한다.

③ 연습과 정리 단계

이 단계는 지시적 수업 다음에 오는 단계이다. 이 단계에서는 학생들에게 이전에 학습한 바를 연습하고 일반화하여 응용하는 데 목적을 둔 독자적 학습과제가 포함된다. 교사들은 연습문제, 배운 책, 지필과제, 집단토의 또는 경험적 학습과제를 계획할 수 있다. 수업이 끝나기 전 요점에 대한 간단한 복습을 정리하는 데 도움이 된다.

참고로 Rosenshine과 Stevens(1986)의 효과적인 수업절차를 다음과 같이 제시한다.

효과적인 수업절차 계획

Rosenshine과 Stevens(1986)는 수업목표가 학생들에게 지식체계를 숙달하고 단계적으로 가르쳐질 수 있는 기능을 배우도록 하는 것인 경우, 교과에 가장 잘 적용될 수 있는 효과적인 수업절차 목록을 지시해주고 있다. 효과적인 교사는 다음과 같은 것들을 계획하여야 한다.

- 필수내용이나 관련 선수학습에 대한 복습을 하면서 수업을 시작한다.
- 수업목표를 간결하게 진술하면서 수업을 시작한다.
- 새로운 자료를 작은 단계로 나누어 제시하고, 각 단계가 끝나면 연습할 기회를 제공한다.
- 명백하고 구체적으로 지시, 실연, 설명한다.
- 모든 학생들에게 높은 수준의 적극적인 연습 기회를 제공한다.
- 학생들이 이해하고 있는지를 점검하기 위해서 많은 질문을 던지고, 이 질문에 대한 모든 학생들의 응답을 얻어낸다.
- 첫 연습단계에서는 학생을 안내해준다.
- 체계적인 피드백과 교정수업을 제공한다.
- 학생들이 자율적으로 연습할 수 있도록 분명한 설명과 실제적인 예를 제시

해주고, 학생들의 자율적인 활동이 이루어지는 동안 학생들에 대한 충분한 지도 · 감독이 이루어져야 한다.

대부분의 교사들은 가끔은 상기 절차를 사용하고 있다. 그러나 연구결과에 의하면 가장 효과적인 교사는 거의 언제나 상기 절차를 사용한다는 것이다.

(4) 사정과 평가

사정과 평가는 수업계획의 필수적 요소이다. 수업계획의 일부로서 교사는 수업계획이 성공적이었는지의 여부 그리고 진술된 목표가 달성되었는지의 여부를 평가하기 위한 절차를 설계할 필요가 있다. 통상 수업목표들은 수업을 마친 후 학생들의 예상되는 행동과 성취기준의 입장에서 진술한다. 그러므로 평가절차를 계획할 때 교사는 이들 행동이 나타날 상황을 마련할 계획을 세워야 한다. 대부분의 경우 형식적 검사가 필요하지는 않다. 교사는 통상 평가목적을 위해 그들이 고안한 연습문제나 과제를 사용한다. 수업의 효과를 평가하기 위한 모든 사항이 차시 수업계획안에 포함되어야 한다. 수업의 평가 준거는 수업의 계획 과정에서 상세화되어야 한다. 준거는 수업의 계획 과정에서 상세화되어야 한다. 이러한 준거에는 의도된 학습결과에 대한 성취, 열정에 관한 주관적 척도, 교사와 학생의 흥미와 기타 반응과 같은 객관적 증거가 포함된다. 수업계획이 실행된 이후 평가에 대한 논평이 필요하며, 이것은 미래의 수업계획에 중요한 정보가 된다.

수업안 예시

교육과정 영역: 기하, 평면도	학년: 8학년
학습주제: 삼각형의 각의 합	대상학생: 평균 능력을 가진 학생
	시간: 40분

수업목표

학생들은 다음과 같은 활동을 통하여 삼각형의 각의 합에 관한 속성을 이해할 수 있다.

1. 어떠한 삼각형이든 각의 합은 180도라는 사실을 100% 정확히 진술한다.
2. 다른 두 각의 크기가 주어졌을 때 나머지 한 각의 크기를 90%까지 정확히 계산한다.

목표의 평가

수업자료 및 준비

1. 교사용 자료: 세 각이 다른 색깔로 칠하여진 큰 종이 삼각형(밑면이 40cm이고 높이가 30cm)
2. 학생용 자료: 크기와 형태가 다른 종이 삼각형(각도기, 자, 연필, 연습장)

수업자료, 준비 평가

수업절차

도입

1. 큰 삼각형을 보여주면서 수업목표가 삼각형의 세 각의 합을 찾는 것임을 알려준다.(개관하기)
2. 사전 지식의 검토

   용어－삼각형의 각, 높이, 변:직각, 평각.

   기법－$\overline{AB}$ (선분 AB), ⟨ABC(각 ABC), s⟨ABC(각 ABC의 크기), 45°(45도) [5분]

실천

1. 교사제시

아래 보기와 같은 큰 삼각형을 접어서 삼각형의 세 각은 평각을 이루고 그러므로 세 각의 합은 180도임을 실증해 보인다.

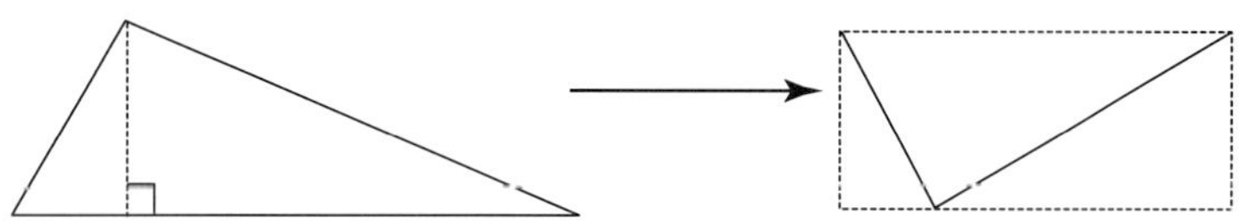

[5분]

2. 연습활동 지도

(a) 교사의 지도를 받아 학생들은 삼각형의 각각에 이름을 붙이고 색깔을 칠한다. 그 다음 세 모퉁이 각을 뜯어내어 다음과 같은 형태를 만든다.

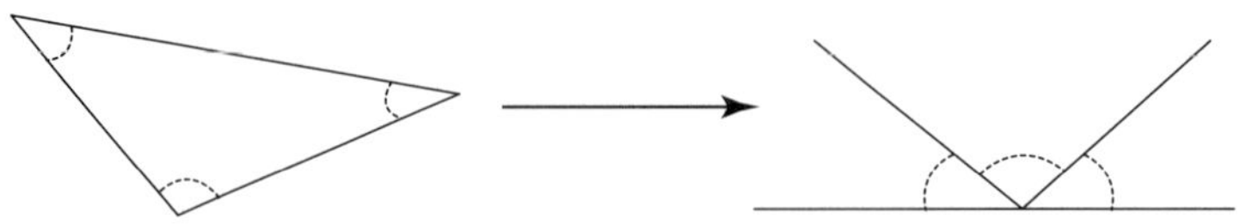

(b) 발문－세 모퉁이 각을 뜯어 만든 것은 직선을 만드는가?
직선에 의해 만들어지는 각은 무슨 각인가? 직각의 크기는 얼마인가?
세 각의 합은 얼마인가?

(c) 교사는 칠판에 삼각형을 그리고 학생을 지적하여 각도기로 각각의 크기를 측정하여 세 각의 합이 180도가 됨을 증명하도록 한다.

(d) (c)를 반복한다. 이번에는 학생들로 하여금 종이 위에 삼각형을 그리도록 한다.

(e) 구두토의 [5분]

수업절차 평가

연습과 정리

연습문제를 푼다.

(a) 과제의 요구조건을 설명한다.

(b) 칠판에 두 각을 주고 한 각을 결정하게 한다.

(c) 학생들 스스로 연습문제 풀이를 완료한다.

(d) 필요하면 감독과 개별지도를 한다. [10분]

연습과 정리활동 평가

최종평가

학생성취의 사정－연습문제 답 점검 [5분]

수업의 일반평가

- 목표는 달성되었는가?
- 학생들은 재미있어했는가?
- 학생들은 연습문제를 풀 때 많은 개별적 도움을 필요로 했는가?

3) Jacobson, Eggen과 Kauchak의 단시수업계획

차시 수업계획안이 반드시 이러이러해야 한다는 주장은 없지만 Jacobson, Eggen, Kauchak(2006)은 다음과 같은 요소 즉 단원주제, 목표, 이론적 근거, 내용, 절차, 수업자료, 평가가 단시수업계획에 포함되어야 한다고 주장한다.

(1) 단원 명칭

단시수업을 계획할 때 교사는 단원의 내용과 단시수업과의 관계를 늘 유념해야 한다. 그러기 위해서 교사는 단시계획의 맨 앞에 단원을 명시하는 것이다. 특수한 단시수업이 속한 단원을 밝힘으로써 특정의 단시수업이 다른 단시수업들에 어떻게 들어맞는지를 알게 된다. 교사는 단시수업들을 따로 따로 분리하여 가르치는 것은 아니다.

(2) 단시 수업목표

목표는 수업계획의 핵심이다. 단시 수업목표는 단원목표를 근거로 설정된다. 단시 수업목표는 세 가지 기능이 있다.

1. 단시 수업목표는 단원목표를 더욱 상세하게 기술함으로써 단원목표를 더욱 확대시킨다.
2. 단시 수업목표는 수업이 끝난 후 학생이 알거나 행할 수 있는 것이 무엇인지를 상세화한다.
3. 목표는 단원의 내용 개요를 측정 가능한 결과로 나타낸다.

아래에 단원목표에 따른 단시 수업목표의 예가 제시된다.

접미사 단원의 목적은 학생들이 단어에 접미사를 붙이는 규칙을 이해하도록 돕는 것이다. 이 단원에서 단시수업의 목표는 다음과 같이 제시할 수 있다.

1. 4학년 하생들은 단어에 -ing를 붙이는 규칙을 이해한다. 그래서 그들이 선택한 주제가 주어졌을 때, 학생들은 각 규칙을 설명하는 문장을 작성한다.

> 2. 4학년 학생들은 단어에 -ed를 붙이는 규칙을 이해한다. 그래서 그들이 선택한 주제가 주어졌을 때 학생들은 각 규칙을 설명하는 문장을 작성한다.

(3) 단시수업의 이론적 근거

이론적 근거는 단시수업에서 가장 중요한 부분 중 하나이다. 만약 어떠한 주제를 가르치는 데 대한 명확한 근거를 갖지 못한다면 그 주제는 단원에서 제거되어야 할 것이다.

이론적 근거는 또한 우리가 오늘날 교육에서 가장 보편적이고 자주 사용하고 있는 용어인 적합성의 개념을 이해하는 데에도 도움이 된다. 이론적 근거는 또한 수업에서 내용을 가르치는 데 대한 방어수단으로 간주될 수도 있다. 만일 여러분이 자신, 학생, 동료교사, 관리자에게 수업을 확실히 설명하지 못한다면, 여러분은 수업목표를 다시 생각해 보아야 한다.

(4) 단시 수업내용

단시 수업내용은 학생들에게 가르칠 주요 아이디어이다. 만약 단시수업이 개념에 초점을 두는 경우 내용은 개념의 정의, 개념의 특성, 개념의 본보기와 비본보기 그리고 다른 개념들과의 관계가 된다. 그러나 수업내용이 일반화나 이론적 규칙에 초점을 두는 경우에는 내용은 일반화나 규칙의 진술 그리고 이들의 설명 및 응용이 될 것이다.

내용의 개요는 교사에게 하나의 안내서가 되며 무엇을 가르칠지를 상기시켜 준다. 그리고 교사들이 잊지 않고 수업을 진행하는 데 참고가 되고 동시에 교사가 가르칠 내용들을 점검하는 데 사용된다. 또한 내용 개요는 가장 중요한 내용 또는 학생들에게 문제가 되는 내용을 강조한다. 내용 부분을 얼마나 상세하게 정할 것이냐 하는 문제는 교사가 결정할 문제이기는 하나 교직 경험이 적은 교사에게 있어서는 내용 하나하나에 대한 구체적 내용을 준비해야 할 것이나 교직 경험이 많은 교사에게는 중요한 어휘나 어구들로도 충분할 것이다.

(5) 수업절차

내용 부분에서는 무엇을 가르칠지를 열거하게 되지만 여기서는 어떻게 가르칠지를 생각하게 된다. 수업계획의 절차구성은 어떻게 가르칠지에 대한 일련의 방향 또는 지시로 볼 수 있다. 내용 부분에서처럼 절차 부분을 얼마나 구체적으로 정할 것이냐의 문제는 교사가 결정할 사항이다. 초임교사의 경우는 구체적 절차가 필요하겠지만 경험이 풍부한 교사에게는 아마도 간단한 절차만으로도 충분할 것이다.

(6) 수업자료

수업의 원활한 진행을 위하여 수업 이전에 꼭 미리 준비해야 할 자료를 열거한다. 여기에는 교재, 삽화, 사진, 컴퓨터 프로그램 등이 있다.

(7) 수업평가

여기서는 교사가 수업 이전에 수업목표에 비추어 학생을 어떻게 평가할 것이냐에 대한 구체적인 계획이 제시된다. 간단한 경우는 목표가 완성되고 평가 진술이 포함되는 경우이다. 예를 들면 아래와 같다.

1. 목표: 4학년 학생들은 접미사 -ing에 대한 규칙을 이해할 것이다. 그들이 선택한 주제가 주어졌을 때 그들은 각 규칙을 예시하는 문장을 작성할 것이다.
2. 평가: 학생에게 주제를 선택하게 하고 각 규칙을 예시하는 문장을 쓰도록 시킨다.

여기서 중요한 점은 평가는 목표와 일관성이 있어야 한다는 점이다.

참고문헌

김종서 외(1997). 교육과정과 교육평가(개정판). 서울: 교육과학사.

이영덕 외(1960). 교육과정. 서울: 배영사.

Alberty, H. (1954). *Reorganizing the high school curriculum.* New York: The Macmillan.

Cole, P. G., & Chan, L. K. S. (1987). *Teaching principles and practice.* New York: Prentice Hall.

Cooper, J. M. (1986). *Classroom teaching skills* (3th ed.). Washington, D.C.: Heath and Company.

Cooper, J. M. (2003). *Classroom teaching skills* (7th ed.). Boston, MA: Houghton Mifflin.

Corey, S. M. (1967). The nature or instruction. In Phil C. Lange (ed.), *Programed instruction.* Chicago: University of Chicago Press.

Davies, I. K. (1973). *Competency based learning.* Washington, D.C.: McGraw-Hill.

Gagné, R. M. (1968). Learning and communication. In R. V. Wiman, & W. C. Meierhenry (Eds), *Educational media: Theory into Practice.* Columbus, OH: Merrill.

Gagné, R. M. (1985). *The conditions of learning* (4th ed.). New York: Holt, Rinehart and Winston.

Good, T., Grouws, D., & Ebmeier, H. (1983). *Active mathematics teaching.* New York: Longman.

Gronlund, M. A. (1991). *How to write and use instructional objective* (4th ed.). New York: Macmillan.

Hunter, M. (1982). *Mastery teaching: Increasing instructional effectiveness in secondary school.* El Segundo, CA: TiP.

Jacobson, D., Eggen, P., & Kauchak, D. (1993). *Methods for teaching: A skills approach* (4th ed.). New York: Merrill.

Jacobson, D., Eggen, P., & Kauchak, D. (2006). *Methods for teaching: Promoting student learning in K-12 classrooms.* Upper Saddler River, NJ: Pearson Education.

Mager, R. F. (1984). *Preparing instructional objectives* (2nd ed.). Berlmont, CA: David S. Lake Publishers.

Moore, K. D. (1995). *Classroom teaching skills* (3th ed.). New York: McGraw-Hill.

Moore, K. D. (2005). *Effective instructional strategies: From theory to practice.* Thousand Oaks, CA: Sage.

Orlich, D. C., Harder, R. J., Callahan, R. C., & Gibson, H. W. (2001). *Teaching strategies: A guide to better instruction* (6th ed.). Boston: Houghton Mifflin.

Price, K. M., & Nelson, K. L. (2003). *Daily planning for today' s classroom: A guide for writing lesson & activity plans* (2nd ed.). Belmont, CA: Wadsworth/Thomson Learning.

Rosenshine, B. V., & Stevens, R. (1986). Teaching functions. In M. C. Wittrock (Ed.), *Handbook of research on teaching* (3rd ed.) (pp. 376-391). New York: Macmillan Publishing.

Shambaugh, N., & Magliaro, S. G. (2006). *Instructional design: A systematic approach for reflective practice.* New York: Pearson.

Tyler, W. R. (1950). *Basic principles of curriculum and instruction.* Chicago: University of Chicago Press.

제3장

학급에서의 의사소통

인간의 사회생활의 기초 중 하나는 아마도 의사소통일 것이다. 의사가 소통되므로 인하여 인간 간의 이해는 물론 사회적 발전도 가능한 것이다. 특히 학급에서의 의사소통은 교사와 학생, 학생과 학생 간의 사회적 관계는 물론 교수-학습의 발전을 가져다주는 중요한 사회적 기능의 하나이다. 의사소통은 여러 방송매체, 시청각 자료, 교사의 발언을 통하여 가능하다. 이 글에서는 여러 종류의 의사소통 중 주로 교사와 학생, 학생과 학생 즉 대인간의 의사소통으로서 언어적 의사소통에 중점을 두어 논의한다. 그러나 언어적 의사소통은 교사의 비언어적 의사소통에 의하여 그 소통이 더욱 원활해지기도 하고 방해받기도 한다. 그러기 때문에 언어적 의사소통 이외에 비언어적 의사소통도 알아본다. 또한 의사소통은 메시지를 전달하는 사람의 경청기술에 따라서 그 효과가 달라진다. 그러기 때문에 여기서는 경청기술에 대해서도 알아보고 끝으로 학생들의 의사소통기술 개발에 대하여서도 알아본다. 효과적인 의사소통기술은 교사가 효과적으로 메시지를 전달하고 이 내용을 정확히 수용하며 해독하고, 그 결과가 다시 교사에게 피드백되어 확인받고 정정받으므로 의사소통이 원활해진다고 볼 수 있다.

우선 효과적인 언어적 의사소통에 대하여 알아본다.

1. 의사소통의 모형

의사소통은 인간의 삶에 있어 필수적인 요소라 볼 수 있다. 특히 학급에서의 의사소통은 교사와 학생, 학생과 학생의 인간관계 개선은 물론 학생들의 학습에 결정적인 영향을 미친다. 따라서 어떻게 하면 효과적으로 의사를 소통할 것인가가 궁극적인 문제이다. 우선 의사소통의 정의를 알아보고 의사소통의 과정을 알아본다.

의사소통이 무엇인가에 대하여는 여러 분야에서 여러 가지 형태로 정의되어 왔다. 그러나 그 의미를 정확히 파악하기란 쉽지 않다. Dance(1970)는 여러 학문 분야에서 사용되고 있는 95가지 정의에 관한 내용분석을 시도하였다. 그리고 이들 정의들은 모두가 나름대로의 독특한 의미로 사용되고 있음을 발견하였다. 그는 이러한 다양한 정의들이 서로 다른 학문분야의 서로 다른 이론가, 연구자들에 의하여 사용되고 있음을 주목하였다. 그리고 그는 다음과 같은 결론을 내리고 있다. 즉 의사소통이라는 개념은 지나치게 부담스러운 개념이며, 이 개념을 대체할 일련의 개념들을 개발할 필요가 있다. 그러나 이러한 정의의 어려움에도 불구하고 대인간 및 집단 간 의사소통기술을 논의하는 데 도움이 되는 정보전달 과정을 알아보는 몇 가지 방법이 있을 수 있다.

Johnson과 Johnson(1982)에 의하면 대인간의 의사소통이란 넓게 보아 다른 사람이 지각하는 언어적 또는 비언어적 의사소통이다. 달리 말하면 의사소통이란 말의 교환 그 이상을 의미한다. 그리고 모든 행동은 모종의 메시지를 전달하고 있으며, 이것이 일종의 의사소통의 형태를 띤다. 그러나 일반적으로 대인간의 의사소통이란 수용자의 행동에 영향을 미칠 목적으로 한 개인이 수용자에게 전달하는 메시지로 정의되고 있다. 이러한 정의에 의하면 어떠한 방법으로 수용자의 행동에 영향을 주려는 모종의 신호가 곧 의사소통이라는 것이다.

결국 모든 의사소통에는 사람들끼리 서로에게 의미가 담긴 모종의 상징을 보낸다. 이러한 상징은 언어적 또는 비언어적 상징이 될 수 있다. 두 개인 간 아이디어와 경험을 교환하려면 두 사람 모두가 특수한 비언어적, 구두적, 문자적 또는 회화적 상징을 특수한 경험에 관련 짓는 방법을 채택하여야 한다.

여기에서는 학급에서의 의사소통을 '상호 간에 영향을 미칠 목적으로 교사와 학생 간, 학생과 학생 간에 모종의 상징을 사용하여 메시지를 교환하는 과정' 으로 정의한다. 여기에서 상징이란 일종의 기호로서 말, 그림, 몸짓, 시청각 자료가 될 수 있다. 또한 여기에서 메시지란 생각, 의견, 지식, 정보, 태도, 감정 등이 된다. 메시지의 교환이란 메시지를 서로 주고받는 과정으로서, 교실에서의 메시지 교환은 상호작용 없이 교사가 메시지를 일방적으로 전달하는 경우, 1인 교사와 1인 학생이 메시지를 주고받는 경우, 교사가 소집단과 메시지를 교환하는 경우, 교사와 학급 전체 안에서 메시지가 교환되는 경우, 학생과 학생 간에 메시지가 교환되는 경우로 나눌 수 있다. 이러한 메시지가 교환되는 과정에 대하여 Cole과 Chan (1987)은 다음과 같은 의사소통 모형을 개발하였다.

Cole과 Chan의 의사소통 모형에 있어 송신자 또는 의사전달자와 수신자 또는 청중을 구분하는 것이 중요하다. 송신자란 메시지를 만드는 사람이고, 수신자는 메시지를 수용하고 해석하는 사람을 말한다. 대부분의 학급은 이러한 형태로 조직되어 있기 때문이다. 물론 교사가 언제나 송신자가 되는 것은 아니며, 마찬가지로 학생이 늘 수신자가 되는 것은 아니다. 학생들도 이따금 의사소통 과정을 시작하므로 송신자가 된다. 그런 경우에는 교사가 수신자가 되는 셈이다.

의사소통 모형은 일반적으로 다음과 같은 다섯 단계로 이루어진다.

1. 메시지의 설정
2. 메시지의 기호화
3. 메시지의 전달
4. 메시지의 해독 및 해석
5. 피드백과 평가

송신자는 위의 3단계까지 적극적으로 참여하고 수신자는 나머지 4, 5단계에서 주도적 역할을 담당한다. [그림 3-1]은 Cole과 Chan이 제시하고 있는 의사소통 모형을 소개하고 있다.

(1) 메시지의 설정

모든 의사소통은 아이디어나 메시지로부터 시작된다. 송신자는 청중에게 전달할 하나의 아이디어나 일련의 아이디어를 설정해야 한다. 아이디어의 설정 목적은 수신자가 이해할 수 있도록 메시지를 명확하고 의미 있게 하기 위함이다. 물론 교사

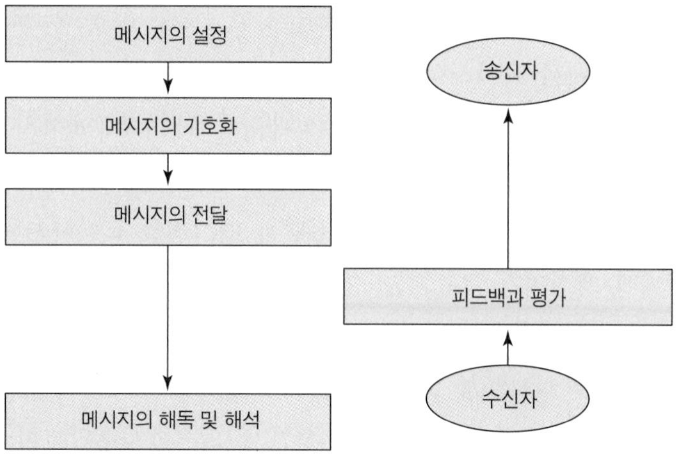

[그림 3-1] 의사소통 모형

가 학생들에게 제시되는 아이디어를 언제나 만들어내는 것은 아니다. 교사는 가끔 다른 사람이 개발해놓은 교육과정의 내용을 참조할 수도 있다. 그러나 일반적으로 교사는 학생에게 가르칠 아이디어를 만들고 이를 조직하여야 한다.

(2) 메시지의 기호화

이것은 아이디어를 수신자에게 전달될 수 있도록 바꾸는 작업이다. 본래 이것은 아이디어를 언어, 상징, 그림 또는 도표 형태와 같이 적절한 언어로 나타내는 것을 의미한다. 일반적으로 교사들은 교육과정의 요구에 따라 아이디어들을 다른 방법으로 기호화한다. 많은 아이디어들은 가르칠 교과의 전통에 따라 결정된다. 교과마다 자체의 공식적인 언어가 있고 전통이 있다. 따라서 교사는 교과에 적합한 상징적 형태를 골라 학생들을 가르치는 데 이를 사용하여야 한다.

(3) 메시지의 전달

메시지의 전달은 의사소통 과정에서 가장 중요한 단계이다. 이 단계는 수신자가 적절한 채널 또는 전달 방법을 선택하는 문제로 시작된다. 예를 들면 메시지를 전달하기 위하여 언어적 설명이나 글을 이용할 수도 있다. 또한 교사는 똑같은 아이디어를 전달하기 위하여 필름이나 시범을 보일 수도 있다. 교사들은 학생들에게 통합적으로 메시지를 전달하기 위하여 여러 개의 채널을 이용할 수도 있다.

(4) 메시지의 해독과 해석

수신자는 한 가지 또는 그 이상의 채널을 통하여 전달된 메시지를 해석해야 한다. 입수된 정보는 바로 해독되는 것이 아니다. 정보는 동화(同化)되어 이해되어야 한다. 만일 수신자가 사용된 언어형태를 잘 알고 그 메시지가 정확하다고 한다면 수신자는 그 메시지를 동시에 해독하고 이해할 수 있다. 수신자는 메시지를 이해하기 위하여 주제에 관한 충분한 배경지식을 갖추고 있어야 한다는 점이다. 숙련된 의사 전달자는 이 점을 잘 알고 의사 전달의 내용을 수신자의 배경 지식과 부합시키려고 한다.

해독과 해석은 주의집중을 요하는 능동적 과정이다. 수신자는 메시지로부터 주요 아이디어를 끄집어내어 이를 이미 알고 있는 지식과 관련을 짓도록 하여야 한다.

(5) 피드백과 평가

피드백은 의사소통의 마지막 단계이다. 피드백은 전달된 메시지에 대한 수신자의 반응과 송신자에게 반응을 전달하는 과정을 말한다. 피드백은 메시지가 전달된 후 송신자에게 직접 주어진다. 수신자는 통상 제스처, 신체동작, 얼굴표정, 또는 언어를 통하여 메시지에 대한 반응을 송신자에게 알린다.

대부분의 효과적인 의사소통은 피드백을 장려하고 피드백을 받고 난 후 메시지의 내용과 제시방법을 조정하여 이루어진다. 만약 피드백을 통하여 많은 학생들이 메시지를 정확히 해석하지 못함이 파악되면 교사는 다른 방법으로 메시지를 전달하여야 한다. 숙련된 교사는 피드백을 권장할 뿐만 아니라 피드백을 통제한다. 그렇게 함으로써 계속되는 의사소통 과정을 원활히 할 수 있다.

(6) 역할의 변화

의사소통의 과정에서 특정 개인들이 갖는 송신자와 수신자의 역할을 강조하였다. 주로 교사는 송신자이고 메시지의 창출자로, 학생은 교사의 메시지를 수신하고 해석하는 사람으로 묘사해왔다. 그러나 대부분의 학급에서의 상호작용은 이보다 훨씬 복잡하다. 언제나 역할이 바뀌고 따라서 의사전달 과정이 바뀐다. 교실내의 상호작용에 있어 똑같은 개인이라 하더라도 어느 경우에는 송신자가 또 어느 경우에는 수신자가 된다.

2. 언어적 의사소통*

우리나라의 속담 중에 "말 한마디로 천 냥 빚을 갚는다."라는 말이 있다. 이 말은 말 한 마디를 적절히 사용하면 천 냥 빚을 갚을 수도 있지만 오히려 말 한 마디를 잘못 사용하면 천 냥이나 되는 빚을 더 짊어질 수도 있다는 말로 받아들일 수 있다. 이렇듯 말을 어떻게 사용하느냐는 우리의 일상생활을 더욱 윤택하게 할 수도 있지만 그렇지 않을 수도 있다는 점에서 중요한 의미를 지닌다고 볼 수 있다. 특히 교육을 담당하고 있는 교사에게 있어서 말은 중요하다. 교사의 말 한 마디 한 마디에 의하여 학생들은 훌륭한 사람이 될 수도 그렇지 못한 사람이 될 수도 있는 것이다. 문제는 어떠한 말을 어떻게 사용하느냐 하는 것이 중요하다. 학교교육에 있어 말은 다음과 같은 상황에서 주로 사용된다.

1. 강의할 때
2. 토의를 유도할 때
3. 실험 장치를 기술하거나 실험절차를 설명할 때
4. 사물이나 모형 · 차트를 기술하거나 설명할 때
5. 과제를 설명할 때
6. 질의 · 응답할 때
7. 상담할 때

이렇듯 학교수업에서 말은 상당히 많은 부분을 차지하고 있다. 특히 교수방법을 다양하게 활용하고 있지 못하는 우리나라의 학교수업에서 교사의 말이 차지하는 부분은 더욱 크다고 볼 수 있다. 교사는 어떠한 교육상황에서나 말을 통해 학생의 행동에 어떠한 변화가 일어나기를 기대한다. 즉, 이해하고, 느끼고, 믿고, 흥미를 갖고, 행동으로 옮기기를 기대한다. 만일 학생들이 기대된 대로 행동에 변화가 일어났다면 그 교사의 말은 효과적이라고 할 수 있다.

그럼에도 불구하고 일반적으로 교사의 말의 효과는 교사가 어떠한 말을 했느

---

* 이 부분은 Davis, I. K.(1981), Instructione Technique, McGraw-Hill을 참고하였음.

냐에 의하여 평가되는 것이지 학생의 행동변화에 의하여 평가되고 있지 않다. 어떤 교사는 부드럽고 다양한 어휘를 사용할 수도 있다. 물론 이러한 말은 인상적이긴 하지만 반드시 효과적이라고는 할 수 없다. 왜냐하면, 인상적인 말에도 불구하고 어떠한 학생은 그 말의 뜻을 이해하지 못할 수도 있기 때문이다. 그러므로 교사의 말이 효과적인가의 여부는 학생들이 교사의 말을 받아들이고 자기 언어로 설명할 수 있고 그 말을 응용할 수 있을 때 비로소 효과적이라고 할 수 있다. 그러기 위하여 교사는 학생들이 행동하도록 동기를 유발하고, 배우는 내용의 목적에 주의를 기울이게 하며, 교사가 설명한 원리나 실제를 이해시키고, 교과의 중요성을 인식시키고 교과를 이해시켜야 한다.

효과적으로 말을 하려면 요령이 필요하다. 교사는 이러한 요령을 숙달하지 않으면 안 된다.

(1) 명확하고 의미 있는 말을 사용한다.

말이라고 해서 모두가 의미 있는 것은 아니다. 교사들 중에는 의미가 담긴 말을 잘 사용하는 교사도 있지만 모든 교사가 그러한 것은 아니다. 아무튼 교사는 자기가 한 얘기가 잘 전달되었는지를 확인하여야 한다. 교사의 말을 학생들이 의미 있게 받아들이게 하기 위해서는 다음과 같은 사항에 유의하지 않으면 안 된다.

① 어휘를 조심해서 선정한다.

애매한 말은 사용하지 않는 것이 좋다. 기술적이거나 전문적인 용어는 정확히 사용하여야 한다. 아무튼 익숙하고 간단히 표현하는 것이 화법의 본질이다. 따라서 긴 말, 복잡한 문장, 화려한 말은 삼가는 것이 좋다.

② 상황에 적합한 언어를 사용한다.

과제, 상황, 학습자에 적합한 언어를 사용할 때만이 학생들은 명확히 이해할 수 있는 것이다. 교사에게 적합한 언어는 학생들에게 적합하지 않을 수도 있다.

③ 생동감 있는 언어를 사용한다.

일반적으로 수업시간 중 교사의 발언은 지루하게 느껴진다. 그러나 똑같은 내용을 가르치더라도 교사는 비유나 미소로서 수업을 보다 활기 있게 진행할 수 있다. 이외에 경험과 실례의 관련, 아이러니와 유머를 사용하여 수업을 보다 활기 있게 할 수 있다.

④ 문어보다는 구어를 사용한다.

강의나 토의에 있어 문어보다는 구어가 보다 효과적이다. 구어에서는 반드시 문법적 요소를 갖출 필요도 없으며 어휘는 주로 상식적이다.

(2) 판에 박힌 표현과 기분 나쁜 표현은 삼가는 것이 좋다.

잘못이 없는 인간이란 존재하지 않는다. 그래서 대부분의 교사라 하더라도 사소한 잘못은 있기 마련이다. 그렇다고 이러한 사소한 잘못이나 실수가 의사소통의 효과를 크게 방해하지는 않는다. 그러나 판에 박힌 표현은 괴로움을 주고 마음을 상하게도 한다. 이러한 판에 박힌 표현은 크게 말, 태도, 동작에서 찾아볼 수 있다. 일반적으로 분필을 잘라 손으로 만지작댄다든가 하는 행위도 학생들을 화나게 할 수 있다. 손을 꽉 쥐기, 동전이나 열쇠를 흔들어대는 행위 또한 회피해야 한다.

언어의 반복적 표현도 지양되어야 한다. 상투적으로 "예", "아시죠?", "그렇지?"와 같은 표현도 학생들의 기분을 상하게 할 수 있다. 또한 동작의 반복적 표현도 학생들의 기분을 상하게 할 수 있다. 의자에 기대어 창문을 자주 바라본다든가, 발을 계속 움직이든가 하는 이러한 동작은 상대방에게 좋지 못한 인상을 주게 된다.

(3) 말을 효과적으로 전달한다.

2000여 년 전 그리스의 위대한 연사는 말하는 데 가장 중요한 것은 무엇이냐는 질문을 받자 그는 말을 전달하는 방법이라고 대답했다. 그러면 두 번째로 중요한 것은 무엇이냐는 질문에 그는 말을 전달하는 방법이라고 답변했다. 세 번째 질문에도 역시 똑같은 대답을 했다는 얘기가 있다. 아무리 훌륭한 어휘라 하더라도 그리고 아무리 쉬운 어휘라 하더라도 듣는 사람이 흥미 없어 하거나 이해하지 못한다면 교사의 발언은 아무런 효과가 없는 것이다. 똑같은 내용의 말이라 하더라도 적당하고 듣기 좋은 목소리를 사용할 경우와 거칠고 듣기 싫은 목소리를 사용할 경우 학생에게 미치는 영향은 달라질 것이다.

① 목소리의 크기

목소리의 크기는 말을 효과적으로 전달하는 데 있어 필수적이라고 할 수 있다. 목소리가 너무 작거나 너무 크면 듣는 사람은 어려움을 느낄 것이다. 아무튼 교사는 자기의 말을 모든 학생들이 다 알아들을 수 있을 정도로 자기의 목소리를 조정하지 않으면 안 된다. 목소리의 크기는 상황에 따라 달라져야 한다. 예를 들면, 보통 교실에서 수업을 할 때와 강당과 같은 큰 강의실에서 수업을 할 때는 똑같은 목소리를 사용해서는 안 될 것이다. 시청각 기구를 사용할 때와 사용하지 않을 때도 목소리의 크기는 달라야 한다. 특히 요점을 강조할 경우에도 조용히 말할 경우와 좀 더 소리 내어 말할 경우가 있다.

② 목소리의 높낮이

목소리의 크기와 함께 목소리의 높낮이도 효과적인 말을 전달하는 데 없어서는 안 될 사항이다. 대부분의 교사들은 단조로운 목소리를 사용한다는 것이다. 그러기에 학생들은 흥미 없어 하며 지루하게 생각한다. 말을 잘 하는 사람은 목소리를 한 옥타브 반 정도 조정할 수 있으나 말을 잘 못 하는 사람은 반 옥타브 정도도 조정하지 못한다. 높은 목소리는 특히 어떠한 사항을 강조할 때 필요하다. 낮은 목소리로 말을 하다가도 어떠한 사항을 강조할 때는 목소리를 크게 하여야 한다. 결국 상황에 따라 높낮이를 결정하여야 한다.

③ 목소리의 질

자기의 말을 다른 사람에게 잘 이해시키려면 자기의 의사를 분명하고 알아듣기 쉽게 전달해야 함은 물론 목소리의 크기나 질이 좋아야 한다. 어떠한 사람은 목소리가 부드럽고 유쾌하지만 개중에는 불쾌감을 주는 사람도 있다. 일반적으로 다른 사람들에게 불쾌감을 주는 목소리로서는 쉰 목소리, 귀에 거슬리는 목소리, 콧소리, 거센 소리 등이 있다. 이러한 목소리는 입의 크기, 형태, 후강에 따라 달리지기 때문에 이를 수정한다는 것은 그렇게 쉬운 일은 아니다. 그러나 노력 여하에 따라 좋은 목소리를 낼 수가 있다. 유쾌한 목소리는 위나 횡격막의 근육에 영향을 받기 때문에 이러한 근육의 운동을 통하여 목소리를 수정할 수 있다. 이러한 근육은 또한 말하는 사람의 감정에 의하여 영향을 받는다. 그러므로 신경질적이거나 불안한 교사는 좋은 목소리를 낼 수가 없다. 목소리의 질은 호흡을 조정함으로써 가능한 데, 일반적으로 말을 하면서 숨가빠하는 사람이 많다. 그렇기 때문에 좋은 목소리를 내기 위해서는 위나 횡격막의 근육을 활동시키거나 입술, 턱, 혀의 움직임을 조정하고 나아가 좋은 목소리를 가진 남의 말을 따라 하여 자기의 목소리를 개선할 수 있다.

④ 말의 속도

말의 속도 또한 중요한 요인이다. 대부분의 사람들은 1분에 120~130개의 단어를 말하지만 사람에 따라서는 큰 차이가 있다. 일반적으로 사고를 빨리 하는 사람은 비교적 빨리 말하며, 1분에 200개 이상의 단어를 말한다. 신중한 사람의 경우는 보다 천천히 말한다. 중요한 것은 말하는 사람이 편안하고 부담을 느끼지 않을 정도여야 한다는 점이다. 또한 상황 감정, 청중의 요구 등을 고려하여야 한다. 그러나 말을 잘하는 사람은 장기간에 걸쳐 1분에 160개의 단어를 넘어서는 경우가 거의 없다. 자기가 하고자 하는 말의 내용을 강조할 것이냐, 아니냐에 따라 말의 속도도 달라진다. 요점을 얘기할 때는 되도록 천천히 신중하게 말하는 것이 효과적이고, 내용상 비중이 없는 경우 말의 속도를 빨리하는 것이 좋다. 휴지(休止)는 아이디어를 식별하도록 하기 위하여 사용된다. 이것은 또한 요점을 나타내거나 생각할 시간을 주기 위해서도 사용된다. 수업을 종결할 때쯤 되어서는 말의 속도를 빨리하는 것이 좋다.

아래에 효과적인 발언의 기본원리를 제시한다.

1. 말하는 목표를 설정한다.
2. 말할 내용을 계획한다.
3. 불안을 줄이고 청중과의 시선을 접촉한다.
4. 말 자체로 생각하는 것이 아니라, 아이디어로 생각한다.
5. 상세한 내용은 삼가고 강조하고자 하는 내용의 개요만을 사용한다.
6. 청중에게 자료를 제시한다. 이러한 자료는 차트나 칠판에 쓴 내용이 될 수 있다.
7. 좋지 못한 말버릇을 없앤다. 남의 기분을 상하게 하지 않는 한 자기에게 독특한 버릇은 계속 유지할 필요가 있다.
8. 지나친 준비를 삼간다. 너무 많은 준비를 하여 구변이 좋을 경우 신뢰성을

잃게 된다.

9. 청중에게 단지 경청하는 것 이외에 무엇인가 할 일을 제공한다.
10. 구체적이어야 한다. 요점은 예와 실례를 사용하여 설명하는 것이 좋다.

3. 경청기술

교사가 학생과 의사소통을 원활히 하기 위해서 교사는 최소한 자기의 의사를 효과적으로 전달할 수 있는 기술과 학생의 말을 정확히 파악할 수 있는 능력이 있어야 한다. 학생의 말을 정확히 파악하려면 학생이 무슨 말을 하고 있는지 주의 깊게 듣지 않으면 안 된다. 학생의 말을 주의 깊게 듣기 위해서 교사는 인내를 갖고 학생이 하는 말에 정신을 집중하고 그 말이 무엇을 의미하는지 이해하도록 노력하지 않으면 안 된다.

남의 말을 경청할 때는 똑같은 말이라 하더라도 개인에 따라 다른 의미를 준다는 점을 알아야 한다. 말 자체로 보아서는 말하려는 사람이 무엇을 말하려 하는지를 거의 알 수가 없다. 즉, 말의 의미는 상황에 따라 달리 해석된다. 그렇기 때문에 남의 말을 올바로 이해하려면 상이한 언어가 주는 뉘앙스를 알아야 하며, 그 말이 사용되는 상황, 말하는 사람의 감정은 물론 듣는 자신의 감정, 말하는 사람의 태도 등을 알고 있지 않으면 안 된다.

경청분야의 선구자인 Nichols(1960)는 좋지 못한 경청습관을 다음과 같이 열거하고 있다.

(1) 남이 하는 말을 재미없어 한다.

남의 얘기를 다 듣지도 않고 남이 하는 말은 재미없어 하는 사람이 있다. 그러므로 남의 말을 통하여 배울 것이 아무것도 없으며 그래서 남의 말을 경청하려고도 하지 않는다. 그러나 실제로는 남의 말을 가만히 듣고 있노라면 모두가 재미있으며 그 말의 내용을 더 알면 알수록 더욱더 재미있어 한다. 남의 말을 잘 경청하는 사람은 경청함으로써 무엇인가 배울 점이 있다고 생각한다. 남들은 다른 사람의 말에서 배울 점이 없다고 판단할지 모르지만 남의 말을 잘 경청하는 사람은 말 한 마디 한 마디 의미를 꼼꼼히 생각하여 자신에게 가치 있는 것으로 받아들인다.

(2) 화자의 말을 비판한다.

남의 말을 주의 깊게 듣고 그 말의 뜻을 이해하려고 하는 대신 잘못을 찾아내는 데 시간을 보내는 사람이 있다. 예를 들면 발음, 언어사용, 악센트, 소리의 크기, 속도, 높낮이 등에서 잘못을 지적한다. 그러나 남의 말을 잘 경청하는 사람은 비록 화자의 말에 실수가 있더라도 그 실수를 지적하기보다는 그것을 너그럽게 이해하고 화자가 하고자 하는 말이 무엇인지를 파악하려 든다.

(3) 사실에만 귀를 기울인다.

남의 말을 경청할 때 사실만을 경청하는 것은 위험한 일이다. 사실 그 자체는 중요한 것이 못된다. 사실이란 어떠한 아이디어나 원리를 설명하기 위하여 사용된다고 보아야 할 것이다. 남의 말을 잘 경청하는 사람은 주된 개념이 무엇이고 원리가 무엇인지를 파악하려고 한다.

(4) 지나치게 흥분한다.

남의 말을 채 듣지도 않고 자기 멋대로 생각하여 결정을 내리는 사람이 있다. 이러한 경우 그 결정은 대부분 잘못될 가능성이 크다. 남의 말을 잘 듣는 사람은 말을 끝까지 듣고 그러고 나서 자기의 생각을 정리한다.

(5) 남의 이야기를 그대로 옮겨 적는다.

남의 이야기를 그대로 옮겨 적는 데 잘못은 없다. 그러나 강의나 연설 등에서 그 내용을 그대로 옮겨 적으려 한다면 오히려 녹음기를 사용하는 편이 낫다. 그리고 아무리 빨리 적는다 하더라도 말한 내용을 하나도 빠뜨림 없이 적기란 쉬운 일이 아니다. 그러므로 남의 말을 기록할 때는 듣는 사람이 이해한 수준에서 기록하는 것이 좋다.

(6) 주의집중을 가장한다.

이것은 학생들에게서 흔히 찾아볼 수 있는 현상이다. 학생들은 이따금 딴생각을 하면서도 선생님을 똑바로 쳐다보고 열심히 듣는 체하여 선생님으로부터 좋은 평가를 받으려 한다.

(7) 주의산만을 조장한다.

어떤 학생들은 의도적 또는 무의도적으로 몸을 움직이거나 소리를 내어 남의 말을 잘 알아들을 수 없게 한다. 화자의 목소리가 너무 작아 잘 안 들리는 경우도 있고 주위의 자동차 소리, 아이들 떠드는 소리 등 주위환경으로부터 잡음이 들리는 경우도 있다. 그러나 이러한 잡음을 회피하거나 없애려 하지 않는 사람이 있는데 이는 경청하고자 하는 사람에게 좋은 버릇이 되지 못한다. 남의 말을 경청하려면 이러한 잡음을 없애려고 노력하여야 하며 이것은 교사와 학생이 공동책임을 지고 교사는 자기의 말이 학생들에게 잘 들리는지 확인하여야 한다.

(8) 기술적이거나 어려운 자료는 회피한다.

대부분의 학생들은 수업 초에는 주의를 집중하나 수업이 전개되면서부터 주의가 해이해지는 경향이 있다. 기술적이고 어려운 자료는 잠시 주의를 기울였다가 주의를 다른 곳으로 옮김으로써 결국 이해를 하지 못한다.

(9) 감정적 의미가 담긴 말에 쉽게 상심한다.

일반적으로 사람들은 남의 말에 상당히 민감하다. 화자가 남의 감정을 해치려는 의도 없이 무심코 한 말인 데도 불구하고 듣는 사람의 감정을 해칠 수가 있다. 그래서 아예 화자와 상대조차 하지 않는 경우가 있다. 그러나 좋은 경청자는 본래 화자가 나쁜 의도를 갖고 있다고는 생각지 않으며 설령 그러한 의도를 갖고 말을 했더라도 그 말의 내용을 제대로 듣지 않아 자기가 손해를 볼 필요가 없기 때문에 그는 감정을 제쳐두고 경청하는 데에만 열중한다.

(10) 시간 낭비

보통 사람들은 매 분당 120~130개의 단어를 사용하여 말을 한다. 반면에 인간의 사고는 말보다 4배나 빨리 진행된다. 그렇기 때문에 말이 전부 끝날 때까지 기다리고 나서 생각을 하는 것은 시간 낭비이다. 좋은 경청자는 남의 말을 들으면서 예상하고, 듣고, 비교-검토하여 요점을 요약한다.

다시 말해 교사는 ① 학생이 무엇을 말하고자 하는지를 예상하고, ② 그 다음 학생들의 말을 듣고, ③ 학생들이 말한 내용과 자기가 예상한 것, 그리고 새로운 정보와 비교하고, ④ 들은 내용을 검토하여, ⑤ 이들 내용을 요약한다.

이상의 경청습관을 토대로 하여 다음과 같은 좋은 경청기술을 도출해낼 수 있다.

1. 경청할 준비를 한다. 화자는 무엇인가 재미있고 유용한 내용을 갖고 있다고 생각한다.
2. 신체적 · 정신적으로 기민성을 발휘한다. 단정히 앉아 화자를 관찰하고, 들으려고 노력한다.
3. 주의를 산만하게 하는 요인을 제거시킨다. 학생들이 너무 떠들어 학생의 말을 잘 알아들을 수 없을 경우 학생들을 조용히 하도록 한다거나 아니면 다른 잡음 때문에 학생들의 말을 경청할 수 없을 경우는 학생들에게 좀 더 크게 말하도록 하거나 아니면 조용한 곳을 택하여 학생들의 말을 경청할 수 있다.
4. 객관적이 되어 화자의 말을 끝까지 다 듣는다.
5. 화자의 말이 시작되기 전에 무슨 말을 할지 예측해본다.
6. 언급된 말과 자기가 예상했던 내용을 관련지어 본다.
7. 화자의 아이디어와 자신의 아이디어를 비교해본다.
8. 사실과 의견을 사전의 정보에 비추어 평가한다.
9. 들은 내용을 자주 요약한다.
10. 사실 각각에 대하여 집중하는 대신 아이디어에 주의를 집중한다.
11. 들은 내용을 자신의 언어로 기록해둔다.

4. 비언어적 의사소통

사람들은 여러 방법을 사용하여 의사를 소통한다. 여기서 말이나 숫자는 의사를 전달하는 중요한 수단이며 그림이나 사물을 통하여서도 의사를 소통할 수 있다.

그러나 이외에 신체언어(body language)도 의사를 전달하는 중요한 수단이 된다. 의사를 전달할 수 있는 비언어적 방법으로는 목소리의 크기, 높낮이, 목소리의 질, 미소, 한숨, 얼굴표정, 몸동작 등이 있다. 이 모든 방법은 언어와 함께 의사를 소통하는 데 쓰이지만 특히 기분이나, 감정, 태도 등을 전달하는 데 효과적이다.

Mehrabian(1968)이라는 학자는 인간이 의사를 소통할 때 말은 단지 정서적 영향의 7%를 차지하고 목소리의 크기, 질, 높낮이는 38%를 차지하고 나머지 55%는 얼굴 표정이 차지한다고 한다. 그렇기 때문에 비언어적인 의사소통은 수업에 있어 아주 중요한 부분을 차지한다. 예를 들면 교사는 흥분하여 말하는 경우가 있는데 이것은 교사의 열성 내지 관심을 나타내는 것이다. 또한 단조롭게 말하는 경우는 싫증이나 관심의 부족을 표명하는 것이다.

교사는 학생과 상호작용하면서 어깨를 움츠리거나 제스처를 사용하며, 고개를 흔드는 등 여러 가지 몸동작을 나타내는데, 이러한 몸동작은 여러 가지 목적으로 사용되고 있다.

1. 요점을 강조할 때
2. 단결심이나 우정을 보여줄 때
3. 경청하고 있다는 사실을 나타낼 때
4. 시간의 경과에 대한 관심을 나타낼 때
5. 싫증이나 피로를 나타낼 때

1) 사람 간의 거리

서로 얘기를 나눌 때는 일정한 거리를 유지하기 마련이다. 일반적으로 교사가 지켜야 할 거리를 Hall(1966)은 다음과 같이 기술하고 있다.

(1) 친밀한 거리(intimate distance)

이 거리는 직접 몸이 닿는 거리에서 1.5피트(0~0.46m)의 거리를 말한다. 서로 친한 사이가 아닌데 이러한 거리를 유지한다면 상대방은 오히려 당황해할 것이다. 보통 교사들이 이 거리를 지켜서는 안 된다.

(2) 개인적 거리(personal distance)

이 거리는 1.5피트에서 4피트(0.75~1.25m)의 거리를 뜻한다. 이러한 거리에 서로 위치한다는 것은 사적인 것이지 결코 아주 친밀한 경우는 아니다. 이러한 거리는 개인적인 얘기나 토론을 할 수 있는 거리로서 어느 정도 잘 알고 있을 때 지켜지는 거리이며 교사와 학생이 유지할 수 있는 거리이다.

(3) 사회적 거리(social distance)

이 거리는 보통 4피트에서 12피트(1.25~3.70m)에 해당되며 일반적인 회화가 가능한 거리이다. 대부분의 학교수업에서는 이 거리를 유지한다.

(4) 공식적 거리

이 거리는 12피트에서 25피트(3.70~7.6m)에 해당되며 상기 거리들 중에서는 가장 먼 거리이다. 공식적 거리가 멀어질수록 더욱 크게, 그리고 천천히 말해야 한다. 이 거리는 무대공연이나 연설을 할 때 적당한 거리이다. 공식적 거리가 짧을수록 대집단 강의에 적합하다.

2) 자세

남에게 자기의 의사를 제대로 전달하려면 자세 또한 중요하다. 똑바른 자세는 학생들에게 확신을 주며 학생들을 대할 준비가 잘 되어 있음을 시사한다. 교사가 어깨를 움츠리거나 한쪽으로 치우치게 하면 교사는 부정적인 태도를 갖고 있다고 판단되며, 교사가 질문을 할 때 학생에게 가까이 가서 학생을 향하게 되면 긍정적인 태도를 갖고 있는 것으로 판단된다. 최근 예일대학에서 실시한 연구에 의하면 자세는 사고와 추리과정에 영향을 미친다는 것이다.

예를 들면, 몸을 기대고 있을 때가 서 있거나 앉아 있을 때보다 주의집중이 잘 된다는 것이다. 서 있을 때보다는 앉아 있을 때가 더욱 집중이 잘 된다.

3) 시선접촉과 얼굴표정

Argyle(1967)은 교사에게 필요한 시선접촉의 규칙을 다음과 같이 제시하고 있다.

1. 자주 시선접촉을 하는 사람은 친절하고, 진지하고, 신빙성 있는 사람으로 간주된다.
2. 다정한 사람들은 그렇지 않은 사람보다 더 많은 상호 시선접촉의 기회를 갖는다(그러므로 상호 시선접촉의 시간 수는 우정의 척도로 사용된다).
3. 말을 하면서 간간히 쳐다보는 것은 과제가 우정보다 더 중요하다고 생각되게 한다. 오랫동안 쳐다보는 것은 개인적 관계가 과제보다 더 중요하다고 판단된다.
4. 사람들은 서로 쳐다봄으로써 상호작용하게 된다. 또한 다른 데로 고개를 돌림으로써 요구를 거절한다.

이 네 가지 규칙은 수업상황에 사용될 수 있다. 이 규칙은 교사를 더욱 신뢰롭고 다정하게 한다. 그리고 학생들과의 상호작용 횟수를 증가시킨다.

4) 신체동작과 제스처

의사를 소통할 때 사람의 행동을 세심히 분석해보면 60여 가지의 신체동작 또는 제스처가 있다고 한다. 그 중의 반 이상이 머리나 얼굴의 동작이라고 한다. 신체동작은 의사를 전달할 때 중요한 구실을 한다. 즉 화자와 청취자 간의 관계를 규정할 때, 요점이나 논쟁점을 강조할 때, 말을 대치할 때(예를 들면 어깨를 움츠리는 경우), 완전한 의사전달을 위하여 말과 함께 사용할 때, 신체동작은 상황, 의도, 참여한 사람에 따라 의미가 다르다. 일반적으로, 다음과 같은 예를 들 수 있다.

1. 코를 만지작거리는 것은 불안정을 의미한다.
2. 머리를 토닥거리는 것은 시인을 의미한다.
3. 귀를 잡아당기는 것은 무엇인가를 중단시키고자 하는 것이다.
4. 손바닥으로 머리를 감싸는 것은 말한 내용을 비판하고 있다는 뜻이다.

그러나 이 모든 것은 상황에 따라 달리 해석된다. 다음은 수업상황에서 흔히 사용되고 있는 신체언어의 예이다.

1. 손을 서로 비비대거나, 머리나 몸을 앞으로 숙이거나, 손으로 턱을 고이고 있을 경우는 열심히 경청하려는 것을 뜻한다.
2. 자주 웃거나, 단추를 꼭 잠그고 있거나, 시선접촉을 제대로 하거나, 손과 손가락을 가만히 두거나, 팔 · 다리를 가지런히 두는 경우는 친절하다는 것을 의미한다.
3. 머리를 쓰다듬거나, 어깨를 두드리는 것은 상대방을 인정하는 것을 뜻한다.
4. 콧마루를 만지작거리는 것은 깊은 생각을 하고 있음을 뜻한다.
5. 귀를 잡아당기거나, 손을 탁 치는 것은 무엇인가를 중단시키는 것을 의미한다.
6. 테이블을 주먹으로 치는 것은 욕구불만을 뜻한다.
7. 옷에 단추를 잠그거나, 손가락으로 코를 만지는 것은 거절하거나 또는 인정하지 않는다는 뜻이다.
8. 팔짱을 끼거나, 다리를 꼬고 있는 것은 반감을 뜻한다.
9. 손가락으로 사람을 가리키거나, 한쪽 다리를 의자의 팔걸이에 걸쳐 놓는 것은 우월하다는 것을 나타낸다.
10. 안경을 닦거나, 연필을 입에 물고 있는 것은 지연을 의미한다.
11. 머리를 푹 숙이거나, 발을 책상 위에 올려놓는 것은 더 이상 괴롭히지 말고 다른 곳으로 가라는 것을 뜻한다.
12. 서로 마주보고 있는 사람이 보지 못하도록 돌아앉거나, 자기가 갖고 있는 것을 들고 일어서는 것은 상호작용이 끝났다는 것을 뜻한다.

5. 대인간 의사소통기술 개발

앞에서 의사소통이란 두 명 이상의 사람들이 서로 정보를 교환하여 서로에게 영향을 미치는 행동으로 정의하였다. 따라서 단순한 일방적 정보 전달은 의사소통에는 비효과적이고 쌍방이 정보를 교환할 때만이 원활한 의사소통이 일어날 수 있다. 그렇다고 쌍방의 정보교환만으로 효과적인 의사소통을 기대할 수는 없다. 앞에서 검토한 의사소통 모형에서 보았듯이 메시지 송신자가 메시지를 어떻게 효과적으로 전달하고 수신자가 메시지 내용을 어떻게 받아들이느냐에 따라 의사소통의 효과성은 달라진다고 볼 수 있다.

의사소통을 하다보면 송신자와 수신자는 자주 바뀌기 마련이다. 어느 경우에는 교사가 송신자가 되기도 하지만 어느 경우는 학생이 송신자가 되고 교사가 수신자가 되기도 하고, 또 어느 경우는 학생들끼리 송신자와 수신자가 되기도 한다. 그런데 학급에서의 의사소통에 있어 송신자, 수신자로서 교사에게 의사소통기술이 있어야 함은 물론, 송신자, 수신자로서의 학생에게도 의사소통기술이 요구된다. 따라서 여기서는 학생들에게 어떻게 의사소통기술을 가르칠 것인가에 대하여 논의한다.

1) Cole과 Chan의 의사소통기술 개발

Cole과 Chan(1987)에 의하면 학생들의 의사소통기술의 개발에 대하여 교실에서의 의사소통은 상호작용적이다. 그래서 학생들은 항상 전달되는 메시지만을 수용하는 것만은 아니다. 그들은 의사소통 과정에 적극적으로 참여하여야 한다. 즉 그들은 좋은 메시지 전달자이면서 동시에 수신자가 되는 방법을 배우지 않으면 안된다. 이러한 목적을 달성하기 위한 원리를 그들은 다음과 같이 제시하고 있다.

(1) 의사소통기술을 개선하는 데 학생들이 사용할 수 있는 절차를 시연해 보이고 교사와 학생 간의 효과적인 의사소통을 위한 지침을 개발한다.

논의방법, 질문제기 방법 또는 아이디어 표현방법에 대한 지침을 분명하게 제시해주면 학생들은 긍정적으로 반응할 것이다. 학생들은 이따금 교사와 어떻게 상호작용할지에 대하여 잘 모르고 있다. 그들은 가끔 때나 장소를 가리지 않고 지나치게 모호하고 지나치게 말을 많이 하여 실책을 범하기도 한다. 좋은 모델제시와 명시적 수업을 통하여 학생의 의사소통기술을 개발하는 것이 무엇보다 중요하다.

교사는 학급에서의 효과적인 의사소통을 위한 지침을 만들어 학생들의 의사소통기술을 개선해 나갈 수 있다. 이러한 지침은 꼭 지켜야 할 당위적 규칙으로서가 아니라, 보다 효과적인 의사소통의 참고사항으로 가르쳐야 한다.

(2) 학생들에게 효과적인 경청기술을 가르친다. 졸렬한 경청은 비효과적인 학습의 원인이 된다.

청취와 경청은 똑같은 개념이 아니다. 청취는 순전히 감각적인 행위를 말하는데 경청은 지각적 행위로서 목적 지향적이고 의미추출을 수반하는 개념이다. 효과적인 경청은 관련 있는 메시지에 주의 집중을 요구한다.

졸렬한 경청은 주의집중의 결핍이 원인이 아니라 오히려 송신자의 메시지를 정확히 해독하지 못하기 때문에 생겨난다. 대부분의 졸렬한 경청은 이 두 가지 요인, 즉 주의집중의 결핍과 메시지의 해독능력 결핍에 의하여 생겨난다.

부주의는 전달되는 메시지의 핵심내용을 파악하지 못하게 하고 따라서 수신된 메시지의 의미가 결여되어 후속 메시지를 적극적으로 경청하지 못한다. 이러한 누적효과로 학업성취는 더욱 떨어지게 된다. 따라서 교사는 메시지가 유의미한지를 반드시 확인해야 하며, 학생들이 능동적으로 경청하도록 하여야 한다. 교사는 학생들이 의미를 추출할 때 주의집중이 중요함을 상기시키는 것이 중요하다.

(3) 학생들에게 집단토의기술을 개발시킨다. 학생들은 교사나 다른 학생들과 의미있는 토의기회가 주어지면 의사소통하고자 하는 동기가 생겨난다.

집단토의는 중요한 학급활동 중 하나이다. 집단토의는 일상적인 교사의 설명, 질의응답, 학습과제와는 다른 면이 있다. 교사의 일상적 수업에는 교사와 학생, 학생과 학생의 상호작용을 통한 의사소통이 많지 않은 데 반하여 집단토의에서는 집단 내 개인과 개인, 개인과 소집단 간의 상호작용적 의사소통이 활발하다.

그러나 일부 교사들은 집단토의를 학생들이 쉽게 생각한다고 가정하는 경우가 있다. 왜냐하면 일부 학생들은 집단토의를 주의집중을 거의 요하지 않는 학급활동으로 여기기 때문이다. 그러나 그렇지 않다. 집단토의는 교사가 학생들에게 교과에 대한 관련지식을 충분히 준비시키고 집단 내에서의 의사소통의 본질과 효과적 의사소통을 위한 집단 구성원의 책임을 설명한 경우에만 효과적일 수 있는 것이다.

(4) 만일에 학생들이 대집단 상황에서 문제해결에 어려움을 느낀다면, 학생들로 하여금 개별적 지도를 청하도록 격려해준다.

소집단 토의와 개별상담은 가끔 학습에 도움이 되고 의사소통 문제해결에 도움이 된다. 교사는 학생들의 의사소통기술에 개인차가 있음을 인정해야 한다. 어떠한 학생은 대집단 앞에서 자기의 의사를 자신 있게 표현하기도 하지만 어떤 학생은 대집단 앞에 서서 자기의 의사를 표현하기를 꺼려한다. 교사들은 이러한 학생들에게 남들이 보지 않는 곳에서 자기를 표현해볼 수 있도록 격려해주는 것이 좋다. 동시에 소집단 내에서 의사소통기술을 실천할 기회를 주는 것이 좋다.

2) Sadker와 Sadker(1972)의 대인간 의사소통기술 개발

대인간의 의사소통기술이란 둘 또는 그 이상의 사람들 간의 일련의 언어적, 비언어적 행동기술로서 이를 통하여 상대는 물론 자신에 대한 지식을 키워나갈 수 있다. 교사의 경우 의사소통기술을 사용하여 학생들이 자신의 생각과 감정을 표현하도록 돕고 나아가 이러한 내적 상태가 그들의 행동에 어떠한 영향을 미치는지 이해하는 데 도움이 된다. 학생들이 이러한 기술을 배우기 어려울 때 교사는 이러한 행동을 시범을 보임으로써 학생들과의 상호작용을 시작하고 학생들에게 지침이 될 수 있다.

대인간 의사소통기술에는 주의를 기울이는 행동, 능동적 경청, 반성, 질문의 목록화, 대안행동의 격려와 같은 행동이 포함된다. 이러한 기술을 효과적으로 실천함으로써 ① 학생들은 자신의 생각과 감정을 표현하고, ② 그들의 생각, 감정, 행동을 분석하고 명료화하며, ③ 실제 반응유형과 기대하는 반응유형의 차이를 알게 되고, ④ 여러 대안행동 즉 그들이 기대하는 행동유형을 유지하는 행동을 선택하게 한다. 이러한 대인간 의사소통기술은 본래 위계를 이루며 각 단계의 의사소통기술은 전 단계의 의사소통기술에 근거를 두고 있다. 이들 요소들은 하나의 분류체계를 형성하는데 상위기술을 달성하려면 전 단계의 하위기술의 숙달이 전제되어야 한다. Sadker와 Sadker는 대인간 의사소통기술 분류체계를 다음과 같이 제시하고 있다.

〈표 3-1〉 대인간 의사소통 분류체계

학생 과정	수업기술	
군집 III 대안행동 격려하기	대안행동 실천하기	
군집 II 학생들의 감정표현 명료화하기	반성하기	질문목록 만들기
군집 I 학생들의 감정표현 도출하기	주의를 기울이는 행동하기	능동적 경청하기

위의 모형에 대하여 좀 더 구체적으로 설명한다.

(1) 군집 1. 학생들의 감정표현 도출하기

이 분류체계의 기초가 되고 교사와 학생의 의사소통을 시발시키는 행동에는 주의를 기울이는 행동과 능동적 경청행동이 있다. 이들 행동은 분위기를 조성하는 행동으로 교사와 학생의 자기표현을 활성화시킨다. 학생들은 자신이 위협을 느끼거나 조정받고 있다고 생각되면 자기의 생각이나 감정을 공유하기 꺼려한다. 결과적으로 기꺼이 공유하고자 하는 환경은 적대적이지 않고 지원적이고, 비판적이 아니라 질문이 허용되고, 구조적이고 통제적이지 않고 융통적이고, 허용적이어야 한다. 학생들은 자기표현이 진지하게 경청되고 있고, 웃음거리가 되지 않고 있다고 생각할 필요가 있다.

① 주의 기울이기

교사는 시선접촉, 표정, 신체적 제스처, 그리고 간단한 언어적 시인을 통하여 말한 내용에 관심과 공감을 갖고 경청하고 있음을 나타내 보여야 한다. 결과적으로 그들은 학생들이 그들의 생각과 감정을 공유하고, 그들이 들은 내용을 알 수 있도록 격려해 주어야 한다. 주의를 기울이고 있음을 나타내는 비언어적 단서에는 시선접촉, 얼굴표정, 몸짓, 물리적 공간 등이 있고, 언어적 단서에는 침묵, 간단한 언어적 시인, 간단한 요약이 있다. 이러한 단서들은 간단히 설명하면 아래와 같다.

시선접촉 시선을 말하는 사람에게 집중한다. 그러나 시선접촉이 가져다준 결과에 대하여 직감하라. 많은 사람들은 직접적 시선접촉은 불안감을 가져다주며 부끄러워 시선접촉을 회피하는 경우가 있다. 그러면 말하는 사람에게 시선 집중하는 것을 조정해야 한다.

표정 여러분의 표정은 말하는 사람에게 피드백을 제공하게 되어 더 많은 말을 하게 하거나, 천천히 말하게 하거나, 더 분명히 말하게 한다. 보다 중요한 것은 얼굴표정을 바꾸어 말하는 사람과 공감하고 있음을 보여주는 것이 좋다. 미소, 찡그림, 놀라움, 실망의 표시는 큰돈이 들어가지 않는다. 그러나 그 가치는 무한대이다. 그래서 이들을 활용할 필요가 있다.

몸짓 여러분은 자신의 신체를 긴장완화시킴으로써 상대방인 말하는 사람의 긴장을 완화시킬 수 있다. 몸짓 또한 의미를 전달한다. Meharabian(1969)은 자기가 싫어하는 사람과 대화할 때 양손을 허리에 얹고 대화하는 경우를 주목하고 있다.

반대로 청취자가 말하는 사람을 향하여 몸을 기울이거나 몸에 손을 대는 경우에는 보다 높은 관심과 참여가 전달된다. 신체언어 또한 여러 메시지를 전달한다.

물리적 공간 Hall(1966)은 사람들 간의 거리는 내재적인 의사소통의 가치를 지닌다고 진술하고 있다. 그는 사람 간의 거리가 18인치일 경우를 친숙한 공간이라고 하고 18인치에서 4피트까지의 거리를 사적인 공간, 4피트에서 12피트까지의 거리를 사회적 거리, 12피트 이상은 공적인 거리라고 설명하고 있다. 이러한 거리는 분명히 비언어적 메시지를 담고 있다.

침묵 침묵을 적절히만 사용한다면 황금의 가치를 갖는다. 침묵은 송신자, 수신자 모두에게 그동안 언급된 내용을 잠시 반성할 수 있는 기회를 준다. 또한 침묵은 화자로 하여금 보다 많은 말을 하게 할 수 있다. 흔히 듣는 사람은 즉각적 반응을 해야 한다고 느끼기 때문에 말하는 사람이 결론을 내리기 이전에 대답을 찾기 시작한다. 이 경우 잠시 기다려 말하는 사람이 결론을 내렸는지를 반드시 확인하는 것이 중요하다.

간단한 언어적 시인 생각 없이 보낸 공허한 침묵만큼 치명적 영향을 주는 것은 아무것도 없다. 그래서 교사는 "그래", "와우", "오"와 같은 말을 통하여 화자의 말을 시인하는 것이 중요하다. 이러한 언어적 시인의 주된 목적은 상대의 말에 방해를 주지 않으면서 흥미와 관심을 보이는 것이다. 반응은 간단히, 그리고 화자에게 집중하는 것이 중요하다.

간단한 요약 사정이 허락한다면 화자가 말한 내용의 핵심을 간단히 한두 문장으로 요약해두는 것이 좋다. 요약은 화자에게 메시지 내용의 요점을 피드백하므로 의사소통을 확인하고 나아가 이러한 요약은 좀 더 깊은 대화를 나누고 싶은 충동을 갖게 한다.

② 능동적 경청하기

능동적 경청의 핵심 단계 중 하나는 지적인 내용과 정서적 내용을 구분하는 단계이다. 모든 메시지에는 위에 언급한 두 가지 유형의 내용이 담겨있으며, 따라서 교사는 학생들이 자신들의 내적 사고와 감정 그리고 이에 따른 행동을 깨닫도록 도와주려면 이 두 가지 유형의 내용을 구분할 수 있어야 한다. 능동적인 경청은 청취자가 화자의 언어적, 비언어적 단서에 주의를 기울임으로써 두 가지 유형의 내용에 관한 추론을 하도록 도와준다.

능동적 경청이란 청취자에게만 알려질 수 있는 내적인 상태이다. 비록 청취자가 대부분의 주의집중 행동의 특징을 비언어적 행동으로 나타내 보인다고 하더라도 청취자는 화자의 말을 경청하지 않을 수도 있다. Kelley(1974)는 경청을 숙의적 경청과 공감적 경청으로 나누고 있다. 전자는 나중에 어느 시점에서 메시지의 지적 내용이나 정보를 분석하고 회상할 목적으로 또는 결론을 도출하기 위하여 내용과 정보를 신중하게 청취할 수 있는 능력을 말한다(Garrett, Sadker, & Sadker, 1986에서 재인용). 공감적 경청이란 표현된 메시지의 정신이나 느낌에 참여할 수 있는 청취자의 능력을 말한다.

공감적 청취자의 의도는 우선 화자의 정서적 또는 감정적 요구에 주의를 기울이는 것이다. Kelly는 이러한 공감적 경청이라고 하여 청취자가 언제나 화자의 생각, 감정, 태도, 아이디어, 가치에 무비판적이거나 아니면 동의한다는 것을 뜻하는 것은 아니라는 점을 주목하고 있다. 오히려 공감적 청취자의 일차적 관심은 화자가 현재 말하고 있는 것에 언어적, 비언어적으로 느낀 바에 몰입하는 것이다.

일단 공감적 청취자라 하더라도 메시지를 청취하고 나면 그도 자신의 비판적인 사고기능을 활용해 나가기 시작한다. 이 사고기능이란 학생들로 하여금 정보를 요약하고, 기술하고, 추론하며, 해석하게 하는 기능을 말한다.

이러한 숙의적 경청과 공감적 경청은 상호 배타적인 것이 아니다. 왜냐하면 이 두 경청은 똑같이 구두적 의사소통의 정확한 이해를 목표로 삼기 때문이다. 그러나 이러한 이해에 이르는 길은 서로 다르다. 시의성과 동기에 차이가 있다. 공감적 경청자는 화자의 감정을 듣고자 하는 욕구에 의하여 동기가 부여되고 대화가 종료된 후에 내용을 분석한다. 이에 반하여 숙의적 경청자는 메시지의 내용분석을 우선시하고 그 다음 메시지의 정신이나 느낌을 따지게 된다.

능동적 경청을 나타내 보이려면 우선 공감적 청취자가 되어야 한다. 여러분은 화자의 말은 물론 그들의 느낌이 무엇인지에 관심이 있기 때문에 우선 화자의 말을 경청해야만 한다. 일시적으로 과거의 일상을 지워버리고 순간적으로 판단을 유보해야 한다. 그래야만 비로소 여러분은 화자의 언어적, 비언어적 메시지를 바라보고, 경청하며, 기록하는 데 정신을 집중할 수 있게 된다.

능동적 경청에는 다음과 같은 요소가 포함된다.

1. 외부자극을 차단한다.
2. 화자의 언어적, 비언어적 메시지에 주의를 기울인다.
3. 메시지의 지적 내용과 정서적 내용을 구분한다.
4. 화자가 체험한 느낌에 관한 추론을 한다.

아래에는 능동적 경청기술 개발 단계가 제시된다. 여기에 세 가지 기본요소는 개인적 목록, 주의집중 기술, 감정의 규명 등이 있다.

● 1단계: 개인에 관한 목록 작성하기

효과적인 경청을 하려면 우선 화자에 대한 자신의 감정, 편견, 기대를 알고 있어야 한다. 그리고 경청에 대한 자신의 동기를 목록화할 필요가 있다.

1. 화자와 논의할 주제에 대한 나의 감정은 어떠한가?
2. 나는 화자가 말하는 내용을 정말로 듣고자 하는가? 나의 역할은 무엇인가? 나는 비평가 역할을 해야 하는가? 아니면 문제 해결자 역할을 해야 하는가?
3. 화자가 문제를 제시하면 나는 진정으로 화자를 돕고 싶을까?
4. 화자의 감정, 태도가 나와 다르더라도 화자의 태도와 감정을 수용할 수 있을까?

위와 같은 질문 목록을 만들어 이 질문 중 몇 개의 질문에 대답을 구성해보아 그 대답이 긍정적이 되면 이제는 메시지의 지적인 내용과 정서적인 내용에 집중하여 이들을 구분해낼 수 있을 것이다. 인간의 태도, 감정, 가치를 다루는 것은 아주 민감한 문제이다. 그것은 고도의 전문적인 능동적 경청기술뿐만 아니라 자신의 동기에 대한 정직성과 대화과정의 헌신도 필요로 한다.

● 2단계: 주의집중 기술

2단계에서는 주의집중 기술이 아주 중요하다. 직접적인 시선접촉을 유지하고 긴장을 풀고 경청하라. 화자의 언어적, 비언어적 단서에 주의를 집중하라. 어떠한 메시지가 전달되는가? 화자의 목소리의 억양과 높낮이는 어떠한가? 화자는 말을 빨리하는가? 느리게 하는가? 큰소리로 말하는가? 부드럽게 말하는가? 손동작, 신체동작은 무엇을 의미하는가? 이것은 이중적으로 어려운 일로서 화자를 눈여겨보며, 동시에 경청할 것이 요구된다.

● 3단계: 화자의 감정 규명하기

대화가 진행됨에 따라, 화자의 느낌이 어떠한지에 대해 개인적 추론을 하도록 하라. 그는 일관된 메시지를 보내고 있는가? 환언하면, 언어적 메시지와 비언어적 메시지는 일치하는가? 일치하지 않는 메시지는 가려내기가 용이하다. 일치하지 않는 경우로는 몸이 굳어있고, 손을 꽉 쥔 상태에서 모든 것이 아주 훌륭해라고 말하는 어린이의 모습을 떠올릴 수 있다.

화자의 메시지를 나타내는 감정에 맞는 어휘를 찾아낸다는 것은 어려움이 따른다. 왜냐하면 전통적으로 정서, 감정은 공개토론의 주제에서 제외되어서 토론에서 논의되는 메시지에 대한 감정을 표현하는 어휘들이 거의 계발되지 못했다.

그렇다고 모든 메시지가 정서적 의미를 지니고 있다는 것은 아니다. 그래서 정서적 의미를 들으려고 지나치게 애쓸 필요는 없다. 만일에 학생이 정서적 반응을 보이면 그 정서에 주의를 기울여라. 상황이 충분한 조건이 갖추어졌는데도 정서적 반응이 없다면 곧 보다 능동적, 의도적으로 경청하도록 한다.

(2) 군집 Ⅱ. 학생들의 감정표현 명료화하기

일단 학생들이 마음 편히 자신에 관한 정보를 표현하게 되면 교사는 학생들의 정보표현을 명료화하도록 도움을 줄 수 있다. 그러기 위해 교사는 반성하기와 질문목록 작성하기에 능숙해야만 한다.

① 반성하기

학생의 말에 대한 교사의 반응은 곧 학생들의 말, 감정, 행동을 들여다볼 수 있는 거울인 셈이다. 그러므로 학생들의 의사소통의 성공에 대한 직접적인 피드백이 된다. 이외에 효과적인 반성행동은 자기탐구를 촉진한다. 반성은 교사와 학생에게 효과적 의사소통에 방해가 되는 오해의 소지를 명확히 밝히는 기회가 된다.

반성기술은 다음과 같이 크게 세 수준으로 나누어볼 수 있다.

1. 학생의 할 말을 골라 그 언어적 메시지의 요점을 이해하고 반성한다.
2. 학생의 반응을 기술함으로써 학생의 비언어적 또는 신체적 단서에 반응한다.
3. 전달될 정서에 관한 추론을 하고, 그 추론한 것을 학생들과 공유한다.

이 세 수준의 반성을 다음과 같이 표현할 수 있다.

1. 내가 듣기로 네가 한 말은 …	(학생의 말과 언어적 메시지의 내용을 반성하기)
2. 내가 보기로 너의 행동은 …	(학생의 행동, 비언적 행동을 반성하기)
3. 내가 상상하기로 너의 감정은 …	(언어적, 비언어적 행동의 기초가 되는 학생의 감정을 반성하기)

언어 메시지를 반성한다는 말은 곧 다른 말로 바꾸어 표현하는 것이다. 학생이 한 말을 단순히 반복하거나 바꾸어 말하는 것은 학생과 교사 모두에게 언어적 메시지를 분명하게 하는 일일 것이다. 예를 들어 학생이 "수학은 쓸데없는 것이야. 나는 수학을 공부하고 싶지 않아"라고 하였다고 하자. 이 경우 교사는 "수학이 쓸데없다고 생각하지?" 혹은 "너는 오늘 수학공부를 하고 싶지 않지?" 등과 같이 학생이 한 말을 반복하여 그대로 표현할 수 있다. 이런 진술은 평범하고 기계적인 것처럼 보이지만 교사의 경청기술을 개발하고 말하는 사람의 메시지를 명료화하는 데 도움이 된다. 교사는 언어적 내용의 기저에 있는 정서적 메시지를 반성하여 상호작용을 계속할지를 결정하기에 앞서 말을 반복 표현하는 방법을 사용할 수 있다.

언어적 메시지를 반성하는 데에는 다음과 같은 몇 가지 목적이 있다.

1. 교사와 학생 간의 대화를 시작하게 한다.
2. 교사가 토의를 계속할지를 결정하기 위한 학생지도시간을 제공해준다.
3. 학생들이 자신의 생각, 감정에 관한 부수적 정보를 제공하도록 동기를 부여해준다.

이러한 반응은 대결적이라기보다 반성적인 것이다. 이것은 학생들의 반응을 강요하지 않는다. 단순히 교사가 경청하고 있는 바를 학생들에게 알려줌으로써 심도 있는 대화를 자극하는 데 꼭 필요한 절차가 된다.

두 번째 수준의 반성인 비언어적 메시지를 반성하는 것은 곧 행동을 기술하는 것이다. 비언어적 메시지를 반성할 때는 꼭 가시적인 행동적 증거만을 사용한다. 다음은 이러한 예 중의 하나이다.

나는 네가 …을(를) 할 때 알아차렸어
너의 얼굴이 …
네가 … 할 때
너의 신체가 …
너의 손이 …

이와 같이 구체적인, 관찰된 행동을 기술함으로써 말하는 사람이 무엇을 느끼고 있는지에 대한 통찰을 갖게 된다. 그러나 이러한 반응은 기술적이고 비평가적인 것이다. 여기에는 타인의 동기, 태도, 인성에 대한 어떠한 비난이나 추론이 개입되어서는 안 된다. 아이에게 버릇없다 말하는 것은 구체적인 행동의 기술이 아니라 평가가 게재된 것이다. 단지 구체적인 행동만을 기술하여야 한다.

세 번째 반성수준은 추론을 하기 위한 반성으로 앞에서 검토한 말을 바꾸어 표현하기와 메시지의 내용에 대한 행동기술을 모두 포괄한다. 그러나 단순한 말을 바꾸어 표현하고 언어적 단서를 반성하는 것 그 이상의 활동을 포함한다. 이 단계에서 교사는 자기가 보고 들은 것을 요약하고 화자의 말에 관한 추론을 공유함으로써 그들이 관찰한 바를 점검한다. 청취자가 인식하고 있는 것이 화자의 의도와 일치하는가? 화자는 자신의 메시지를 제대로 전달했는가? 앞서 논의한 수학 문제를 갖고 있는 학생에 대한 상호작용에서 이 수준에 있는 교사는 다음과 같은 질문을 하게 될 것이다.

"나는 네가 여기 앉아 수학책을 갖고 놀면서(행동 반성하기) 수학을 쓸데없는 것이라고 말하는 것을 들었다(언어적 메시지 반성). 그 문제 때문에 좌절감을 느끼니?(학생의 감정 해석)"

효과적인 반성적 행동은 의미론적 게임도 아니고 다른 사람의 아이디어를 새로운 용어로 바꾸는 방식도 아니다. 오히려 학생이 언어적, 비언어적으로 느끼고 표현한 것을 정확히 이해하고자 하는 욕구에서 나오는 것이다. 따라서 교사는 학생의 마음을 읽는 자가 아니고, 또한 화자의 생각이나 느낌을 추측하려 해서도 안 된다. 단지 여러분이 보고(행동 기술), 들은(내용의 반성) 것을 요약한 후 이러한 반응과 관련 지은 여러분의 생각과 감정에 관한 추론을 공유해 나가면 된다. 간단히 말해서, 문제에 대한 여러분의 해석을 점검하는 것이다. 여러분의 추론은 얼마나 정확한가? 그것은 화자의 의도와 일치하는가?

그러나 지나친 반성적 질문은 학생들을 괴롭게 만들어 효과를 떨어뜨릴 수가 있다. 오히려 학생들은 그들이 조정당한다고 생각할지도 모른다. 모든 것이 적당한 것이 좋다. 그러나 첫째, 실수를 범했을 때와 치러야 할 대가가 너무 크고 치명적일 때, 둘째, 송신자와 수신자의 강렬한 감정표현으로 오해의 소지가 많을 때에는 자주 반성할 필요가 있다.

지금까지 논의한 효과적인 반성 행동을 간단히 요약하면 아래와 같다.

1. 여러분이 화자나 논의될 주제에 대하여 미리 갖고 있는 생각이나 감정을 알고 있어라. 그것들은 의사소통을 방해하는가? 그렇다면 어떻게 방해하는가?
2. 화자의 언어적, 비언어적 메시지에 주의를 기울인다. 관찰한다.
3. 언급된 구체적인 단어와 보여진 구체적인 행동을 마음으로 본다. 보고, 듣고, 기록한다.
4. 전달된 언어적 메시지와 정서적 메시지를 구분한다. 화자는 무슨 말을 하고 있는가? 언어적 메시지인 말에 어떠한 감정이 관련되어 있는가? 보고, 듣고, 기록하고, 추론한다.
5. 학생에게 다음과 같이 반응한다.
   - 단어를 바꾸어 표현한다. 단어를 반성한다.
   - 구체적으로 관찰된 화자의 행동을 기술한다.

- 언어적, 비언어적 행동의 기초가 되는 학생의 사고와 감정에 관한 추론을 공유한다.

6. 자신이 사용하고 있는 목소리의 억양을 알고 있다. 빈정거림, 판단, 질책을 삼간다.
7. 여러분의 지각이 정확한지 평가하기 위해 명료성을 요구한다. 명료화한다.

② 질문목록 작성하기

앞에서 학생들의 감정표현 도출하기에서 두 가지 수업기술 즉, 주의 기울이기와 능동적 경청을 다루었고 이어 학생의 감정표현을 명료화하기 위한 세 가지 수준의 반성에 대하여 알아보았다.

이제 질문목록을 작성하여 이를 제기함으로써 교사는 학생들이 자신의 생각, 감정, 그리고 행동을 기술하도록 도울 수 있다. 이와 같은 질문은 학생들이 구체적인 사상에 대한 학생들의 특징적인 반응양식이나 구체적인 행동유형을 찾아내는 데 도움이 된다. 이것을 통하여 학생들은 그들 행동유형의 효과를 평가할 수 있다. 이러한 평가를 통하여 실제행동과 기대하고 있는 행동 사이에 차이가 나타나면 학생들은 그들 자신의 개인적 목적에 부합되는 다른 행동을 고려해야 한다. 질문목록을 만드는 구체적인 목적은 학생들에게 자신의 행동을 보다 잘 이해시키는 데 있다. 즉 이러한 행동이 미치는 효과를 평가하고 변화가 필요한지를 결정하는 데 목적이 있다. 여기서는 의사소통을 자극하고, 정보를 명료화하고, 차이를 규명하고, 대안이나 해결을 모색하게 하는 등의 네 가지 유형의 질문목록을 검토한다.

- 1수준: 의사소통을 자극한다.

의사소통을 자극하는 질문목록은 공개적인 대화의 장으로 끌어들인다. 이러한 질문목록은 학생들에게 사고와 감정을 탐색하고 논의할 기회를 제공한다. 이러한 질문은 학생들에게 "나는 너와 너에게 일어나는 일에 관심이 있다"라는 뜻으로 전달된다. 의사소통을 자극하는 질문목록에 관한 예로 다음과 같은 것이 있다.

1. 무슨 일이 일어났는지 나에게 이야기할 수 있니?
2. 네 머릿속에 무엇이 떠오르고 있는지 우리 같이 이야기할 수 있겠니?

3. 이것에 대하여 어떻게 느끼고 있니?
   - 이러한 질문의 목적은 학생들을 자기탐구과정에 참여시키고 구체적인 행동이나 사태, 그리고 이와 관련된 감정을 논의하도록 돕는 데 있다. 다음 상황에서 어느 것이 보다 심도 있는 탐구로 유도하는 질문인가?
4. 케빈, 이번에는 누구랑 싸웠느냐?
5. 케빈, 운동장에서 무슨 일이 일어났는지에 대하여 이야기해 줄 수 있겠니?
6. 케빈, 왜 싸웠니?

여기서 첫 번째 질문은 비난적이고 대립적이다. 세 번째 질문은 자신의 행동을 분석하고 설명할 것을 요구한다. 이러한 질문은 즉각적인 실제 감정에서 주의를 다른 곳으로 돌리고 학생을 자기 방어적이게 한다. 둘째 반응이 여러분과 학생이 그의 사고와 감정을 공유할 가능성을 제일 높여준다고 볼 수 있다. 이 질문은 효과적인 의사소통을 자극하는 질문이다.

- 2수준: 정보를 명료화한다.

2수준에서의 질문은 학생들의 사고, 감정, 행위를 확대하거나 명료화하고 학생들로 하여금 행동유형을 알아차릴 수 있게 한다. 구체적으로 이 질문들의 목적은 ① 보다 많은 사실적, 정서적 정보를 얻고, ② 구체적인 예를 관련 지어 막연한 일반화에서 구체적인 정보로 변화시키고, ③ 애매한 용어나 진술을 명확히 하고, ④ 행동유형은 물론 구체적인 사고, 감정, 행위에 초점을 맞춘다. 다음의 예는 정보를 명료화하는 질문들이다.

1. 무슨 일이 일어났는지에 대한 더 많은 정보를 나에게 줄 수 있니?
2. 네가 느끼고 있는 것에 대하여 좀 더 이야기해 주지 않겠니?
3. 네가 말했을 때 무슨 뜻이었지?
4. 네가 그렇게 느꼈을 때의 구체적인 사례를 알려줄 수 있겠지? 그 점에 대하여 좀 더 말해주겠니? 전에도 이러한 일이 일어났을 때 너는 보통 어떻게 행동하였니? 보통 무엇이 이러한 반응을 야기하니?

● 3수준: 차이점을 규명한다.

3수준의 질문은 구체적인 행동이나 행동유형의 결과를 따지게 된다. 이 질문은 행동의 결과가 그들이 원하는 것과 실제 사이에 어떠한 차이가 있는지를 결정하는 데 도움이 된다. 이러한 차이를 밝히는 질문에 관한 구체적 예는 다음과 같다.

1. 너의 행동결과는 어떠하냐?
2. 일은 네가 원하는 대로 되었느냐?
3. 그렇게 반응한 데 대하여 너는 어떠한 대가를 치렀느냐?
4. 이런 식으로 행동하는데 그것이 어떻게 너에게 도움이 되었느냐?

행동의 차이를 묻는 질문은 개방적이다. 그러나 3수준의 질문이 다른 어느 수준의 질문보다 더욱 대립적일 수도 있다. 그러나 이러한 질문이 적합한 경우도 있는 것이다.

● 4수준: 대안이나 해결책을 모색한다.

이 수준의 질문은 학생들을 다음의 논리적 단계로 안내한다. 일단 그들의 행동이 바람직한 결과를 가져오지 못했음을 알게 되면, 학생들은 곧 대안을 탐색하고 새로운 해결책을 고려할 준비를 서둘러야 한다. 이 질문은 다음 단계의 대인간 의사소통기술인 대안행동의 격려로 이어지게 한다. 구체적인 행동의 예를 들면 아래와 같다.

1. 여러분은 자신의 행동결과가 마음에 들지 않는다면, 어떠한 방식으로 행동하겠는가?
2. 또다시 앞에서와 똑같이 행동한다면, 어떻게 반응하겠니?
3. 보다 긍정적인 결과를 얻기 위해 너의 행동을 어떻게 바꾸겠니?
4. 보다 긍정적 결과를 가져다줄 목적을 달성하기 위해 무엇을 할 수 있겠니?

이상의 질문을 요약하면, 1수준의 질문은 의사소통을 자극하는 질문으로 학생을 공개적인 대화로 끌어들이는 역할을 하는 질문이다. 2수준의 질문은 정보를 명료화하는 질문으로 ① 더 많은 정보를 얻고, ② 구체적 예와 관련을 짓고, ③ 모호한 용어나 진술을 명확히 하고, ④ 구체적인 사고, 감정, 행위에 초점을 두는 질문이다.

3수준의 질문은 차이를 밝히는 질문으로 구체적인 행동결과에 집중되는 질문이다. 이러한 질문은 기대된 행동결과와 실제적 행동결과 사이에 존재하는 차이를 밝히는 데 도움이 되는 질문이다. 4수준의 질문은 학생들이 기대하는 결과를 달성할 수 있는 보다 생산적인 행동을 탐구하고 규명하도록 하는 데 도움이 되는 질문이다.

(3) 군집 III. 대안행동 격려하기

여기에는 대안적 행동의 탐색이 포함되는데 그 과정은 아래와 같다.

1. 대안적 행동의 생성
2. 대안행동의 실천과 그들의 느낌 감지하기
3. 효과성에 대한 타인으로부터의 피드백 수용
4. 장 · 단기 결과 예측하기
5. 개인의 욕구와 가장 부합되는 행동유형 선택하기

앞에서 우리는 두 가지 의사소통기술로써 학생의 감정표현 도출하기(군집 1)와 학생의 감정표현 명료화하기(군집 2)를 검토하였다. 이 두 군집의 의사소통기술 즉 주의집중하기, 능동적 경청하기, 반성하기, 질문목록 작성하기를 숙달하게 되면, 그 다음 단계인 대안적 행동격려 단계로 넘어오게 된다. 여기서 몇 가지 조심해야 할 일이 있다. 우선 기술이라는 단어가 오도될 가능성이 있다. 보통 우리들이 말하는 기술이란 기계적 기술로서 자동차 기술, 컴퓨터 기술과 같은 경우를 생각하기 쉽다. 그래서 의사소통기술도 위에서 언급한 기계적 기술과 같은 의미로 사용될 수도 있다. 그러나 분명한 것은 의사소통기술은 컴퓨터 기술과 같은 기계적 기술과는 근본적으로 차이가 있다. 의사소통기술에는 무엇보다도 학생들의 개인적 성장에 대한 진정어린 관심이 있다. 그러나 기계적 기술에는 이러한 인간에 대한 배려가 전혀 없다. 또한 의사소통을 잘하는 교사는 각 개인의 내적인 장점을 존중하고, 개인의 잠재력 실현에 모든 것을 바쳐 헌신하고 있다.

이외에 대인간 의사소통은 일반 사석에서도 일어나며, 교사와 학생이 어떠한 정보를 공유하든 여기에 참여한 학생들의 승낙 없이는 공개되어서는 안 된다. 학생과의 신뢰를 쌓는 데에는 긴 시간이 요구된다. 사적인 정보가 공개되면 즉각적으로 신뢰관계는 무너지고 만다.

주의집중을 시키는 많은 언어적 · 비언어적 단서도 개인의 본질에 맞추어 제시되어야 한다. 끝으로 대인간 의사소통을 자극하기 위한 행동이 강력한 효과를 발휘할 수 있다. 그러나 잘못 사용하면 그러한 행동은 조작적이고 파괴적이 될 수 있다. 이를 효과적으로 활용하게 된다면, 대인간 의사소통기술은 학생 내부의 자기 지식을 자극할 수 있다. 이외에 교사가 학생 내부의 반응을 이해할 수 있는 능력이 있고, 학생에게 나타나는 교육과 학생의 과정을 예리하게 이해할 수 있다면 그만큼 유의미한 학습의 가능성은 증대된다.

참고문헌

Argyle, M. (1967). *The psychology of interpersonal behavior*. London: Penguin Books.

Dance, F. E. (1970). The "concept" of communication. *Journal of Communication*, 20(2), 201-210.

Cole, P. G., & Chan, L. K. S. (1987). *Teaching principles and practice*. New York: Prentice Hall.

Garrett, S. S., Sadker, M., & Sadker, D. (1986). Interpersonal communication skills. In J. M. Cooper (Ed.), *Classroom teaching skills* (3rd ed.) (pp. 225-270). Washington, D.C.: Heath and Company.

Gorden, T. (1974). *T.E.T: Teacher effectiveness training*. New York: Wyden.

Hall, E. T. (1966). *The hidden dimensions*. New York: Doubleday.

Johnson, D. W., & Johnson, F. P. (1982). *Joining together: Group theory and group skills* (2nd ed.). Englewood Cliffs, NJ: Prentice-Hall.

Mehrabian, A. (1968). *Communication without worlds*. Psychology Today, 53-56.

Nichols, R. G. (1960). *Listening is good business*. Michigan: Grand Rapids.

Sadker, M., & Sadker, D. (1972). *Interpersonal skills of teaching*. Wisconsin: University of Wisconsin-Parkside.

제4장

학습동기 유발

학생들에게 교과를 가르친다고 할 때 수업계획을 수립하게 된다. 수업계획은 앞에서도 언급했듯이, 연간계획에서부터 작게는 한 시간의 수업계획이 있을 수 있다. 한 시간의 수업계획을 보면 대체로 도입, 전개, 정리라는 절차에 따라 계획을 수립한다. 도입단계는 학습자들이 본시과제에 대한 학습을 준비시키는 단계로, 선수학습 상기, 수업목표 제시, 동기유발과 같은 절차를 거친다. 다시 말하면, 동기유발은 마치 수업의 도입단계에서만 거치는 단계처럼 여겨진다. 그러나 동기유발은 수업의 시작에서 수업이 종료되기까지 계속적으로 요구되는 수업전략 중 하나로 볼 수 있다. 어떻게 보면, 수업이 종료된 후에도 다음 학습으로 이어지는 단계에서 계속 필요한 수업전략이다. 동기유발이 중요함은 교사라면 누구나 알고 있는 사실이다. 그럼에도 불구하고 동기유발이 무엇이고, 어떠한 수업전략을 통하여 효과적으로 학습을 유발할 것이냐에 대하여는 합의된 정답은 없다. 또한 어느 전략은 어느 학생에게는 효과적이지만 어느 전략은 다른 학생에게는 효과가 없을 수 있다. 따라서 여기에서는 우선 동기의 개념과 기능, 그리고 내발적 동기유발과 외발적 동기유발에 대하여 알아본다. 그리고 마지막으로 여러 학자들의 동기유발 전략에 대하여 알아본다.

1. 동기의 개념

일상생활에서 우리는 행동의 원인으로 그 행동의 동기를 묻는다. 예를 들면, "대학에 들어온 동기가 무엇이냐", "왜 현재의 학과를 선택했는가" 등 주로 행동의 원인으로 동기를 논의한다. 그러나 동기를 연구하는 심리학자들은 단순한 행동의 원인만을 알기 위하여 동기를 연구하는 것이 아니고, 행동의 지속성에 대하여도 관심을 갖고, 더 나아가 동기의 유발 및 동기의 개발에도 관심을 갖고 있다. 여기서는 우선 동기의 정의부터 알아본다.

정원식(1969)에 의하면 동기란 유기체 내에서 어떤 목표를 향한 행동을 일으키는 원동력이다. 행동을 일으키는 개념 속에 ① 유기체의 동기적 상태, ② 이러한 상태가 행동을 유발하거나 방향을 결정지으며, ③ 행동의 목표로 향하게 하는 세 가지 면을 포함하여 목표가 달성되면 행동이 그친다고 설명하고 있다. 이 점에 대하여 정원식은 다음과 같이 해석하고 있다. 이들 개념이 의미하는 이와 같은 동기의 측면은 곧 동기의 기능, 즉 시발적 · 지향적 · 지속적 · 강화적 기능을 가리키는 것으로 보인다.

앞에서 정원식은 동기를 단지 어떤 목표를 향한 행동을 일으키는 원동력이라고 했을 뿐 그 기능적 해석은 단지 추론에 의한 것이다. 그러나 이러한 특성을 직접 동기의 정의 속에 포함시킨 학자로는 Moore(2005)와 Good과 Brophy(2008)가 있다. Moore에 의하면, 동기란 인간의 행동에 활기를 불어넣고 행동의 방향을 지시하는 그 무엇이다. 즉, 동기가 부여된 행동이란 활기차고, 방향이 정해져 있고, 지속성이 있는 행동이다. 일상적으로 표현하면, 동기는 행동을 하게 만들고, 행동을 지속시키고, 어디를 가려고 하는지를 결정해주는 것이다. Good과 Brophy는 동기의 개념을 Moore보다 더 폭넓게 사용하고 있는데, 그는 동기를 목적지향적 행동의 시발, 방향성, 강도, 지속성을 설명하는 데 사용되는 가설적 개념으로 정의하고 있다.

이상을 종합해보면, 동기란 목표지향적인 행동을 일으키고, 활기차게 하고, 강화시키고, 지속시키는 원동력이다. 이 정의를 좀 더 구체적으로 설명하면 아래와 같다.

우선 동기는 목표행동을 지향하고 있음을 알 수 있다. 행동에는 무의식적인 행동과 의식적인 행동이 있을 수 있다. 무의식적인 행동이라면 동기가 없거나 약하다고 볼 수 있고, 의식적이고 의도적인 행동에는 반드시 동기가 있거나 아니면 강한 동기가 작용하고 있다고 볼 수 있다. 또한 동기는 목표행동을 지향하면서 동시에 이러한 행동을 유발시킨다. 앞에서도 언급했듯이 동기는 어떠한 행동을 일으키는 기능을 갖고 있다. 이것을 시발적 기능이라고도 말할 수 있을 것이다. 또한 동기는 행동에 에너지를 불어넣어 주는 기능이 있다. 동기가 강할수록 인간의 행동은 더욱 활기차고, 동기가 약할수록 인간의 행동은 무기력하게 나타난다. 또한 동기는 방향성을 갖고 있다. 동기가 강할수록 의도한 방향으로 행동이 나타날 것이고, 동기가 약할수록 뚜렷한 방향 없는 행동이 나타날 것이다.

동기는 또한 강도의 입장에서 논의될 수 있다. 강한 동기와 약한 동기가 있을 수 있다. 동기가 강할수록 목표지향 행동이 더욱 뚜렷해지고 동기가 약할수록 목표지향 행동이 약하게 나타날 것이다. 동기는 또한 지속성을 갖는다. 동기는 목표지향 행동을 일시에 중단하게 하는 것이 아니라 그러한 행동을 오랫동안 계속되게 하는 기능이 있다. 물론 동기가 없거나 약한 사람은 목표지향 행동을 중단하거나, 또는 하는 둥 마는 둥 할 수도 있지만, 동기가 강한 사람은 목표지향 행동을 오래 지속할 가능성이 크다.

2. 동기의 기능

앞에서 동기의 정의를 살펴보았다. 이미 그 정의 속에 동기의 기능이 어느 정도 함의되어 있다고 볼 수 있다. 즉 시발적 기능, 활성화 기능, 강화 기능, 방향제시 기능, 유지 기능이 동기의 기능이라고 말할 수 있다. Ormrod(2003)는 동기가 학습과 행동에 미치는 영향을 다음과 같이 요약해주고 있다.

(1) 동기는 행동이 특수한 목표를 지향하게 한다.

사회인지이론가들에 의하면 개인은 스스로 목표를 설정하고 그들의 행동은 목표를 지향한다고 한다. 동기는 인간이 노력을 기울이고 있는 구체적인 목적을 결정한다. 그러므로 "공부를 할 것인가?" 아니면 "공부를 그만두고 놀 것인가? 아니면 "TV를 시청할 것인가?" 등의 선택에 영향을 미친다. 학습의 경우에도 동기가 강하면 강할수록 어떠한 다른 행동보다도 학습을 선택하여 학습에 몰두하게 할 것이다.

(2) 동기는 노력과 에너지를 증가시킨다.

동기는 학생들이 그들의 요구와 목적에 직접 관련된 활동에 들이는 노력과 에너지의 양을 증대시킨다. 즉 동기는 학생들이 열정적으로 학습과제를 수행하느냐, 아니면 성의 없이 과제를 수행하느냐를 결정한다. 동기가 강할수록 학습자는 활동과제를 열정적으로 그리고 온힘을 다하여 수행할 것이며, 동기가 약할수록 학습과제 수행에는 관심이 없이 하는 둥 마는 둥 할 것이다.

(3) 동기는 행동의 시작과 지속을 증가시킨다.

학생들은 그들이 하고 싶은 것을 시작할 가능성이 크다. 그들은 또한 과제수행이 어렵고, 방해를 받는다 하더라도 그들이 원하는 것이라면 그 과제를 완수할 때까지 끝까지 지속할 가능성이 크다. 이렇게 행동을 시작하고 지속시키는 심리적 요인이 바로 동기이다.

(4) 동기는 인지과정처리를 증진시킨다.

동기는 어떠한 정보를 어떻게 처리하느냐에 영향을 미친다. 예를 들면, 동기가 부여된 학생들은 보다 많은 주의를 기울이는 데 있어서, 주의는 정보를 작동기억과 장기기억 속에 간직시키는 데 결정적으로 중요하다. 또한 동기가 부여된 학생들은 피상적인 암기형태로 학습을 하기보다는 학습내용을 유의미하게, 즉 이해를 하려고 노력한다.

(5) 동기는 어떤 결과를 강화할지를 결정한다.

학생들이 학구적 성취를 거두려는 동기가 강할수록, A를 받게 되면 그만큼 더 자부심을 갖게 되지만, 만약 F를 받게 되면 더욱더 기분 나빠할 것이다. 학생들이 동료들로부터 더 많은 존경과 인정을 받고 싶을수록 그들은 집단 내에서 그만큼 더 의미 있는 구성원이 될 것이다. 그러나 집단구성원들이 자신을 우습게 볼수록 그만큼 고통은 더욱 커질 것이다.

(6) 동기는 성취를 증가시킨다.

앞에서 언급했던 목표지향 행동, 에너지와 노력, 시작과 지속, 인지과정처리, 그리고 강화 때문에 성취는 올라간다. 짐작컨대 학급에서 가장 학습동기가 높고 가장 학습활동이 뛰어난 학생들이 학업성취 역시 가장 높게 나타나는 경향이 있다. 반대로 학습동기가 가장 낮은 학생들은 결국 학교를 중도에 그만두는 경우도 있다. 이토록 동기는 학업성취를 증가시키기도 하고, 낮추기도 한다. 동기가 강할수록 학업성취가 높게 나타날 것이고, 동기가 약할수록 학업성취가 뒤떨어질 가능성이 크다. 교사의 주된 임무는 동기가 낮은 학생의 동기를 높은 수준까지 끌어올리는 것이다. 또한 동기가 높은 학생의 경우도 그대로 방치해둘 것이 아니라, 어떻게 하면 그들의 동기수준을 유지하고 발전시킬 것인가도 문제인 것이다. 동기는 일반적으로 개인 내부로부터도 나오지만, 개인 외부로부터도 주어진다. 개인 내부로부터의 동기를 내적 동기 또는 내발적 동기라고 하며, 외부로부터 주어지는 동기를 외적 동기 또는 외발적 동기라고 한다.

3. 외발적 동기유발과 내발적 동기유발

앞에서 동기는 인간의 행동을 일으키는 원동력이라고 하였다. 그러면 그 원동력은 어디에서 오는가? 동기를 연구하는 심리학자들은 그 원인을 개인 내부의 개인 특성과 개인 외부의 환경적 특성에서 찾고 있다. 그들은 개인의 내적 요인으로 욕구, 흥미, 호기심, 즐거움을, 그리고 외적 요인으로 보상, 사회적 압력, 처벌을 제시한다. 이렇게 흥미, 호기심과 같은 요인에 의해 생긴 동기를 내발적 동기라고 하고, 반면에 보상이나 벌과 같은 요인에 의해 생긴 동기를 외발적 동기라고 한다.

Harter(1981)는 내발적 동기가 강한 학생들의 특징을 다음과 같이 지적하고 있다.

> "내발적 동기가 강한 학생들은 쉬운 과제보다는 도전적인 과제를 더 좋아하고, 교사의 마음에 들도록 하기 위해 혹은 높은 점수를 따기 위해 공부하기보다는 스스로의 만족을 위해 공부하려는 동기를 가지고 있다. 그러

> 한 학생들은 또한 교사의 도움이나 지도에 의존하기보다는 그들 스스로 해결하려는 자세를 가지고 있다. 더욱이 그들은 수업에서 자기 자신의 성공과 실패에 대하여 독립적인 판단—정보와 평가를 위하여 교사에 의존하지 않고—을 하게 하는 성취목표체계와 평가적 기준체계가 내면화되어 있다."

반면에 외발적 요인에 의하여 동기화된 학생들은 학습활동에 진지하게 참여하는 것이 아니고 피상적으로만 참여하게 되고, 따라서 쉬운 학습과제에만 관심을 주며 조금이라도 난이도가 높은 도전적 과제에는 관심을 보이지 않는다. 또한 그들은 최소한의 요구조건에만 부응하려고 한다.

그렇다고 해서 외발적 동기유발이 나쁘다는 것은 아니다. 어느 경우에는 외발적 동기유발이 필요하다. 처음 공부를 시작하는 학생들에게는 당장의 즉시적인 효과가 있는 외발적 요소에 의한 동기유발이 효과적일 수 있다. 그렇다고 외발적 동기에만 의존하는 것은 바람직하지 않다. 비록 처음에는 외발적 요소에 의하여 동기화되더라도 점차적으로 내면적 요소에 의한 동기화로 안내하여야 할 것이다.

4. 학습동기의 개념과 동기 요소

앞에서 우리는 외발적 동기유발과 내발적 동기유발에 대하여 알아보았다. 그런데 내발적 동기가 유발되면 학습은 더욱더 흥미롭고 자극적이 된다는 인상을 받았다. 그러나 모든 학습활동에 있어 내발적 동기유발을 기대하는 것은 무리일 수 있다. 아마도 그것은 이상(理想)이 될 수 있을 것이다.

이처럼 내발적 동기가 학습을 설명하는 데에는 한계가 있다. 그래서 이 분야의 전문가들은 보다 의미 있는 개념으로 학습동기를 제안하고 있다. Brophy(1988)는 학습동기를 특수한 종류의 동기로 보고 아래와 같이 설명하고 있다.

> "학습동기란 학습활동을 의미 있고 보람 있는 것으로 보고 그 활동을 통하여 의도된 학습이득을 이끌어 내고자 노력하는 경향이다. 학습동기는

일반적 특성과 상황특수적 상태로 나누어 생각할 수 있다."

학습동기의 일반적 특성은 흔히 학습은 내적으로 보상된다고 생각하는 사람들에게 나타난다. 그들은 많은 정보를 알고 확장하는 것이 가치 있다고 생각한다. 그들에게 있어 학습이란 그 자체가 흥미 있고 만족스러운 것이다. 또 다른 사람들은 그 특성을 의무감의 일부로 생각한다. 그들은 학습자가 선택하지 않은 경험이라 할지라도 모종의 경험으로부터 최대의 이익을 얻어야만 한다고 생각한다.

학생들이 학습활동을 진지하게 생각할 때만 학습동기 상태가 나타난다. 이 경우 학생들은 학습을 끝내려고 하거나 점수를 따려고 해서가 아니고, 단지 이해하고 발전하려고 노력한다. 그들은 내용에 관심이 없다고 하더라도 주의를 기울이고 열심히, 그리고 지속적으로 학습에 임한다.

학습동기는 학습목표를 향하여 학습한다는 의미가 있다. 여기서 핵심은 학습을 잘 수행해내는 것이 아니라 단지 이해하고 발전하는 데 목적이 있는 것이다. 따라서 교과내용이 흥미가 있건 없건 또는 학습과정이 즐겁든 즐겁지 않든 상관없이 교과내용을 이해하고 더욱더 발전하기 위하여 노력하는 것이다.

학습동기는 학습하려는 욕구나 의도 그 이상을 의미한다. 여기에는 또한 학생들의 정신노력의 질이 포함된다. 예를 들면, 교재를 10번 읽는 것은 매우 지속적이라고 할 수 있다. 그러나 학습동기는 요약하고, 기본 아이디어를 정교화하고, 자신의 용어로 개괄하고, 중요한 관계를 표로 작성하는 것과 같은 보다 사려 깊고 적극적인 학습전략을 함축하고 있다(Brophy, 1988).

만일 모든 학생들이 학습동기라는 일반특성으로 충만하여 학교에 온다면 놀라운 일이 될 것이다. 그러나 그렇지 못한 경우가 대부분이다. 설령 그들이 충만하여 온다고 해도, 개중에는 괴로워하거나 중요하지 않게 생각하는 학생들이 있을 것이다.

한편 Johnson과 Johnson(1985)은 학습동기를 다음과 같이 설명하고 있다.

> "학습동기란 학생들이 의미 있고 보람 있다고 지각하는 학습목적–이해와 기능의 향상과 같은 의도된 학습이익–을 달성하기 위하여 노력을 기울이는 정도를 말한다. 학습동기는 다양한 요소들로 구성된다. 즉, 성취로부터 얻는 자부심과 만족, 계획, 자기 자신을 의식하지 못할 정도로 학습

과제 완수에 집중하여 지식과 생각을 몰입하는 것, 학습의 의도와 학습에 참여하는 과정에 대한 메타 인지적 인식, 피드백에 대한 명확한 지각, 그리고 불안과 실패에 대한 두려움의 결핍으로 구성된다. 학습동기란 교육과정, 교사, 동료에 의하여 제시된 학습과제를 진지하게 생각하고 그 과제로부터 의도된 이익을 얻으려고 노력하는 정도를 반영하고 있다. 학습동기는 여러 사람들이 보기에 강제적인 지적 활동에 참여하고 외적으로 평가받고, 그 후에 보상을 받거나 처벌받는 그러한 교실에서 발생한다."

이상의 논의에서 학습동기란 학생들이 의미 있고 보람 있다고 지각하는 학습 목적을 달성하기 위하여 열심히 노력하려는 경향성을 뜻함을 알 수 있다. 학습동기는 하나의 특성이면서 동시에 일시적 상태이다. 또한 학습활동을 진지하게 여기고 이것으로부터 최대의 이익을 얻으려 하며, 이익을 얻는 과정에 적합한 학습전략을 사용한다. 이처럼 학습동기는 학습에 있어 아주 중요한 개념이다. 교사는 어떻게 하면 학생들의 학습동기를 유발할 것이냐가 고민거리다. 여기에는 두 가지가 문제시된다. 그중 하나는 학생들의 동기 상태를 어떻게 유발하여 학습에 참여시키느냐이고, 나머지 하나는 보다 장기적인 목표로 학생들의 학습동기 특성을 어떻게 개발할 것이냐가 될 것이다. 여기서는 우선 학습동기 개발보다는 현재의 학습동기를 어떻게 유발할 것이냐에 관심을 둔다. 그러기 위해서는 우선 학습동기의 요소를 검토해볼 필요가 있다.

1) Gage와 Berliner의 학습동기의 요소

앞에서 학습동기를 설명하며, Johnson과 Johnson이 제시한 동기요소들을 살펴보았다. 여기서는 Gage와 Berliner(1979)가 제시하고 있는 동기요소를 중심으로 논의해본다. Gage와 Berliner는 동기에 관련 있는 요소로 행동의 방향성과 활력을 결정하는 요소를 다음과 같이 제시하고 있다.

(1) 흥미

교과에 흥미를 보이는 학생들은 교과에 주의를 기울이는 경향이 있다. 그들은 흥미가 영향을 미친다고 생각한다. 그들은 흥미를 수단 또는 그 자체를 목적으로 삼기도 한다. 흥미가 있으면 주의도 집중되고, 학습결과도 유지되며, 만족감도 커지게 된다. 한마디로 흥미란, 자극을 선택하거나 그 무엇에 주의를 기울이는 것을 말한다. 만일에 어떠한 대상, 아이디어, 사상에 관심이 없다면 우리는 깨닫지도, 주의를 기울이지조차 않을 것이다.

(2) 욕구

욕구가 있다는 말은 무엇인가 부족함을 느낀다는 말이 될 것이다. 성취욕구가 있다는 말은 현재로 성취한 경험이 없다는 말로 풀이해볼 수 있다. 따라서 이러한 욕구는 노력을 요하는 그 무엇인가를 달성하여 이에 만족을 느끼므로 성취욕구는 충족될 수 있다. 애정욕구도 마찬가지이다. 애정을 느끼지 못하는 사람이 다른 사람들과 우정적인 관계를 맺음으로 이러한 욕구가 충족될 수 있다.

(3) 가치

가치가 인간의 행동을 결정하는 중요한 요소임에는 틀림없다. 가장 널리 알려져 있는 가치유형은 독일의 심리학자인 Spranger(1928)가 제시한 것이다. 그는 가치유형을 다음과 같은 여섯 가지로 나누고 있다.

1. 순수과학자들이 추구하는 이론적 가치 또는 진리
2. 부를 축적한 사람들이 추구하는 경제적 가치 또는 부
3. 예술가나 작곡가들이 추구하는 미학적 가치 또는 미
4. 타인을 통제하는 분야의 지도자들이 추구하는 정치적 가치 또는 권력
5. 인본주의자들이나 사회사업가들이 추구하는 사회적 가치 또는 타인의 복지
6. 인간과 신과의 관계에 일차적 관심을 갖고 있는 사람들이 추구하는 초자연적 세계와의 일체감 또는 종교적 가치

이러한 가치들은 목표를 지향하고, 인간 행동의 방향을 지시하며, 활력을 불어넣는 동기적 기능을 갖고 있다.

(4) 태도

태도와 가치관은 인간의 행동을 결정하는, 심층에 속하는 심리적 성향이란 관점에

서는 비슷하나 같은 뜻을 가진 개념은 아니다. 태도가 한 특정의 사물이나 사태에 대한 반응경향이라 한다면 이와 같은 수많은 사태 중에서 유사한 사태에 일관되게 보이는 행동성향을 가치관이라 볼 수 있다. 태도는 정서(감정), 방향성(찬성 또는 반대), 대상(그 무엇), 그리고 인지적 요소(학생이 현재의 대상에 대하여 인식하는 것)를 포함한다.

2) Wolfolk의 학습동기의 요소

Wolfolk(1993)에 의하면 학습동기란 학습활동을 가치 있는 것으로 보고 학습활동을 열심히 하려는 경향성이다. 그는 이어 학습동기를 유발하려면 동기의 근원이 내재적이고, 목표가 개인적으로 도전할 만하며, 개인이 과제에 집중해 있고, 숙달지향적이고, 성공과 실패를 통제 가능한 원인에 귀인하며, 능력이 향상될 수 있다고 믿을 때 가능하다고 하였다. 여기서는 이들 특성을 간단히 살펴본다. 동기의 근원인 내재적 동기에 대하여는 이미 앞에서 언급하였으므로, 그 다음 요소부터 설명하고자 한다.

(1) 목표인식

여러 동기이론에서는 목표가 중요하다고 생각한다. 목표는 구체적이고, 어느 정도 도전할 만하며, 가까운 미래에 도달 가능할 때 학습동기를 증진시킨다. 목표는 크게 수행목표와 학습목표로 나뉘기도 한다. 수행목표란 학습 자체에 목표를 두기보다는 남의 눈에 똑똑하게 보이려는 의도가 있는 목표이고, 학습목표란 학습 그 자체, 즉 지식습득과 기능숙달과 같은 목표이다. 학습동기화된 학생들은 주로 학습 그 자체에 목표를 두고 과제에 참여하는 특성이 있다. 학습동기화가 잘되지 않은 학생들은 수행목표를 세우고 자아를 관여시키는 경향이 있다.

(2) 욕구

욕구 또한 동기의 중요한 요소임에 틀림없다.

① Maslow의 욕구위계

Maslow(1970)에 의하면, 인간은 욕구의 위계에 따라 동기화된다고 한다. 네 개의 하위수준의 욕구 즉, 생존, 안전, 소속과 자존의 욕구를 '결핍욕구' 라고 불렀다. 이들 욕구는 충족되면 오히려 그것을 달성하려는 동기가 감소된다는 것이다. 그리고 나머지 세 개의 상위수준의 욕구들 즉, 지적 성취, 심미적 이해, 자아실현의 욕구를 '존재욕구' 또는 '성장욕구' 라고 불렀다. 이러한 욕구들이 충족되면 그것을 달성하려는 동기가 감소되는 것이 아니라 증가된다는 것이다. 그러나 Maslow의 이론대로 행동하지 않고 대부분의 경우 서로 다른 욕구가 동시에 작용하여 동기화된다.

② 성취동기

성취동기란 도전적인 과제를 성취함으로써 만족을 얻으려는 욕구로 Murray(1938)에 의하여 처음 소개된 개념이다. McClelland 등(1953)에 의하면, 성취동기란 그 기대수준이 탁월기준에 있는 동기를 말한다. 여기서 탁월기준이란 높이 평가받을 수 있는 업무수행의 정도를 말한다.

③ 자기결단 욕구

학습행동을 결정하는 중요한 동기적 요소의 하나는 자기결단 욕구이다. 자기결단이란, 무엇을 어떻게 할 것인지에 대한 선택의 욕구이다. 이것은 외부 보상이나 압력보다는 우리 자신의 희망이 우리의 행동을 결정하기를 바라는 욕구이다. 이러한 욕구가 강할수록 자신에 의해 행동이 결정될 가능성은 더욱 커진다.

(3) 귀인 · 신념

① 귀인

학생들은 자기 자신에 대한 여러 가지 질문을 던진다. "중간시험에 왜 실패했을까?", "내 대답에는 무슨 문제가 있을까?", "이번 학기에는 왜 이렇게 잘했을까?" 등의 질문을 던진다. 이때 그들은 자신의 성공이나 실패를 다양한 요인에 귀인할 수 있다. 그 요인들로는 능력, 기분, 노력, 지식, 운 등을 들 수 있다. 귀인이론을 연구한 대표적인 학자로 Bernard Weiner가 있다. Weiner(1979)에 의하면 학생들이 그들의 성공이나 실패를 귀인하는 원인은 대체로 통제 소재(원인의 소재가 개인의 내부에 있는가 혹은 외부에 있는가), 안정성(그 원인이 항상 같은가 아니면 변화하는가), 그리고 책임감(그 사람이 그 원인을 통제할 수 있는가)의 세 가지 차원으로 나누어진다고 하였다. 이와 같은 세 가지 차원을 갖고 조합하면 여덟 가지 가능한 조합이 나올 수 있다. 그 중의 하나를 예를 들면, '내적-불안정-통제 가능'이 되며, 이는 실패 이유로 '그 시험을 대비하여 공부하지 않았다'가 될 수 있다. 높은 학습동기를 가진 학습자들은 성공과 실패를 통제 가능한 노력과 능력에 귀인하는 경향이 있으며, 학습동기가 낮은 학습자들은 성공과 실패를 통제 불가능한 원인에 귀인하는 경향이 있다.

② 능력에 대한 신념

학교에서 동기에 영향을 미치는 귀인 중의 하나가 능력에 대한 신념이다. 능력에 대하여는 두 가지 견해가 있다. 하나는 능력이 고정되어 있다는 견해이고, 다른 하나는 능력이 변화한다는 견해이다. 능력이 변화된다는 견해를 갖고 있는 학습자는 학습목표를 세우고, 기술을 향상시킬 수 있는 상황을 찾는 경향이 있으며, 실패는 절망적이 아니라고 생각한다. 반면 능력이 고정적이라는 견해를 갖고 있는 학습자는 수행목표를 세우는 경향이 있다. 즉 그들은 자신이 똑똑해 보여서 자존심을 세울 수 있는 상황을 찾는 경향이 있다. 또한 그들은 많은 노력을 기울이지 않고도 잘 할 수 있는 일을 계속한다.

③ 자기효능감에 대한 신념

자기효능감이란 특정한 상황에서의 개인적 유능감에 대한 신념이다. 자기효능감은 우리가 도달하려는 목표에 영향을 미친다. 만일에 어느 한 영역에서 높은 자기효능감을 갖게 되면, 우리는 높은 목표를 세우고 어려움에 처해서도 끈기를 갖고 버틸 것이다. 그러나 낮은 효능감을 갖게 되면 문제가 생겼을 때, 그 과제를 회피하거나 쉽게 포기할 가능성이 높다.

5. 동기유발에 영향을 주는 요인

이어서 학습동기를 유발시키는 데 크게 영향을 미치는 요소를 알아본다. 이러한 각각의 요소들은 학교에서의 성공이나 실패에 영향을 미치는 중요한 요소이다. 또한 각각의 요소들은 교과에 대한 정서, 교사에 대한 정서, 학교에 대한 정서, 자신의 능력에 대한 정서, 성공과 실패의 원인에 대한 지각에 영향을 미칠 수 있다. 이러한 모든 요소는 또한 내발적 동기유발에 영향을 준다.

(1) 성공적이고 의미 있는 경험의 제공

이것은 아마도 학생의 동기에 영향을 주는 가장 중요한 요소 중 하나이다. 한 학습과제에서 성공한 학생들은 보통 그와 같은 종류의 학습과제를 더 많이 하기를 원하지만, 실패한 학생들은 흔히 차후의 그와 유사한 학습과제를 시도하려 들지 않는다. 그러나 모든 학생에게 성공적인 경험을 제공하는 것은 생각보다 더 어렵다. 대부분의 학생들의 능력은 다양하고 교육과정은 복잡하므로, 모든 학생들이 모든 학습과제에서 성공하도록 하는 것이 어렵다는 데 문제가 있다. 대부분의 교사들은 절충적인 방법을 채택한다.

첫째, 교사들은 대부분의 과제를 학생들이 과거에 성공했던 과제에 기초를 두고 학습과제를 조직한다. 또한 새로운 교과내용을 이미 숙달된 내용에 기초하여 제시한다. 그들은 잘 아는 것에서 모르는 것으로, 성공적인 학습의 기초에서 새로운 학습의 증대로 조직하고, 그 목적은 성공적인 과거의 학습토대 위에 새로운 지식을 접목시키는 것이다.

둘째, 모든 학습활동에서 대부분의 내용을 능력이 낮은 학생조차도 쉽게 이해할 수 있는 수준이 되도록 조직한다. 그 내용 중 일부분만을 가장 유능한 학생들의 능력을 검증할 수 있는 수준으로 조직한다. 이러한 방법으로 조직할 때 높은 성공률이 확보되고 학생의 동기가 강화된다.

(2) 적절한 학습목표

대부분의 학생들은 그들의 요구에 적합하다고 생각하는 학습목표를 성취하도록 동기유발된다. 학습목표는 학습을 조장하는 수단으로써 학생들에게 제시된 수업목표이다. 교사는 “우리가 이 주일에 완수해야 하는 재미있는 과제가 있다.” 혹은 “우리의 목표는 과학자들이 곤충의 한해살이를 어떻게 연구하는가를 발견하는 것이다.”라고 말할지도 모른다. 이것들 각각이 하나의 학습목표이며 각각은 학생들이 어느 특정 영역에서 어떤 능력에 도달하도록 동기를 유발시켜 주는 역할을 한다. 그런 목표들은 단기적인 목표(학생들에게 몇 달 뒤에 있을 시험을 위해 공부하도록 요구할 때와 같이)가 될 수 있다는 것을 주목해야 한다. 효과적인 교사는 학습을 촉진하는 의미 있고 적절한 목표들을 세울 수 있다.

(3) 교과에 대한 교사의 열의

교수학습 활동에 열성적인 교사는 흔히 학생들을 동기화시키는 매우 훌륭한 본보기가 된다. 만일 교사가 특정 활동에 흥미를 갖고 열중하는 것 같아 보이면, 학생들은 흔히 교사의 열성에 따라가게 된다. 자기가 가르치는 교과목에 열성적인 교사는 학생들에게 교과에 대한 높은 정의적 특성을 심어주게 된다.

(4) 학생과의 인간관계

학생에 대한 교사의 긍정적인 배려와 존중은 항상 학생들로부터 호의적인 반응을 가져온다. 만일 교사가 학생들에 대해 배려하는 태도를 보인다면 교사에 대한 정의적 특성은 증진될 것이며, 따라서 교과목을 성취하려는 학습동기는 증가될 것이다. 교사가 학생들에 대해 갖는 관심과 존중하는 마음을 표현하는 많은 언행들은 간단하고 외형적 행동이라기보다는 미묘하고 내면적인 활동이다.

(5) 강화와 벌의 사용

어떤 형태의 강화도 효과적이려면 체계적으로 조직화되어 때와 상황에 적절히 적용되어야만 한다. 교사는 특히 무엇을, 언제, 어떠한 방법으로 강화시킬 것인가를 구체적으로 계획해야 하며 계획한 전략에 따라서 수업의 각 단계에 맞게 동기유발 기법을 조직해야 한다.

(6) 노력의 중요성에 대한 학생의 인식

학생들이 성공과 실패의 원인을 무엇으로 보느냐는 이것들이 동기유발에 간접적이지만 강력한 영향을 주기 때문에 중요한 문제인 것이다. 학교에서의 성공원인을 행운의 탓으로 돌리는 학생들은 제시된 학습목표를 달성하기 위하여 가능한 최대한의 노력을 기울이도록 동기가 유발되지 않을 것이다. 마찬가지로 학생의 성적 향상이 전적으로 교사의 수업기술에 달려있다고 생각하는 학생들은, 자율적으로 학습을 하려는 동기가 유발되지 않을 것이다. 교사는 학생들에게 학교학습에서 노력과 인내가 중요하다는 것을 설명해주고, 또한 선천적인 능력보다는 노력과 인내가 성공을 결정하는 보다 중요한 요인이라는 것을 설명해 주어야 한다. 또한 교사는 학생들에게 학교학습의 성공은 학생들 자신의 노력의 결과라는 점을 인식시켜야 한다.

(7) 잘 조직화된 의사소통과 수업체계

효과적인 의사소통과 수업은 교사에 대한 정의적 특성, 교과에 대한 정의적 특성, 학교에 대한 정의적 특성에 간접적으로 영향을 줌으로써 내발적 동기를 증진시키게 된다. 교과내용을 명료하게 설명할 수 있게 높은 수준의 동기를 보다 쉽게 유발시킬 수가 있다. 또한 교과에 대한 긍정적인 정의적 특성 혹은 교사에 대한 긍정적인 정의적 특성을 갖고 있는 학생들은 그 과목을 성취하려는 동기가 보다 쉽게 유발될 수 있다는 것 또한 사실이다. 더구나 효과적인 수업은 높은 수준의 학업성취도를 가져온다. 왜냐하면 자신의 능력에 대한 인식수준이 높아지고, 따라서 내발적 동기가 증진될 것이기 때문이다.

6. Gage의 동기유발 전략

Gage의 동기유발 전략을 제시하면 아래와 같다.

(1) 언어적 칭찬을 사용한다.

교사에게 칭찬은 학생들의 학습동기를 유발하기 위하여 사용할 수 있는 가장 손쉬운 방법이다. 모종의 행동에 대한 칭찬은 그러한 행동의 발생빈도를 증가시킨다. 그러나 어느 학생은 칭찬에 덜 민감하다. 예를 들면, 외향적인 학생은 칭찬보다는 꾸지람에 동기가 더 잘 유발되고, 반면에 내성적인 학생들은 꾸지람보다는 칭찬에 동기가 더 잘 유발된다. 또한 칭찬을 해주는 사람에 따라서도 그 효과는 달라진다.

이러한 제함점이 있다고 하더라도 바람직한 행동에 대하여 자주 칭찬하는 것은 학업성취나 학생행동을 바꿀 때, 그래도 가장 믿을 만한 동기유발 방법이다.

(2) 시험과 점수를 분별 있게 사용한다.

동기유발 기법으로 시험과 점수를 사용하는 데에는 찬·반 양론이 있다. 그러나

Gage와 Berliner(1979)는 시험과 점수를 분별 있게 사용하면 효과적이라는 입장을 견지하고 있다. 현실적으로 시험과 점수는 여러 가지 사회적 보상, 즉 인정, 승진, 졸업, 자격, 대학입학, 직업, 명성, 돈을 기초로 사용하고 있다는 사실 자체로 동기적 힘을 갖고 있는 셈이 된다. 결국 점수는 원인이며 동시에 강화물이 되는 것이다. 학생들은 높은 점수를 받게 되면 거기에 상응하는 어떠한 이익이 있다는 것을 배우게 된다. 그래서 시험을 치르고 거기에 주어지는 점수는 학생들의 학습동기를 유발하는 효과가 있다.

그러나 시험과 점수를 동기유발의 수단으로 사용하는 데에 대한 반론도 만만치 않다. 이들의 주장은 시험점수는 그 점수가 주어지는 수업상황을 벗어난 과제를 계속 수행하는 데에는 해로운 영향을 미친다는 것이다. 그래서 교사는 균형의 문제를 생각하게 된다. 시험과 점수는 많은 학생들의 학습을 촉진하는 데 효과적이다. 특히, 점수를 가치 있게 여기는 학생들에게 그러하다. 그러나 어느 학생에게는 그 점수가 학교와 관계없는 과제를 수행하려는 의욕을 감소시킬 가능성이 크다. 물론 교사의 점수부여가 위험한 도구가 될 수 있지만 분별력 있게 사용한다면 좋은 도구가 된다. 시험과 점수를 학생들에게 벌을 줄 목적 혹은 비교의 준거로서가 아니라 학생들의 숙달과 성장의 증거로써, 즉 학생들을 도와줄 목적으로 사용하고자 한다면 유익한 동기유발 방법이 된다.

(3) 발견, 호기심, 탐구와 같은 각성적 가치를 활용한다.

새롭고, 놀라우며, 복잡하고, 불일치하고, 모호한 자극은 일종의 개념적 각성을 갖도록 하는데 Berlyne(1960)은 이를 인식론적 호기심이라 부른다. 인식론적 호기심이 생기면 자연히 동기가 유발되어 혼란을 극복하고자 하는 방법을 모색하게 된다. Brelyne은 인식론적 호기심을 유발하는 방법을 다음과 같이 제시하고 있다.

1. 쇠고리를 빠져나가는 놋쇠 공에 열을 가하자 공이 놋쇠 고리를 빠져나가지 못하는 것을 보면 생겨나는 놀라움(Surprise)
2. 삼각형의 내각의 합이 180°인지를 학생들에게 질문을 할 때 학생들이 갖게 되는 의심 또는 신념과 미신 간의 갈등
3. 가능한 해결은 많으나 어느 것도 정답인 것이 없는 것 같을 때 발생하는 혼란 또는 불확실로써, 이유에 관한 사회 · 경제적 상황만 알려주고 그 도시의

어느 곳에 범죄율이 가장 높은 가를 예측하라고 했을 때 발생
4. 환자의 종기를 치료하는데 방사선을 이용하여 종기를 치료하되 치료받는 주위의 조직에는 피해가 없도록 해야 하는 것과 같은 당황 또는 상충된 요구에 직면하기
5. 일반 원리나 상식과 어긋난 결과를 제시할 때 발생하는 모순

위에 제시한 모든 예들은 개념적 갈등을 일으킨다. 이러한 개념적 갈등이 해소될 때까지 동기는 지속된다. 그러나 학생들이 이러한 문제나 상황을 해결하지 못하면 그들은 계속 좌절하고 괴로워할 것이다. 그러면 이러한 방법은 학생들에게 긍정적 반응을 일으키지 못할 것이다.

(4) 이따금 예상치 못한 행동을 보인다.

일상적인 것을 예상치 못한 행동의 단서로 활용할 수 있다. 학생들이 자신의 학습문제를 논의하는 자리에서 갑자기 교사는 자신의 학습문제로 화제를 돌릴 수 있다. 또 항상 교사가 시험문제를 출제해 왔는데 갑자기 학생들에게 시험문제를 출제해 보도록 요구해볼 수도 있다.

(5) 강화에 대한 계획을 사전에 제시함으로써 학습의욕을 고취시킨다.

이것은 학생들이 학습을 위하여 노력하기에 앞서 미리 강화에 대한 계획을 제시하는 것이다. 학생들은 학습을 하게 되면 어떠한 이득이 돌아올지를 알 수 있도록 한다. 이러한 방법은 어떠한 행동계열을 처음 시작할 때의 강화물과 같은 역할을 한다. 이러한 아이디어가 주는 시사점은 교사가 과제의 초기단계를 쉽게 이끌어야만 한다는 것이다. 과제 초기단계에 성공할 수 있도록 수업을 설계하는 것은 중요한 동기유발 전략 중 하나이다. 이것은 과제의 난이도와 복잡성 정도를 점진적으로 크게 하는 것을 의미한다.

Brophy와 Evertson(1981)은 교사들이 먼저 학생들을 지명하고 질문을 하는 방법이 질문을 하고 학생을 지명하는 것보다 더 효과적임을 알아냈다. 아마도 이름을 부르는 것은 교사로 하여금 그 학생을 학습에 참여시키는 것이 되고, 반면에 질문을 하고 학생을 지명하는 것은 우수하거나 열성이 있는 학생만이 반응하도록 학

습의 참여기회를 제한하기 때문에 그러한 결과를 가져왔을지도 모른다.

이와 같이 교사의 목적은 강화물을 학생들 모두에게 분배하는 데 있다. 그렇지 않으면 일부 학생들은 그들이 좋아하는 것을 받을 수 없다. 강화기회를 모든 학생들에게 돌아가게 하는 것이 경쟁을 통해 소수에게 기회를 돌리는 것보다 더 건전한 것이다.

(6) 본보기로 익숙한 자료를 사용한다.

본보기를 사용할 때 학생들이 잘 모르는 명칭, 아이디어, 인용문을 사용하기보다는 학생들에게 익숙한 내용들이 더 바람직하다.

(7) 개념과 원리를 적용할 때 독특하고 예상치 못한 상황을 사용한다.

예를 들어 수요공급의 법칙을 마약의 가격에 적용할 수 있을 것이다.

(8) 전에 학습한 내용을 활용한다.

앞으로도 계속 배워야 할 내용에 꼭 필요한 것은 비단 현재 배우는 내용만이 아니고, 이전에 이미 습득한 사실, 개념, 원리도 필요한 것이다. 따라서 이전에 배운 내용을 사용함으로써 이전에 획득했던 반응도 더욱 강화되는 것이다.

(9) 시뮬레이션과 게임을 활용한다.

최근에는 컴퓨터를 통하여 여러 가지 교육적 시뮬레이션과 게임이 가능해졌고, 이러한 것들은 수업도구로서 점점 그 활용도가 증가하고 있다. 컴퓨터 시뮬레이션과 게임은 학생들의 학습동기를 유발하고 실생활 장면을 생생하게 보여주며, 학습과정에 직접 참여할 수 있게 해준다.

(10) 필적할 만한 동기유발체제의 매력을 극소화한다.

이따금 학생들은 동료학생으로부터 인정을 얻기 위하여 동료학생의 지시에 따라 선생님 말씀을 거역한다거나, 공부를 소홀히 하는 경우가 있다. 이러한 경우 교사는 무엇을 어떻게 해야 할까?

학생집단에는 이 집단의 우두머리 학생이 있기 마련인데, 이 학생을 학교의 공식적 활동에 참여시키는 것이 도움이 될 수 있다. 담배를 피우는 경우도 우두머리되는 학생을 집중해 흡연을 못하게 하면, 나머지 학생들에게 금연을 요구하는 것보다 더 효과가 있을 수 있다.

요약하면, 필적할 만한 동기체제의 매력을 최소화한다는 의미는 결국 부적합한 행동에 대하여 처벌을 가하고, 동시에 적합한 행동에는 강화를 제공하는 것을 의미한다.

(11) 학습에 참여함으로써 생기는 불쾌감을 최소화한다.

교과학습에의 참여는 적극적으로 강화되어야 한다. 그러나 참여로 인해 아주 좋지 못한, 즉 불쾌한 일이 발생할 수 있는데 이러한 것은 최소화되어야 한다. 그 중 몇 가지 예를 들면 다음과 같다.

1. 이해를 못해 생기는 자존심 상실
2. 너무 오래 앉아있거나, 칠판이 너무 멀어 안 보이거나, 목소리가 너무 작아 잘 듣지 못하는 데서 생기는 불편감
3. 남으로부터 공부를 못한다는 이야기를 들을 때
4. 배우지 않은 내용에 대한 시험을 치를 때
5. 교사의 요구에 부응하지 못할 때
6. 싫어하는 교사의 지도아래서 공부할 때

(12) 학교의 사회적 분위기를 이해한다.

학교도 작은 형태의 사회라고 볼 수 있다. 이러한 작은 규모의 사회에도 사회적 분위기가 존재하는데, 이러한 분위기는 학생들의 학습동기에도 영향을 준다고 볼 수 있다. 교사는 이 점을 잘 파악하여 학교의 사회적 분위기를 학생들의 학습동기를 유발할 때 이용할 수 있다.

(13) 교사와 학생 간의 힘의 관계를 이해한다.

앞에서 분위기 연구에서 동기에 미치는 사회적 영향을 알아보았다. 그러나 궁극적으로 사회기관의 분위기를 구성하고 있는 힘과 규범들은 개인에서 개인으로 전달된다. 타인의 행동에 영향을 미치고자 하는 개인이 모종의 사회적 권력을 갖고 있

다면 분위기는 쉽게 전달되기 마련이다. 이와 같은 사회적 권력에는 보상권력, 강요권력, 합법적 권력, 준거적 권력, 전문가 권력 등이 있다.

보상권력이란 타인의 보상을 통제할 수 있는 개인의 능력에 존재한다. 이와 같은 권력은 상사와 노동자 사이, 교사와 학생 사이, 부모와 자녀 간의 관계에서 발견된다. 이 모든 경우에 한 개인이 다른 개인에게 보상을 줄 수 있는데, 그 방법으로는 봉급을 인상하거나, 점수를 올려주거나, 또는 애정을 사용한다.

강제적 권력은 벌을 통제한다. 상사는 직원을 해고할 수도 있다. 교사는 학생을 낙방시킬 수도 있고, 부모는 자녀를 야단칠 수도 있다.

나머지 권력은 사람으로부터 나오는 것이 아니라 다른 원천으로부터 나온다. 합법적 권력이란 법, 규정, 그리고 개인에게 보상을 주거나 다른 사람에게 강제적 권력을 부여하는 관습에 기반을 두고 있으며, 주로 학교장은 이러한 방식으로 그들의 권력을 도출해낸다. 준거적 권력이란 존경받는 사람이기에, 타인이 닮고자 하는 사람으로서, 타인에 영향을 줄 수 있는 사람의 능력을 말한다. 끝으로 전문가 권력이란 개인의 전문성 또는 특별한 능력으로부터 나온다. 교육실습생 지도교사가 교생에 대한 전문가 권력을 갖게 된다. 이와 같은 사회적 권력은 타인의 동기를 유발할 수 있는 동기가 되는 것이다.

7. Good과 Brophy의 학습동기 유발전략

Good과 Brophy(2008)에 의하면 학습동기란 “학습활동을 의미 있고 가치 있는 것으로 보고 학습활동을 통하여 의도된 학습의 이익을 얻으려고 노력하는 경향”이다. 본래 정의적 특성이 있는 내발적 동기와는 달리 학습동기는 본래가 인지적 특성을 갖고 있다. 학습동기는 학습활동을 이해하려는 시도와 그 활동을 통하여 개발하고자 하는 지식을 이해하려는 시도를 포함한다.

학교에서 가르치는 학습내용의 대부분이 인지적인 것이다. 즉 추상적인 개념과 언어정보이다. 학생이 발전하기 위해서는 생성적인 학습전략을 개발하여 사용해야만 한다. 즉, 학생들은 정보를 능동적으로 처리하고, 그것을 기존의 지식과 관련 지어 나가며, 그것을 자신의 말로 표현하고, 이해 여부를 확인할 필요가 있다.

그러므로 학습동기를 유발한다는 말은 단지 그들이 학습하는 것에 관심을 갖고 그것의 가치를 알아내도록 자극하는 것뿐만 아니라 어떻게 학습해 나갈지에 대한 안내를 제공해주는 것을 뜻한다. Good과 Brophy는 세 가지 큰 동기유발 전략을 제시하고 나머지는 하위전략들을 제시하고 있다. 그 세 가지 전략은 자신의 학습동기 유발을 모델로 제시하고, 바람직한 기대와 귀인을 전달하며, 성취불안을 최소화하는 것으로서, 세부적인 내용은 다음과 같다.

(1) 자신의 학습동기 유발을 모델로 제시한다.

교사 자신이 호기심과 관심 표명을 실연해 보이므로 학생들이 학습을 개인의 만족과 삶을 풍요롭게 하는 보상적이고 자아 실현적 활동으로 보도록 격려한다. 그리고 현재의 상황과 일반지식에 대한 관심을 공유하도록 한다. 신문을 읽고, TV에서 뉴스를 본 이야기를 함께 나눈다. 여기에서 모델링한다는 말은 단순히 학교에서 배운 개념의 본보기나 응용에 관심을 갖는 그 이상을 의미한다. 또한 모델링은 모델로서 활동한다는 뜻도 있다. 즉, 개념의 본보기와 응용에 대한 교사의 생각을 공유한다는 뜻이다. 그렇게 함으로써 학생들은 매일 매일의 일상생활에서의 경험을 이해하기 위하여 교육받은 사람들이 학교에서 배운 내용을 어떻게 사용하는지를 직접 목격할 수 있게 된다. 교사가 교과에 관하여 생각한 방식을 실연해 보이는 것은 학생들의 교과에 대한 관심과 학습할 수 있는 능력에 대한 자아개념에 영향을 미칠 수 있다.

(2) 바람직한 기대를 전달한다.

교사가 학생을 열심히 학습하는 학습자로 대하는 정도에 따라 학습자들은 열중하는 학습자가 될 가능성이 크다. 교사가 학생들이 호기심이 있고, 이해를 통한 학습을 기대하고 있음을 학생들에게 알려주어라. 그리고 최소한 학생들이 학습을 싫어하고, 좋은 점수만 얻기 위해 공부하고 있다는 인상을 주지 않도록 한다. 바라건대 학생들을 자신의 학습에 관심을 갖고, 이해를 하면서 학습하려고 노력하는 동기가 유발된 학습자로 대하는 것이 좋다.

(3) 성취불안을 최소화한다.

학습동기가 유발되어 학습활동에 참여하려면 기꺼이 지적인 모험을 감행하고 실수를 범하는 것을 감수해낼 필요가 있다. 학생들은 자신이 성취기대에 부응할 수 있을지 걱정함이 없이 집중할 수 있어야만 한다. 대부분의 학습활동은 시험이라기보다는 학습경험으로 구조화되어야 한다. 드디어 성취를 평가하고 점수를 부여하게 되지만, 이 경우 평가보다는 학습을 강조하는 것이 좋다. 즉, 누가 알고 있는지, 혹은 모르는지를 알려고 하기보다는 학습의 진전을 함께 평가해 보자고 하든가 실수를 통하여 배운 것이 무엇인지에 대해 생각해 보도록 격려해 주어야 한다.

이상의 세 가지 전략은 하나의 특성으로서의 학습동기 개발과 관련이 있는 전략이다. 다음에 제시된 동기전략은 상황특수적 동기전략이라고 볼 수 있다.

(4) 중요한 내용을 강조하여 제시한다.

수업 시간에, 특히 핵심내용을 설명할 때 각종 언어적 기법은 물론 비언어적인 제스처, 동작 등을 활용할 수 있다. 이렇게 내용을 강조하여 제시할 경우에는 그 내용이 중요하다고 미리 언급해두는 것이 좋다. 그 다음 언어적, 비언어적 기법을 사용하여 속도를 늦추고 단계별로 내용을 제시한다. 이 경우 핵심적인 단어를 강조하거나 밑줄을 그을 수도 있고, 특이한 목소리를 내거나 과장된 제스처를 통하여 핵심이 되는 용어나 절차에 주의를 집중하고, 이해하고 있는지 아니면 혼란에 빠져있는지에 대한 흔적을 찾기 위해 가끔 집단을 집중적으로 훑어본다. 이외에 여러분의 모든 말, 목소리, 매너는 학생들에게 여러분이 언급한 것이 중요하고, 그래서 주의를 기울여야 한다는 것을 알려준다. 특히 중요한 내용이라고 강조하고 싶을 때는 강렬한 방법을 특별히 고안해서 사용하는 것이 좋다.

(5) 교육과정에 대한 열성을 보인다.

학생들이 배울 주제나 과제를 잘 모르면, 선생님이 그 과제를 어떻게 이해할지에 대한 단서를 제공해줄 것을 기대할 것이다. 의식적이든 그렇지 않든 교사가 주제와 과제에 대한 태도와 신념을 나타내 보이게 되면, 학생들은 이러한 단서를 선택하게 된다. 만일 교사가 주제와 과제를 열정적으로 제시하고, 그 내용이 매우 흥미있고 중요하다는 것을 암시한다면, 아마도 학생들도 똑같은 태도를 택할 것이다. 교사가 열정을 보인다는 것을 암시한다고 해서 교사가 불필요한 연극을 꾸미는 것은 아니다. 그 대신, 교사는 학생들에게 주제에 관심을 갖게 된 이유 또는 그것이

의미 있다고 보는 이유를 나타내는 것을 뜻하는 것이다.

(6) 호기심과 의구심을 이끌어낸다.

교사들은 학생들이 주제에 대한 정보를 얻거나 어떤 모호한 점을 해결할 필요성을 느끼게 하는 질문을 제기함으로써 호기심 또는 의구심을 자극할 수 있다. 교사는 다음과 같은 질문제기를 통하여 호기심을 갖도록 학생들을 격려해나갈 수 있다.

1. 학생들에게 무엇을 배우게 될지 생각하게 하거나 예측하게 한다.
2. 학습활동을 통하여 학생들이 대답할 수 있는 질문을 제기한다.
3. 기존의 지식만으로 학생들이 목표를 달성하는 데 충분치 않고, 이것은 새로운 정보와 일치하지 않거나 분산되어 있기는 하나 핵심 아이디어를 중심으로 조직될 수 있음을 보여줌으로써 호기심을 불러일으킬 수 있다. 흔히 교사는 학습활동에 관한 재미있는 질문이나 문제를 제기함으로써 학생들이 적극적으로 정보를 처리하거나 문제를 해결하게 할 수도 있다.

(7) 추상적인 내용을 더욱 개인적이고 구체적으로 또는 더욱 친숙하게 만든다.

만일 정의, 원리, 추상적 정보들이 구체적으로 표현되지 않는다면 학생들에게는 거의 아무런 의미도 주지 못한다. 구체화시키는 한 가지 방법은 학습내용이 개인의 생활과 어떠한 관련이 있는지를 설명해주는 것이다. 추상적인 내용을 구체화할 수 있는 방법으로는 ① 실물이나 그림을 보여주거나 시범을 보이거나, ② 익숙한 개념, 대상 또는 사상이 포함된 본보기나 유추를 사용해 새로운 내용을 기존의 지식과 관련 지을 수도 있다.

(8) 인지 부조리 또는 인지 갈등을 일으킨다.

주제가 익숙하면 학생들은 이미 그 내용에 대하여 모든 것을 다 알고 있다고 생각하고 그 자료를 별 관심 없이 읽을 가능성이 있다. 그러나 아무리 익숙한 자료라도 그것의 예기치 못하고, 일관성이 없거나, 역설적인 점을 지적해 주거나, 또는 평범하지 않은 내용에 주의를 기울이거나, 일반규칙에 어긋나는 예외적인 규칙에 주목하거나, 역설의 기호가 되는 신비한 내용을 해결하게 함으로 학생들에게 역습을 가할 수 있다.

교육과정에는 흔히 수학과 과학에 이처럼 이상하지만 사실인 현상들이 많이 있다. 이러한 내용에 주의를 기울여 학생들로 하여금 "이것이 어찌된 일이지?" 라는 질문을 제기하게 할 수도 있다. 이러한 인지 갈등이 학습동기를 불러일으킨다.

(9) 학생들이 스스로 학습동기를 유발하게 한다.

교사는 학생들이 자신의 학습동기를 유발하도록 그들이 배우는 주제나 활동을 자신의 흥미나 선수지식과 관련 지어 생각하게 할 수 있다. 그러면 학생들은 그들이 대답하게 될 질문도 구성하고, 그 주제에 대한 자신의 흥미도 열거하고, 그들이 책을 읽으며 놀랍다고 느끼는 내용도 주시하게 된다. 특정한 상황에 대한 동기를 생성하는 것 이외에, 이와 같은 연습을 통하여 학생들이 학습동기는 자신의 내부로부터 온다는 것을 이해하는 데 도움이 된다.

(10) 학습목표를 진술하고 선행조직자를 제공해준다.

학습자는 학습이 목표 지향적이고 핵심개념을 중심으로 구조화되었을 때 더 많은 내용을 배우게 된다. 그래서 학생들이 효과적으로 학습을 준비하도록 도움을 주기 위해서는 도입 단계에서 학습목표를 진술하고 선행조직자를 제시하라. 학습목표와 선행조직자는 학생들이 과제에 참여하여 얻게 되는 이익에 주의를 기울이게 한다. 결국 이것들은 동기적인 이익을 갖고 있다. 목표를 제시하는 것은 시간적으로 얼마 걸리지 않아서 교사가 직접 수업목적을 설명하리라 기대되겠지만, 실제로 교사들은 수업의 시작 무렵 수업목표를 거의 진술하지 않는 경우가 많다고 한다.

(11) 과제와 관련된 사고와 문제해결 방식에 관한 모델이 되어준다.

① 학습동기가 유발되어 과제에 접근한다는 것이 무슨 의미인지 학생들에게 보여준다.

이 말은 그러한 동기와 관련이 있는 신념과 태도를 나타내라는 뜻이다. (정보처리와 합리적인 의사결정을 통하여 문제에 대한 해결책을 모색하고, 과제에 좌절하지 않고, 오히려 실수를 통하여 얻은 정보와 과제 그리고 자신의 한계를 걱정하지 않고 어떻게 반응해야 할지에 대한 집중에 있어서의 인내, 확신, 지속성)

② 학습전략에 대한 메타인지적 인식을 이끌어낸다.

학습동기가 유발되면 학생들은 주의가 집중되고, 그들은 이해한 바를 확실시하고 나아가 기존의 지식에 새로운 지식을 통합한다. 교사는 학생들이 다음과 같이 효과적으로 학습하는 데 요구되는 인지적, 메타 인지적 기능을 코치할 필요가 있다.

● 적극적으로 학습준비를 시킨다.

학생들이 자원을 활용하고 과제에 사려 깊게 접근하게 하여 적극적으로 학습해 나가도록 훈련을 시킨다. 즉 집중하는 것을 준비시키기, 과제의 본질과 목표를 주목하여 과제를 사전에 검토하기, 복잡한 과제에 반응하기에 앞서 계획을 수립하기 등이 포함된다.

● 자료를 기억하게 한다.

자료를 기억하려면 반복하기, 모방하기, 핵심단어에 밑줄 긋기, 노트하기, 이미지 또는 기억술 전략 등과 같이 효과적으로 기억하는 방법을 가르쳐라.

● 제시된 정보를 암호화하고 정교화한다.

보통 정보를 간직하기 위하여 암기에 의존하는 것은 적합하지 못하다. 대체로 학생들은 요점만을 간직했다가 나중에 이것을 적용할 수 있어야 한다. 따라서 학생들에게 정보를 자신의 말로 다시 표현하고 요약하기, 그것을 자신이 알고 있는 지식과 관련 짓기, 질문을 통하여 이해정도를 평가하기와 같은 요점을 규명하고 간직하는 방법을 가르쳐라.

● 내용을 조직하고 구조화한다.

학생들은 방대한 양의 내용을 계열별 또는 유목별로 나누어 조직하는 것을 배울 필요가 있다. 학생들에게 문장의 요점을 찾고, 자료를 개괄하고, 조직방법을 사용하고, 노트정리를 잘하도록 가르쳐라.

● 이해를 조정한다.

과제를 지시할 때, 학생들이 학습목적과 그들이 사용하게 될 전략, 그리고 그 전략이 효과가 없을 때 취할 교정적 노력을 상기시킨다. 혼란이란 실수를 극복하기 위한 전략을 가르쳐라. 다시 책을 되읽고, 정의를 찾아보며, 오해한 정보를 찾아보고, 전략이 정확히 적용되었는지 그 단계를 되짚어보기 등이 포함된다.

● **적절한 정서 상태를 유지한다.**

바람직한 정서를 유지하면서 학습활동에 접근해가며 바람직하지 않은 정서는 회피하는 방법을 가르치고 이 방법의 모델이 된다.

8. Keller의 ARCS 모형과 동기유발 전략

Keller(2010)는 동기유발에 관한 방대한 문헌을 분석한 후, 그 결과에 근거하여 네 가지 동기요인을 추출해냈다. 그 네 가지 요인은 ARCS에 나타나 있듯이 Attention, Relevance, Confidence, Satisfaction이다. 즉, 주의집중, 관련성, 자신감, 만족감이다.

첫 번째 주의집중이란 변인은 학습자의 호기심과 흥미의 자극, 유지에 관련된 변인이다. 학습상황에서 학생의 주의를 어떻게 집중하고 유지하느냐 하는 것은 아주 중요하다. 교사는 단서와 자극물을 사용하여 학생들이 학습목표와 관련이 있는 자극에 집중하게 할 수 있다.

주의력을 유발하고 유지시키기 위해서는 호기심을 유발시켜 주는 놀랍거나 예기치 않은 새로운 사태를 소개해 주거나 흥미를 가질 수 있도록 자극하는 탐구지향적 학습행동에 몰두하도록 해주어야 한다.

그 다음 단계는 학습경험이 개인적으로 관련이 있다고 믿고 있는지를 확인하는 일이다. 아마도 학생들은 이와 관련하여 다음과 같은 질문을 할 수도 있다. "왜 내가 이것을 공부해야 하지?", "나는 이 과목이 필요 없어. 이것은 나의 직업에 맞지 않아. 나는 관심이 없어." 학생들은 수업에 있어 어떠한 관련성을 지각하지 못하고 있다. 심지어 학생이 교과는 배울 필요성을 수용한다 하더라도, 그는 다른 학생 또는 학습환경으로부터 소외되었다고 느낄 수도 있다. 학생이 동기유발되기 이전에 그들은 수업이 중요한 개인의 목적 또는 동기와 관련이 있고 학습상황에 연결된다고 믿어야만 한다. 학생들은 내용이 관련이 있고 학습에 호기심이 있다 하더라도, 자신감이나 기대가 적거나 지나치게 많으면 동기부여가 잘 안 될 수도 있다. 그들은 주제, 기능, 학습을 방해하는 상황에 대한 두려움이 있을 수 있다. 또는 아주 극단에는 이미 알고 있고 학습활동에서 중요한 세부내용을 간과하고 있다고 믿을 수도 있다. 이 경우 학생들이 확신할 수 있도록 학습자 또는 환경을 잘 설계하여야 한다. 만일에 여러분이 위의 세 가지 동기목적(A, R, C)을 성공적으로 달성하면, 학생들은 학습동기가 부여될 것이다. 그 다음 계속적으로 학습하고 싶은 욕망이 생기게 하기 위하여, 학생들은 학습의 과정이나 결과에 대하여 만족감을 가져야 한다. 만족감은 외발적, 내발적 요소에 의하여 생긴다. 외발적 요소는 우리에게 익숙한 것이다. 여기에는 점수, 승진기회, 자격, 기타 물질적 보상이 있다. 내발적 요소는 이따금 간과되고 있지만 더욱더 강력하게 작용한다.

요약하면, 지금까지 검토한 요소들이 ARCS 모형의 구성요소로 여러분이 가르치고자 할 때 자문하게 될 두 가지 중요한 문제와 관련이 있다.

1. 학생을 위하여 수업을 가치 있고 자극적이 되도록 하기 위하여 무엇을 할 것인가?
2. 학생들이 성공하고 그들이 성공에 대한 책임감을 느끼도록 어떻게 도울 수 있는가?

1) 동기유발 전략

앞에서 동기요인에 대하여 알아보았다. 여기서는 이들 동기에 대한 하위전략을 알아보기로 한다.

(1) 주의집중 전략

Keller에 의하면 주의집중 전략은 지각적 각성, 탐구적 각성, 다양성으로 구성된다. 지각적 각성은 일종의 호기심으로 자극에 대한 반사적 반응으로 나타난다. 돌연한 또는 예상치 못한 환경의 변화가 지각적 호기심을 유발할 수 있다. 목소리의 변화, 빛의 감도, 온도도 지각적 호기심을 유발한다. 유머도 호기심을 유발하는 데 사용되기는 하나 사용할 때는 세심한 주의를 필요로 한다. 잘못 사용하면 교과에 대한 흥미를 불러일으키기보다는 오히려 흥미를 잃게 할 수도 있다. 주의집중 과정에 있어 1단계가 바로 지각적 호기심 유발 단계인데 인간은 환경에 쉽게 적응해 나간다는 점에서 보면 지각적 호기심도 금방 변하기 마련이다. 즉 그 다음 단계인 탐구적 호기심 단계로 넘어가게 된다. 탐구적 각성은 보다 심층적인 호기심으로 이것은 지식추구 행동을 통하여 해결되는 문제상황을 조성하므로 호기심이 유발된다. 교사들은 학생들을 문제해결 상황에 참여시키거나 발문기법을 활용하여 탐구적 호기심을 유발한다. 신비감을 조성하는 것도 호기심을 유발하는 좋은 방법이 될 수 있다. 다양성이란 학생들의 주의를 유지하기 위하여 목소리, 동작, 수업형태, 구체적 비유, 매체, 상호작용 유형을 바꾸는 것을 말한다.

(2) 적절성 유지 전략

적절성은 학습동기 유발에 영향을 미치는 강력한 요소 중의 하나이다. 관련성이란 일반적으로 개인의 목적달성을 포함하여 개인의 요구와 욕망을 충족시켜 주는 데 도움이 된다고 지각하는 것을 말한다. 학습자들은 학습경험이 자신의 학습양식이나 개인적 흥미에 관련이 있다고 지각하게 되면 학습동기가 일어나 보다 효과적으로 학습하게 될 것이다. 관련성 전략은 목적지향성(goal orientation), 동기일치(motive matcing), 친밀성(familiarity)으로 구성된다. 목적지향성이란 문자 그대로 목적이 가리키는 방향이라고 볼 수 있다. 학습자가 새로운 지식이나 기능이 현재나 미래의 목적을 달성하는 데 도움이 된다고 지각한다면 학습동기는 유발될 것이다. 즉 수업에 있어서의 현재의 가치를 명확히 진술해주고, 이러한 수업이 미래의 목적과 어떠한 관련이 있는지를 분명히 진술해주게 되면 학습동기는 유발되는 것이다. 또 학습자로 하여금 직접 목적을 정의하게 하면 학습동기는 더욱 강화될 것이다. 동기일치란 현재의 학생의 동기구조를 파악하여 이에 맞는 학습환경을 제공하게 되면 학습동기가 유발된다는 것이다. 친밀성이란 말 그대로 학습자의 친숙한 정도로 학습자의 과거경험과 어느 정도 관련을 지어주느냐에 따라 학습동기가 달라진다는 것이다. 구체적인 실례와 비유를 통하여 관련성을 높일 수도 있고 직접 학습자의 흥미와 관련을 맺을 수도 있다.

(3) 자신감 형성 전략

자신감은 인간의 기본 동기 중 하나로 자기 스스로 유능하다고 믿는 정도를 말한다. 따라서 학습에 자신감이 생긴다면 학습에 대한 동기가 유발될 것은 자명한 일이다. 반면에 자신감이 떨어진다면 자연 학습동기도 저하될 것이다. 자신감에는 그 하위전략으로 학습요구 조건, 성공기회, 개인통제가 있다. 학습요구 조건이란 학습에서 학생들에게 기대하는 바가 무엇이냐 하는 것과 관계된다. 다시 말하면 수업의 목적, 목표가 된다. 학습자가 자기에게 기대되는 것이 무엇인지를 아는 경우와 무엇을 기대하는지 모르는 경우 학습의 동기유발은 달라진다.

여기에서 학생에게 기대되는 것이 무엇인지를 알게 한다는 것이 단지 교사가 정확하고 구체적인 학습목표를 정하고 그 다음 평가할 내용에 따라 학생을 가르친다는 뜻은 아니다. 학생이 주어진 과제에 대한 어느 정도의 능력과 선수학습 요소가 있고 성취요건과 평가기준을 명확히 밝혀준다면 동기가 유발되어 성공에 대한 기대는 더욱 커질 것이다. 성공기회란 학습자에게 학습과제에 성공을 거둘 수 있는 경험을 제공한다는 의미이다. 앞에서 성공에 대한 기대감이 생기고 나면 그 다음 의미 있는 도전적 학습과제에서 성공을 거두는 것이 중요하다. 성공에 대한 기회는 사람에 따라 다를 수 있다. 새로운 지식이나 기능을 학습하는 사람과 기초적인 내용을 학습하고 숙달수준에 도달하려고 하는 사람에게 있어서 성공기회는 달라야만 한다. 일반적으로 새로운 내용을 학습하고자 하는 사람들은 낮은 수준의 도전을 좋아하고 이때 그들의 성공을 도와주기 위해 빈번한 피드백을 주는 것을 좋아한다. 기초적인 내용을 숙달하고 나면 사람들은 보다 높은 수준의 도전을 좋아하는데 이때 그들의 기능을 심화시킬 수 있는 경쟁을 좋아하기도 한다. 교사에게 있어 중요한 것은 학생들을 괴로움이나 싫증에서 벗어날 수 있도록 하는 것이다.

개인통제란 성공 혹은 실패로 이어지는 상황에서 자신의 통제권 안(노력)에 있는가 아니면 통제권 밖(운)에 있는가에 대하여 학생들이 어떻게 생각하고 있는가를 보여주는 것이다. 만일에 이들 요소들을 통제 가능하다고 믿는다면 학생들은 과제 수행을 위해 보다 많은 노력을 기울이게 될 것이다. 따라서 학생들의 학습동기 향상을 위해 교사는 적정 난이도의 과제를 주어야 할 뿐만 아니라 학생의 노력과 성공 간에 상관관계가 있음을 깨닫도록 하는 데 중점을 두어야 한다.

(4) 만족감 부여 전략

동기유발의 마지막 단계가 만족감을 갖게 하는 단계이다. 만족감을 증진시키는 전략에는 내재적 강화(자연적 결과), 외재적 보상(긍정적 결과), 공정성이 있다. 학생이 도전적인 학습과제를 배울 때 처음에는 잘못하던 것을 수업이 끝날 무렵 과제를 성공적으로 해결할 수 있게 되면 학생들은 만족감을 갖게 될 것이다. 이러한 만족감은 행동에 대한 외재적 결과의 효과에 초점을 두는 경우도 있고 내재적 만족감에 중요성을 두는 경우도 있다. 내재적 만족감은 통달의 감정이나 과제 자체의 성공에 대한 기쁨에서 비롯된다. 과제에 대한 관련성이 수립되고 학생들에게 적용기회가 생기면, 학생들의 내재적 동기는 높아지고 따라서 외재적 보상의 필요성은 더욱 감소하게 될 것이다. 사례연구, 모의수업, 경험학습 활동은 학습자들에게 유의미한 학습기회를 제공하는 좋은 수단이 될 수 있다.

또 다른 내재적 강화로는 학습자의 내재적 동기를 지원하는 칭찬이 있다. 칭찬은 칭찬할 만한 가치가 있는 구체적인 수행에 초점이 맞추어지면 학생들은 좋은 감정을 갖게 되나 잘못 사용되면 좋지 못한 결과를 가져올 수도 있다. 칭찬을 너무 자주 한다든가 칭찬대상이 막연하면 칭찬의 본래의 뜻을 상실할 수도 있다. 외재적 보상으로 학교에서는 주로 상, 점수, 칭찬, 특혜 등을 사용하고 있다. 이러한 보상은 학습자들이 내발적으로 동기가 부여되어 있지 않고 훈련, 연습과 같은 단조로운 학습과제일 때 그리고 경쟁적인 학습상황에 유용하다. 그렇다고 내재적 강화방법만 사용하는 것이 꼭 좋다고만 볼 수 없고 그렇다고 외재적 보상방법에만 의존하는 것도 적절하지 못하다. 학습과제의 성격, 학습자의 특성에 따라 이 두 가지 방법을 적절히 사용하는 것이 좋을 것이다. 저학년이나 학습과제가 어려울 때는 적절한 격려, 칭찬, 인정과 함께 과제 자체에 대한 즐거움을 갖도록 지도하는 것이 좋을 것이다. 학습자들에게 만족감을 주는 또 다른 영역은 공정성이다. 학습자들은 학습결과에 대하여 공정한 평가를 받게 될 때 만족감을 갖게 된다. 만일 똑같은 결과에 대하여 차별적 평가를 받게 된다면 곧 실망하게 될 것이다. 공정성 유지를 위해서는 무엇보다도 공정한 준거에 따라 점수를 부여하는 것이 중요하다.

2) 동기유발 하위전략

(1) 주의집중 전략

앞에서 주의집중 전략으로 지각적 각성, 탐구적 각성, 다양성으로 나누어 고찰하였다. 여기서는 이 전략을 흥미 끌기 전략, 탐구 자극 전략, 주의집중 유지 전략으로 나누어 그 하위전략을 알아본다.

① 흥미 끌기 전략

Keller는 흥미를 끄는 구체적 전략을 다음과 같이 제시하고 있다.

1. 인류, 인간 또는 기타 다른 추상적인 말을 사용하는 것보다는 오히려 구체적인 사람을 참고한다.
2. 일반 원리, 아이디어 또는 추상적인 단어를 구체적인 예나 시각화를 사용하여 설명한다.
3. 복잡한 개념들 또는 개념들 간의 관계를 은유나 비유를 사용하여 보다 구체화시킨다.
4. 항목을 문장형태로 제시하기보다는 일련의 목록형태로 조목조목 제시한다.
5. 개념 간의 관계나 점진적 절차를 플로차트나 다이어그램, 만화, 기타 시각자료를 사용하여 구체적으로 제시한다.
6. 교사는 확실하게 시선접촉과 열정을 보인다.

② 탐구 자극 전략

학생들에게 감각을 자극해 주의를 집중하게 하는 것보다는 보다 깊은 수준의 호기심을 갖게 할 수 있다면 학생들의 주의집중은 더 오래 지속될 것이다. 특히 인식론적 호기심은 학생들에게 문제에 대한 답을 알려는 욕망은 물론 새로운 내용을 학습하려는 욕망을 불러일으킨다. 이러한 탐구를 자극하는 구체적인 전략에 대하여 Keller는 다음과 같은 예를 들고 있다.

1. 주제를 문제 중심으로 개발하거나 아니면 문제가 되는 주제를 도입한다.
2. 정신적 갈등을 자극하여 호기심을 불러일으킨다.(예를 들면 과거 경험과 상반된 사실을 제시한다. 역설적인 예를 제시한다. 예상치 못한 의견을 제시한다.)
3. 해결책이 있을 수도 없을 수도 있는 미해결된 문제를 설명하여 신비감을 불

러일으킨다.

4. 시각자료를 이용하여 호기심을 자극하거나 신비감을 조성한다.

③ 주의집중 유지 전략

사람들이 잠을 청하고자 할 때 어떻게 하나? 아마도 그들은 예기치 않은 자극들을 피하려고 할 것이다. 그리고 조용하면서도 익숙한 소리가 나는 그러한 환경을 유지하고자 할 것이다. 이러한 잠을 부추기는 환경이 교실 내에도 존재한다. 학생들의 이동성이 없이 조용하고, 교사의 단조로운 목소리 등은 오히려 괴로움과 졸립게 하는 한 원인이 될 수 있다. 이러한 것을 극복하기 위하여 강의속도, 수업방법, 매체의 변화를 시도할 수 있다. Keller는 이러한 방법을 다음과 같이 제시하고 있다.

1. 글의 뜻에 따라 글의 스타일에 변화를 준다(예, 기술(설명), 대화, 설득).
2. 목소리에 변화를 준다(예, 유머, 진지한 말).
3. 수업요소의 계열에 변화를 준다(예, 서론, 제시, 예, 연습의 계열에서 특별연습과 같은 요소를 첨가하여 순서를 바꿔본다).
4. 내용제시와 반응 간의 변화를 시도한다(질문, 문제, 연습, 퀴즈).

(2) 적절성 유지 전략

"이것은 왜 배우지?" 교사와 학생이라면 이러한 질문을 자주 듣거나 제기해볼 만한 문제이다. 이 문제는 곧 적절성에 관한 문제이다. 만일에 인정, 승진, 기타 물질적 보상이 있게 되면 학생들은 그 수업을 목적을 달성하는 데 관련이 있는 것으로 보게 될 것이다. 그러나 이러한 보상이 수업의 내용을 개인적으로 관련 있게 만드는 것은 아니다. 학교에서의 수행에는 거의 언제나 외적 보상이 따른다. 이러한 보상에 따른 동기는 주로 목표성취에 대한 동기라고 볼 수 있다. 학습동기를 자극하기 위해서는 수업이 학습자의 배경, 흥미, 목적과 관련을 맺도록 하는 것이 가장 좋은 일이다. 여기에 관련된 전략으로는 목표지향 전략, 동기일치 전략, 친밀성 전략이 있다. 목표지향 전략은 내적, 외적 목적과 관련이 있고 동기일치 전략과 친밀성 전략은 본래가 내적 목적과 관련이 있다.

① 목적지향 전략

일반적으로 학생들은 자신들이 배우고 있는 지식이나 기능이 자신의 현재 또는 미래의 목적을 달성하는 데 도움이 된다고 생각하면 학습동기가 유발될 것이라고 볼 수 있다. 학교에서 교사들은 배우는 내용을 대학에 진학하거나, 취업하거나, 승진하거나 이러한 것들과 관련을 지어 학습동기를 유발한다. Keller는 이러한 목적지향 동기전략을 크게 현재의 가치와 미래의 가치로 나누어 상세히 제시하고 있다. 현재의 가치에 관련된 전략으로는 다음과 같은 예들이 있다.

1. 수업의 즉각적인 이점을 진술한다.
2. 내적 만족을 강조하는 일화나 본보기를 포함시킨다.

   미래의 가치를 강조하는 전략으로 그는 다음과 같은 예들을 제시하고 있다.
3. 학습자가 수업이 끝난 후 무엇을 하게 될지를 기술하는 진술문을 포함시킨다.
4. 적어도 본보기와 연습문제 중 얼마는 학생들이 미래에 필요로 하는 지식, 기술과 관련을 짓는다.
5. 수업의 성공적 성취는 미래의 목적달성과 관련이 있음을 학생에게 알린다.
6. 수업이 어떻게 일반적인 인생을 극복하는 기능을 개선해 나가는지 알려준다.
7. 수업은 내적으로 홍미 있는 연구 분야의 발달에 도움이 된다고 생각하도록 격려한다.

② 홍미일치 전략

앞에서 수업 내용과 자신의 현재 또는 미래의 목적과 관련이 있을 때 동기가 유발된다고 하였다. 그런데 수업 내용이 학생의 홍미, 동기와 일치할 때도 학습동기는 유발된다. Keller는 홍미일치 전략을 크게 기본 동기 자극과 역할모델로 나누어 그 구체적인 전략을 제시하고 있다. 우선 기본 동기 자극 전략부터 소개한다.

1. 사적인 말을 통하여 학습자가 한 인간으로 발언하고 있다고 느끼도록 한다.
2. 성취를 나타내는 본보기를 제시한다(일화, 통계, 기타).
3. 성취와 관련이 있는 느낌을 나타내는 진술이나 본보기를 포함시킨다.

4. 학습자가 성취과정과 이와 관련된 느낌을 시각화하도록 격려한다.
5. 개인적 목적 설정, 기록 유지, 피드백에 관한 연습활동을 제공한다.
6. 협동 학습 진단이 요구되는 연습활동을 제공한다.
7. 퍼즐, 게임, 시뮬레이션을 통하여 문제해결 활동, 성취추구 행동을 자극시킨다.
8. 연습활동 시 학습자로 하여금 서로 서로의 경쟁을 독려하라.

그 다음 Keller는 역할 모델 전략을 아래와 같이 제시하고 있다.

1. 해당분야의 주목받을 만한 인물에 대한 일화, 그들이 겪은 역경, 성취, 결과를 사용한다.
2. 수업을 끝내고 난 후 보다 큰 목적을 성취한 사람들의 증언, 본보기를 사용한다.
3. 특수한 지식, 기술 영역의 이점을 확신할 수 있는 사람들을 언급하거나 인용한다.

③ 경험과의 관련성

인간은 예기치 않은 신기한 경험을 즐기기도 하지만 반면에 자기에게 익숙한 경험을 즐기기도 한다. Keller는 학습과제가 학습자의 경험과 관련이 있을 때 학습동기가 유발된다고 주장하고 이에 대한 구체적 전략을 다음과 같이 제시하고 있다.

1. 수업내용이 학습자의 기존의 지식, 기능을 토대로 어떻게 구축되고 있는지를 명백히 진술한다.
2. 비유나 은유를 사용하여 현재의 학습자료를 학습자에게 익숙한 과정, 개념, 기능과 관련 짓는다.
3. 학습자에게 과제 내용에 대한 선택권을 준다.
4. 학습자에게 과제 유형에 대한 선택권을 준다.

(3) 자신감 형성 전략

앞에서 자신감이 학습동기 유발에 효과적임을 논의하였다. 그리고 자신감 형성 전략으로서 학습요건 전략, 성공기회 전략, 개인적 통제 전략에 대하여 알아보았다. 여기서는 이들 전략에 따른 구체적 전략 또는 예들을 살펴본다.

① 성공기대 전략

성공에 대한 실제적 기대를 갖게 되면 자신감이 생기고 따라서 학습동기가 유발된다고 볼 수 있다. 이러한 성공에 대한 기대를 갖게 하는 가장 손쉬운 방법은 학습자에게 성공에 대한 요구조건이 무엇이고, 평가기준이 무엇인지를 설명해주는 일일 것이다. Keller는 구체적 전략을 다음과 같이 제시하고 있다.

1. 성공적 학습의 증거로 학습자에게 기대되는 행동을 관찰 가능한 입장에서 명확히 진술한다.
2. 가능하면 언제나 학습자가 자신들의 학습목표를 스스로 진술할 수 있는 방법을 제공한다.

② 성공기회

자신의 능력에 대한 믿음을 갖게 하는 학습경험이 많이 제공될수록 학습자는 자신감이 생겨 학습동기가 유발된다. 특히 학습에 대한 성공을 높일 수 있는 다양하고 도전적인 경험제공을 통하여 자신감을 높일 수 있다. Keller는 그 구체적 예를 다음과 같이 제시하고 있다.

1. 내용을 따라가기 쉽고 명확하게 조직한다.
2. 과제를 단순한 과제에서 복잡한 과제로 계열을 맞추어 조직한다.
3. 전반적인 학습과제의 도전 수준을 학습자에게 맞추어 제시한다.
4. 자료에 어떠한 속임수나 지나치게 어려운 문제나 연습문제가 없는지 확인한다.
5. 연습문제는 목표, 내용, 본보기와 일치시킨다.
6. 연습문제에 대한 답 같이 자기 평가를 할 수 있는 방법을 포함시킨다.

7. 수용반응에 대한 확인 피드백을 주고 기준에 합당하지 않은 반응에 대하여는 교정 피드백을 준다.

③ 개인적 책임감

학습자가 자신의 성공을 스스로의 노력과 능력에 의한 것이라고 믿게 되면 자신감이 생겨 학습동기가 유발된다.

이와 같은 개인적 책임감을 개발하는 구체적 전략으로 Keller는 다음과 같이 제시하고 있다.

1. 학습자에게 학습내용 계열구성에 대한 선택권을 부여한다. 즉 학습자들에게 어떻게 학습내용의 순서를 정하여 학습할지를 설명해준다.
2. 학습자들에게 자신의 학습속도에 따라 학습할 수 있도록 허용한다.
3. 학습자들에게 자신의 학습능력을 입증해 보일수 있는 여러 방법에 대한 선택권을 준다.
4. 학습자에게 자신의 능력을 입증해 보일 수 있는 기회를 준다.
5. 학습자에게 자신의 학습환경에 대한 선택권을 준다.
6. 학습자에게 어떻게 학습자료를 개선하고 더 재미있게 할지에 대한 여러 의견을 기록할 기회를 준다.

(4) 만족감 증진 전략

앞에서 언급했듯이 학습에 대한 만족감은 학습동기를 유발한다. 만족감의 하위유목으로는 내적 강화, 외적 보상, 공정성이 있다.

교사의 일차적 목적 중 하나는 학습자가 교과에 대한 내적 흥미와 관심을 갖게 하는 일이다. 물론 어렸을 때는 학습과제에 대한 흥미를 갖는 일이 쉽지 않기 때문에 외적 보상 즉 칭찬이나 인정 등의 방법을 통하여 동기를 유발할 수 있다.

① 내적 만족

학습한 결과가 성공적이면 기분 좋을 것이다. 그렇다고 만족스러운 것은 아니다.

예를 들면 학습자가 학습경험에 대하여 긍정적인 생각을 갖기 위해서는 몇 가지 조건이 맞아야 한다. 이러한 조건은 학생의 기대와 관계있다. 만족감을 주는 요소 중 하나는 내재적 동기이다. 즉 학습자가 개인적으로 의미 있는 학습 과제를 성공적으로 성취했다고 믿게 되면 내적 만족은 높게 나타날 것이다. 따라서 교사는 학습자들의 내적 만족을 위해 학습경험에 대한 학습자들의 내적 즐거움을 격려하고 지원하여야 한다. 그러기 위해서는 개인적 노력과 성취에 대한 긍정적인 느낌을 강화시켜 주는 피드백이나 정보를 제공하여야 한다. Keller는 이에 대한 구체적 전략을 다음과 같이 제시하고 있다.

1. 학생들에게 새로 습득한 기술을 실제 상황에서 활용할 기회를 준다.
2. 어려운 학습과제를 성취한 데 대한 내적 자부심을 강화해준다.
3. 학습자료나 피드백에 대해 적극적으로 열정적으로 언급한다.
4. 과제를 숙달한 학습자가 숙달하지 못한 학습자를 도울 수 있는 기회를 준다.
5. 성공에 필요한 어떠한 행동이나 특징을 인정한다.
6. 도전이나 모험을 인정한다.
7. 흥미와 관련된 영역에 대한 정보를 준다.
8. 배우는 주제에 대한 흥미를 어떻게 계속 추구해 나갈지에 대하여 알고 있는지 확인한다.
9. 학생들에게 새로운 적용영역을 알려준다.

② 결과에 보상 주기

전통적으로 학습결과에 만족감을 주는 것은 외적 보상이다. 여기에는 돈, 점수, 상, 과자, 상징적 대상 등이 있다. 이외에 일반 교실에서는 잘 사용되지 않지만 학생들이 즐거워하는 활동을 사용할 수도 있다. Keller는 보다 구체적 전략을 다음과 같이 제시하고 있다.

1. 단조로운 연습이나 반복 훈련과 같은 일상적이고 지루한 학습과제에 대하여 외재적 보상으로서 점수 매기는 게임을 실시한다.
2. 외재적 보상을 사용하여 내적으로 흥미 있는 과제를 강화한다.
3. 정확한 반응에 대하여 축하의 말을 보낸다.

4. 과제 성취를 위하여 열심히 공부하거나 성공적으로 과제를 성취한 후에도 학생에게 개인적인 관심을 보낸다.
5. 학습자가 새로운 기능을 숙달하고 있을 때는 자주 강화를 제공한다.
6. 학습자가 어느 한 과제에 대하여 점점 능숙해질수록 간헐적으로 강화를 해준다.
7. 과제를 수행케 하는 수단으로서의 위협이나 감시, 감독을 회피한다.
8. 개인 또는 집단 간 경쟁 또는 한 과정이 끝날 무렵 성공에 대한 보상을 위하여 자격증이나 상징적 보상을 준다.

③ 공정한 대우

똑같은 행동에 대하여 교사로부터 상이한 보상이나 인정을 받게 되면 기분이 언짢을 것이다. 이러한 문제를 해결하기 위해 교사는 공정한 처리에 대하여 학생들이 인식할 수 있도록 도와주어야 한다. 그러기 위해서는 진술된 기대에 일치된 수행을 요구하고 학습자의 과제와 성취에 대하여 일관된 측정기준을 사용해야 한다. Keller는 그 구체적 전략을 아래와 같이 제시하고 있다.

1. 연습문제나 시험문제의 문제 유형과 내용이 자료들의 내용, 기능, 연습문제와 일치하는지 확인한다.
2. 연습문제와 시험문제의 난이도가 이전 연습문제와 일관성이 있는지 확인한다.

9. Cole과 Chan(1987)의 동기유발 전략

(1) 수업목표를 분명히 전달한다.

학생들은 자기가 수업시간에 무엇을 해야 할지 분명히 안다면 더욱더 공부를 열심히 하게 될 것이다. 교사는 수업을 시작할 무렵에 학생들에게 교과의 목표를 분명히 설명해주고 목표의 중요성을 제시해주며, 그 목표가 학습자의 생각과는 어떠한 관계가 있으며, 이러한 목표는 전체 교과와 어떠한 관련을 맺고 있는지 가르쳐 주어야 한다. 이러한 설명이 학생들에게 분명히 인식되면 될수록 학생들은 공부하고자 하는 의욕이 강해짐은 물론 공부에 대한 방향감을 갖게 되는 것이다. 물론 매 시간의 목표를 학생들에게 전달해야 하지만 매 시간의 목표는 결국 전체 교과의 목표와 관련을 지어 설명할 때 학생들은 보다 지속적인 동기를 갖게 될 것이다.

(2) 가르치는 과목에 대하여 열성을 보인다.

만일에 교사가 자신이 가르치는 과목이 재미있고 즐겁다고 생각하지 않는다면 학생들에게 교과를 흥미 있게 가르칠 수가 없는 것이다. 교사는 무엇보다도 자기가 가르치는 교과가 학생의 성장에 꼭 필요한 것이라고 생각하고 이러한 생각을 학생들에게 전달하여야 한다. 그러나, 교사들이 일반적으로 저지르기 쉬운 과오 중의 하나는 자기가 가르치는 교과만이 중요하다는 인식을 학생들에게 심어주는 데 있다.

학생들은 어느 한 교과만 배우는 것이 아니다. 여러 교과를 배우고 있는데 유난히 한 선생님이 자기가 가르치는 교과가 제일 중요하다고 했을 때 학생들은 다른 교과를 소홀히 생각할 우려마저 있는 것이다. 유의할 점은 교육과정상의 모든 교과는 분명한 목적이 있는 것이며, 이러한 교과는 모두 학생들에게 필요하다는 점을 인식시키는 것이다.

(3) 학습을 시작할 무렵에 학생들이 좋아하는 것을 사용한다.

학생들이 학습을 시작할 무렵, 학생들이 좋아하는 얘기나 인정을 통하여 학습을 자극할 수 있다. 이러한 방법은 단지 몇 명의 학생에게만 주어져서는 안 되며 거의 모든 학생에게 주어져야 한다. 이러한 방법은 학습 초에도 필요하나 학습이 진행되면서 계속 사용할 수도 있다. 학생들이 지식이나 기술을 처음 습득할 때는 자주 상을 주어 행동을 강화할 수 있다. Brophy와 Evertson(1981)은 교사들이 먼저 학생을 지명하고 질문을 하는 방법이 질문을 하고 학생을 지명하는 것보다 더 효과적임을 알아냈다. 아마도 먼저 이름을 부르는 것은 교사로 하여금 그 학생을 학습에 참여시키는 것이 되고, 반면에 질문을 하고 학생을 지명하는 것은 우수하거나 열성 있는 학생만이 반응하도록 학습의 참여기회를 제한하기 때문에 그러한 결과를 가져왔을지도 모른다.

그러므로 경쟁을 한다든가 게임을 하는 경우 반드시 진 사람이 생기게 되는데 진 사람은 실패감을 맛보게 되어 기분이 나쁠 것이다. 아무튼 되도록 상이 모든 학생에게 돌아가도록 노력하는 것이 무엇보다도 중요하다.

(4) 학생들이 이해할 수 있도록 가르친다.

만일에 학생들이 배우는 내용을 이해할 수 없다면 학생들은 수업에 흥미를 잃게 될 것이다. 다시 말해서 학생들이 이해하기 쉽도록 가르치는 것은 학생들의 동기를 유발시킬 수 있는 한 방법이 되는 것이다. 경우에 따라서 학생들은 암기에 의한 학습을 할 경우도 있지만 대부분의 자료는 학생들의 이해를 필요로 하며, 교사는 수업시간 중간 중간에 학생들의 이해정도를 점검해야 한다. 수업을 시작할 무렵 선수학습과 관련 지어 가르치는 것도 학생들의 이해를 촉진할 수 있다.

(5) 수업속도를 적절히 조정한다.

교사의 수업속도는 학생들의 주의를 집중시키는 데 관련이 있다. 대부분의 초임교사들은 너무 많은 내용을 너무 빨리 가르치는 경우가 있는데 이런 경우 학생들은 대부분의 내용을 이해하지 못한 채 넘기게 된다. 또 어떠한 교사는 수업속도를 너무 느리게 하여 학습에 싫증을 느끼게 하는 경우도 있다.

교사의 수업속도는 학생들의 능력과도 관계된다. 교사는 학생들에게 묻든지, 학생 자신들이 질문을 통하여, 또는 시험 성적 결과를 통하여 학생들이 이해할 수 있도록 수업속도를 조절해갈 수 있다.

(6) 익숙한 예를 사용한다.

교사가 어떻게 설명하고, 어떻게 예시를 하느냐에 따라 학생들의 학습에 대한 흥미는 달라질 것이다. 아무리 어렵고 추상적인 내용이라 하더라도 학생들이 잘 알고 있는 사실, 개념, 원리들을 사용하여 설명한다면 학생들은 주의를 기울여 듣게 될 것이다. 그러나, 어려운 내용을 교사의 이해수준에서 학생들에게 가르친다고 하면 학생들은 어려움을 느껴 학습에 흥미를 잃게 될 것이다.

(7) 다양한 방법을 사용한다.

수업의 목표에 따라 다양한 수업방법이 있을 수 있다. 그러나, 오늘날 우리의 학교

실제는 그러하지 못하다. 강의방법이 거의 지배적이라고 볼 수 있다. 학생들은 강의방법에 익숙해 있을지는 모르나 매일 반복되는 똑같은 방법보다는 다양한 수업방법을 도입하여 학생들의 흥미를 유발할 수 있다. 다양한 수업방법과 함께 다양한 시청각 자료의 활용이 뒤따를 때 학습은 더욱 생동감 있고 흥미 있게 이루어질 것이다.

(8) 학습진도를 알려준다.

학생들에게 학습의 진도를 알려주는 것은 학생들에게 학습에 대한 유인가가 될 수 있다. 학습 정도는 전 학급에 공개할 수도, 개별적으로 가르쳐줄 수도 있으며, 성적이 나쁜 학생들에게는 좀 더 열심히 공부해야겠다는 자극제가 될 수 있는 반면, 공부를 잘하는 학생들은 자기가 차지하고 있는 위치를 유지하고자 노력할 것이다.

(9) 도전적이고 다양한 학습활동과 경험을 제공하여 학생들이 높은 수준의 성취를 이루도록 동기를 유발시킨다.

학생들은 게임, 실연, 연구과제나 구체적인 경험에 근거한 다채로운 학습경험에 적극적으로 반응한다. 학생들은 흥미 있고 자극적인 학습활동과 경험에 대해 대개는 동기유발이 된다. 미리 제시된 학습에 학생들이 흥미를 갖게 되면 대개 다른 자극이나 강화물이 거의 필요하지 않다. 그러나 아무리 흥미 있는 과제라 하더라도 계속해서 투입되면, 그러한 학습과제는 최초의 매력을 잃게 되고 학생들은 싫증을 느끼게 될 것이다. 또한 학생들은 주어진 과제가 너무 쉽거나 혹은 너무 어렵다고 판단하게 되면 곧 흥미를 잃어버리는 경향이 있다. 학생들에게 학습에 대한 흥미와 도전감을 불러일으키기 위해 계획된 활동은 특성과 유형면에서 매우 다양해야 한다. 유능한 교사가 충분히 도전적이고 다양한 학습과제를 선정함으로써 학생들은 과제를 완수하기 위해 내발적으로 동기유발될 것이다.

(10) 학생들에게 성취감과 유능감을 경험하게 한다.

학생들은 성취감을 통하여 동기가 유발될 것이며, 대개는 과거에 느꼈던 가치로운 성취감을 다시 경험해 보려고 노력할 것이다. 성공을 한 경험은 만족감을 갖게 하며 자신의 능력에 대한 높은 인식을 갖게 한다. 이러한 성취감은 개인의 자존심과 통제의 지각 정도를 높여준다. 그러므로 성공적인 경험은 보통 학생의 능력에 대한 자아확신을 갖게 하며 계속해서 유사한 과제를 해결하도록 동기유발을 촉진한다. 최근의 연구보고서(Brophy & Good, 1995; Gage & Berliner, 1979)에서는 일련의 과제에 대해 높은 성공률을 보이는 학생들은 보통 유사한 종류의 학습과제를 계속해서 수행하기를 원하는 반면에, 실패하는 (특히 자주 실패하는) 학생들은 학습을 하지 않으려 한다고 한다. 유능한 교사는 거의 상황 학습과제와 학생의 능력을 신중하게 고려하여 제시하거나 학생들이 학습과제에서 성취감을 경험하기 위하여 미리 적절한 조언과 도움을 제공해준다. 물론 성공감은 절대적인 표준에 의해서 측정되는 것은 아니지만 흔히 교사가 설정한 기준에 의해 판단된다. 때때로 학생들의 학습결과가 어른들에게는 매우 미미하게 느껴질 때도 있겠지만 해당 학생들에게는 대단한 향상으로 지각된다. 그러한 학습결과에 대하여 교사는 인정해 주어야 하고 학생들이 그러한 성취를 자랑스러워하도록 격려해 주어야 한다.

(11) 강화물은 학생들의 지적, 사회적 성숙 수준에 맞게 제공한다.

능력과 성숙 수준이 높은 학생들은 능력수준이 낮고 사회적으로 미성숙한 학생들과는 다른 강화물을 요구한다. 효과적인 강화물을 선정하려면, 교사들은 학생들의 특성을 고려할 필요가 있다. 대다수의 초등학교 학생들은 대부분 활동적이고, 사회적인 강화물에 잘 반응한다. 중등학교 학생들은 보통 그들의 학습성취를 인정하는 표현과 같은 미묘한 형태의 사회적인 강화물을 더 좋아한다. 그러나 어리고 성숙수준이 낮은 학생들 특히 지적, 사회적 성숙도가 낮은 학생들은 보다 미묘한 강화물에 반응하지 않으며, 이들에게는 보다 유형적인 특성을 가진 강화물을 사용하는 것이 필요하다. 이러한 경우에 교사들은 유형적인 강화물은 흔히 초기에 사용하고, 그러고 나서 마지막 단계에 가서는 유형적인 강화물을 줄이고 사회적 강화물을 제시하게 된다.

(12) 학생들에게 적절한 강화물을 선택할 때 학생 개인의 흥미와 가치를 고려한다.

학생들의 흥미와 가치에 알맞은 강화물이 일반적으로 가장 효과적이다. 강화기법의 효과는 학생의 가치와 주어진 강화물이 서로 부합되는지에 달려있다. 어떤 학생이 매우 좋아하는 강화물이 또 어떤 학생들에게는 강화물로서 별로 효과가 없을 수도 있다. 일반적으로 보다 어린 학생들은 교사, 부모, 다른 어른들의 칭찬에 잘 반응한다. 반면에 사춘기의 학생들은 특히 동료들의 칭찬에 민감하며 개인적 학습과제를 완수하는 데 있어서 사회적 위치를 인정해주는 강화물에 잘 반응한다. 강화물은 학생 개개인의 인성에 따라 다양하게 제공해 주어야 하는 것이 보다 중요하다. 유능한 교사들은 학생들에게 효과적일 수 있는 강화물을 결정할 때 이러한 요소들을 고려한다.

(13) 강화물로서 상징적인 것을 사용한다.

학생들은 상징적인 것에 잘 반응하며, 그러한 보상을 얻기 위하여 흔히 열심히 공부를 하게 된다. 앞에서 설명되었듯이, 상징적 강화물은 이차적 혹은 학습된 강화물의 형태이며, 일차적 혹은 다른 강화물에 대신하여 사용할 수 있는 것이다. 이러한 강화물에는 별모양의 황금배지, 여러 모양의 스탬프 찍기, 어떤 상징적 표시해주기, 상장과 같이 다양한 물건이나 상징물 등이 포함되어 있다. 학급 조직이나 집단에 주어진 점수가 또한 강화물로서 사용될 수 있다. 대부분의 초등학교 학생들에게는 별모양의 황금배지, 미소 짓는 모습의 스탬프 찍어주기가 훌륭한 학습성취의 보상으로서 의미가 있다. 심지어 중등학교 학생들조차 가끔 스탬프 찍어주기나 어떤 상장에 호의적으로 반응한다. 성숙도가 낮은 학생들에게는 점수나 상징적 표시를 해주는 강화체제로 우연히 학습성취나 만족스러운 행동결과를 얻을 수 있으나 그 다음 계속해서 유형적 또는 다른 강화물로 바꾸어 주어야 한다. 이러한 강화체제는 상징적 강화물의 교환체제를 말하며 칭찬과 같은 사회적 강화물에 반응하는 법을 배우고 있는 미성숙한 학생들에게 매우 효과적이다.

(14) 정적 강화물이 효과가 없으면 부적 강화물을 사용한다.

학생들은 부적 강화로부터 도움을 얻게 되며 이런 부적 강화는 다른 강화방법이 실패할 경우 가끔 효과가 나타나는 것이다. 언급했듯이, 부적 강화는 학습과제 수행에 있어서 긍정적인 변화가 일어나도록 장애가 되는 대상이나 사상을 제거하거나 폐기하는 것을 말한다. 예를 들면 혼란을 일으키는 요인을 제거하게 되면, 보통 학생들은 학습과제에 참여해서 더 열심히 공부하게 되고 따라서 학습은 촉진된다. 대부분의 상황에서 부적 강화는 벌보다 장기적으로 더 효과가 있다.

(15) 학습과제가 수준과 특성에 알맞도록 강화의 유형과 강도를 변화시킨다.

학생들은 가끔 특정 학습과제에 맞는 강화물에 의해서 적절한 성취 수준에 도달하게 된다. 학습과제는 어떤 강화물로 강화할 것인가를 계획하는 데 필요한 것이다. 어려운 과제는 일반적으로 쉬운 과제보다 자주 그리고 더 강하게 강화가 제시되는 것이 필요하다. 그러나 다른 상황에서는 자주 강화를 주게 되면 오히려 불필요하게 방해물이 될 수도 있고 학습과제의 핵심 요소로부터 학생들의 주의를 딴 곳으로 돌리게 되는 원인이 되기도 한다. 유능한 교사는 강화의 유형과 강도를 결정할 때 학습과제의 특성을 고려한다.

(16) 새로운 반응을 학습하는 초기단계에서는 연속적 강화를 사용한다.

새로운 교과내용을 학습하는 초기단계에서 노력을 연속적으로 보상해주면 학생들의 학습과제 수행은 상당히 촉진된다. 모든 학생들의 반응이 강화되면 계속적인 강화 스케줄은 효과가 있다. 계속적인 강화는 특히 새로운 학습과제를 학습하고자 할 때 효과적이다. 비록 그것이 조그마한 성과라 할지라도 학생들이 학습활동에서 좋은 학습 진전을 보일 때마다 보상을 해주게 되면 그들은 높은 수준의 주의력과 노력을 계속하도록 동기유발이 더 잘될 것이며 학습은 촉진될 것이다. 그러나 계속적인 강화 스케줄을 따르다가 교사가 강화를 멈추게 되면 학습의 성취율이 급속히 떨어진다는 것에 주목할 필요가 있다. 이것은 계속적인 강화 스케줄로부터 어떤 형태의 간헐적인 강화 스케줄로 점진적으로 변화하는 것이 왜 새로운 학습에 필요한 것인지를 입증해 보이는 것이다.

(17) 특별한 노력이나 주의가 요구되는 학습이나 새로운 학습과제를 학습시키기 위하여 즉각적인 강화를 한다.

새롭거나 어려운 학습과제를 해결하려고 할 때 학생들은 보통 즉각적인 강화가 필요하다. 가능한 한 강화는 의도된 목표가 달성된 후 즉시 주어져야 한다. 이것이 새로운 내용을 학습할 때 중요하다. 강화물은 기대되는 행동 후 즉시 제공해 주어야 한다. 따라서 교사가 강화시키기를 원하는 반응에 강화가 즉시 뒤따르지 않으면 어떤 의도하지 않은 다른 반응이 강화될 수도 있다. 즉각적인 강화의 사용은 낯설거나 어려운 과제를 학습하는 초기단계에 특히 중요하다.

(18) 의도된 목표행동에 계속적인 접근행동을 강화해 줌으로써 새로운 형태의 학습을 촉진시킨다.

궁극적인 목표라 할 수 있는 자율적인 목표행동의 달성을 촉진하기 위하여 목표행동에 접근하는 낮은 수준의 행동변화(성취)를 강화하는 것이 중요하다. 많은 복잡한 과제의 학습은 흔히 단계적인 형성과정을 통해서 가장 잘 성취된다. 이렇게 하기 위해서는 학습할 복잡한 과제는 하위과제(subtasks)로 분석되고 난이도를 고려하여 순서적으로 조직되어야 한다. 우선 비교적 간단하고 쉬운 반응이 규칙적으로 강화되어야 하고 이러한 낮은 수준의 반응과 쉬운 반응이 학습된 후에 좀 더 복잡하고 높은 수준의 반응이 계속적으로 제시되고 강화되어야 한다. 어떤 경우에는 강화를 위한 기준이 최종적인 학습과제가 달성될 때까지 점진적으로 높여질 수도 있다. 그러나 단계적인 방법은 학생들이 어려운 학습과제의 성취를 위하여 소단계로 나누어 학습해야 할 때 특히 유용하다. 교사는 인내심을 갖고 조그마한 향상에도 관심을 가져야 하며 단기간에 최종적인 목표가 달성되어야 한다고 조바심을 가져서는 안 된다. 조그만 성취(향상)도 최종적인 목표를 달성하기 위한 과정으로 보고 보상해 주어야 한다.

(19) 너무 높은 수준의 동기유발을 자극하지 않는다.

학생의 능력범위를 벗어난 높은 수준을 달성하도록 학생들에게 부담감을 주어서는 안 된다. 만약 능력 이상의 높은 수준을 강요하게 되면 학생들은 불안해지고 결국은 조금밖에 성취할 수 없게 될 것이다. Travers(1982)의 연구에 의하면 성취에 영향을 주는 강화의 수준에는 최적 수준이 있으며, 최적 수준을 넘는 강화는 오히려 학업성적에 부적 작용을 하게 된다고 한다. 이 말은 외발적 동기유발이 높은 수준의 성취와 관련되어 있다고 하는 것이다. 그러나 더 높은 수준에 도달하기 위하여 지나치게 압박감을 주면, 성취를 촉진시키기보다는 오히려 방해하는 경우가 많다. 교사는 학생들의 능력범위를 벗어나는 성공이나 성취를 달성하도록 하기 위하여 학생들을 강요함으로써 지나친 긴장감을 일으키지 않도록 주의해야만 한다. 불필요한 압박감은 긴장의 정도를 증가시키고 그 결과는 학습에 유해하다.

(20) 벌의 사용을 피한다.

학생들은 벌에 호의적으로 반응하지 않으며, 교사가 벌을 사용한다면 불안해할 것이다. 벌은 때때로 단기간 동안 특정한 반응을 억제하는 데 효과적이다. 그러나 주의하지 않고 사용한다면 바람직하지 못한 결과를 가져올 수 있다는 것을 앞에서 논의하였다. 또한 벌의 사용을 반대하는 법률적이고 윤리적인 제한이 있다. 더욱이 교사의 무분별한 벌의 사용에 대하여 일반적으로 학생들은 부정적으로 반응한다. 교사가 학생 통제의 중요한 수단으로 벌을 사용한다면, 어떤 학생들은 학교와 학습에 대해 부정적인 태도를 갖게 된다. 그러므로 교사들은 가능한 한 벌의 사용을 피해야 하며, 교사는 벌과 같은 교정적인 활동에 대한 욕구를 최소화하고 적절한 행동을 격려해주기 위해 수업경영에서 긍정적 방법을 채택해야 한다.

참고문헌

정원식(1969). 정의의 교육. 서울: 배영사.

Berlyne, D. E. (1960). *Conflict, arousal, and curiosity*. New York: McGraw-Hill.

Brophy, J. (1988). On motivating students. In D. Berliner & B. Rosenshine (Eds.), *Talks to teacher* (pp. 201-245). New York: Random House.

Brophy, J., & Evertson, C. (1981). *Student characteristics and teaching*. New York: Longman.

Cole, P. G., & Chan, L. K. S. (1987). *Teaching principles and practice*. New York: Prentice Hall.

Gage, N. L., & Berliner, D. C. (1979). *Educational psychology* (2nd ed.). Chicago: Rand McNally.

Good, T. L., & Brophy, J. (1995). *Contemporary educational psychology*. New York: Longman.

Good, T. L., & Brophy, J. (2008). *Looking in classrooms* (10th ed.). Boston, MA: Allyn and Bacon.

Harter, S. (1981). A model of mastery motivation in children: Individual differences and developmental change. *Minnesota Symposium on Child Psychology*, Vol. 14, Hillsdale, NJ: Erlbaum.

Johnson, D., & Johnshon, R. (1985). Motivational processes in cooperative, competitive, and individualistic learning situations. In C. Ames & R. Ames (Eds.), *Research on motivation in education Vol.2: The classroom milieu* (pp. 249-286). Orlando, FL: Academic Press.

Keller, J. M. (2010). *Motivational design for learning and performance: The ARCS model approach*. New York: Springer.

Maslow, A. H. (1970). *Motivation and personality* (2nd ed.). New York: Harper and Row.

McClelland, D., Atkinson, J. W., Clark, R. W., & Lowell, E. L. (1953). *The achievement motive*. New York: Appleton-Century-Crofts.

McDougall, D. (1998). Research on self-management techniques used by students with disabilities in general education settings. *Remedial and Special Education*, 19(5), 310-320.

Murray, H. A. (1938). *Explorations in personality*. New York: Oxford University Press.

Ormrod, J. E. (2003). *Educational psychology: Developing learners* (4th ed.). Upper Saddler River, NJ: Pearson Education.

Smith, D. J., Young, K. R., West, R. P., Morgan, R. P., & Rhode, G. (1988). Reducing the disruptive behavior of junior high school students: A classroom self-management procedure. *Behavioral Disorders*, 13, 231-239.

Spranger, E. (1928). *Types of men*. New York: Stechert.

Travers, R. M. W. (1982). *Essentials of learning* (5th ed.) New York: Macmillan.

Walker, J. E., Shea, T. M., & Bauer, A. M. (2007). *Behavior management: A practical approach for educators* (9th ed.). Englewood Cliffs, NJ: Prentice-Hall.

Weiner, B. (1979). A theory of motivation for some classroom experiences. *Journal of Educational Psychology*, 71, 3-25.

Wolfolk, A. E. (1993). *Educational psychology* (5th ed.). Needham Heights, MA: Allyn & Bacon.

Wolfolk, A. E. (2007). *Educational psychology*. Englewood Cliffs, NJ: Prentice-Hall.

제5장

학습강화 기술

일반적으로 교사는 학생들의 학습을 강화할 목적으로 칭찬, 인정, 상 등의 방법을 활용하고 있다. 사회학습이론을 주장하는 학자들은 이러한 보상이 학습자들의 동기를 유발하는 데 필수적이라고 한다. 다시 말하면 강화된 행동은 계속 반복되지만 강화를 받지 못한 행동은 곧 소멸된다고 믿는다. 또 다른 사람들은 강화란 학생으로 하여금 성공감을 맛보고, 긍정적인 자아개념을 길러주고, 동기를 유발하고 성취감을 길러준다고 한다. 아무튼 강화란 바람직한 것이며 특히 학습에 유용한 것이라고 일반적으로 받아들여지고 있다. 그런데 지금까지는 주로 강화(칭찬)의 양이나 횟수에 관심을 두어왔지 강화의 질이나 강화의 대상, 강화가 주어지는 조건, 강화의 종류에 대하여는 별 관심을 가져온 것 같지 않다. 최근의 강화에 관한 연구를 보면 강화란 상황에 따라 효과가 다르다는 점이다. 똑같은 개인이라 하더라도 상황에 따라 그 효과가 다르다는 것이다. 따라서 강화는 상황에 따라 선별적으로 사용되어야 한다는 점이다. 이와는 달리 외부에서 주어지는 강화에 반대하여 내부에서 주어지는 강화를 주장하는 사람도 있다. 이들의 주장에 의하면 외부에서 주어지는 강화는 그 효과가 일시적이고 또한 개인에 따라서는 의미가 없기 때문에 학습을 지속시키는 데는 한계가 있다는 것이다. 즉 학습자에게 이러한 상이나 칭찬이 주어지지 않는다면 학습은 소멸된다는 것이다. 그러나, 내부에서 주어지는 강화는 그 자체가 학습의 목표가 된다는 것이다. 즉 학습에 대한 흥미, 호기심 등은 그 자체가 목표이기 때문에 학습이 더욱 지속적이고 그 효과도 크다는 것이다. 아무튼 궁극적으로 학생들은 누가 무엇이라 얘기하든 학습에 열중하며 소기의 목표에 도달하는 것이 필요하다. 그렇다고 한다면 외부에서 주어지는 기회에 만족할 것이 아니라 자기 스스로 학습에 흥미와 의욕을 갖고 학습을 해나가는 것이 필요하며 교사는 이 점을 감안하여 학생을 지도해 나가야 할 것이다.

1. 학습강화의 정의와 종류

학습이란 여러 가지 정의가 있지만 일반적으로 학습은 행동의 변화로 정의할 수 있다. 그런데 학교 학습과 관련 지어 볼 때 학습은 바람직한 행동의 변화인 것이다. 한편 강화란 말 그대로 행동의 증가를 의미한다. 그렇다면 학습강화란 학습의 증가 현상을 의미한다고 볼 수 있다. Skinner는 reinforcement(강화)와 reinforcer(강화물)를 구분하고 있다. 그에 있어 reinforcer(강화물)는 강화를 일으키는 자극이고, reinforcement는 자극의 효과를 의미한다. 다시 말하면 자극을 통하여 행동이 증가하는 현상을 의미한다고 볼 수 있다. 그는 reinforcer(강화물)와 reinforcement(강화)를 다음과 같이 설명하고 있다.

과자는 강화물이 될 수 있다. 왜냐하면 과자는 하나의 자극으로 강화기능이 있기 때문이다. 그러나 한 조각의 과자가 강화일 수는 없다. 물론 그것이 개인에게 미치는 효과는 강화의 한 예가 될 수는 있을 것이다. 가장 널리 수용되고 있는 강화물의 정의는 어떤 반응이 일어날 확률을 증가시키는 모종의 자극이다.

그러므로 하나의 자극이 강화물이 된다는 객관적 증거는 강화된 반응의 강도, 빈도 또는 지속기간의 증가에서 찾을 수 있다. 이 말은 주어진 자극은 어느 개인에게는 강화적 기능을 갖을 수 있으나 또 다른 개인에게는 전혀 강화적 기능을 갖지 못한다는 것을 뜻한다. 강화에 반대되는 용어는 소거이다. 소거는 행동을 강화시켰던 강화물을 제거하므로 행동이 감소하는 현상을 말한다.

강화물에는 일차 강화물과 일반 강화물이 있다. 일차 강화물이란 일반적으로 학습되지 않는 욕구나 충동과 관련이 있으며 여기에는 음식 또는 성과 같은 것이 있다. 이러한 충동을 충족시켜 주는 자극은 대부분 유기체에 있어 강화기능을 갖고 있다. 이러한 것을 정적 자극이라고 한다. 일반 강화물이란 본래 중립적인 자극이었던 것이 다른 자극과 짝을 이루어 반복 제시되므로 강화기능을 갖게 된 자극을 말한다. 여기에는 명성, 돈, 성공 같은 것이 있다.

또한 강화물은 정적 강화물과 부적 강화물로 나누어볼 수 있다. 정적 강화물이란 자극을 어느 상황에 첨가하였을 때 반응이 일어날 확률을 증가시키는 자극이다. 한편 부적 강화물이란 상황으로부터 자극을 제거하여 똑같은 결과를 가져다주는 자극을 말한다. 부적 강화물은 혐오자극인 경향이 있다. 예를 들면 전기 충격 같은 경우이다. 이 경우 전기 충격을 제거하면 행동이 증가한다. 정적 강화물은 유쾌한 자극인 경향이 있다. 또한 강화물은 1차적 강화물과 2차적 강화물로 구분할 수도 있다. 1차적 강화물이란 학생의 행동에 즉각적이고 직접적인 영향을 미치는 대상이나 사상을 말하며 학습에 의존하지 않는다. 사탕, 장난감, 음료수가 1차적 강화물에 해당된다. 반대로 2차적 강화물이란 학습을 통하여 강화가 이루어지고 전형적으로 상징적, 언어적 혹은 사회적 속성을 지니는 자극 혹은 사상을 말한다. 교사의 칭찬, 교사의 관심, 점수, 학생을 인정하는 교사의 미소 등이 2차적 강화물에 해당된다. 강화에 관한 여러 연구결과에 의하면 1차적 강화물, 2차적 강화물 모두는 학생의 학습의 질과 양을 개선하는 데 효과가 있다.

또한 강화물는 가시적 강화물, 토큰 강화물, 사회적 강화물, 활동적 강화물로 구분되기도 한다. 가시적 강화물이란 1차적 강화물로 구체적인 물질 형태의 보상을 원한다. 토큰 강화물이란 1차적 혹은 다른 강화물과 교환할 수 있는 여러 종류의 대체적 또는 상징적 강화물을 말한다. 여기에는 성적 우수 스탬프, 공로상장, 신용장, 마크나 배지, 점수 등이 있다. 상징적 강화물은 그 자체가 본질적으로 가치를 지니는 것이 아니기 때문에 학생들이 그것을 가치 있다고 인식할 때만 강화를 일으키는 속성이 있다는 점을 유의해야 한다. 사회적 강화물은 학생의 행동상에 긍정적인 변화를 일으키는 사회적 행동을 말하며 여기에는 교사의 인정, 칭찬, 관심이 포함된다. 활동적 강화물은 학생이 어떤 특정 과제를 수용할 수 있는 수준까지 완수할 경우 그 학생이 하고 싶어하는 활동을 하도록 허락해 주었을 때 이때 허락된 학생이 좋아하는 활동을 말한다. 예를 들면 어떤 학생이 영어 과제를 완성하면 그 학생이 원하는 독서활동(활동 강화물)을 하도록 시간을 허용해줄 수 있는 것이다.

또한 Moore는 강화를 언어강화, 비언어강화, 대리강화, 지연강화, 제한된 강화로 나누고 있다.

언어강화란 학생의 행위나 반응 뒤에 모종의 긍정적인 논평을 가할 때 발생한다. 가장 일반적으로 사용되는 강화물은 "좋아", "훌륭해", "맞았어"와 같은 단어들이다. 그렇다고 이러한 강화물을 과용해서는 안 된다.

비언어적 강화란 모종의 학생 행위나 반응에 대한 시인의 메시지를 보내기 위해 신체동작을 사용하는 것을 말한다. 이 신체동작에는 시선접촉, 고개 끄덕임, 미소, 능동적인 자세 등이 있다. 그렇다고 비언어적 강화를 과용하는 것은 좋지 않다. 연구결과에 의하면 언어적, 비언어적 메시지가 서로 다르게 되면 학생들은 비언어적 메시지에 반응하는 경향이 나타난다는 것이다.

인간은 다른 사람들을 관찰함으로써 학습을 해나간다. 만일 다른 사람이 어떤 행동을 하고 강화를 받는 것을 관찰하고 나서, 그 강화가 바람직하다면 그들은 남들과 똑같은 방법으로 행동하는 경향이 있는데 이러한 현상을 대리강화라 한다. 예를 들면 A라는 학생이 어떠한 행위에 대하여 칭찬을 받게 되는데 B라는 학생도 똑같은 교사의 칭찬을 원하는 경우 B는 A의 강화된 행동을 본받게 될 것이다.

대리강화란 직접 가르치지 않고 바람직한 행동이 모델이 된다는 점에서 효과적인 강화라고 볼 수 있다. 일반적으로 교사는 바람직한 행동이 일어나는 즉시 학생을 강화시킨다. 그러나 그러한 행동이 일어나기 이전의 바람직한 행동에 대하여 강화를 시키는 것이 바람직할 수 있다. 예를 들면 어느 교과의 선수지식이 있는 학생에게 질문을 제기할 수 있다. 이러한 이전 행위에 대한 강화를 지연된 강화라 부른다. 지연된 강화를 통하여 이전의 행위가 망각되지 않고 계속적으로 중요성이 있음을 알게 된다. 학생의 행위 중 일부만 수용 가능할 때 여러분은 학생이 바람직한 행위를 계속 시도하도록 학생들을 강화시켜 나갈 것이다. 이러한 상황에서는 제한된(한정된) 강화기법을 사용하는 것이 좋다. 제한된 강화기법은 학생 행위 중 수용 가능한 부분 또는 행동을 바꾸려는 시도 그 자체만을 강화할 때 발생한다. 예를 들면 학생이 칠판에 적은 문제를 잘못 이해하고 있을 때 여러분은 사용된 절차는 정확하다는 사실을 강화시키거나 학생의 노력을 강화시킬 수 있다. 또는 주제와 거리가 멀지라도 학생의 홍미 있는 아이디어 개진에 대하여 강화를 해줄 수도 있다.

2. 강화계획

강화이론에서는 강화의 시기와 강화의 빈도를 아주 중요하게 생각한다. 일반적으로 학생들은 행위가 발생한 즉시 강화를 받게 되면 그 행위를 반복할 가능성이 커진다. 그러나 바람직한 행동이 발생했는데도 오랫동안 강화가 지연된다면 바람직한 행동을 보일 가능성이 줄어들게 될 것이다. 그러므로 교사는 모종의 학생의 행동을 변화시키고자 한다면 변화된 행동이 나타나는 즉시 강화를 제공해야 할 것이다.

바람직한 행동이 일어날 때마다 계속해 강화가 주어지면 학생들은 보다 빨리 학습해 나간다. 이것을 연속강화라고 한다. 일반적으로 연속강화 계획은 학습 초기단계에서 사용된다. 그러나 일단 소기의 행동이 확립되면 간헐적인 강화계획을 사용하는 것이 좋다. 즉, 바람직한 행동이 일어날 때마다 강화를 제공하는 것이 아니라 불규칙적인 간격으로 강화를 제공하는 것을 간헐적 강화계획이라고 한다. 간헐적 강화계획은 비율 또는 간격을 토대로 실시될 수 있다.

일정빈도의 행위가 나타나야만 강화가 주어진다면 이것은 비율강화 계획을 적용하는 경우이다. 다시 말해 소기의 행동의 발생 빈도에 따라 강화가 주어진다. 예를 들면 표적행동이 세 번 나타날 때마다 칭찬을 제공한다면 이것은 비율강화 계획을 사용하는 경우이다. 그러나 교사가 일정한 시간이 흐른 후에 학생을 칭찬한다면 이것은 간격강화 계획을 적용하는 경우이다. 협동학습 상황이나 과제를 수행할 때 5분 경과할 때마다 학생에게 강화를 제공한다면 이것은 간격강화 계획을 사용하는 경우이다.

비율강화 계획은 고정비율 강화계획과 변동비율 강화계획으로 나누어진다. 고정비율 강화계획이란 말 그대로 행동의 발생 횟수(빈도)를 고정하고 그 고정된 횟수가 나타나면 강화를 제공하는 것이다. 만일에 교사가 표적행동이 두 번 나타날 때마다 강화를 하면 이것은 발생 횟수가 두 번으로 설정된 고정비율 강화계획을 적용하고 있는 셈이다. 한편 변동비율 강화계획이란 행동의 발생 횟수가 고정되어 있지 않고 변동이 심한 경우이다. 표적행동이 어느 경우는 두 번, 또 어느 경우는 열 번 등 일정한 횟수에 관계없이 강화가 변동적으로 주어지는 경우이다.

간격강화 계획도 고정간격 강화계획과 변동간격 강화계획으로 나뉜다. 고정된 시간 간격이 지난 후에 강화물이 주어지면 이는 고정간격 계획이 적용되는 것이다. 바람직한 행동에 대해 매 5분마다 강화가 주어지면 이는 5분간 고정간격 계획이라고 말할 수 있다. 한편, 변동간격 강화계획은 문자 그대로 시간 간격이 고정되어 있지 않고 변동적으로 강화가 제시되는 것을 의미한다. 예를 들어, 5분, 8분, 10분 등의 간격으로 과제 참여에 대해 주어지면 이는 변동간격 계획을 적용하는 경우이다.

Moore는 앞에서 제시한 강화계획의 특징을 다음과 같이 제시하고 있다.

〈표 5-1〉 강화계획

계획	정의	실례	장점	단점
연속	정확한 반응마다 강화가 주어진다.	TV를 켜는 것	신속한 행동 수립	신속한 소거
간헐적 고정비율	고정된 횟수의 정확한 반응에 강화가 주어진다.	일정한 분량대로 지급받는 일	완만한 소거	완만한 행동 수립
고정간격	정확한 반응의 발생빈도의 고정된 간격에 따라 강화가 주어진다.	매주 보는 쪽지 시험	완만한 소거	완만한 행동 수립
변동비율	정확한 반응의 발생빈도의 변동에 따라 강화가 주어진다. (두번, 다섯 번, 열 번 등)	슬롯 머신	아주 느린 소거	완만한 행동 수립
변동간격	정확한 반응 후 시간 간격의 변동에 따라 강화가 주어진다.	갑자기 보는 쪽지 시험	아주 느린 소거	완만한 행동 수립

3. 강화전략

표적행동을 증진시키는 강화전략은 다양하다. 여기서는 여러 전략 중 일반적으로 널리 사용되고 있는 전략을 소개하고자 한다.

1) 정적 강화 전략

정적 강화란 적극적 관심 갖기, 인정, 사회적 강화, 보상과 같은 명칭으로 사용되고 있다. 정적 강화란 앞에서도 검토했듯이 행동이 일어날 확률을 증가시키기 위하여 표적행동을 강화해 나가는 과정을 말한다. 정적 강화는 행동이 일어난 후에 바람직한 강화물을 제시하는 것으로 이 경우 강화물은 미래에 나타날 행동의 빈도와 지속기간을 증가시키는 경향이 있다. 정적 강화의 장점은 우선 아동이 관심과 인정을 받고자 하는 자연적 요구에 반응한다는 점과 관심을 얻기 위하여 부적합한 행동을 나타낼 확률을 감소시킨다는 점이다.

여기에는 두 가지 규칙이 적용되는데 우선 아동이 새로운 적절한 행동을 나타내면 반드시 그 행동이 일어날 때마다 정적 강화를 주어야 한다는 점과 일단 표적행동이 만족스러울 만큼 확립되고 나면 간헐적으로 강화를 제공해야 한다는 점이다.

정적 강화를 적용하려면 교사는 다음과 같은 단계를 거쳐야 한다(Shea & Bauer, 1987).

1단계 표적행동을 선정한다.(아동이 보이는 모든 긍정적 행동마다 강화를 시도하지 마라)
2단계 아동이 그 행동에 언제 참여하는지를 확인하기 위해 아동의 행동을 관찰한다.
3단계 초기단계에서는 행동이 나타날 때마다 즉시 강화한다.
4단계 강화할 행동을 구체화한다.(나는 …를 좋아한다 또는 이와 유사한 표현)
5단계 강화할 때 아동의 행동에 관심과 열정을 갖고 말한다.
6단계 적절한 시기에 아동의 행동에 참여한다. 즉 아동에게 도움을 준다.
7단계 강화물을 다변화한다.
8단계 적절한 시기에 변동강화 계획으로 바꾼다.

여기에서 주의할 점은 정적 강화란 어느 상황에 있는 어느 아동에게는 바람직하지 않을 수 있다는 것이다. 오히려 동료, 교사, 부모, 타인들이 보는 앞에서 정적 강화는 당혹감을 줄 수 있다. 정적 강화를 제공하는 자극으로서 칭찬에 대하여는 찬반 양론이 존재한다. 찬성하는 사람은 칭찬이 정적 강화로 작용한다고 주장하는 반면 반대하는 사람은 칭찬은 오히려 학생의 발달에 방해가 된다고 주장한다.

Walker와 그의 동료들은 효과적인 칭찬 사용에 대한 지침을 다음과 같이 제시하고 있다.

1. 칭찬은 표적행동이 나타난 직후에 전달되어야 한다.
2. 칭찬은 수업활동의 흐름을 방해하지 않도록 하기 위해 가능한 한 남의 눈에 띄지 않게 전달되어야 한다.
3. 칭찬은 교사가 성실하다는 것이 입증되도록 전달되어야 한다.
4. 교사의 칭찬에는 학습자가 칭찬받을 긍정적 행동이 진술되어야 한다.
5. 칭찬을 할 때는 말과 제스처를 통하여 변화를 주어야 한다.
6. 새로운 행동의 학습 초기에는 칭찬을 자주 전달하고 행동이 익숙해지면서 칭찬의 빈도를 줄여나가야 한다.
7. 칭찬받는 행동이 학습자의 일상 행동의 일부가 되면 칭찬은 제거되어야 한다.

2) 행동조형

일반적으로 어떠한 행동을 증진시키고자 할 때 표적행동이 나타날 때까지 기다려야 한다. 표적행동이 나타나면 즉시 강화가 주어진다. 그러나 증진시키고자 하는 행동이 거의 나타나지 않는 상황에서 교사는 이러한 행동을 어떻게 변화시킬까? 여기에는 두 가지 대안이 있다. 기르려는 행동이 발생할 때까지 기다리든가 아니면 행동조형 기법을 활용하든가 해야 한다. 행동조형이란, 하나의 강화방법으로 기대한 행동이 확립될 때까지 표적행동의 하위행동인 점진적 접근행동에 대한 체계적이고 즉각적인 강화방법이다. 다시 말하면 바람직한 행동에 근접한 행동이 나타날 때마다 강화를 통하여 행동을 조형해 나가는 방법이다. 교사가 학생이 숙달하기를 기대하는 최종 완성 행동을 몇 개의 하위단계로 나누는 것을 과제 분석이라 한다. 이러한 표적행동에 이르는 하위단계의 진전을 강화하는 것이 조형이다.

행동조형은 일반적으로 새로운 행동이나 기술을 가르치는 방법으로 알려져 있다. 그러나 현재 행동의 비율 지속시간 강도를 수정할 때 또는 이를 감소시키고자 할 때에도 사용된다. 행동조형의 장점 중 하나는 새로운 또는 수정된 행동을 가르치기 위한 전략으로 점진적 접근행동을 강조한다는 점이다. 그리고 행동조형의 절차는 우선 기초선(현재 수행)을 평가하고 최종 행동의 형태를 결정하고 이를 최종 행동에 도달하기 위한 하위행동에 강화를 준다는 점이다.

행동조형은 다음과 같은 단계를 거친다.

1단계 표적행동을 선정한다.
2단계 신빙성 있는 기초선 자료를 구한다.
3단계 유력한 강화물을 선정한다.
4단계 점진적 접근행동이 일어날 때마다 그 행동을 강화한다.
5단계 새로 확립된 행동이 나타날 때마다 강화한다.
6단계 변동강화 계획에 따라 행동을 강화한다.

행동조형을 위해 선정된 행동을 상세화하여야 하며 교사는 그 선정된 행동이 아동의 입장에서 보았을 때 의미가 있다는 점을 확신해야 한다. 표적행동의 요소가 거의 존재하지 않는다면 교사는 처음부터 미분화된 행동으로부터 조형과정을 시작해야 한다. 여기서 유념해야 할 것은 표적행동에 가장 근접한 행동만을 강화하라는 것이다. 조형과정에 있어 또 하나 유의할 사항은 교사는 다음 수준으로 넘어가기에 앞서 어느 한 수행 수준에 어느 정도 오래 강화를 제공할지에 대한 지식이 있어야 한다는 것이다. 언제 다음 수준으로 넘어갈지를 결정하는 것이 교사에게 주어진 딜레마이다. 강화가 어느 한 수행 수준에 너무 오래 계속 주어진다면, 그 행동이 너무 굳어져서 다음 단계로의 진전이 어려워진다. 그렇다고 아동을 어느 한 수준에서 그 다음 수준으로 너무 빨리 이동시키면 새로운 행동이 사라질 가능성이 커진다. 따라서 어느 한 수준에서 다음 수준으로 언제 넘어갈 것이냐 이것을 아는 것이 중요하다. 행동조형 중재에는 두 가지 유형이 있다. 그 중 하나는 점진적 유형이고 나머지는 행동 연쇄 유형이다.

점진적 조형의 중재에 있어 아동들은 일련의 단계를 거치게 되는데 각 단계는 이전에 학습한 단계를 계속하거나 앞으로 나아가게 된다. 이러한 중재로는 목욕하기, 손 닦기, 양말 신기 등이 있다. 연쇄 조형의 중재는 둘 이상의 단계 또는 기능으로 구성되는데 이 단계 또는 기능은 계열적으로 구성되어 특정한 과제를 완성하게 되어 있다. 이에 관한 예로는 구두끈 매기, 구두 닦기, 식사하기, 단추 달기 등이 있다.

다음은 Stephen이 제시하고 있는 언어행동에 관한 행동조형 과정의 모형이다.

↑ 바람직한 행동의 방향			
	교사와 말을 교환한다.	10	← 표적행동
	치료자와 말을 교환한다.	9	
	두 단어 이상 말을 교환한다.	8	
	한 단어로 말을 교환한다.	7	
	두 단어 이상으로 반응을 보인다.	6	
	한 단어로 반응을 보인다.	5	
	2차 수준의 접근행동을 보인다.	4	
	1차 수준의 접근행동을 보인다.	3	
	미분화된 잡음을 낸다.	2	
	미분화된 일관성이 없는 잡음을 낸다.	1	← 기초선 행동

3) 유관계약

유관계약이란 일종의 행동계약으로 구체적인 표적행동을 수행하면 특정의 강화물을 주겠다고 교사와 학생 사이에 행동계약을 맺는데 이것을 유관계약이라고 한다. 다시 말하면 교사가 원하는 것을 아동이 완성하면 아동들도 그들이 원하는 것을 할 수 있다고 약속을 하는 과정을 말한다. 일상생활에서 우리 모두는 계약에 참여하고 있다. 여기에는 서면계약, 구두계약 모두가 포함된다. 행동관리 기법으로서 유관계약으로 잘 알려진 것은 프리맥 원리이다.

이 원리에 의하면 발생빈도가 높은 행동은 발생빈도가 낮은 행동을 증가시키는 데 사용된다는 것이다. 즉, 높은 빈도의 행동은 낮은 빈도의 행동에 효과적인 강화물이 될 수 있는 것이다. 이것은 때때로 할머니의 규칙(Grandma' s rule)이라고도 한다. 이 원리는 아주 어린 시절부터 잘 알려진 원리로 "네가 X를 하면, 너는 Y를 할 수 있다"는 원리이다. 그 예가 아래 표에 제시되어 있다.

〈표 5-2〉 X 이면 Y 진술

X	이면	Y
두 시간 동안 의자에 앉아 있어라. 기말보고서를 완성하여라. 착한 학생이 되어라. 축구팀에 자원하여라. 알파벳 문자를 배워라.	그러면	10분간 쉴 수 있다. A를 받게 된다. 좋은 카드를 받게 될 것이다. 치어리더로부터 인정을 받는다. 즉각 일종의 캔디를 받게 된다.

유관계약은 수업의 개별화, 행동통제에 사용될 수도 있고, 정의적, 인지적, 심체적 학습에도 사용된다. Downing(1990)에 의하면 유관계약은 새로운 행동을 가르치고, 기존의 행동을 유지하고, 부적절한 행동을 감소시키고, 개별 및 집단 학습의 증진에 적용될 수 있다.

Downing은 이어 개별 유관계약의 단계적 실행지침을 다음과 같이 제시하고 있다.

1. 관심영역을 확인한다.
2. 관련행동이 발생하는 상황을 기술한다.
3. 행동을 일으키는 선행사상과 행동의 발생을 증진시키는 결과를 분석한다.
4. 선행사상과 결과 중 어느 것이 행동을 감소시키는 데 효과가 있는지 결정한다.
5. 학생의 행동을 설명하기 위한 가설을 개발한다.
6. 현재의 행동 수준을 수집하고 요약한다.
7. 전 단계에서 수집한 자료나 정보를 토대로 구체적이고 관찰할 수 있고 측정할 수 있는 행동목표를 개발한다.
8. 행동을 변화시키기 위해 이전에 적용된 실패한 중재를 확인한다.
9. 학습자에게 효과적인 강화물의 목록을 개발한다.
10. 계약이 실패하는 경우 계약이 학생에게 준 결과를 결정한다. 부정적인 결과가 있을지, 이것들이 자연적일지 아니면 인위적일지를 결정한다.
11. 계약에 대하여 누가 합의하고 누가 계약을 조정했는지 결정한다.
12. 계약의 결과를 평가한다.

교사는 아동들이 정해진 시간 동안 계약을 꼭 지키도록 해야 한다. 만일에 합의된 과제가 수행되지 못하면 아동들은 강화물을 받지 못하게 될 것이라는 점을 주지시켜야 한다. 그러나 본래의 계약이 너무 어려우면, 새롭게 계약을 맺을 수 있다. 계약에는 두 가지 유형이 있는데, 그 중 하나는 구두계약이고 나머지 하나는 서면계약이다. 아래에 교실에서 사용될 수 있는 구두계약의 본보기가 제시되어 있다.

1. 존, 너는 8개의 덧셈 문제를 정확히 풀고 나면, 너는 남은 시간 동안 퍼즐 놀이를 할 수 있다.
2. 메리, 네가 의자에 15분간 앉아 있기만 하면, 너는 5분간 칠하기 그림책을 가지고 색칠을 할 수 있다.
3. 제임스, 네가 내일 정각에 학교에 오면, 너는 점심 먹을 때 맨 앞 줄에 설 수 있다.
4. 톰, 오늘 아침 네가 아무도 때리지 않는다면, 너는 점심에 여분의 우유를 받을 수 있어.
5. 마이크, 네가 자습을 마치면, 너는 TV에서 Sesame Street 프로그램을 볼 수 있어.

이와 같이 구두계약은 거의 매일같이 일선 교실에서 이루어진다. 서면계약은 구두계약보다 더 정교하다.

Homme, Csanyi, Gonzals와 Rechs(1979)는 서면계약의 열 가지 규칙을 제안하고 있다.

1. 계약의 이득(강화물)은 즉각적이어야 한다.
2. 본래 계약은 표적행동의 점진적 접근행동을 요구하고 이를 강화해야 한다.
3. 계약은 소량으로 자주 강화물을 제공하는 것이어야 한다.
4. 계약은 복종보다는 오히려 성취를 요구하고 강화해야 한다.
5. 수행은 발생한 후에 강화되어야 한다.
6. 계약은 양 당사자에게 공평해야 한다.
7. 계약기간은 분명해야 한다.
8. 계약은 정직해야 한다.
9. 계약은 긍정적이어야 한다.
10. 계약은 체계적으로 이루어져야 하고 계속적인 학습 프로그램의 일부로 사용되어야 한다.

계약의 핵심은 역시 교사와 학생 간의 협상에 있으며, 여기에서 계약의 체제가 설명되고 논의되며 계약이 서면으로 작성되고, 교사와 학생에 의하여 계약에 서명하게 된다.

4) 자기 관리 전략

일반적으로 강화는 외부에서 주어지는데 개인 내부에 의해서도 강화는 일어난다. 외부에서 주어지는 강화를 외재적 강화라고 한다면 개인 내부에서 일어나는 강화를 내재적 강화라고 볼 수 있다. 그렇다면 자기 관리 전략은 이들 강화방법 중 내재적 강화에 속한다고 볼 수 있다. 외재적 강화가 학생들의 바람직한 행동을 바꾸게 하는 강화방법이지만 궁극적인 목적은 외부의 영향을 받지 않고 자기 스스로 자신의 행동을 바꾸도록 자기 관리 능력을 길러주는 데 있을 것이다. 자기 관리 전략은 크게 세 요소 즉, 자기 기록, 자기 평가, 자기 강화로 구성된다. 우선 이 세 요소에 대하여 알아본다.

(1) 자기 기록

자기 기록은 자신의 특정 행동의 빈도를 기록하는 것을 말한다. 여러 연구 결과에 의하면 이러한 자기 기록은 학생의 행동 개선과 학업성취에 효과가 있다는 것이다. 교사는 자기 기록 과정에서 학생이 자신의 행동을 정확하게 기록하고 있는지를 살펴보아야 한다. 물론 수집된 자료의 정확성이 곧 학생의 행동이나 학업 수행에 직접적 상관은 없으나 학생 스스로 자기 기록에 근거하여 강화를 받으려면 자료의 정확성과 관련하여 강화가 적용되어야 하기 때문이다. 학생 자료의 정확성을 점검하기 위해 다른 관찰자를 통해 학생의 행동을 기록하고 이 자료를 학생 자신의 자료와 비교해볼 수 있다. 학생의 자기 기록 자료가 다른 관찰자에 의해 수집된 자료와 일치하면 학생은 강화를 받는다. 비교만이 아니고 학생은 자기 행동 점검표를 만들어 거기에서 보이는 바람직한 행동에 대하여 강화를 받을 수도 있다. 학생 스스로 자기 기록을 정확히 해나가도록 하기 위해서는 철저한 지도가 필요하다. 자기 기록만이 아니고 자기 평가, 자기 강화의 경우도 마찬가지이다. 이러한 자기 관리 기술을 가르치는 절차를 Hughesetal(1988)은 다음과 같이 세 단계로 제시하고 있다. ① 근거의 제시 ② 시연과 모방 ③ 피드백을 통한 연습.

① 근거의 제시

이 단계에서는 변화를 필요하는 행동(예, 자습과제 완수)을 선정하고 그 행동을 바꾸기 위해 어떻게 자기 기록을 사용할지에 대해 논의한다.

② 시연과 모방

이 단계에서 기록형태와 관찰방법을 선정한다. 교사는 관찰방법을 사용하고 결과를 기록하여 자기 기록을 시연해 보인다. 그 다음 학생들은 자기 기록을 수행하고 확실히 이해할 때까지 피드백을 받는다.

③ 피드백을 통한 연습

이 단계에서 학생은 힌트와 교정 피드백을 받아 자기 기록을 연습한다. 학생이 자기 기록에 유능해지게 되면, 교사는 힌트, 칭찬, 피드백을 줄여나간다.

(2) 자기 평가

자기 평가란 자신이 설정한 목표에 비추어 현재의 자신의 수행을 판단하는 과정이라고 볼 수 있다. 자기 평가는 자신의 성취에 대한 즉각적인 피드백을 받을 수 있게 해주며 목표달성을 위한 나름대로의 조치를 취할 수 있게 해준다.

여러 연구에 의하면 자기 평가가 유용한 중재가 될 수 있다고 한다. 그 한 예로 Smith와 그의 동료(1988)는 행동장애 남학생 네 명에게 자기 평가 절차를 훈련시켰다.

첫째 단계에서 학생은 학급의 규칙을 학습하였다. 학생이 얼마나 규칙을 잘 지켰느냐에 따라 5점 척도로 매 10분마다 행동을 기록하였다. 학생은 자신의 행동을 척도에 따라 등급을 매겼는데 교사도 똑같은 등급을 매겼다. 학생평가와 교사평가를 비교하여 두 평가가 일치하거나 유사하면 학생은 점수를 받고 점수는 이후에 학생이 원하는 강화물과 교환할 수 있었다.

두 번째 단계에서는 자신의 행동을 지속적으로 평가하였다. 그러나 학생은 교사와 함께 15분마다 대조 평가를 받았다.

세 번째 단계에서 학생은 척도에 맞게 자신의 행동을 평가하였다. 그러나 교사와 맞추어 시행하는 대조 평가는 30분에 한 번씩만 평가하였다. 연구결과 교사의 평가와 학생의 평가를 대조하여 평가하는 평가절차는 특수학급 내의 과제에 참여하지 않는 행동과 파괴행동을 감소시키는 데 효과적이었다. 결국 자기 평가는 효과가 있었다. 어떻게 하면 자기 평가 능력을 향상시키느냐가 문제시된다. Hughes와 그의 동료들(1988)은 자기 평가의 지도에 대하여 다음과 같이 제시하고 있다.

① 근거의 제시

여기서는 자신의 행동평가의 중요성에 대하여 논의한다. 평가는 학생으로 하여금 자신의 수행이 만족스러운지를 결정할 수 있게 하는 데 이점을 강조한다. 또한 자기 평가는 자신의 노력이 필요한지 여부를 아는 데 도움이 된다.

② 시연과 모방

여기서는 자기 평가에 관한 형태를 선정한다. 그 형태는 통상 0 1 2로 표시하고 여기에 해당하는 발전에 관한 점수척도를 만든다. 보잘것없는 진전은 0, 어느 정도의 진전은 1, 많은 진전은 2를 매긴다.

교사는 이 척도를 사용하고 학생은 그 과정을 이해하도록 하기 위해 교사 자신의 행동을 모방하게 된다.

③ 피드백을 통한 연습

학생은 유능해질 때까지 교사의 피드백을 받아 자기 평가를 연습한다.

(3) 자기 강화

전통적인 행동 수정에서는 교사가 표적행동을 구체화하고 행동 수행에 대한 강화물을 제공하지만 자기 관리 전략에서는 학생 자신이 강화물을 선정하고 바람직한 행동 이후에 자신에게 강화를 제공한다. 이를 자기 강화라 한다. 일부 연구자(Hays, Rosenfar, Munt, Korn & Zettle, 1985)들은 자기 결정 강화물이 효과적일 뿐만 아니라 교사에 의하여 통제된 강화물보다 더 효과적이라고 하는 반면 Maag(1989) 같은 학자는 자기 강화의 효과성을 지지할 만한 경험적 증거가 없다고 주장한다.

물론 이러한 상반된 결과에 대하여는 보다 체계적이고 분석적인 연구가 이루어져야 하겠지만 자기 강화에 관한 원리를 잘 지킨다면 어느 정도 그 효과를 기대할 수는 있을 것이다. 우선 자기 강화는 체계적이고 일관성이 있어야 한다. 그리고 초반에는 교사가 강화를 관리하고 제공하다가 학생이 어느 정도 진전을 보이면 교사의 참여를 줄이고 학생의 참여를 늘려나간다.

Wolery, Bailey와 Sugai(1988)는 자기 강화를 위한 지침을 다음과 같이 제시하고 있다.

1. 학생은 능숙하면서 정확하게 자기 점검을 할 수 있어야 한다.
2. 강화받을 준거를 설정하고 강화물을 선택하는 데 학생을 참여시킨다.
3. 교사는 (1) 학생이 보이는 표적행동, (2) 학생과 교사 간의 평가의 정확성, (3) 강화를 받는 준거에 도달했는지에 대한 학생의 정확한 판단에 대해 강화물을 제공한다.
4. 학생과 교사의 대조 평가를 반복해서 실시하는 과정에서 교사평가를 점진적으로 줄여나간다.
5. 학생이 자신의 수행을 평가하고 강화받을 준거를 결정하고, 강화물을 선택하며, 강화를 제공하는 기회가 체계적으로 증가되어야 한다.
6. 자연스럽게 일어나는 강화물을 사용한다.

그러나 무엇보다 중요한 것은 자기 강화 기능을 기르는 것이다. 교사의 입장에서 어떻게 하면 자기 강화 기능을 증진시켜 나갈 것인가? Hughes와 그의 동료들(1988)은 자기 강화 지도에 대하여 다음과 같이 제시하고 있다.

① 근거의 제시

여기에서는 학생이 적절한 강화물을 밝히도록 도움으로써 강화를 받는 것이 중요함을 가르치는 데 초점을 둔다. 그리고 강화를 받기 위한 수행 기준을 설정하고 언제, 어떻게 보상받는지를 상세화한다.

② 시연과 모방

교사는 모의자료, 기록지, 강화메뉴를 사용하여 자기 강화를 시연해 보인다. 교사는 학생에게 언제 강화 기준에 부합하여 보상을 선택할지를 알린다. 학생은 분명히 이해할 때까지 교사의 피드백을 받아 똑같은 행동을 수행한다.

③ 피드백을 통한 연습

학생은 자기 기록, 자기 평가를 통하여 자기 강화를 연습한다. 교사는 학생들이 자기 강화에 익숙해질 때까지 교정 피드백과 긍정적 피드백을 제공한다.

Hughes와 그의 동료들(1988)은 자기 기록, 자기 평가, 자기 강화를 사용하여 학습 부진아의 자습 중 독립적인 학생 행동을 개선하는 것을 도왔다. 이처럼 자기 관리의 요소인 자기 기록, 자기 평가, 자기 강화를 따로 따로 나누어 연구할 수도 있지만, Hughes와 그의 동료들처럼 이 세 요소를 모두 포함한 자기 관리 체제를 연구하는 사람들도 많다. 궁극적인 문제는 자신의 행동을 효과적으로 관리하여 바람직한 행동에 어떻게 도달시키느냐인 것이다. 이러한 관점에서 McConnell은 9단계로 된 자기 관리 절차를 제안하고 있다.

1. 표적행동을 확인한다. 학생의 행동에 가장 영향을 미치는 행동을 선정한다.
2. 표적행동을 정의한다. 표적행동을 관찰 가능하도록 기술한다.
3. 기초선 자료를 수집한다. 이 자료들은 구체적인 중재의 설계를 결정하고 중재의 결과를 평가하는 데 사용된다.
4. 학생과 협의회를 갖는다. 학생은 개인적으로 의논하고 자기 관리 절차와 그것이 학생의 행동에 미치는 영향을 설명한다. 표적행동과 기초선 자료를 논의하고 적합한 행동을 제시하고 모방하여, 자기 관리 중재를 언약받고, 중재를 위한 목적을 설정하고, 가능한 한 효과적인 강화물을 선정한다. 협의회는 긍정적이어야 한다.
5. 학생에게 적용할 자기 관리 절차의 사용을 가르친다. 학생에게 충분한 연습을 제공하여 그 절차에 편안해하도록 한다.
6. 자기 관리 절차는 상세히 기술한다.
7. 중재를 실천한다.
8. 절차의 실행을 점검한다. 필요하면 중재의 효과를 개선하기 위하여 학생과 함께 노력한다.
9. 행동이 유지되고 있는지 학생의 행동을 주기적으로 추적한다.

이러한 자기 관리 기법은 학생들의 바람직한 행동과 학습을 촉진시킬 가능성이 크다고 볼 수 있다.

McDouall(1988)은 지난 30여 년에 걸친 연구들을 검토한 결과 자기 관리에 관한 연구 240편을 발견했는데 이 가운데 단지 14편만이 학습 부진아를 대상으로 한 연구였다고 보고하고 있다. 그는 이 연구결과를 종합하여 자기 관리 훈련을 받은 집단은 그렇지 않은 집단에 비하여 학습 수행에 상당한 진전이 있었음을 밝히고 있다.

또한 그는 통합 환경에서도 자기 관리 기법은 효과가 있었음을 보고하고 있다. 결론적으로 자기 관리 절차는 학생들의 바람직한 행동과 학업성취에 긍정적인 영향을 미친다고 볼 수 있다.

5) 토큰 경제 체제 전략

행동 수정의 한 방법으로 토큰 경제가 있다. 이것은 화폐에 기초하고 있으며 토큰의 가장 보편적 형태인 화폐를 사용하기 때문에 경제 체제라고도 한다. 직업을 가진 사람이 일정한 과제를 완수하면 화폐를 받고 이 화폐로 필요한 물건으로 교환할 수 있는 것처럼 학생이 바람직한 행동을 수행하면 토큰을 받고 이 토큰을 강화물이 되는 사물 또는 활동과 교환할 수 있다. 처음에 이 토큰은 학생에게 가치 없는 것으로 이것이 강화물과 바꿀 수 있다는 것을 학습하고 난 이후에 가치를 지니게 된다. 토큰은 칠판에 표시하는 득점 또는 점수가 될 수 있고 학생의 책상 위에 기록하는 체크 표시가 될 수도 있다. 또한 토큰은 플라스틱 조각, 점수, 스마일 얼굴 표시, 스티커, 별 표시, 장난감 동전, 리본, 공깃돌, 기타 학생들이 좋아하는 사물이 될 수 있다. 토큰은 학생이 볼 수 있고, 만질 수 있고, 셀 수 있는 것이어야 한다. 보상 또는 강화물에는 나이에 따라 장난감, 학용품, 자유시간, 당번일 등이 있다. 또한 토큰은 보상으로 바꿀 기회가 자주 주어져야만 하지만 그 체제가 잘 운영되면 토큰은 간헐계획에 따라 주어지고 보상으로 교환되기 위해서 오랫동안 모아두도록 해야 한다.

Zirpoli와 그의 동료들(2008)은 효과적인 토큰의 특성에 대하여 다음과 같이 기술하고 있다.

1. 토큰은 학생이 볼 수 있고, 만질 수 있고, 셀 수 있는 것이어야 한다.
2. 토큰은 학생이 보관할 수 없고, 다룰 수 없고, 셀 수 없을 정도로 너무 작거나 커서도 안 된다. 점수 표시는 특히 연령이 높은 학생에게 효과적이다.
3. 학생은 토큰을 가지고 실제 강화물로 바꿀 수 있어야 한다.
4. 학생은 담임교사가 아닌 다른 출처를 통해 토큰을 얻을 수 있어서는 안 된다. 또래의 토큰 절도의 가능성이 있는 경우 학생이 받은 토큰을 교사가 별도 보관 및 관리한다.
5. 학생은 자신이 획득한 토큰으로 다양한 강화물과 교환할 수 있음을 이해해야 한다. 토큰 경제 체제를 효과적으로 학습하기 위해, 특히 연령이 낮은 학생은 토큰을 획득한 후에 즉시 교환과정을 수행해 보아야 한다.
6. 교사는 학생의 소비 습관의 차이를 존중해야 한다. 일부 학생은 자신의 토큰을 모아두는 것을 좋아할 수 있고, 다른 학생은 교환할 때마다 자신의 모든 토큰을 사용하는 것을 선호할 수 있다.
7. 모든 학생이 교환시기에 최소한 하나의 토큰을 얻을 수 있는 기회를 가져야 한다. 또한 한 학생이 받을 수 있는 토큰의 최대 한도를 정해서는 안 된다.
8. 매우 적거나, 단지 하나의 토큰만을 얻은 학생도 자신의 토큰으로 작은 강화물과 교환할 수 있는 기회를 가져야 한다.

토큰 경제 강화 체제를 어떻게 적용할지에 대하여 학자들마다 여러 의견, 주장이 있을 수 있다. 여기서는 Walker와 그의 동료들(2007)이 제시하고 있는 토큰 경제 체제의 수립을 위한 기본 규칙을 제시한다.

1. 표적행동을 선정한다.
2. 표적행동을 아동 또는 집단에 개념화해서 제시한다. 아동들이 할 수 있는 것을 강조하는 것이 할 수 없는 것을 강조하는 것보다 아동들에게 더욱 유쾌한 일이다. 많은 실패한 행동 관리자들은 그들의 실패원인으로 "자! 여러분 소리를 멈추고 주위를 어슬렁거리지 마세요. 내가 여기 새로운 …이 있다. 등등"과 같은 말을 했기 때문이라는 것이다. 그렇게 말하면 아동들은 즉각 도전감을 느끼고 그들은 교사를 패배시키려 든다.

3. 규칙을 게시하고 자주 검토한다.
4. 적합한 토큰을 선정한다.
5. 토큰과 바꿀 수 있는 강화물을 정한다.
6. 보상 메뉴를 개발하여 교실에 게시한다. 아동들에게는 메뉴에 있는 항목을 논의하고 숙고하도록 격려한다. 그들이 가용한 항목에서 선택하도록 격려해 준다. 아동들에게 가격이 결정된 후 여러 보상의 비용(토큰수)을 논의하도록 허용해서는 안 된다.
7. 토큰 경제를 실천에 옮긴다. 처음에는 제한된 범위 내에서 토큰 경제를 도입한다. 처음 도입하는 것으로 토큰 경제 체제가 복잡하고 너무 정교하면 학생들은 혼란에 빠지고 좌절하게 된다. 확고한 이해의 바탕위에 간단하게 시작하라. 토큰 경제 체제는 명확하고 정확하게 설명되어야 한다. 인내를 갖고 아동들의 질문에 응답한다. 좌절과 혼란을 불러일으키기보다는 오히려 실행을 연기하는 것이 더 낫다.
8. 아동들은 토큰을 얻는 과정에 너무 노력이 많이 든다고 하면 흥미를 잃게 될 것이다. 많은 토큰 경제 체제가 실패하는 이유는 교사가 적절한 시기에 토큰을 나눠주지 못하기 때문이다. 아동들은 즉각적으로 보상해주면 토큰체제에 대한 좌절과 지나친 관심도 줄어든다. 아동들은 적당한 시기에 토큰을 받는 것을 확신할 때 토큰의 전달체제를 도외시하고 오직 행동에만 집중하게 될 것이다.
9. 계속적인 강화계획에서 점차로 변동강화 체제로 바꾼다. 너무 빨리, 예측할 수 없을 만큼 강화를 바꾸게 되면 프로그램을 망칠 수 있다.
10. 아동들에게 토큰을 보상으로 바꿀 시간을 준다. 만일에 토큰 경제 프로그램이 정식으로 인정받은 프로그램이라면, 토큰을 보상과 교환할 시간을 정해야 한다. 그 시간이 아동이 휴식을 취하거나 점심시간과 같은 시간이 되어서는 안 된다.
11. 보상메뉴를 자주 변경한다. 어른과 마찬가지로 아동들도 매일 매일 똑같은 메뉴에는 쉽게 싫증을 느낀다.

토큰 경제 체제는 교실수업에서 매우 효과적이었다. 특히 학습 참여를 증진시키는 데 효과적이었다. 여기에는 두 가지 이유가 있다. 첫 번째 이유는 타인과의 경쟁이 결여되어 있다는 점과 보상메뉴가 다양하여 싫증을 방지한다는 사실이다. 다음 표는 학급에서 사용할 수 있는 보상메뉴에 관한 한 본보이기이다.

〈표 5-3〉 보상메뉴

보상	시간	비용(점수)
자유시간	10분	20
TV시청	30분	45
코미디책 읽기	5분	15
CD 듣기	10분	20
자르고 풀칠하기	5분	10
점토 흙 구매하기	–	55
크레용 구매하기	–	45
그림책 구매하기	–	50
지두화법(finger painting)	12분	25
장난감 놀이	10분	25
책 빌려오기	48시간	35

이 메뉴는 너무 길거나 너무 정교할 필요는 없으나 적어도 열 가지 항목 또는 활동을 포함해야 한다. 아동들은 그들의 토큰을 매일매일 교환해야 한다. 그들은 토큰을 집으로 가져가서는 안 된다. 만일에 아동들이 그들의 강화물을 연기하고 토큰을 절약한다면, 매일매일 그들의 토큰을 수집하여 기록해 두어야 한다.

획득한 토큰수는 포인트카드나 집계표에 기록되어야 한다. 교사는 카드나 집계표를 각 아동의 책상에 부착하고 아동이 얻은 점수에 동그라미를 치거나 기록해 둔다. 점수는 하루가 끝날 무렵 전체를 합계 낸다. 아동들은 보상을 지연하거나 즉시 보상을 수용할 수 있다. 토큰이나 점수는 다음과 같은 행동에 대하여 주어질 수 있다.

1. 학습장소에 정각에 나타난다.
2. 사용 가능한 적합한 작업도구를 갖고 있다.
3. 교사의 지시에 주의를 기울인다.
4. 작업기간 동안 적합한 사회적 행동을 보인다. (참가하기 위하여 손을 든다,

학습장소에 남아 있다, 허락 없이 말을 하지 않는다)
5. 학습기간 동안 부과된 학습과제에 참여한다. 즉 노력하는 모습을 보인다.
6. 부과된 학습과제를 정확히 또는 만족스럽게 완수한다.
7. 학습도구를 적당한 장소에 도로 갖다 놓는다.

토큰은 여러 가지 적합한 행동에 주어지고 부적합 행동에 대하여는 보류된다.

6) 모델링 또는 관찰학습 전략

모델링과 유사한 또는 같은 의미로 쓰이는 용어로는 대리학습, 동일시학습, 사회촉진 학습, 모방학습 등이 있다. 여기서는 모델링 또는 관찰학습이라는 용어를 사용하고자 한다.

모델링 또는 관찰학습이란 타인의 행동을 관찰하여 타인을 모델로 삼아 학습하는 것이다. 학습자는 자신의 경험을 근거로 강화를 받아 학습하기도 하지만 또한 타인의 강화받는 행동을 관찰함으로써 대리강화를 받아 학습하기도 한다.

만일에 사람이 관찰에 의하여 학습한다면 그는 우선 주의를 집중하고, 기억하고, 분석하고, 학습에 영향을 주는 결정을 내려야 한다. 다시 말하면 수행이나 강화가 일어나기도 전에 여러 정신적 과정이 진행되어야 한다. 여기서는 이러한 관찰학습이 일어나는 과정을 네 가지 요소를 중심으로 살펴본다.

(1) 관찰학습의 요소

Bandura(1986)는 관찰학습의 네 가지 요소를 주의집중, 파지, 수행, 동기와 강화로 제시하고 있다.

① 주의집중

관찰을 통하여 배우려면 우리는 주의를 집중하지 않으면 안 된다. 일반적으로 우리는 인기 있고, 매력적이고, 유능하거나 존경받는 인물에 주의를 집중하게 된다. 어린 학생들에게 그러한 사람은 교사, 형제, 부모가 될 수 있다. 나이 든 학생들에게는 오히려 인기 있는 동료나 인기 연예인이 될 수 있다. 수업에 있어서는 아주 결정적으로 중요한 내용을 명확히 제시하고 이를 강조함으로써 주의를 집중시켜야 한다. 모종의 기능을 시연할 때(예를 들면 재봉질할 때) 여러분은 어깨 너머로 여러분이 작업하는 것을 볼 수 있도록 할 필요가 있다. 자신의 손을 바라보듯 교사의 손을 보면 중요한 장면에 집중하게 되어 관찰학습이 용이해진다.

② 파지

모델의 행동을 모방하기 위하여는 모델의 행동을 기억해야 한다. 여기에는 모델의 행위를 정신적으로 표상하는 행위가 포함된다. 파지는 정신적 연습(예를 들면 타인의 행동 모방을 상상하기) 또는 실제적 연습을 통하여 개선될 수 있다. 관찰학습의 파지 단계에서의 연습은 바람직한 행동의 요소를 기억하는 데 도움이 된다.

③ 수행

행동의 어떠한 모습 그리고 그 요소 또는 단계를 알고 있다고 해서 그 행동을 유연하게 수행할 수 있는 것은 아니다. 지식이 곧 행동으로 옮겨지는 것은 아니다. 이러한 잘못된 가정이 우리 일상생활 특히 교육 속에서는 많이 발견된다. 지식이 행동으로 옮겨지기 위해서는 많은 연습, 피드백, 코칭이 필요하다. 이 단계에서는 특히 자기 효능감이 아주 중요한데 이것은 수행에 대한 동기부여에 많은 영향을 미친다.

④ 동기와 강화

사회인지 이론에서는 획득과 수행을 구분한다. 우리는 관찰을 통해 새로운 기능이나 행동을 획득할 수 있다. 그러나 그 행동을 수행하고자 하는 동기나 유인가가 생기지 않는다면 우리는 그 행동을 수행하지 않을 것이다. 관찰학습에 있어 강화는 여러 가지 역할을 담당한다. 만일 어떤 모델의 행동을 모방하면 강화를 받을 것으로 기대한다면 우리는 그 행동에 주의를 기울이고, 그 행동을 기억하고, 그 행동을 수행할 것이다. 이외에 강화는 학습을 유지하는 데 있어서도 중요한 역할을 한다. 새로운 행동을 시도하는 사람은 강화를 받지 않는다면 그 행동을 지속하지 않을 것이다.

Bandura는 관찰학습을 조장할 수 있는 세 가지 강화 형태를 제시하고 있는데 그 중의 하나는 직접강화이고, 두 번째는 대리강화이고, 세 번째는 자기강화이다.

(2) 관찰학습 또는 모델링의 효과

Woolfolk(2007)는 관찰학습의 효과를 크게 다섯 가지로 나누어 제시하고 있다.

① 새로운 행동 가르치기

모방학습 또는 관찰학습은 오래전부터 가정, 화학, 공업과 같은 교과는 물론 무용, 운동, 공예를 가르치는 데 사용되어 왔다. 또한 모델링은 정신기능과 새로운 사고방식을 가르치는 데에도 적용될 수 있다. 특히 교사는 여러 광범위한 행동영역 교과를 가르치고 학생을 지도하는 각종 영역에서 모델로서의 역할을 수행한다. Bandura에 의하면 모델링을 신중하게 적용한다면 새로운 행동을 가르치는 효과적이고 효율적인 수단이 될 수 있다고 한다. 여러 연구 결과에 의하면 교사가 앞에서 제시한 관찰학습의 요소를 가르칠 때 모델링이 가장 효과적인 방법이 된다는 것이다. 또한 모델 중에서도 또래 모델이 특히 효과적이라고 한다.

② 이미 학습된 행동 조장하기

익숙치 않은 상황에 처하면 우리는 다른 사람의 행동에서 단서를 찾는다. 다른 사람의 행동을 관찰하면 이전에 학습한 행동 중에서 어느 것을 사용할지 알게 된다.

③ 억제를 강화하고 약화하기

한 학생이 학급의 규칙을 어기고도 처벌을 받지 않게 되면, 학생들은 규칙을 위반해도 언제나 바람직하지 않은 결과가 뒤따르는 것은 아니라는 것을 배울지도 모른다. 그렇게 되면 미래에도 이러한 규칙을 위반하는 일을 덜 억제하게 될 것이다. 게다가 만약 위반자가 인기 있는 학급의 리더라면, 모델링의 효과는 더욱 커질 것이다. 이러한 현상을 심리학자들은 파급효과라고 한다. 이러한 파급효과는 교사에게 유리하게 작용할 수 있다. 교사가 특히 학급의 리더와 같은 규칙 위반자를 효과적으로 다룰 때, 이 상호작용을 지켜보는 다른 학생들은 규칙을 어기려는 생각을 억제하게 될 것이다. 그렇다고 교사가 규칙을 어기는 학생마다 꾸지람을 주라는 뜻은 아니고 일단 교사가 특정의 행동을 요구하면 그것을 쭉 지켜나가는 것이 파급효과를 이용하는 데 있어 아주 중요하다는 것이다.

④ 주의 끌기

타인을 관찰함으로써 우리는 타인의 행위를 배울 뿐 아니라 행위에 수반된 다른 대상들을 깨닫게 된다. 예를 들어 유아반의 한 아동이 몇 일 동안 무관심했던 장난감을 갖고 열심히 놀면 다른 아이들도 그 장난감을 갖고 다른 방식으로 놀거나, 단지 장난감을 들고 다닌다 하더라도 그 장난감을 갖고 싶어할 수 있다. 이러한 일은 일부만 일어난다. 왜냐하면 어린아이들은 특정 장난감에만 주의가 끌렸기 때문이다.

⑤ 정서 불러일으키기

관찰학습을 통하여 인간은 전에 한 번도 경험해보지 못한 상황에 대하여 정서적 반응을 발달시켜 나간다. 별빛을 보고 감탄하기도 하고 비행기 폭발을 보고 공포를 느끼기도 한다.

(3) 관찰학습의 지도

지금까지 관찰학습 과정의 요소와 관찰학습의 결과에 대하여 알아보았다. 다음에는 어떻게 하면 관찰학습을 올바로 지도할 것인가에 대하여 간단히 살펴본다.

Walker(2007)는 모델학습을 지도하기에 앞서 교사가 유의할 사항을 다음과 같이 제시하고 있다.

1. 아동은 발달적, 인지적으로 모델을 모방할 수 있는가?
   아동들 중에는 모델링을 사용할 준비가 되어 있지 않은 아동도 존재한다는 사실을 교사는 알고 있어야 한다.
2. 아동들은 모델을 모방하면 보상을 받는가?
   아동 중에는 타인이 받아들이는 행동을 수행해도 내적인 보상을 받지 못하는 아동도 있다.
3. 모델은 타당한가?
   아동을 위한 모델을 선정할 때 주의가 요구된다. 과학수업에 사용하는 모델과 영어나 수학 수업에 사용하는 모델에는 차이가 있음을 유념해야 한다.
4. 아동은 모델을 수용하는가?
   너무 좋고, 너무 똑똑하고, 너무 빠르거나 불쾌감을 주는 모델은 아동들이 거부한다.

이상의 요소들을 고려하여 관찰학습을 지도하게 되면 그 효과를 거두게 될 것이다. Woolfolk(2007)은 관찰학습 이용 지침을 다음과 같이 기술하고 있다.

1. 학생들이 학습하기를 바라는 행동과 태도의 시범을 보인다.

   예를 들면,

   - 가르치는 교과에 대한 열정을 보인다.
   - 학생에게 기대하는 정신적 과제와 물질적 과제를 기꺼이 시연해 보인다.
   - 학생에게 책을 읽어줄 때, 문제해결의 모델이 된다.
   - 가령 읽는 것을 멈추자! "지금까지 무슨 일이 일어났는지 내가 기억하고 있나 알아보자" 또는 "그것은 참 어려운 문장이구나. 어디 다시 읽어줄게"라고 말한다.

2. 동료를 모델로 사용한다.

   예를 들면,

   - 집단학습 과제를 수행할 때 공부를 잘하는 학생과 학습에 곤란을 겪는 학생을 짝지어준다.
   - 학생들에게 속삭이는 것과 침묵의 차이를 시범 보이도록 요구한다.

3. 타인들에게 있어 긍정적인 행동이 강화로 이어지는 것을 학생들이 확실히 볼 수 있도록 한다.

   예를 들면,

   - 이야기 속에서 긍정적인 행동과 긍정적인 결과 간의 관계를 지적한다.
   - 강화를 줄 때는 공평해야 한다. 모범 학생과 문제 학생에게 똑같은 보상 규칙이 적용되어야 한다.

4. 학급 전체를 대상으로 행동을 시범 보일 때는 학급 리더들의 도움을 받는다.

   예를 들면,

   - 호감이 가는 학생을 시켜 고립되고 두려워하는 학생에게 친절히 대해줄 것을 부탁한다.
   - 상위권 학생을 시켜 협동이 필요하거나 학생들이 처음에 활동을 꺼려할 때 활동을 주도하게 한다. 인기 있는 학생이 외국어 대화를 시범 보이거나 생물시간에 먼저 해부를 시작할 수도 있다.

7) 바람직하지 않은 행동의 감소와 제거를 통한 바람직한 행동의 증가

수업 중 학생들이 떠들거나 장난을 치는 등 수업에는 방해가 되는 많은 문제 행동이 나타난다. 교사들은 이러한 문제 행동을 약화시키거나 제거하여 학습 활동을 증진시켜 나가려고 한다. 여기서는 바람직하지 않은 행동을 감소 또는 제거시키는 몇 가지 방법을 간단히 제시하고자 한다.

(1) 차별강화

차별강화란 여러 행동 항목 중에서 어느 하나를 골라 선택적으로 강화하는 방법이다. 여기에는 무빈도 행동 차별강화(differential reinforcement of zero rates behavior: DRO), 상반 행동 차별강화(differential reinforcement of incompatible behavior : DRI) 그리고 낮은 빈도의 행동 차별강화(differential reinforcement of lower rates behavior: DRL)가 있다. 무빈도 행동 차별강화란 일명 타행동 차별강화라고도 불리는데 이것은 일정기간 동안 문제 행동이 나타나지 않으면 강화하는 계획이라고 볼 수 있다. 예를 들면 매 35분마다 화를 내는 아동에게 DRO 계획을 적용하는 경우 30분이 지나면 그 행동에 강화를 제공한다. 만약에 화를 내면 그 행동을 무시한다. DRO 30분 계획으로 계속적으로 강화를 받고 행동이 안정되면 DRO 40분, DRO 50분으로 늘려나갈 수 있다. DRO를 적용할 수 있는 행동 중에는 싸움, 악담, 욕설, 위협, 말대꾸 등이 있다. 간혹 어떤 행동과 반대되거나 양립할 수 없는 행동을 체계적으로 강화함으로써 행동을 감소시키는 경우가 있는데 이를 상반 행동 차별강화라고 한다. 예를 들면 수업 중 자리를 이탈하는 아동을 대상으로 DRI 계획을 적용하는 경우 자리이탈 행동과 자리에 앉는 행동은 서로 양립할 수 없다. 자리이탈 행동을 막기 위해서는 자리에 앉는 행동은 정적 강화를 적용하고 반면에 자리이탈 행동을 무시한다. 어느 정도 시간이 지나면서 자리이탈 행동은 줄어들고 결국은 소멸된다. DRI를 적용할 수 있는 행동에는 동시에 양립할 수 없는 행동으로 공부를 하면서 동시에 나가노는 행동, 책을 읽으면서 동시에 창밖을 내다보는 행동과 같은 행동들이 있을 수 있다.

문제 행동의 발생 빈도가 어느 수준 이하로 내려갈 때에만 강화를 제공하면 결국은 문제 행동은 낮은 비율로 일어나는데 이러한 현상은 발생 빈도가 낮은 행동 차별강화라 한다. 예를 들면 한 아이가 한 시간에 지나치게 떠드는 것이 문제인데 적어도 4회 정도는 수업에 크게 지장이 없다고 판단되어 떠드는 학생에게 떠드는 횟수를 4회로 요구하였다. 그리하여 4회를 떠들면 칭찬으로 강화하였다. 이 방법이 계속되면서 점차로 문제 행동을 3회, 2회, 1회로 그리고 전혀 떠들지 않는 행동에 강화가 주어 문제 행동이 없어졌다.

(2) 소거

학생들은 교사나 또래의 관심을 끌기 위해 소리를 지르든가 아니면 난폭한 행동을 보이기도 한다. 교사는 이러한 문제 행동을 제거하기 위하여 소거를 적용할 수 있다. 소거란 어떤 행동을 유지시키거나 증가시키고 있는 강화물을 제거하여 표적행동의 빈도나 강도를 점차적으로 줄여나가는 절차이다. 이것을 체계적인 무시라고도 한다. 그러나 학급 장면에서는 강화물을 비교적 긴 시간 동안 철회해야만 표적행동이 제거된다. 여기에 소거를 적용한 하나의 사례를 소개한다.

김 교사는 중학교 3학년을 담당하고 있다. 철수라는 학생은 수업 중 자주 이상한 소리를 질러 교사는 물론 다른 학생들로부터 관심을 끌었다. 교사는 이것이 수업에 방해가 되어 이러한 문제 행동을 제거하기로 하였다. 그래서 김 교사는 다른 학생들에게 철수가 소리를 지르면 관심도 보이지 말고 이를 무시하도록 조언하였다. 그런데 일단 소거가 시작되면 철수가 더 심한 방해 행동을 하게 될 수도 있고, 그렇지 않을 수도 있음을 주지시켰다. 이후 며칠 동안 철수의 행동이 더 심하게 나타나더니 시간이 흐르면서 점차 방해 행동은 서서히 사라졌다. 이처럼 소거 과정 중에는 대체로 2 단계 반응이 나타난다. 1단계 반응은 표적행동을 유지시켰던 강화물을 제거한 직후에 나타나는데 이 경우 표적행동이 증가하거나 감소한다. 그러다가 2단계에서는 표적행동이 체계적으로 변화한다. 소거를 적용할 때 일반적으로 지켜야 할 사항은 ① 문제 행동이 일어나면 태연하게 대한다. 즉 문제 행동을 알고 있다는 어떠한 표시도 보이지 않는다. ② 현재 자기가 하고 있는 행동을 계속한다. ③ 문제 행동이 계속 나타나면 등을 돌리고 자리를 뜬다.

(3) 질책

질책은 앞에 언급한 소거와는 다른 유형의 벌이라고 볼 수 있다. 질책은 부적절한 행동에 대하여 꾸지람을 듣거나 야단을 맞거나 혼이 나는 것을 말한다. 질책은 아동이 자신이나 타인 그리고 재물에 해로운 행동을 하여 이에 대한 적극적 조치가 필요한 경우에 유용하다. 질책은 행동의 특징에 따라 선택적으로 사용되어야 한다. 질책을 효과적으로 적용하려면 다음 사항에 유의한다.

- 구체적인 행동에 대하여 질책을 하되 행동이 표출된 즉시 질책한다.
- 단호하면서도 정중한 자세를 취한다.
- 질책할 때에는 무엇이 적절한 행동인지를 반드시 언급하고 적절한 행동을 하도록 격려한다.
- 질책이 끝나면 그것으로 끝을 맺고 계속하여 과거의 부적절한 행동을 계속 질책하지 않는다. 특히 동료나 다른 사람 앞에서 질책하여 아이를 당황시키는 일이 없도록 한다. 이 경우 언어적 질책보다는 '안 돼' 라는 의미로 비언어적 질책을 사용한다.
- 질책이 혐오적인지 확인하기 위하여 아이의 반응을 항상 관찰한다.

(4) 특권상실

특권상실이란 부정적인 행동관리 개입이지만 그 결과는 긍정적일 수 있다. 특권상실이란 특권을 박탈하는 것을 의미한다. 다시 말하면 표적행동이 나타나면 뒤이어 긍정적인 강화물을 제거하는 것을 말한다. 이 강화물은 현재 또는 미래에도 작용할 수 있는 강화물이다. 특권상실이 가장 효과적인 경우는 부적절한 행동을 하게 되면 자연히 논리적으로 생기는 결과가 되는 경우이다. 예를 들면 어린 아이가 수업시간에 과제 수행을 거부하게 되면 아동은 자유 시간을 박탈당하게 된다. 그러나 특권상실은 언제나 자연스럽고 논리적인 결과로만 주어지는 것은 아니다. 교사는 때때로 인위적 결과가 뒤따르도록 해야만 한다. 이 경우 교사는 표출된 문제 행동과 이에 따르는 인위적 결과에 대하여 아동에게 자세히 설명해 주어야만 한다.

(5) 타임아웃

일반적으로 타임아웃(time out)이란 일정시간 동안 아동을 강화를 받는 상황에서 강화를 받지 않는 상황으로 격리시켜 정적 강화의 기회를 차단함으로써 잘못된 행동이 강화되지 않도록 하는 벌의 한 종류이다. 간단히 말해 타임아웃이란 정적 강화에서 벗어난 시간을 의미한다. 타임아웃에는 두 가지 중요한 특징이 있는데 첫째는 반드시 잘못된 표출행동에 주어져야 하고 둘째는 참여 시간과 격리 시간 사이에는 반드시 의미 있는 차이가 있어야 한다는 점이다. 만약 의미가 없다면 타임아웃은 별로서의 기능을 하지 못할 뿐 아니라 잘못된 행동도 감소시키기는커녕 증가시키거나 현재의 상태를 계속 유지하게 될 것이다. 타임아웃에는 통상 세 가지 종류로 관찰 타임아웃, 배제, 격리가 있다. 관찰 타임아웃이란 학생이 강화를 받는 상황에서 물러나도록 하는 절차로 아동을 활동의 경계선 밖에 있게 하며 아동이 보고 들을 수 있으나 참여할 수는 없도록 할 수도 있고, 아동에게 머리를 책상에 대고 있도록 요구할 수도 있으며, 활동에 필요한 자료들을 다른 곳으로 옮겨 놓을 수도 있고, 반응 유지에 필요한 자극 예컨대 조명 같은 것을 치워 버릴 수도 있다. 배제란 강화를 받는 상황에서 강화를 받지 못하는 상황으로 옮기는 절차이다. 여기서 학생은 관찰할 수가 없다. 격리란 타임아웃방을 사용하는 것으로 학생은 교실을 벗어나 고립된 방으로 간다. 고립 타임아웃은 많은 논란이 제기되는 개입방법이다. 비록 잠시 동안이지만 학생을 수업에서 제외시키기 때문이다.

타임아웃 개입에는 적절한 행동의 강화가 포함된다. 바람직한 행동을 하거나 이에 근접한 행동을 하는 아이들은 이와 같은 노력을 한 것에 대하여 강화되어야 한다. 개입으로서 타임아웃의 효과는 다음과 같은 요인에 따라 달라진다. 개별 아동의 특징, 교사의 일관된 개입 적용, 아동의 타임아웃, 규칙에 대한 이해, 타임아웃 지역의 특징, 타임아웃의 지속 시간, 개입 효과에 대한 평가.

(6) 벌

벌은 부적절한 행동을 감소시키거나 소거시키기 위하여 사용되는 개입이다. 일반인들이 알고 있듯이 벌은 어떠한 행동을 한 결과에 대하여 혐오 자극을 부과하는 것이다. 체벌, 꾸짖기, 질책하기, 별도의 과제 부과하기가 벌에 속한다. 그런데 또 다른 유형의 벌이 있다. 이것은 잘못된 행동을 할 경우 아이가 좋아하는 것을 빼앗는 것이다. 예를 들면 TV 보는 특권 빼앗기, 토큰 빼앗기, 늦게 잠자는 것을 허용하지 않기 등이 있다. 벌에 대하여 보다 자세한 내용은 이미 앞에서 언급하였다. 그 부분을 참고하기 바란다.

(7) 탈감법

탈감법(desensitization)이란 1960년대 Wolpe라는 학자에 의하여 개발된 기법으로 개인 내의 특수한 두려움이나 공포적인 반응을 약화시키는 과정이다. 여기서의 기본 전제는 불안이나 공포는 학습된 것이므로 적절한 절차를 거쳐 불안이나 공포를 고칠 수 있다는 점이다. 이 방법은 긴장을 풀고 이완된 환자에게 더 이상 불안이 유발되지 않을 때까지 불안을 일으키는 자극 중 가장 약한 자극을 반복적으로 상상하게 한다. 그 다음으로는 가장 약한 자극보다 조금 더 강한 자극이 제시된다. 이러한 과정은 가장 강한 불안을 유발했던 자극이 더 이상 불안을 야기하지 않을 때까지 계속된다. 이완된 상태에서의 상상 속에 어떠한 불안도 야기하지 않는 자극들은 현실에서 직면해서도 불안을 야기하지 않는다는 사실이 일관되게 밝혀지고 있다. 탈감법은 다음과 같은 세 단계로 이루어진다.

- 근육이완이 충분한 상태에서 피험자를 대상으로 상상하는 훈련을 시킨다.
- 불안을 유발하는 자극의 위계를 구성한다.
- 이완된 불안을 유발하는 자극을 대치시킨다.

4. 학습강화의 원리와 기술

앞에서 학습강화의 종류, 학습강화의 계획, 학습강화의 전략에 대하여 알아보았다. 여기서는 앞의 내용들에 근거한 보다 구체적인 학습강화의 원리 및 기술에 대하여 알아본다.

(1) 표적행동이 나타나면 강화를 제공한다.

어느 개인의 구체적인 어느 행동(표적행동)을 변화시키고자 한다면, 그 구체적 행동이 발생하고 난 후 그 행동에만 강화를 제공해야 한다. 표적행동이 아닌 다른 행동을 강화하게 되면 그 다른 행동만 증가하는 현상을 가져온다.

(2) 표적행동이 나타나는 즉시 강화가 주어져야 한다.

표적행동이 나타나는 즉시 강화물을 제공하는 것은 아주 중요하다. 이 원리는 특히 행동 변화 과정의 초기단계에 지켜져야 한다. 만일에 강화물이 지연되어 비표적행동이 우연히 강화를 받게 되면 오히려 미래에 비표적행동이 나타날 확률만 증가하게 된다. 새로운 행동을 조형하거나 기존 행동의 빈도를 증가시키고자 한다면 그 행동이 발생하는 즉시 그 행동을 강화시켜 나가야 한다.

(3) 행동 변화 초기단계에서는 표적행동이 나타날 때마다 강화물이 주어져야 한다.

새로 습득된 행동이 적절한 빈도로 계속 유지되려면, 행동이 나타날 때마다 강화물이 제공되어야 한다. 행동이 변화하는 초기단계에는 일관된 강화가 필수적이다.

(4) 표적행동이 만족스러운 수준에 도달하면 간헐적 강화를 제공한다.

이 원리는 원리(3)과 모순되는 것 같지만 그렇지 않다. 행동수정가는 표적행동이 만족스러운 상태에 도달되면 비일관된(간헐적) 강화를 일관되게 적용해야 한다고 한다. 이 방법이야말로 새로 습득된 행동이 확고해져 그 자체가 지속력을 갖게 하는 것이다.

(5) 가시적 강화물을 적용한다면 언제나 이와 함께 사회적 강화물을 적용한다.

행동 변화의 목적은 학생이 가시적 물질 보상이 아닌 개인의 성취에 대한 만족을 위하여 표적행동을 수정하도록 돕는 것이다. 궁극적인 목적은 자기 통제 또는 자기 도야에 있는 것이다. 만일에 토큰, 칩과 같은 유형의 강화물을 제시하고 있다면 여기에 반드시 사회적 보상 즉 미소, 칭찬, 윙크 같은 것이 수반되어야 한다.

(6) 개인이나 특정 학생 집단에게 효과적인 잠재력이 있는 강화물을 선정한다.

학생들은 강화의 유형에 따라 달리 반응한다. 어떠한 대상이나 사상이 어느 학생에 의하여 요구되는 것일 수도 있다. 따라서 그것들은 잠재적 강화물이 될 수 있다. 그러나 똑같은 대상이나 사상도 다른 학생에게는 학습 수행의 개선을 가져오지 못할 수 있다. 그러므로 그 대상이나 사상은 그 개인 학생들에게는 정적 강화물이 되지 못한다. 따라서 교사들은 학생의 강화에 대한 역사를 세밀히 관찰하고 탐구하여 구체적인 개인들 또는 집단에 작용할 잠재적 강화물을 밝혀내야 한다.

(7) 강화물을 학생의 지적, 사회적 성숙 수준에 맞춘다.

능력 수준이 높고 성숙한 학생들은 능력 수준이 낮고 사회적응이 미숙한 학생들과는 다른 유형의 강화를 요구한다.

잠재적으로 교환적인 강화물을 선정할 때 교사는 학생의 배경 특징을 고려할 필요가 있다. 대부분의 초등학생들은 대부분의 활동 강화물, 사회적 강화물에 잘 반응한다. 중등학생들은 보다 미묘한 유형의 강화물, 예를 들면 자신들의 성취에 대한 진정한 칭찬과 같은 강화물을 더 좋아한다. 그러나 좀 미숙하고 나이 어린 학생들은 미묘한 강화물에는 잘 반응하지 못하고 오히려 그들에게는 보다 가시적 물질 강화물이 효과적이다. 이 경우 처음에는 이러한 가시적 강화물을 사용하다가 점점 이러한 강화물을 줄여나가고 대신 사회적 강화물을 늘려나간다.

(8) 적합한 강화물을 선정하려면 개별 학생들의 흥미와 가치를 고려한다.

학생의 흥미, 가치에 부합하는 강화물이야말로 가장 효과적인 강화물이다. 어느 한 학생이 선호하는 활동이 다른 학생에게는 가장 싫어하는 활동일 수도 있다. 어린 학생들은 교사, 부모의 칭찬에 보다 잘 반응하지만 나이 든 청년 학생들은 오히려 동료의 인정에 더 민감하고, 과제를 완수했을 때 선택의 자유나 시간을 더 주는 강화물에 더 잘 반응한다. 아무튼 강화는 개별학생의 인성에 따라 다양해야 한다.

(9) 강화물로 토큰을 사용한다.

학생들은 토큰에 잘 반응하고, 토큰 대신에 주어지는 보상을 얻기 위해 열심히 노력할 것이다. 토큰은 여러 가지 물건 및 상징으로 처음에는 어떠한 가치도 없었으나 이것을 어떠한 보상과 교환할 수 있다는 것을 인정하면서 보상으로서의 가치를 지니게 된다. 자세한 내용은 앞에서 검토한 토큰 경제 체제를 참조하기 바란다.

(10) 인기 있는 학습활동을 바람직하지 않은 학습활동에 대한 강화물로 사용한다.

학생들은 보다 바람직한 행동을 보상으로 약속만 한다면 별로 내키지 않는 활동에서조차도 성취를 위한 동기부여가 될 것이다. 예를 들면 "이번 철자 시험에서 100점 맞는 학생들은 나머지 5분간 자유독서 시간을 가질 것이다."라고 말하는 것은 선호하는 활동(자유독서)을 강화를 시켜야 할 행동(철자 시험을 잘 보는 것)을 보상하는 것으로 사용하고 있는 것이다. 이것은 프리맥(premack) 원리라고 한다. 이 부분도 앞 장에서 자세히 검토하였다.

(11) 연습을 확대하고 과잉학습을 하는 동안에는 강화물로 칭찬과 언어적 격려를 사용한다.

대부분의 학생들은 교사의 격려와 지원에 의존한다. 이러한 종류의 언어적 격려는 특히 학생들이 많은 노력과 인내가 필요한 힘에 벅찬 학습과제에 직면해 있을 때는 필수적이다.

(12) 정적 강화물이 효과가 없으면 부적 강화물을 사용한다.

학생들은 부적 강화를 통해서도 많은 것을 배운다. 부적 강화는 이따금 다른 절차가 실패했을 경우에 효과적이다. 앞에서 언급했듯이 부적 강화물은 하나의 대상 또는 사상으로 이것을 제거하여 수행의 긍정적 변화를 일으키는 강화물이다. 예를 들면 혼란을 일으키는 요인을 제거하게 되면 보통 학생들은 학습과제에 참여하여 열심히 공부하고 따라서 학습은 촉진된다.

(13) 학습과제의 수준, 성격에 맞추어 강화의 유형과 강도를 조절한다.

학생들은 특정 학습과제에 맞는 강화물을 통하여 적절한 성취 수준에 이르게 된다. 강화를 계획할 때 지켜야 할 사항 중 하나는 학습과제의 요구조건을 고려하여야 한다는 것이다. 벅차고 어려운 학습과제는 쉬운 과제에 비해 보다 빈번하고 보다 강한 강화물을 요구한다. 그렇다고 너무 빈번하게 강화가 주어지면 학생들에게 방해가 되어 과제의 결정적 속성에 주의를 기울이지 못하게 된다. 유능한 교사는 강화의 유형과 강도를 결정할 때 학습과제의 요구조건을 꼭 고려하여야 한다.

(14) 새로운 학습과제 그리고 특별한 노력과 주의가 요구되는 학습과제에 대하여는 즉각적인 강화를 제공한다.

가능한 한 강화는 의도된 목표가 달성된 후 즉시 주어져야 한다. 이것은 새로운 학습을 구축해나갈 때 결정적으로 중요하다. 교사가 원하는 반응 직후 강화가 주어지지 않는다면, 의도와는 달리 모종의 다른 행동이 강화받을 가능성이 크다. 익숙하지 않거나 어려운 과제에는 학습 초기단계에서 즉각적으로 강화가 주어져야 한다.

(15) 학습에 유해한 행동에 대해서는 절대로 강화를 제공해서는 안 된다.

교사는 잘못된 유형의 반응을 강화하지 않도록 주의해야 한다. 때때로 교사들은 무의도적으로 바람직하지 못한 행동을 강화함으로써 학생들에게 무심결에 부적절한 반응의 방법을 가르칠 수 있다.

(16) 바람직한 표적행동을 위한 점진적 접근행동을 강화해 줌으로써 새로운 형태의 수행을 격려한다.

이러한 복잡한 과제의 학습은 조형과정을 통하여 가장 잘 성취된다. 그렇게 하기 위하여는 학습한 복잡한 과제는 하위 과제로 나누고 난이도를 고려하여 순서적으로 조직해야 한다. 행동조형에 대하여는 앞 절 학습동기 전략에서 이미 검토하였다.

(17) 비판의 함정을 회피한다.

학생의 행동을 통제하기 위하여 지나치게 비판에 의존하면 일시적으로 바람직하지 않은 행동을 멈출 수는 있으나 장기적으로 볼 때 바람직하지 않은 행동은 감소하는 것이 아니라 오히려 증가된다. 여기서 말하는 비판의 함정에는 학생의 통제수단으로서 비판의 과용도 포함된다. 비판의 확대 사용은 장기적으로 해로운 효과를 가져오고 이따금 교사가 제고하고자 하는 문제 행동을 강화시킬 것이다.

(18) 집단 수행을 조건으로 강화를 제공한다.

집단강화는 동료 간의 협동과 지원을 고무하는 데 매우 효과가 크다. 대부분의 상황에서 개인들보다 집단에게 주어지는 강화는 학급에서 좋은 성취를 지원하도록 압력을 가하는 데 성공적이다. 이러한 접근은 초등 상급 학년과 중등학생들에게 매우 효과적이다. 동료의 격려와 지원은 학생들의 동기를 유발할 뿐만 아니라, 학생들이 보다 높은 수준의 학업성취를 위하여 노력할 수 있게 한다. 연구결과에 의하면, 학급 구성원끼리의 협동적 노력은 경쟁적 집단보다 더 성적이 높고 학습에 대하여 더 긍정적인 태도를 나타냈다.

(19) 학생들의 성취 결과를 도표와 점수로 게시한다.

학생들은 그러한 게시에 적극적으로 반응한다. 그리고 흔히 더 높은 수준의 성취를 달성하기 위한 동기를 갖게 될 것이다.

그러한 게시는 학생들의 노력을 인정하고 승인, 평가하는 것이기 때문에 매우 가치 있다. 대부분의 학생들은 그들의 성취결과를 게시함으로써 고무되며 어떤 학생들은 더 나은 인정을 받도록 노력할 것이다. 그러나 좀 더 성숙한 학생에게는 때때로 성적을 공개적으로 게시하는 것보다 그들 자신의 성취를 개인적으로 기록하게 하는 것이 더 적합하다.

(20) 너무 높은 수준의 동기유발을 자극하거나 학생의 능력을 벗어난 높은 수준을 달성하도록 학생들에게 부담감을 주어서는 안 된다.

만약 능력 이상의 높은 수준을 강요하게 되면 학생은 불안하게 되고 결국은 조금밖에 성취할 수 없게 된다.

(21) 벌의 사용을 회피한다.

학생들은 벌에 대하여 호의적으로 반응하지 않으며 교사가 혐오자극을 사용하면 학생은 불안해할 것이다. 벌은 때때로 단기간 특정한 반응을 억제하는 데에는 효과적이다. 그러나 부주의하게 사용한다면 바람직하지 못한 결과를 가져온다. 그러므로 교사는 가능한 한 벌의 사용을 금하고, 가능한 한 긍정적인 강화방법을 통하여 행동을 바꾸어 나가야 할 것이다.

(22) 바람직하지 않은 행동을 제거 또는 감소시킴으로써 바람직한 행동을 증진시켜 나간다.

학교 현장에서 가장 많이 쓰이는 방법은 아마 벌일 것이다. 그외에 꾸지람, 소거, 탈감법, 차별적 강화와 같은 방법이 있다. 그러나 이 방법을 사용할 때 상당한 주의를 요한다.

(23) 자기 관리 전략을 장려해 나간다.

바람직한 행동을 조형하거나 바꾸려고 할 때 주로 외재적 강화가 사용된다. 그러나 근본적인 행동 변화에는 무엇보다도 자기 강화가 중요하다.

참고문헌

Bandura, A. (1986). *Social foundations of thought and action: A social cognitive theory.* Englewood Cliffs, NJ: Prentice-Hall.

Downing, J. A. (1990). Contingency contracts: A step-by-step format. *Intervention in School and Clinic,* 26(2), 111-113.

Hays, S. C., Rosenfarb, I., Wulfert, E., Munt, E. D., Korn, Z., & Zettle, R. D. (1985). Self-reinforcement effects: An artifact of social standard setting?. *Journal of Applied Behavior Analysis,* 18, 201-214.

Homme, L., Csanyi, A. P., Gonzales, M. A., & Rechs, J. R. (1979). *How to use contingency contracting in the classroom.* Champaign, IL: Research Press.

Hughes et al. (1988). Teaching self-management skills: promising practices. *Teaching Exceptional Children,* 20(2), 70-72.

Maag, J. W. (1989). Assessment in social skills training: Methodological and conceptual issues for research and practice. *Remedial and Special Education,* 10(4), 6-17.

McConnell, M. E. (1999). Self-monitoring, cueing, recording, and management: Teaching students to manage their own behavior. *Teaching Exceptional Children,* 32(2), 14-21.

Moore, K. D. (2005). *Effective instructional strategies: From theory to practice.* Thousand Oaks, CA: Sage.

Shea, T. M., & Bauer, A. M. (1987). *Teaching children and youth with behavior disorders* (2nd ed.). Upper Saddle River, NJ: Prentice Hall.

Walker, J. E., Shea, T. M., & Bauer, A. M. (2007). *Behavior management: A practical approach for educators* (9th ed.). Englewood Cliffs, NJ: Prentice-Hall.

Wolery, M., Bailey, D., & Sugai, G. (1988). *Effective teaching, principles and procedures of applied behavior analysis with exceptional students.* Boston: Allyn & Bacon.

Zirpoli, T. J. (2008). Positive behavioral supports: Reinforcement strategies. In T. J. Zirpoli (Ed.), *Behavior management applications for teacher* (5th ed.). Upper Saddle River, NJ: Pearson/Merrill Prentice Hall.

제6장

설명기술

수업에서 대표적인 수업방법으로 설명식 수업과 탐구식 수업이 있다. 탐구식 수업이라 하더라도 교사의 설명이 전적으로 배제되는 것은 아닐 것이다. 결국 어떠한 형태의 수업이건 거기에는 설명이 존재하는 것이다. 그렇다면 설명을 어떻게 하면 잘 하느냐에 따라 학습 효과는 달라질 것이다. 여기서는 설명기술에 대하여 알아본다. 우선 설명의 정의, 목적, 설명의 형태 및 절차, 설명에 사용되는 본보기, 설명의 원리, 설명식 수업모형 순으로 논의를 전개할 것이다.

1. 설명의 본질과 형태

'설명' 이라는 용어는 라틴어인 'explanare' 에서 유래되었으며 그 뜻은 '명확히 하는 것' 이다. 일반적으로 설명이란, 학생들이 잘 이해하지 못하는 아이디어, 과정 또는 절차를 명백하게 밝히기 위한 언어적, 상징적 해설이라고 볼 수 있다. 가장 낮은 수준에서는 단지 사실을 해설하는 것이고 보다 높은 수준에서는 사실을 초월하여 사실과 사실과의 관계, 이유, 동기, 원인을 분명하게 밝히게 된다.

교육적인 용어로 볼 때 설명이란 교과에 관한 이해 증진을 목적으로 삼는 포괄적인 해설을 의미한다. 또한 설명이란 이해의 간격을 메꾸고, 질문에 대답하고, 이유를 제시하고, 언어를 사용하는 것을 뜻하기도 한다. 타당한 설명은 논리적 일관성을 필요로 한다.

Martin(1970)에 의하면 설명의 과정에는 적어도 세 가지 요소 즉 설명을 하는 사람, 설명하고자 하는 문제 또는 내용, 설명을 받는 사람이 있다. 설명자는 설명을 하기 위해 우선 설명하고자 하는 문제 또는 내용을 잘 알고 있어야 할 뿐만 아니라 설명받는 사람의 지식, 기능 등도 잘 알고 있어야 한다. 그리고 설명자는 문제나 내용에 대해 설명을 받는 사람이 이해할 수 있도록 설명을 해야 할 것이다.

여기에서 핵심은 우리가 가르치고자 하는 사실, 개념, 절차, 원리와 같은 교과 내용을 어떻게 설명을 하느냐 하는 문제이다. 설명에서는 교과 내용의 이해를 돕기 위해 본보기가 많이 사용된다. 본보기로는 물체, 모형, 그림, 이야기, 도표, 언어적 또는 상징적 표현 등이 사용된다. 따라서 교사는 우선 가르칠 교과 내용을 분석하고 그 다음 적절한 본보기를 선택해야 한다. 그 다음 내용과 본보기들을 함께 제시해야 한다.

이들을 제시할 때 피상적으로 관련을 지어서는 안 된다. 교사는 교과 내용과 본보기들이 공통적으로 갖고 있는 특징이 무엇인지를 정확히 알려주어야 한다. 다시 말하면 교과의 특징과 본보기 내의 관련 요소와 관련을 지어야 한다.

설명의 형태에 관한 연구는 상당히 많다. 여기서는 Hyman(1974)과 Wragg(1984)의 분류를 살펴본다.

Hyman은 설명의 형태를 형태 Ⅰ, 형태 Ⅱ, 형태 Ⅲ로 나누고 있다.

형태 Ⅰ은 일반화-구체적 예에 관한 설명으로 이것은 다시 세 가지 형태, 즉 경험적 설명, 확률적 설명, 비경험적 설명으로 나뉜다. 경험적 설명이란 '압력이 가스의 부피에 미치는 효과'와 같은 내용에 대한 설명이고, 확률적 설명이란 '흡연과 폐암과의 관계'와 같은 내용에 대한 설명이고, 비경험적 설명이란 '주어와 일치하는 동사'와 같은 내용에 대한 설명을 말한다.

형태 Ⅱ는 기능적 설명이다. 기능적 설명은 다시 목적 설명, 기능 설명으로 분류된다. 목적 설명이란 '김군이 그렇게 행동한 동기'와 같은 내용에 대한 설명이고, 기능 설명이란 '노동조합과 조합원'과 같은 내용에 대한 설명을 뜻한다.

형태 III는 연속적 설명으로, 이는 다시 계열적 설명, 발생학적 설명, 연대적 설명으로 구분된다. 계열적 설명이란 '과자를 만드는 과정' 처럼 순서에 관한 설명이고, 발생학적 설명이란 '개와 고양이의 차이' 와 같은 내용의 설명을 뜻하며, 마지막으로 연대적 설명이란 '월남전을 가져온 사건' 과 같은 내용의 설명을 뜻한다.

Wragg은 설명의 형태를 크게 해석적 설명, 기술적 설명, 이유를 대는 설명으로 나누고 있다.

1. 해석적 설명이란 용어의 의미를 명확히 하거나, 예증하거나, 해석하는 것으로서 예를 들면 "인간이란 무엇인가?", "화석이란 무엇인가?" 와 같이 "…은 무엇인가?(What is …?)" 에 해당된다.
2. 기술적 설명이란 과정이나 구조를 기술해주는 설명으로 "에너지는 어디에서 오는가?", "환경은 식물과 동물에 어떠한 영향을 주는가?" 와 같이 "…어떠한가?(How is …?)" 또는 "…은 어떻게 하는가?(How does …?)" 에 해당된다.
3. 이유를 제시하는 설명은 현상이 일어난 데 대한 이유나 원인을 제시하는 설명으로 "왜 지구는 도는가?", "왜 인간은 고독한가?" 와 같이 "왜 …인가?(Why is …?)" 에 해당된다.

2. 설명의 특징과 절차

1) 설명의 특징

여러 연구결과에 의하면 좋은 설명이란 구조화되어 있고, 흥미 있다. 그러나 구조화되고 흥미 있는 설명이 구체적으로 무엇을 의미하는지에 대한 구체적 방안을 제시하기란 쉬운 일이 아니다.

Wragg(1984)이 조사한 좋은 설명의 특징은 다음과 같다.

1. 설명의 전략계획
- 주제를 주요부분으로 분석한다.
- 부분과 부분을 연결 짓는다.
- 규칙을 결정한다. 규칙이 없는 경우 이 부분은 생략된다.
- 필요한 설명의 형태를 구체화한다.
- 학습자의 특성에 따라 설명계획을 맞춘다.

2. 설명의 기초 기능

① 명확성과 유창성
- 새로운 용어를 정의한다.
- 명확한 언어를 사용한다.
- 모호한 내용을 회피한다.

② 강조와 흥미
- 제스처를 변화시킨다.
- 매체와 자료를 활용한다.
- 목소리를 변화시킨다.
- 반복 또는 언어적 단서를 사용한다.

③ 실례의 활용
- 명확하고, 적절하고, 구체적인 예를 사용한다.
- 충분한 양의 예를 사용한다.
- 긍정적이고 부정적인 예를 사용한다.

④ 조직
- 논리적이고 명확한 계열
- 과제에 적합한 유형
- 연결어와 연결구의 사용

⑤ 환류
- 질문의 기회 제공
- 주요 아이디어의 이해 평가
- 가치와 태도의 표현

2) 설명의 절차

일반적으로 말할 때 어떠한 설명이든 다음과 같은 네 가지 상이한 목적으로 나타낼 수 있다. 즉 설명의 목적은 ① 인과관계를 나타내는 것 ② 특정 행동에 일반 규칙이나 법칙이 적용되고 있음을 나타내는 것 ③ 절차나 과정을 예시하는 것 ④ 어떠한 행위나 과정의 의도를 나타내는 것이 있을 수 있다.

인과관계를 나타내는 설명을 필요로 하는 예로는 다음과 같은 것이 있다.

1. 액체를 가스로 바꾸는 데 있어서의 열의 효과
2. 빵을 구울 때 부정확한 측정의 효과
3. 불분명한 의사소통의 효과
4. 공기오염의 효과

특정 행동에 일반적인 법칙이 적용되고 있음을 나타내는 본보기로는 다음과 같은 것이 있다.

1. 수술실에서의 소독절차에 대한 이유
2. 다양한 날씨 조건에 입을 특수한 종류의 의상

절차나 과정을 예증하는 설명을 요하는 본보기에는 다음과 같은 것이 있다.

1. 샐러드를 만들기 위한 야채의 준비
2. 에세이의 개요 개발하기
3. 그림을 그리고 나서 청소하는 적합한 방법
4. 악기의 보관

마지막으로 행위나 과정의 의도를 나타내기 위한 설명에 대한 본보기로는 다음과 같은 것이 있다.

1. 이야기 속의 주인공의 행동 동기
2. 우리가 도기류에 불을 집히는 이유

3. 축구, 농구, 야구에서의 특별 방어의 사용
4. 특정 인종 집단에서의 관습의 기능

설명에 대한 목적이 밝혀지면 그 다음으로 구체적인 설명 단계에 들어선다. 대체로 교사들이 거치게 되는 설명의 일반적인 절차가 있기 마련이다. Cooper (1986)는 설명의 일반적인 절차를 다음과 같이 제시하고 있다.

1. 설명의 목적을 밝힌다.
2. 주요 아이디어를 가능한 한 간단하게 정의한다.
3. 예나 증명을 통하여 예시한다.
4. 학생들과 함께 또는 학생들을 위하여 간단히 요약해준다.

이상의 절차에 따라 설명의 예를 제시해본다. 여기에 제시된 예가 가진 설명의 목적은 앞에서 언급한 네 가지 목적 중 직접적인 인과관계를 밝히는 경우이다.

설명의 절차에 대한 예시

과학시간에 "온도를 높이면 액체의 속성이 변화한다."라는 내용을 가르치고자 한다. 이것을 설명절차에 따라 기술해 보기로 한다.

- 제1단계: 목적을 밝힌다.
  액체에 열을 가하면 그 결과 액체의 속성에 변화가 일어나는데 이들 간의 관계, 즉 인과관계를 나타내는 데 목적이 있다.
- 제2단계: 요점을 정의한다.
  위의 예에서 액체의 속성을 바꾸었다는 것은 물이 액체에서 기체로 바뀌었다는 것을 의미한다.
- 제3단계: 예시한다.
  가장 간단한 예로 수증기가 나올 때까지 커피포트의 물을 데우는 경우를 들 수 있다.
- 제4단계: 요약한다.
  증명을 통하여 나타난 결과를 구두 또는 글로 요약한다.

특정 행동이 일반적인 규칙이나 법칙을 따르고 있음을 나타내려는 목적을 지닌 설명의 절차에 관한 예를 제시한다.

초등학교 학생들에게 의문부호의 사용을 설명하고자 한다.

1. 제1단계 목적을 밝힌다.
   의문부호의 사용에 관한 규칙을 제시하는 데 목적이 있다.
2. 제2단계 요점을 정의한다.
   의문부호는 일종의 구두점이므로 질문이 제기되고 있음을 나타내는 데 사용된다.
3. 제3단계 예시한다.

이러한 규칙을 예시하기 위한 가장 간단한 방법은 직접 손으로 쓴 문장을 준비하는 것이다. 이러한 문장 중에는 직접적인 진술문도 있고 다른 것으로는 질문도 있다. 이러한 문장의 본보기를 학생들에게 배부하여 그들로 하여금 문장을 소리 내어 읽도록 한다. 책, 신문, 잡지를 통해서 이와 똑같이 할 수 있다.

4. 제4단계 요약한다.
   구두점 사용 규칙에 대한 요약은 교사나 학생에게 시킨다.

절차 예시를 목적으로 삼는 설명에 관한 예를 생각해본다. 자동차 수리를 공부하기 시작한 중학생들에게 내연기관으로 알려진 과정을 설명하고자 한다.

1. 제1단계 목적을 밝힌다.
   가솔린 엔진에서 생기는 내연기관의 과정을 예시하는 데 목적이 있다.
2. 제2단계 핵심 아이디어를 정의한다.
   내연기관은 가솔린의 증기와 공기 혼합물이 실린더 내부에서 연소되는 과정이다.
3. 제3단계 예시한다.

가용한 자료에 따라 이 과정을 간단한 실험, 사진, 슬라이드, 필름 등을 활용하여 시연해 보인다.

4. 제4단계 요약한다.
교사 또는 학생을 통해 그 과정을 재진술한다.

마지막으로 행위나 과정의 의도를 나타내고자 하는 설명 예를 생각해본다. 도자기 단원을 가르칠 때 완성품을 만드는 데 필요한 단계를 설명할 경우 여러분은 불을 때는 과정의 의도를 나타내고자 한다.

1. 제1단계 목표를 밝힌다.
설명의 목적은 도자기의 완성품을 만드는 데 있어서 점화과정의 의도를 나타내는 데 있다.
2. 제2단계 핵심 아이디어를 정의한다.
불을 때는 것은 점토가 단단해지도록 하기 위하여 물이나 습기를 제거하여 말리는 과정이다.
3. 제3단계 예시한다.
학생들로 하여금 굽지 않은 도자기와 구운 도자기를 보고, 만지고, 냄새를 맡도록 하여 비교하게 하는 것은 불을 때는 과정의 의도를 예시하는 좋은 방법이다.
4. 제4단계 요약한다.
교사 또는 학생을 통하여 미완성 도자기에 불을 때는 의도에 초점을 맞추어 그 과정을 재진술한다.

3. 본보기

교사는 학생들을 가르치기 위해서 교과내용을 분석하고 이러한 교과내용의 이해를 돕는 본보기를 선정하여야 한다. 본보기는 앞에서 언급했듯이 구체적인 대상에서 상징적인 표현에 이르기까지 다양하다. 이제 이들 본보기들을 간단히 설명한다.

(1) 실물과 행위

가르치고자 하는 내용에 따라 실물과 행위가 좋은 본보기가 될 수 있다. 예를 들어 물의 침식작용의 효과를 설명한다고 하자. 물론 물의 침식작용을 언어로 사용하여 쉽게 이해할 수 있도록 풀이해줄 수도 있다. 그러나 언어적 설명만으로는 충분하지 않을 수도 있다. 이런 경우에는 실물이나 실제 행위를 통하여 설명하게 되면 학생들이 쉽게 이해할 수 있을 것이다. 예를 들어 물의 침식작용 효과를 설명하기 위해 교사는 하천 바닥의 자갈 표본을 보여줄 수도 있다. 또는 실험실에서 과학실험을 통하여 침식작용의 효과를 설명할 수도 있다.

(2) 모형

모형이란 실물 그 자체는 아니더라도 교과 내용을 가르치는 데 아주 효과적으로 사용될 수 있다. 실물 자체를 교실 수업에 도입할 수 없을 때 모형은 효과적으로 사용된다. 모형은 실물을 본뜬 것으로 실물을 3차원적으로 표상해준다.

(3) 그림

그림 또한 중요한 설명도구이다. 왜냐하면 그림은 실체를 2차원으로 표상해주기 때문이다. 오늘날에는 멀티미디어를 활용하여 그림을 보여줄 수 있다.

(4) 이야기

이야기는 여러 형태의 설명에 가치 있게 활용될 수 있다. 교과의 내용을 이야기 형태로 만들어 가르치면 학생들은 쉽게 이해할 수 있다. 이러한 이야기 형태의 설명은 수학과 같은 논리적인 교과보다는 역사나 사회 같은 교과에 더 많이 사용된다.

(5) 도표

도표는 사물이나 과정의 중요 특성을 나타내주는 약도나 도형을 말한다. 연구결과에 의하면 교과의 중요내용과 그 내용 간의 관계를 나타내는 도표는 언어적 설명보다 더 가치 있다고 한다.

(6) 해법

해법이란 구체적인 문제 해결에 사용되는 일련의 절차를 말한다. 해법은 수학에서 널리 사용되고 있다. 초등학생의 경우 나눗셈 문제를 해결하기 위한 규칙이나 공식을 보여줄 수도 있고 고등대수를 가르치는 교사는 연립방정식 공식을 보여줄 수도 있다.

(7) 언어적 또는 상징적 기술

언어적 기술은 가장 흔히 쓰이는 본보기이다. 상징적 기술은 보통 고차원적인 학습에 사용된다. 상징은 보통 도표, 상징 또는 추상적 용어로 표현된다. 수학의 설명은 이러한 상징적 기술에 의존한다.

4. 효과적인 설명의 원리*

여기서는 본보기 사용의 원리와 내용제시의 원리를 중심으로 논의한다.

1) 본보기 사용의 원리

Cole과 Chan은 효과적인 설명의 원리로 본보기 사용의 원리를 제시하고 있다.

(1) 유의미성의 원리

학생들에게 제시된 본보기들이 학생들의 이해 수준에 적합하고, 교과 내용과 본보

* 이 부분은 권낙원 역 『수업의 원리와 실제』(P.G.cole & L.K.S.Chan, Teaching principle and practice, New York, prentice Hall, 1987)에서 인용함.

기 간의 관계가 명확하다면 설명은 학생에게 의미 있을 것이다. 교과 내용을 설명하기 위해 사용되는 본보기들은 학생들에게 익숙하고 학생들의 능력이나 경험에 부합되어야 한다.

(2) 명확성의 원리

명확성은 의미성과 관련이 있다. 설명은 교과의 주요 특징과 이 특징을 설명하기 위해 사용되는 본보기 간의 관련 요소 간의 일치도에 따라 모호해질 수도 명확해질 수도 있다. 설명의 명확성을 기하려면 중요한 교과 내용의 특징과 본보기의 요소들 간을 일대일로 일치시키는 것이 좋다.

(3) 다양성의 원리

가장 효율적인 설명은 단일한 형태의 본보기가 아니라 몇 가지 다양한 형태의 본보기를 활용하는 데 있다. 가끔 교사들은 언어적 기술과 함께 이야기나 도표를 사용한다. 그러나 이야기나 도표를 함께 사용함으로써 더 보강될 수 있다. 실물 또한 추상적 언어기술 또는 앞에 제시한 여러 본보기와 함께 사용될 수 있다. 설명에 있어 다양성이 결여된다면 학습의 일반화나 전이는 어려울 것이다. 그러나 본보기의 지나친 다양성은 좋지 못한 학습 결과를 초래한다. 경우에 따라서는 학생들이 본질적인 개념을 숙달할 때까지 본보기의 한계를 제한하여 사용하는 것이 중요하다.

(4) 흥미의 원리

어떤 설명도 흥미적 가치 때문에 강력한 힘이 있다. 본보기들은 학생의 주의를 끌어들이는 데 효과적인 자극적인 요소를 지니고 있다. 그러나 흥미로운 본보기들은 정작 설명해야 할 주요 내용으로부터 주의를 다른 곳으로 옮기는 방해적인 요소도 지니고 있다. 그래서 흥미로운 본보기들은 신중히 사용되어야 한다. 이상적인 설명은 의미 있고 분명해야 하며 동시에 흥미 있는 요소를 지니고 있어야 한다.

(5) 단순성의 원리

교사들은 이따금 복잡한 교과내용은 복잡한 모형, 도표, 해법 또는 언어적 기술을 통하여 설명되어야 한다고 가정한다. 그러나 실제는 그렇지 않다. 숙련된 교사들은 설명시 단계별로 단순한 본보기를 제시하고 그 다음 복잡한 교과내용들을 가르치기 위하여 복합적인 본보기를 사용한다.

(6) 구체성의 원리

교과내용은 명시적 의미를 내포하고 있기 때문에 많은 설명은 구체적인 본보기를 활용하면 더욱 촉진된다. 실물이나 행위, 모형, 그림, 이야기와 같은 본보기는 학생들의 구체적인 아이디어의 이해를 증진시킨다. 이와 마찬가지로 시각적인 상을 자극하는 데 도움이 되는 본보기들 또한 학생들의 교과내용에 대한 이해를 증진시킬 수 있다. 또한 어떤 경우에는 교과내용이 상징적이고 구체성이 없기 때문에 추상적 본보기를 필요로 한다. 그러나 모든 추상적 교과내용이라고 하여 구체적이지 않은 본보기만을 필요로 하는 것은 아니다. 사실, 많은 상징적이고 추상적인 아이디어는 구체적인 본보기나 유추를 통하여 설명될 수 있다. 본래 교사는 상황에 따라 교과내용을 표상할 수 있는 가장 효과적인 방법을 모색하여야만 한다.

(7) 논리적 계열성의 원리

설명과 실연에는 논리적 계열성이 있어야 한다. 즉 교과내용의 특징은 순서에 따라 제시되어야 하며 본보기의 관련 요소와 논리적으로 연결되어야 한다. 논리적 계열에 관한 대부분의 문제는 교과내용과 본보기를 주의 깊게 선정, 배열함으로써 해결될 수 있다.

(8) 포괄성의 원리

설명을 위해 선정된 본보기들을 너무 협소한 관점에서 제시하게 되면 학생들은 교과내용을 전체적인 관점에서 이해하지 못하게 된다. 교사는 설명하고자 하는 교과내용의 모든 면을 총망라하여 포괄적으로 제시할 수 있는 본보기를 선정하는 것이 중요하다.

2) 명확한 내용제시의 원리

Cruick Shank(1985)는 교사의 명확한 내용제시에 관한 여러 연구들을 검토한 후 명확한 내용제시와 모호한 내용제시를 비교하여 제시해주고 있다.

〈표 6-1〉 교사의 명확한 내용제시와 모호한 내용제시의 비교

	교사의 명확성을 나타내는 긍정적 측면	교사의 모호성을 나타내는 부정적 측면
1	교과내용을 잘 이해하고 자료를 사전에 조직한다.	내용을 경시하고 추측한다. 그리고 교과 준비도 철저히 하지 않는다.
2	내용제시는 직접적이고 논리적이다. 사실, 개념, 원리, 규칙을 명확히 언급한다.	제시한 내용이 모호하고 교사는 사실, 개념, 원리에 대한 구체적 언급이 없고 요지가 불분명하다.
3	많은 본보기를 사용하여 요점을 설명한다.	추상적인 용어를 사용하고 본보기나 예시는 거의 사용하지 않는다.
4	표시, 도표, 개요, 밑줄 긋기, 학습 지침, 요점, 연결개념, 매개자, 다른 지적자들을 활용하여 내용 구조를 강조한다.	교과내용을 조직하지 않는다. 그리고 교과 내용의 구조를 명확히 진술하지 않는다.
5	요점을 강조하고 이를 별로 중요하지 않은 내용과 구분한다.	요점을 강조하지 않는다. 학생들은 논쟁중의 요점이 무엇인지 분간하는 데 어려움이 있다.
6	내용을 복습하고 요약한다.	반복과 복습은 거의 없다.
7	학생들이 내용을 종합하고 응용할 시간을 허용한다.	휴식 없이 내용을 제시하고 학습을 위해 잠시 쉴 시간도 거의 허용하지 않는다.
8	핵심 아이디어의 이해를 점검한다.	평가도 안 하고 학생으로부터의 피드백도 받지 않는다.

위와 같은 명확한 내용제시는 학생의 학업 성취와 밀접한 관련이 있다는 것이다. 한편 Rosenshine과 Stevens(1980)는 명확한 내용제시의 특징을 제시하고 있는데 이들이 제시하고 있는 내용과 Cruick Shank가 제시하고 있는 내용은 큰 차이가 없다. 이들이 제시하고 있는 특징을 제시하면 아래와 같다.

(1) 목적과 요점의 명확성

1. 내용제시의 목표를 진술한다.
2. 한 번에 한 가지 요점에 집중한다.
3. 본론에서 벗어나지 않는다.
4. 모호한 문구와 명사는 삼간다.

(2) 단계적 제시

1. 학습자료를 소단계로 나누어 제시한다.
2. 한 가지 요점이 숙달되고 난 후 다음 요점이 제시될 수 있도록 자료를 조직한다.
3. 명시적이고 단계적으로 학습을 지시한다.
4. 자료가 복잡한 경우에는 개요를 제시한다.

(3) 상세하고 구체적인 절차

1. 기능이나 과정을 시범보인다.
2. 어려운 내용에 대하여 상세하고 반복적인 설명을 해준다.
3. 학생들에게 구체적이고 다양한 본보기를 제공한다.

(4) 이해의 점검

1. 다음 내용으로 넘어가기 전에 현재 가르친 내용을 이해하고 있는지 확인한다.
2. 질문을 통하여 제시된 내용의 이해를 조정해 나간다.
3. 학생들로 하여금 자신의 말로 요점을 요약하게 한다.
4. 학생들이 이해하는 데 어려움이 있는 부분은 교사의 설명이나 동료학습을 통하여 배우도록 한다.

3) 설명기법 및 설명양식의 원리

설명기법 및 양식에 따라 학습효과는 달라진다.

다음의 원리는 설명기법 및 양식의 적합성에 대한 지침을 제공한다.

1. 설명기법을 다양화하고 어느 한 스타일을 고집하지 않는다. 학생들은 불필요하게 반복적이고 고정된 형태의 설명에 잘 반응하지 않고 상황의 요구에 적합한 방법에 호의적으로 반응한다.

2. 활력 있고 열정적인 설명양식을 개발한다. 학생들은 교과에 열정과 관심이 있는 교사에게 잘 반응한다.
3. 온정적이고 반응적인 수업양식을 개발한다. 학생들은 온정적이고 접근이 가능하고 적응력이 있다고 판단되는 교사를 높이 평가하고, 냉담하고 생각하는 교사들에 대하여는 비판적인 경향이 있다.
4. 편안하면서도 목적의식이 분명한 수업양식을 사용한다. 학생들은 독선적이고 권위적인 수업양식에 의해 방해를 받는다.

5. 설명식 수업모형

설명식 수업모형은 일반적으로 강의, 내용제시 수업모형과 함께 논의되고 있는데, 여기에서는 Ausubel(1963)의 설명식 수업모형과 Arends(1994)의 내용제시 수업모형 그리고 Kauchak과 Eggen의 수업모형을 논의한다.

1) 선행조직자 수업모형

선행조직자라는 용어는 현장교사들에게 생소한 개념으로 인식되고 있는 것 같다. 이 용어는 Ausubel의 유의미 학습이론에서 중심이 되는 개념으로서 수업의 도입단계에서 제시되는 선수학습이나 새로운 학습과제의 개요와 같은 구실을 하는 개념이다.

그러나 선행조직자는 선수학습과는 차이가 있다. 선수학습의 경우에는 그 내용 수준이 새로운 학습과제와 동일한 수준으로 제시되지만, 선행조직자는 새로운 학습과제보다 더 일반적이다. 즉, 선행조직자를 제시하는 목적은 학생들의 인지구조를 강화시켜 새로운 학습자료의 이해와 파지를 용이하게 하는 데 있다.

그는 유의미한 학습을 설명하기 위하여 학습과제와 인지구조의 두 변인을 설정하고 이들을 서로 관련 짓고 있다. 그에 의하면 인지구조란 어느 한 시점에서 학습자가 유용하게 사용할 수 있는 현재의 지식체계이다. 인지구조는 하나의 위계를 이루고 있는데, 가장 포괄적이고 일반적이며, 추상적인 개념이 그 정점을 차지하고, 그 밑에 덜 포괄적인 하위개념으로 구성되며, 맨 밑에는 사실적 지식이 위치하고 있다고 본다.

Ausubel은 새로운 학습과제가 얼마나 의미 있게 획득, 보유될 수 있는가에 가장 큰 영향을 미치는 것이 인지구조 변인이라고 주장한다. 학습과제(학문)도 인지구조와 마찬가지의 위계를 가지고 있다. 그래서 유의미한 학습이 되려면 새로운 지식 또는 학습과제를 맹목적으로 암기할 것이 아니라 학습자의 기존 인지구조와 관련을 맺도록 해야만 파지가 오래 지속된다고 한다.

Ausubel은 새로운 정보가 획득, 보유되는 정도는 그들의 개념적 근거가 될 개념이나 원리가 어느 정도 인지구조 내에 존재하느냐에 달려 있다고 믿는다. 만일 새로운 과제가 기존의 인지구조와 너무 상충되거나 무관하여 아무런 관련이 없다면 새로운 지식은 결코 학습될 수도, 보유될 수도 없다.

이런 현상을 극복하기 위해서 교사는 지식을 계열적으로 조직해야 하며, 제시될 지식의 개념적 근거로서 역할을 수행할 그 무엇을 학생들에게 제공해야 한다. Ausubel은 이러한 지식의 개념 근거를 선행조직자라고 불렀다.

선행조직자는 기본적으로 인지구조를 강화하고 새로 획득한 정보의 파지를 촉진하기 위한 수단으로 관련 정착지식이라고도 할 수 있다. 관련 정착지식이란 새로 학습할 과제에 관한 지식과 관련을 맺어서 이를 흡수할 수 있는 지식을 말한다.

앞서 설명한 선행조직자의 정의 속에서 선행조직자의 특징이 어느 정도 나타나 있지만, 이들의 특징을 좀 더 구체적으로 제시하면 다음과 같다.

1. 선행조직자는 새로운 학습과제보다 추상적이며 일반적인 학문의 주요 개념, 일반화, 원리 법칙 등에 기초한다. 예를 들어, 인도의 카스트제도에 대해 학습하는 단원에서는 사회계층에 기초한 선행조직자가 활용될 수 있으며, "기술의 변화는 사회와 문화의 변화를 가져온다."는 일반화는 여러 역사적 시기와 장소의 연구를 위한 선행조직자로 활용될 수 있다.
2. 선행조직자는 그 자체로 중요한 학습내용이 되기도 하며 가르칠 필요가 있는 것이다. 어떠한 경우라도 선행조직자를 충분히 이해하지 못한 상태에서는 후속학습이 이루어지지 않으며 선행학습을 설명하고 개발하기 위한 충분한 시간을 할애하는 것이 필요하다. 예를 들면, 학생들은 다른 문화집단에

대한 사실적인 정보를 조직하는 학습을 하기 전에 문화의 개념을 완전히 이해하고 있어야 한다.

3. 일반적으로 선행조직자는 해당 학습자료와 밀접하게 관련되어 있지만, 새로운 관점을 제공하기 위해 개념적으로 동떨어진 선행조직자를 구성할 수 있다. 예를 들면, 종의 분류체계(종-속-과-목-강-문-계) 개념이나, 미술에서 일반적으로 사용되는 균형이나 형태의 개념은 문학이나 수학, 정부기관의 기능 및 일상생활에 관한 활동에까지 적용시킬 수 있는 조직자이다.
4. 선행조직자는 전시학습 상기, 문제제기, 본시 수업의 개관과 같이 수업 도입 시에 교사들이 사용하는 다른 수업기법들과는 구별된다. 앞의 도입기법들은 설명식 수업에서 중요한 기법들이다. 그러나 이들은 선행조직자가 아니다.

예를 들어, 역사 교사가 학생들에게 베트남 전쟁에 대한 정보를 제시하려 할 때, 그는 미국이 베트남 전쟁에 참가하게 된 이유를 이해하는 데 도움을 주기 위해 선행조직자를 제시할 것이다. 그 선행조직자는 대부분의 전쟁이 이데올로기와 영토 또는 무역개방 등에 대한 국민들 사이의 갈등을 반영한다는 것이다. 그 다음에 그는 학생들 스스로 다른 역사적 시기에 그려진 그림을 보여주고 설명하려 할 때, 그는 그림이라는 것이 개인의 예술적 재능뿐만 아니라 그것이 그려진 시대나 문화를 반영하는 것을 선행조직자로 제시할 수 있을 것이다.

선행조직자는 학습과제의 성질, 학습자의 기존 능력의 정도 혹은 그들 상호 간의 관계에 따라 설명조직자와 비교조직자로 구분된다. 설명조직자는 인지구조 내의 기존 지식과 새로운 학습과제 간에 전혀 유사성이 없는 경우 개념의 정착 근거지를 마련하기 위하여 학습자료와 관련 지어 학습 이전에 미리 제시되는 보다 포괄적이고 기본적인 중심개념을 말한다.

〈표 6-2〉 선행조직사 모형의 교수 학습 난계

단계 1: 선행조직자 제시	단계 2: 학습자료 제시	단계 3: 인지구조의 강화
• 수업목표의 명료화 • 조직자 제시 • 정의하는 속성 확인/ 예시/ 내용제시/ 반복 • 관련지식과 경험 상기	• 자료 제시 • 주의집중 유지 • 조직화 명료화 • 학습자료의 논리적 순서 명시	• 통합적 일치(조화) 원리 사용 • 능동적 수용학습 촉진 • 학습자료에의 비판적 접근 촉진 • 명료화

비교조직자는 인지구조 내의 기존 지식과 새로운 학습과제 간에 상당한 유사성과 차이점을 분명히 하여 상호 간의 변별력을 증대시킬 목적으로 학습 이전에 제시되는 자료를 일컫는다.

예를 들어, 지리학 시간에 여러 가지 시골 풍경에 대해서 학습한다고 할 때, 학습자가 풍경에 대해 생소한 경우에 교사는 설명조직자를 활용하게 된다. "풍경이란 무엇인가?", "풍경의 크기는 변하는가?", "개미가 보는 풍경과 우주비행사가 지구 밖에서 보는 풍경은 다른가?"와 같은 설명조직자가 활용될 것이다. 반면에 학습자가 풍경의 개념에 대해 알고 있을 때, 교사는 비교조직자를 활용하게 된다. "도시 풍경과 시골 풍경은 어떻게 다른가?", "우리 교실 밖의 풍경은 어떤 풍경인가?" 등이 비교조직자로 활용될 것이다.

Joyce, Weil과 Showers(1992)는 선행조직자에 관한 Ausubel의 견해에 기초해서 선행조직자를 활용한 수업모형을 다음과 같이 제시하고 있다.

(1) 선행조직자의 제시

이 단계에서는 수업목표의 명료화, 선행조직자 제시, 관련 지식과 경험을 상기하는 활동이 이루어진다. 수업목표의 명료화는 교사에게는 수업의 준비와 전개를 위한 방향을 제시하고, 학생들에게는 학습에 대한 동기유발과 주의집중을 이루는 데 도움이 된다. 선행조직자는 이전에 학습한 단원내용의 요약이나 개요, 줄거리 등과는 성격이 다르다는 점을 명심해야 한다. 선행조직자는 가르칠 주제에 관한 내용을 인지구조와 관련시킬 수 있는 매우 추상적이고 포괄적인 형태의 도입자료이며, 가능하다면 학습자의 기존 지식이나 경험과 유관한 내용을 포함하도록 해야 한다. 조직자를 제시할 때는 학생들이 조직자를 명확히 지각하고, 이해하고, 관련 자료와 연관 지을 수 있도록 하고, 필요한 경우에는 충분히 설명하고 반복적인 지도를 해야 한다.

(2) 학습과제와 자료 제시

학습할 자료를 제시하는 단계로서 학습내용들 간의 논리적 위계관계를 고려하여 점진적 분화와 통합적 조정이 이루어질 수 있도록 해야 한다. 즉, 먼저 제시하는 내용이 후속내용을 포섭할 수 있도록 상위 개념으로부터 하위 개념으로의 제시 계열을 따라야 하며, 내용들 간의 상호 관련성이 분명히 드러나도록 해야 한다.

(3) 인지구조의 강화

이 단계에서는 통합적 조정의 원칙에 따라서 새로운 학습내용을 학습자의 인지구조에 통합하고 정착시키는 활동이 이루어진다. 이를 위해서는 ① 기존 지식과 새로운 지식 간의 통합적 조정을 촉진하고, ② 활동적인 수용학습을 촉진하며, ③ 학습내용에 대한 비판적 접근을 허용하며, ④ 학습내용을 명료화할 필요가 있다.

학습한 지식이 기억 속에서 단편적이고 무기력한 상태에 머물지 않고 의미 있고 활성화된 지식으로 처리되기 위해서는 지속적인 통합과 정교화를 통해서 다른 지식들과 논리적으로 의미 있는 연관을 확보하도록 하는 것이 인지구조를 강화하기 위한 필수 조건이다.

이러한 선행조직자를 이용한 수업에서 가장 어려운 문제는 선행조직자를 만들고 선택하는 일이다. 교사는 우선 자신의 교과목에 정통해야 하며, 이들 내용을 일련의 위계적 개념이나 명제(개념)들로 개념화해야 한다. 선행조직자를 제시할 때에는 선행조직자의 본질적 특징을 설명하고 예를 제공한다. 그리고 학생들이 선행조직자로 생각할 정도로 충분한 시간을 할애해야 하며, 학습과제와 계속적으로 관련되는 방향으로 조직해야 한다.

선행조직자 모형은 교육과정의 계열을 구성하는 데, 교과목을 구조화하는 데, 한 영역의 중심 내용을 체계적으로 가르치는 데 특히 유용하다. 즉, 선행조직자를 활용하면 주요 개념과 원리가 단계적으로 설명되고 통합적으로 설명됨으로써 수업 종료 후 학습내용에 대한 학생 나름대로 전체적 틀을 갖게 된다. 그리고 선행조직자를 사용하면 주요 아이디어와 연결되어 설명될 수 있는 사실적 정보에 대한 학생들의 이해도를 높이게 된다.

또한 이 모형은 '능률적인 수용학습의 기능'을 가르치기에 알맞도록 고안될 수 있다. 비판적으로 사고하는 법, 인지구조를 재조직하는 법, 순서적으로 사고하여 기술하는 법, 지식의 위계개념 등도 설명을 통해 학습할 수 있다. 일선 교사들은 이러한 선행조직자를 효과적으로 활용함으로써, 유의미 학습을 촉진시키고 파지력을 높일 수 있을 것이다.

2) Arends의 내용제시 수업모형

Arends(1994)의 내용제시 수업모형은 네 단계로 구성된다.

제1단계는 목표제시와 학습 준비시키기 단계로, 여기에서 교사는 수업목표를 제시하고 학생들의 학습을 준비시킨다.

제2단계는 선행조직자 제시단계이다. 여기에서 교사는 후속내용을 학습하기 위한 기본 틀인 선행조직자를 제시하고, 이것이 학생의 선수진식과 연결이 되는지를 확인해야 한다.

제3단계는 학습자료를 제시하는 단계이다. 여기서 교사는 학습자료를 제시하고 자료가 논리적으로 배열되고, 학습자에게 유의미한지에 각별히 주의를 기울인다.

제4단계는 학생들의 사고를 확장 · 강화하는 단계이다. 여기에서 교사는 학생들에게 질문을 제기하고, 설명에 대한 반응을 이끌어내어 사고를 확장하고, 정확하고 비판적인 사고를 권장해 나간다.

이들 단계 중에서 학습자료의 제시단계에 대하여 좀 더 구체적으로 살펴본다. 왜냐하면, 목표제시 단계와 선행조직자 제시단계는 이미 앞에서 검토한 Ausubel의 선행조직자 수업모형의 단계와 큰 차이가 없다. 단, 차이가 나는 단계는 학습자료 제시단계와 제4단계의 이해점검과 사고확장 단계이다. 따라서 여기에서는 제3단계와 제4단계를 보다 자세히 살펴보고자 한다. 이 단계에서 핵심은 자료들을 어떻게 효과적으로 조직하여 제시하고, 명확성, 본보기, 설명 연결어, 규칙-예-규칙 기법, 화제 바꾸기, 열정과 같은 것들이다. 여기서는 명료성, 본보기, 열성, 생동감을 중심으로 알아본다.

(1) 명료성

학생들의 학습에 중요한 영향을 미치는 교사의 능력 중 하나는 교사가 수업자료를 얼마나 구체적이고 명확하게 제시하느냐 하는 것이다. 상식적으로 보더라도 교사가 수업을 모호하게 하는 것보다는 보다 구체적이고 명확하게 수업을 할 때 학생들의 학습동기도 높아지고 학업성취도 높아질 것을 예측해볼 수 있다. 그럼에도 불구하고, 초임교사와 경력교사들을 연구한 학자들에 의하면, 교사들의 수업 자체가 너무 모호하고 혼란스럽다는 것이다. Hiller, Gisher와 Kaess(1969)의 연구에 의하면, 교사가 효과적인 의사소통에 필요한 지식이나 기술이 부족하거나, 아니면 망각했거나, 아니면 잘 모르는 내용을 가르치려고 할 때 모호함이 발생한다는 것이다. 명확한 내용제시는 철저한 계획과 조직을 통하여 가능해진다.

(2) 본보기

효과적인 내용제시를 위해서는 본보기를 잘 사용하여야 한다. 본보기는 주어진 자료를 더욱더 유의미하게 하기 위하여 사용되는 수단이다. 초임교사에게는 적합한 본보기를 찾아 사용한다는 것이 쉬운 일은 아닐 것이다. Cole과 Chan(1987)은 본보기를 구체적인 사실, 개념, 절차, 원리 또는 규칙을 설명하기 위해 사용되는 물체나 행위, 모델, 그림, 이야기, 도표, 언어적 · 상징적 기술로 정의하고 있다. Hunter(1982)는 본보기 선정의 지침을 아래와 같이 제시하고 있다.

1. 본 학습내용의 결정적 속성을 밝힌다.
2. 학생의 생활로부터 결정적 속성을 지닌 경험이나 선수지식을 선정한다.
3. 본보기로서의 결함을 점검한다.
4. 본보기를 제시한다.
5. 본보기 안의 결정적 속성이나 요소의 이름을 붙인다.
6. 예외를 제시한다.

(3) 교사의 열성

설명식 수업에 있어 열성은 중요한 변인이다. 그러나 이 분야의 연구결과를 검토해보면 열성이 항상 학업성취에 긍정적 영향을 미치는 것만은 아니다. 1970년 Rosenshine(1970)은 교사의 열성에 관한 연구를 검토하고 나서 교사의 열성과 학생들의 성취 간에는 아주 일관된 관계가 있음을 알아내었다. 그 이후 연구자들은 보다 체계적인 연구 설계를 통하여 실험연구를 수행해왔다. 그 대표적인 연구가 Collins(1978)의 교사 열성에 관한 훈련 프로그램을 개발하여 그 효과를 검증한 연구였다. 이 프로그램은 교사가 지닌, 일련의 열성적이라고 여겨지는 행동으로 구성되어 있다.

그 행동특성을 열거하면 다음과 같다.

신속하고 다양한 내용전달, 눈을 크게 뜨고 여기저기 쳐다보기, 빈번한 확인질문, 다양한 신체동작, 다양한 감정적 얼굴표정, 다양한 형용사를 사용하는 말의 사용, 아이디어와 감정의 수용, 원기 왕성한 에너지

Collins는 열성에 관한 훈련 프로그램을 받은 교사의 학급이 그렇지 않은 집단보다 성취가 더 높게 나타났다는 것을 발견하였다. 그러나 1979년 오레곤 대학의 Gall의 제자인 Bettencourt(1979)는 Collins의 연구를 반복하여 실시하였는데, 훈련집단과 통제집단의 학업성취에 유의한 차이를 발견하지 못했다. 그래서 Borg와 Gall(1983)은 다시 교사 열성에 관한 초기의 연구를 검토하고 다음과 같이 보고하고 있다.

네 개의 실험연구에서는 교사의 열성이 학생의 성취에 긍정적인 영향을 미쳤다. 단 한 개의 연구에서는 효과가 없었다. 그런데 긍정적인 영향이 있는 일부 실험연구에서 한 가지 공통점을 발견하였다. 즉, 각 실험연구의 비교집단에서는 교사에게 의도적으로 비열성적인 방식으로 행동하도록 요구하였다. 예를 들면, 한 비교집단에서 교사는 대본을 통하여 전체의 연설문을 읽고 어떠한 제스처나 직접적인 시선접촉과 최소한의 음성조절도 없이 수업을 하게 하였다. 또 다른 두 개의 실험연구에서는 어떠한 효과도 없었다. 그러나 비교집단에서는 자연적인 수업양식을 사용하도록 허용되었다. 결론적으로 열성적인 집단이 비열성적이거나 자연적인 방식으로 수업을 한 집단보다 학생의 학업성취가 높게 나타난 것이다.

그러나 아직까지 열성의 본질과 열성을 어느 정도 사용할지에 대하여는 미지수로 남아있다. Rosenshine(1970)은 열성을 고차적 개념이라고 본다. 고차적 개념이란 높은 수준의 추론을 요하는 개념으로 대체로 추상적이고 일반적이다. 따라서 이러한 고차적 개념은 구체성이 결여되어 있어 연구자마다 그 의미하는 바가 각기 다르다. Rosenshine은 열성에 관한 연구결과를 검토하고 나서 열성과 비슷한 의미로 사용되는 표현을 다음과 같이 제시하고 있다.

1. 교사는 교과에 대한 열성을 전달한다.
2. 교사는 재미있고 역동적이다.
3. 수업을 재미있게 꾸려나간다.

4. 교사는 학생들의 학습을 자극시켜 나간다.
5. 교과내용에 대하여 관심 있다는 느낌을 나타낸다.
6. 교사는 자극적이고 상상적이다.

(4) 교사의 생동감

Arends의 설명식 수업에서 교사의 생동감이 크게 강조되고 있지는 않지만, 그렇다고 무시되는 것은 아니다. 열성에 관한 여러 연구를 보면 열성 속에 생동감을 중요한 요소로 취급하고 있다. Brown(1975)은 『Micro-teaching』이라는 책에서 설명식 수업전개에 있어 가장 중요한 요소 중의 하나로 교사의 생동감을 들고 있다.

Brown은 교사의 생동감을 비언어적 단서와 특별한 언어적 단서를 중심으로 논의하고 있다. 비언어적 단서는 한마디로 신체를 통하여 보내는 신호를 말한다. 여기에는 시선의 움직임, 얼굴표정, 제스처, 머리와 몸의 움직임이 있다. 이러한 비언어적 단서는 모종의 정서와 감정을 전달한다. 따라서 언어적 단서와 마찬가지의 기능을 갖게 된다. 특별한 언어적 단서는 발언의 크기, 목소리의 질, 투덜거림, 소란 등을 말한다. 이러한 단서 역시 감정과 정서를 전달하므로 일반 언어와 마찬가지로 아니면 그 이상의 의미를 갖게 된다.

결국 교사의 생동감이란 학생들을 자극하는 유형을 변화시켜 주의를 갖게 하는 것이라고 볼 수 있다. 일반적으로 학생들이 강의에 지루해하는 경우 이를 분석해보면, 강의가 단조롭고, 교사의 움직임도 거의 없고, 표현도 부족하며, 제스처도 거의 없는 경우가 있다. 그러나 다음과 같은 사항에 주의를 기울인다면 보다 활기찬 수업을 기약할 수 있을 것이다.

① 교사의 동작

교사의 움직임 하나하나가 학생들에게 무엇인가의 의미를 전달해준다. 질의응답을 할 경우 그 답을 칠판에 기록하려면 칠판 가까이 있는 것이 좋을 것이다. 어느 소집단과 대화를 나눌 경우에는 그 집단을 응시하여야 할 것이다. 친절을 표시하려면 미소를 지어야지 찡그린다면 그 의미가 잘 전달되지 않을 것이다. 교사의 동작은 수없이 많다. 각각의 동작이 주는 의미는 학생들에 따라, 문화에 따라 달라질 수도 있다.

② 교사의 제스처

손, 몸, 얼굴에 의한 제스처도 그 무엇인가의 의미를 전달한다. 일반적으로 남의 말에 고개를 끄덕이면 긍정을 뜻한다. 고개를 저으면 부정, 거부를 뜻한다. 눈을 치켜올리면 놀라움을 뜻한다. 상황에 따라 적절한 제스처는 오히려 말보다 더 큰 의미를 전달할 수 있다.

③ 시선접촉과 동작

시선의 움직임과 접촉은 정서를 전달하고 상호작용을 통제하는 방법으로 사용된다. 대화를 나누는 경우 상대방을 응시하면 그것은 상대방의 말에 관심이 있다는 뜻이 되고, 고개를 떨어뜨리면서 경청한다면 그것은 관심이 없다는 뜻이 된다.

④ 교사의 목소리

2,000여 년 전 그리스의 위대한 연사(演士)는 말하는 데 가장 중요한 것은 무엇이냐는 질문을 받자 그는 말을 전달하는 방법이라고 대답했다. 그러면 두 번째로 중요한 것은 무엇이냐는 질문에 그는 말을 전달하는 방법이라고 답변했다. 세 번째도 역시 똑같은 대답을 했다는 이야기가 있다. 아무리 훌륭한 어휘라 하더라도 그리고 아무리 쉬운 어휘라 하더라도 듣는 사람이 흥미 없어 하거나 이해하지 못한다면 교사의 발언은 아무런 효과가 없는 것이다. 똑같은 내용의 말이라 하더라도 적당하고 듣기 좋은 목소리를 사용할 경우와 거칠고 듣기 싫은 목소리를 사용했을 경우 학생에게 미치는 영향은 달라질 것이다.

목소리의 크기 목소리의 크기는 말을 효과적으로 전달하는 데 있어 필수적이라고 할 수 있다. 목소리가 너무 작거나 너무 크면 듣는 사람은 어려움을 느낄 것이다. 교사는 자기의 말을 모든 학생들이 다 알아들을 수 있을 정도로 자기의 목소리를 조정하지 않으면 안 된다. 목소리의 크기는 상황에 따라 달라져야 한다. 예를 들면, 보통 교실에서 수업을 할 때와 강당과 같이 큰 강의실에서 수업을 할 때 똑같은 목소리를 사용해서는 안 될 것이다. 시청각 기구를 사용할 때와 사용하지 않을 때도 목소리의 크기는 달라야 한다. 특히 요점을 강조할 경우에도 조용히 말할 경우와 좀 더 소리 내어 말할 경우가 있다.

목소리의 높낮이 목소리의 크기와 함께 목소리의 높낮이도 효과적으로 말을 전달하는 데 중요한 요인이다. 대부분의 교사들은 단조로운 목소리를 사용한다는 것이다. 그러기에 학생들은 흥미 없어 하며, 지루하게 생각한다. 말을 잘하는 사람은 목소리를 한 옥타브 반 정도 조정할 수 있으나 말을 잘 못하는 사람은 반 옥타브 정도도 조정하지 못한다는 것이다. 높은 목소리는 특히 어떠한 사항을 강조할 때 필요하다. 낮은 목소리로 말을 하다가도 어떠한 사항을 강조할 때는 목소리를 크게 하여야 한다. 결국 상황에 따라 목소리의 높낮이를 조정하여야 한다.

목소리의 질 자기의 말을 다른 사람에게 잘 이해시키려면 자기의 의사를 분명하고 알아듣기 쉽게 전달해야 함은 물론 목소리의 크기나 질이 좋아야 한다. 일반적으로 좋은 목소리란 ① 음량이 적당하고, ② 한결같고, ③ 청아하고, ④ 똑똑한 경우를 말한다.

말의 속도 말의 속도도 중요한 요인이다. 대부분의 사람들은 1분에 120~130개의 단어를 말하지만 사람에 따라서는 큰 차이가 있다. 일반적으로 사고를 빨리하는 사람은 비교적 빨리 말하며, 1분에 200개 이상의 단어를 말한다. 신중한 사람의 경우는 보다 천천히 말한다. 중요한 것은 말하는 사람이 편안하고 부담을 느끼지 않을 정도여야 한다는 점이다. 또한 상황, 감정, 청중의 요구 등을 고려하여야 한다.

⑤ 교사의 침묵

침묵이 금이라는 말이 있듯이 침묵은 이따금 말보다도 더 효과적인 경우가 있다. 또 어느 경우에는 침묵을 지키므로 오히려 역효과를 가져오는 경우도 있다. 침묵이 언어라는 말도 있다. 무엇인가 중요한 말을 하기 전 잠깐의 휴지는 주의를 집중시킨다. 20초간의 휴지는 관중을 괴롭힌다. 초임교사는 대체로 휴지와 침묵을 두려워하는 데 반하여 숙련교사들은 질문을 하고 잠시 기다려 학생들이 생각할 시간적 여유를 준다. 학생들이 답을 하고 나면 그 답이 불충분할 경우 다시 질문을 하고 대답이 나올 때까지 기다린다.

⑥ 강조를 통한 주의집중

이따금 교사는 학생들이 특별한 대상이나 아이디어에 주의를 집중하길 기대한다. 이 경우 제스처와 언어적 집중화를 잘 적용하면 효과적이다. 예를 들면, 학생들에게 어떤 책을 읽도록 권장한다고 해보자. 이 경우 교사는 평범한 목소리로 "이 책은 여러분에게 재미있을 겁니다."라고 말을 할 수도 있다. 그러면서 별 관심을 보이지 않을 수도 있다. 그러나 이것과는 달리 정말로 그 책에 관심을 갖고 읽어볼 가능성이 있을 것이다. 특별히 어느 대상이나 아이디어를 강조함으로써 수업을 좀 더 활기 있게 진행해 나갈 수 있다.

⑦ 상호작용

교사만 지나치게 말을 많이 하면 학생들은 교사의 말에 별 관심을 갖지 않는다. 상호작용 유형에는 교사-집단, 교사-개별학생, 학생-교사, 학생-학생의 형태가 있다. 상호작용이 많을수록 교사의 수업은 활기를 띠게 된다.

⑧ 감각적 채널 바꾸기

대부분 교사는 구두적, 시각적 단서를 동시에 사용한다. 즉 교사는 말하면서 제스처를 취한다. 가끔 한 가지 감각 채널만을 이용할 수도 있다. 내용을 요약할 경우 단지 칠판에 요약을 적고 학생들에게 필기만 하게 할 수도 있고, 어느 경우에는 슬라이드, 비디오테이프 등을 이용할 수도 있다.

3) Kauchak과 Eggen의 설명식 수업

Kauchak과 Eggen은 설명식 수업을 크게 계획 단계와 실행 단계로 나누어 제시하고 있다.

(1) 계획 단계

Kauchak과 Eggen은 수업의 일반적 과정을 계획, 실행, 평가로 나누어 설명하고 있다. 설명식 수업의 경우도 예외는 아니다. 그들은 설명식 수업을 크게 계획, 실행, 평가로 나누어 설명하고 있는데 그들은 계획 단계도 크게 세 단계로 나누어 설명한다. 계획 단계의 제1단계는 주제를 확인하는 단계이다. 주제는 교육과정 지침서나 교과서를 통하여 확인할 수 있다.

두 번째 단계는 수업목표를 상세화하는 단계이다. 수업목표의 상세화는 단원목표로부터 도출해낼 수 있다. 예를 들면 '5학년 학생이 원주율을 계산하는 공식을 이해한다.' 라는 일반 목표가 있다고 할 때 그 구체적 목표로는 '줄자와 지름이 제시된 4개의 원을 주면, 학생들은 실수 없이 원주율을 계산할 수 있을 것이다.' 와 같이 수업목표를 구체화해야 한다.

세 번째 단계는 본보기를 선정 및 준비하는 단계이다. 선정은 개념적으로 볼 때 아주 단순하다. 그러나 실제로 본보기를 선정하는 작업은 쉽지 않다. 개념에 관한 본보기를 선정할 때는 그 본보기가 개념에 관한 중요한 특징을 갖고 있어야 한다. 개념을 선정하는 입장에서는 그 특징을 찾아내기만 하면 된다. 일반화의 경우 좋은 본보기는 개념 사이의 관계 또는 연계성을 잘 나타내고 있어야 한다. 그러나 일반 개념이라고 하더라도 민주주의와 같은 추상적인 개념의 경우, 본보기를 찾는 것은 쉬운 일이 아니다. 이 경우 교사는 본보기 대신에 개념을 정의하게 된다. 학생이 얼마나 그 개념을 잘 학습할 수 있는지는 정의의 질에 의하여 결정된다.

가르치려는 개념이 다른 관련 개념 때문에 개념학습에 혼란을 일으킬 때는 긍정적 본보기와 부정적 본보기를 동시에 제시함으로써 개념 학습의 혼란을 막을 수 있다. 긍정적 본보기가 학습자가 배우고자 하는 개념의 속성을 잘 반응한 것이라고 한다면, 부정적 본보기는 학습자가 배우고자 하는 개념의 속성이 반영되지 않은 본보기라고 볼 수 있다. 따라서 이 두 가지 본보기를 제시하여 학생이 배우고자 하는 개념을 정확히 파악할 수 있게 된다. 본보기를 선정하기 위한 또 다른 방법은 등위 개념과 종속 개념을 분석하는 것이다. 등위 개념이 긍정적인 본보기와 혼동을 일으킬 수 있는 부정적인 본보기로 제시되며 종속 개념은 긍정적인 본보기를 생성하기 위해 사용된다.

일반화 수업을 위한 계획은 보다 복잡한 과정이다. 왜냐하면, 예는 일반화 내의 개념 간의 상호작용을 설명해야만 하기 때문이다. 예를 들어, 심리학 교사가 다음과 같은 일반화를, 즉 "행동과 강화 사이의 시간량은 행동이 학습되는 속도에 반비례한다."를 가르치려면 여러분은 시간과 결과에 따라 행동이 달리 강화받게 되는 예를 제공할 필요가 있다.

이것은 선행연구, 실제 또는 비디오테이프로 된 예 또는 표와 차트로 된 자료를 함께 사용할 수 있다. 요약하면, 추상 개념이나 일반화를 가르칠 때, 계획 단계에서는 주제를 확인하고, 목표를 세우고, 주의 깊게 예를 선정해야 한다. 이것은 주의 깊은 사고와 통찰력을 요구하는 논리적이고 분석적인 과제이다. 그러나 실제 수업에서는 꼭 추상적인 개념 일반화만 가르치는 것은 아니다. 사실이라는 지식도 가르치기 마련이다. 사실을 가르칠 때는 특별한 어떠한 전략도 없는 것 같다. 사실 학습은 주로 기억을 요구하며, 여기에는 반복 훈련과 같은 방법이 사용된다.

(2) 실행 단계

개념을 가르치기 위해 실명식 수업을 사용할 때 교사는 우선 칠판위에 추상개념을 쓰거나 아니면 그 개념을 오버헤드로 비춘다. 예를 들면, 교사가 가르칠 주제가 "산(acide)" 이라는 개념이라면, 교사는 "산은 신맛이 나고 수소이온을 용액으로 풀어 놓은 혼합물이다." 라는 추상개념을 칠판에 적거나 아니면 그것을 OHP로 비추는 것은 중요하다. 왜냐하면 글로 쓴 정보나 OHP에 비춘 정보는 학생들에게 시각적으로 주의를 집중시키기 위한 그 무엇인가를 제공하기 때문이다. 그것은 또한 수업을 개발할 때 준거점이 된다(Eggen & Kauchak, 2007).

설명식 수업으로 개념을 가르칠 때, 교사는 기능과 같이 똑같은 계열적 단계를 따르고, 개념의 특징에 따라 그 절차들을 수정해 나간다.

개념을 정의하고 난 후 그 다음 단계는 정의 속에 있는 용어들을 명확히 하고 그 개념을 유의미한 상위개념과 관련을 맺는 일이다. 이것은 학생들에게 용어를 자신의 언어로 정리하도록 요구하거나 학생들에게 용어에 관한 본보기를 인용하도록 요구함으로써 용어 정의를 명확히 하고 개념과 상위개념 간의 관계도 명확해 질 수 있다. 다음 단계에서 교사는 긍정적인 본보기를 제공함으로써 학생의 이해를 개발하도록 돕고 이들 이해를 정의와 연결 짓도록 돕는다. 부정적 본보기는 또한 개념이 아닌 것이 무엇인지를 이해하도록 돕기 위해 제공되어야 한다. 이러한 본보기를 제시할 때 교사는 학생들이 정의에 열거된 본질적 특징과 관련을 짓도록 요구해야 한다. 이것은 이 특징이 학생들에게 유의미하며 또한 학생들 마음속의 본보기와 연결된다는 것을 확인시켜 준다.

일단 교사가 가르치고 있는 개념을 학생들이 이해한다고 느끼면, 교사들은 학생들에게 추가 본보기를 주어 안내된 연습을 받아 분류할 수 있게 한다. 그렇게 함에 있어, 교사들은 학생들이 개념의 특징에 기반을 두어 그들이 분류한 것을 설명하도록 격려해야 한다. 학생들로 하여금 긍정적 본보기와 부정적 본보기를 분류하도록 시키고 그들의 사고를 설명하도록 시킴으로써 다음과 같은 기능에 도움이 된다.

1. 개념을 강화시켜 준다.
2. 적극적인 학생참여를 조장한다.
3. 교사가 학생의 이해를 평가하는 데 도움이 된다.

만일 학생들이 본보기를 성공적으로 분류할 수 있다면 교사는 학생들에게 본보기를 요구할 수 있다. 그렇지 않다면 그들이 분류하고 설명하기 위해 추가 본보기를 제공해야 한다. 일단 교사는 학생들이 개념을 이해하고 있다고 생각이 들면, 독립적인 연습을 통하여 아이디어를 좀 더 심도 있게 강화시켜 나갈 수 있다.

이상의 수업 단계를 요약하면 아래와 같다.

개념에 관한 설명식 수업 단계

교사	1. 개념을 정의하고 용어들을 명확히 한다. 2. 상위 개념과 관련을 짓는다. 3. 긍정적 본보기와 부정적 본보기를 제시한다.
학생	1. 교사가 제공한 추가 본보기를 긍정적 또는 부정적 본보기로 분류하거나 설명한다. 2. 추가 본보기를 제시한다.

일반화도 개념처럼 추상성이 있다는 점에서 유사하기 때문에 일반화에 관한 설명식 수업 단계는 개념을 가르칠 때의 설명식 수업 단계와 아주 유사하다. 단, 한 가지 추가적인 사항은 일반화에 포함된 개념들을 학생들이 이해하고 있는지를 확인해야 한다는 것이다. 이것은 일반화를 가르치는 수업 초에 이루어져야 한다. 일반화를 가르치기 위한 설명식 수업의 단계는 다음과 같다.

일반화에 관한 설명식 수업 단계

교사	1. 일반화를 진술한다. 2. 일반화 안에 있는 개념들을 명확히 한다. 3. 긍정적 본보기와 부정적 본보기를 제시한다. 4. 교사가 제시한 추가 본보기를 긍정적 또는 부정적 본보기로 나누어 설명한다. 5. 추가 본보기를 제공한다.

Kauchak과 Eggen은 개념에 관한 설명식 교수학습 과정안을 다음과 같이 제시하고 있다.

명령형 문장에 대한 설명식 수업계획

단원: 문장의 종류

학습목표: 5학년 학생들은 명령형 문장을 이해할 수 있을 것이다. 따라서 일련의 문장을 보고, 학생들은 명령형 문장을 확인할 수 있을 것이다.

원리: 학생들은 글을 정확하게 표현하기 위하여 명령형 문장을 이해해야 한다.

내용: 명령형 문장은 명령이나 지시와 관련되는 문장이다.

절차: 칠판 위에 다음의 개요를 제시한다.

문장

평서문 의문문 명령문

명령문과 관련된 정의를 제시한다.

예를 제시한다.

그거 하지 마!

옷 집어 드세요.

명령문의 특징을 확인한다.

예와 정의를 관련 짓는다.

예를 제시한다.

그는 가기를 원하지 않는다.

가. 그러지 않으면 경찰을 부르겠어!

더 이상 거짓말하지 마!

학생들에게 명령형을 확인하고, 그들의 추론을 설명하도록 한다.

학생들에게 추가적인 예를 제시하도록 요구한다.

자료: 문장의 형태에 관한 개요

문자의 형태에 관한 예시

평가: 학생들에게 일련의 문장을 제시하고, 이 중에서 명령형 문장을 확인한다.

참고문헌

Arends, R. I. (1994). *Learning to teach* (3th ed.). New York: McGraw-Hill.

Ausubel, D. P. (1963). *The psychology of meaningful verbal learning: An introduction to school learning*. New York: Grune & Stratton.

Borg, W. R., & Gall, M. D. (1983). *Educational research: An introduction* (4th ed.). New York: Longman.

Brown, G. (1975). *Micro-teaching: A programme of teaching skills*. London: Methuen.

Cole, P. G., & Chan, L. K. S. (1987). *Teaching principles and practice*. New York: Prentice Hall.

Cooper, J. M. (1986). *Classroom teaching skills* (3th ed.). Washington, D.C.: Heath and Company.

Cruickshank, D. R. (1985). Applying research on teacher clarity. *Journal of Teacher Education, 36*(2), 44-48.

Hunter, M. (1982). *Mastery teaching: Increasing instructional effectiveness in secondary school*. El Segundo, CA: TiP.

Hyman, R. T. (1974). *Ways of teaching* (2nd ed.). NJ: Lippincott.

Joyce, B, Weil, M, & Showers, B. (1992). *Models of teaching* (4th ed.). Boston: Allyn and Bacon.

Martin, J. R. (1970). *Explaining, understanding and teaching*. New York: McGraw-Hill.

Rosenshine, B. (1970). Enthusiastic teaching: A research reviews. *School Review,* 78, 499-514.

Rosenshine, B. V., & Stevens, R. (1986). Teaching functions. In M. C. Wittrock (Ed.), *Handbook of research on teaching* (3rd ed.) (pp. 376-391). New York: Macmillan Publishing.

Wragg, E. C. (1984). *Classroom teaching skills: The research findings of the teacher education project*. New York: Nichols.

제7장

토의수업

학교수업에서 가장 오래되었고 가장 널리 사용되어 온 수업방법은 아마도 강의법과 토의법일 것이다. 우리 학교수업에 너무나 많이 사용되고 너무 일반화되어 있어서인지 이 분야에 대하여 별다른 연구의 관심을 보이지 않았다. 매일 강의법을 사용하고 있으면서 어떻게 하면 강의를 잘할 것인지, 어떻게 하면 토의를 잘할 것인지에 대하여는 별다른 연구가 이루어진 것 같지 않다.

우리가 토의법에 관심을 갖는 이유는 다양하겠지만 그 중 하나는 아마도 강의법만으로는 해결되지 않는 영역을 토의법으로는 해결할 수 있다는 확신 때문일 것이다.

수업의 효과에 관한 초기의 연구는 주로 강의법과 토의법 중 어느 방법이 학업성취에 더 효과가 있는지를 규명하고자 하였다. 그 결과 두 방법 모두가 효과적이라는 결론을 얻었다. 그러나 그 연구결과를 부분적으로 재해석해 보았을 때 강의법은 지식전달, 다인수 학급, 동기유발에 효과적임이 밝혀졌고 토의법은 문제해결, 소집단 학생에게 효과적임이 밝혀졌다. 그 이후 토의법에 관한 많은 연구에 의하면 토의법은 태도, 가치관 학습에도 효과적임이 밝혀졌다.

오늘날 수업에 관한 많은 이론들이 제시되어 있다. 이 수업이론들은 자세히 살펴보면 그 이론에서 공통적으로 사용되고 있는 두 수업방법을 발견할 수 있다. 그것은 결국 강의와 토의로 요약될 수 있다. 따라서 우리가 수업의 효과를 높이기 위해서는 무엇보다도 강의와 토의에 관한 연구가 필요하다.

효과적인 토의를 어떻게 전개할 수 있을까? 여기에서는 그 동안 토의에 관한 연구결과를 중심으로 토의수업의 이론적 기저가 되고 있는 토의수업의 특징부터 알아보고자 한다.

1. 토의의 개념

토의라는 용어는 학자들에 따라서 다양하게 정의되고 있다. 여기서는 대표적인 정의 두 가지를 중심으로 개념상의 특징을 살펴보고자 한다.

우선 Wagner와 Arnold(1952)에 의하면, 토의란 집단이 문제를 협동적으로 해결할 목적으로 반성적 사고를 통하여 지도자의 지도를 받아 이루어지는 대화이다. 이 정의에서 중요한 요소 중 하나는 집단이다. 집단이란 단지 이 사람 저 사람을 두서없이 모아 놓은 집단이 아니라 공통된 목적을 갖고 모인 집단을 의미한다. 이 집단은 또한 제멋대로 대화를 나누는 것이 아니라 지도자의 지도를 받은 반성적 사고를 통한 대화를 나누는 집단인 것이다. 반성적 사고란 결론에 도달하기에 앞서 검토하고, 탐구하고, 평가하는 사려 깊은 합리적 사고를 의미한다.

이 정의의 또 하나의 특징은 협동적 문제 해결이다. 집단 구성원이 문제를 해결하기 위해서는 공동 노력을 기울여야 한다. 어느 한 사람에 의한 문제 해결은 바람직하지 않다. 집단 구성원 모두가 힘을 합하여 문제 해결에 힘써야 하는 것이다.

그러나 Wagner와 Arnold의 정의에는 토의 지도자에 대한 구체적 언급이 없다. 어느 한 개인을 임명하여 그에게 지도자의 역할을 부여할 것인지 아니면 집단 구성원 모두를 지도자로 임명할 것인지, 지도자의 역할이 무엇인지에 대하여 구체적으로 밝히고 있지 않다. 또한 집단 구성원의 문제 해결에만 관심이 있지 문제 해결을 위한 집단 결속, 사기 진작에 관한 구체적인 언급이 없다.

이러한 점을 보완하여 비교적 종합적 정의를 내리고 있는 학자로 Potter와 Anderson(1970)이 있다. 이들에 의하면 토의란 집단 지도성을 공유하고 있는 개인들로 구성된 집단이 언어를 통하여 아이디어, 사실, 의견을 의도적, 체계적으로 교환하는 것이다. 이 정의를 좀 더 부연하면 아래와 같다.

첫째, 토의는 의도적이라는 점이다. 의도적이라는 말은 곧 목적이 있다는 뜻이다. 모든 수업이 그러하듯이 제일 먼저 고려해야 할 사항은 목적인 것이다. 토의 목적은 일반적으로 토의 시작 이전에 결정되어야 하며, 분명하게 정의되어야 한다. 무엇보다도 집단 구성원은 모두 토의 목적을 인지하고 있어야 하며 또한 토의를 통하여 얻은 결정을 목적에 비추어 검토해야 한다.

둘째, 토의는 통상 체계적이고 논리적이라는 점이다. 효과적인 토의는 정확한 증거, 판단력, 공정성, 주제의 체계적 개발을 통하여 가능해진다.

셋째, 토의는 대화 과정이다. 토의법은 집단 구성원끼리 주어진 목표달성을 위하여 서로 자신의 의사를 개진하고 이에 반응해가는 학습방법으로 무엇보다 자신의 의사를 정확히 표현하는 기술이 요구된다.

넷째, 토의에서는 주제와 관련된 가능한 모든 아이디어, 사실, 의견들을 고려하여야 한다는 점이다. 효과적인 토의를 위해서는 문제의 철저한 분석, 가능한 모든 해결책의 탐색, 참여자들의 적극적 참여가 요구된다.

다섯째, 토의는 집단과정을 필요로 한다. 토의는 집단속에서 일어난다. 집단은 대집단이 될 수도 있고 소집단이 될 수도 있다. 어떠한 형태의 집단이건 간에 토의에서는 집단 내의 집단 구성원 간의 상호관계에 관심을 둔다. 여기서는 집단의 사기, 결속, 목표 달성이 제일 중요하며 아울러 토의 참여자 개인의 욕구충족도 고려하여야 한다.

여섯째, 토의에서는 집단 구성원끼리 지도성을 공유할 것이 요구된다. 지도성이란 토의의 과정이나 평가에 있어 계획하고 실천하는 데 주도하는 행위를 말한다. 지도성은 어느 한 개인보다 집단 구성원 모두에 의하여 발휘되는 것이 효과적이다.

2. 토의의 목적

토의의 목적은 첫째, 교과의 지식, 기능, 태도, 문제 해결력을 기르는 데 있다. 일반적으로 토의는 문제 해결력과 같은 사고력을 기르는 데 효과적인 것으로 알려져 있으나 토의를 통하여 교과의 지식을 획득해나갈 수 있다. 또한 토의는 인지적 목표 이외에 정의적 영역인 태도나 가치관의 정립을 위해서도 효과적임이 밝혀졌다. 최근의 가치에 관한 수업이론을 보면 그 가운데에서 토의를 많이 활용하고 있음을 발견할 수 있다.

두 번째 목적은 민주시민의 자질을 기르는 데 목적을 두고 있다. 민주시민의 자질이 토의방법을 통하여서만 길러지는 것은 아니다. 그러나 토의수업에서는 학생들 모두가 참여하여 합리적 사고과정을 거쳐 공동 노력에 의하여 문제를 해결해 나간다. 이 과정에서 참여자 모두 자신의 견해를 피력하게 되고 남의 말을 존중하고 경청하며, 자신의 순서 질서를 기다리고, 합리적인 생각을 하게 된다. 이러한 행동이야말로 민주시민에게 요구되는 자질이라고 볼 수 있다.

셋째, 학생들의 학습참여를 증진시킨다. 강의법이라고 해서 학생들이 학습에 참여하지 않는 것은 아니다. 강의를 어떻게 하느냐에 따라 학습참여는 수동적이 될 수도 능동적이 될 수도 있다. 학습에 관한 연구에 의하면 학생들이 학습에 적극적으로 참여했을 때 학습효과는 증가한다는 것이다. 일반적으로 토의법은 강의법보다 학습참여를 더욱 촉진시킨다.

넷째, 토의를 통하여 토의 기술을 향상시킬 수 있다. 일반적으로 학교현장에서는 토의법이 자주 사용되고 있지 않다. 그 이유는 다양하겠지만, 교과 진도의 어려움, 학생통제의 어려움, 토의 학습 결과에 대한 불신, 토의 기술(교사의 지도 기술, 학생의 토의 기술)의 부족 등이 있을 수 있다. 많은 교사들은 토의 기술이 부족하여 토의를 실시하지 못한다고 한다. 토의 기술을 익히게 되면 앞에서도 언급했듯이 여러 목적을 달성하는 데 매우 효과적이다. 따라서 토의 기술을 연마하여 학생 중심의 토의가 이루어지도록 지도할 필요가 있는 것이다.

3. 토의수업 전개상의 특징

토의수업 전개상의 특징도 학자에 따라 견해를 달리할 수 있다. 토의수업이 전개되려면 반드시 학생 집단을 대상으로 하며 집단 구성원들은 각기 지도자, 참여자,

조정자로서의 역할을 수행하게 된다. 또한 토의수업은 일정한 장소, 일정한 시간에 모여 서로가 의사를 교환하고 경청하는 과정을 거치게 된다. 이러한 과정에서 나타나는 몇 가지 특징을 살펴본다.

(1) 집단 구성원의 공동 역할 분담

토의가 강의와 다른 점은 토의에서는 구성원 모두의 참여를 요구한다는 점이다. 토의는 한 사람에 의하여 주도되는 것이 아니라 집단 구성원 모두에 의하여 주도되는 것이다. 따라서 집단 구성원 모두에게 참여자로서의 역할이 주어지며 참여자들은 토의의 주도, 조정, 유지의 역할을 수행해 나가야 한다.

(2) 상호작용적 의사소통

토의 집단은 어느 정도의 상호 영향을 주고받는 개인들이 모여 상호의견을 나누는 집단이다. 따라서 토의의 과정은 어느 한 사람의 지식전달이나 정보제공으로 이루어지는 것은 아니다. 여기에는 반드시 상호작용이 있기 마련이다. 일반적으로 강의에서는 교사-학생 간의 의사소통이 지배적이지만 토의에서는 학생-학생 간의 의사소통이 지배적이다. 교사나 일부 학생이 말을 독점하는 경우가 많으며 따라서 나머지 학생들은 거의 토의에 참여하지 못하는 경우가 대부분이다. 이런 경우는 상호작용적이라고 볼 수 없다. 어느 한 연구에 의하면 모든 집단 구성원들이 의사를 자유롭게 교환할 때 집단 구성원들은 만족을 느끼며 기뻐한다는 것이다. 자유롭게 의사가 교환되는 경우는 상호작용적이라고 볼 수 있다.

(3) 말하고 듣고 관찰하는 과정

토의의 두드러진 특징 중 하나는 경청이나 관찰과정을 통하여 정보를 처리할 기회를 제공한다는 점이다. 예를 들면 어느 문제에 관한 신문 기사를 읽을 때 그 문제 자체가 크나큰 관심거리가 되지 않아 깊이 생각할 필요가 없을 수가 있다. 그러나 토의의 경우 거기에서 제기되는 문제는 그 특성 자체가 판이하게 다르다. 경청자로서 참여 학생들은 발표된 문제에 대하여 즉각 반응하게 되며 또한 언어적 반응이외에 비언어적 반응으로 얼굴표정, 제스처, 기타 여러 동작을 나타내기도 한다. 토의에서는 다른 사람의 아이디어를 접하는 이외에 자신의 아이디어를 표현하게 되고 더욱이 표현된 아이디어에 대하여 피드백을 받기도 하며 자신이 생각한 것과 타인이 생각한 것을 서로 교환하므로 서로의 생각을 공유하기도 한다.

4. 목표별 토의 방식

Gall과 Gall(1976)은 수업목표에 따른 토의 형태를 크게 셋으로 구분하고 있다. 즉 교과숙달토의, 문제중심토의, 문제해결토의가 그것이다.

첫 번째 토의 유형은 교과의 숙달에 초점을 두고 있다. 대표적인 토의 유형은 Hill(1969)의 토의 모형으로, 이 모형에 의하면 우선 학생들은 자료를 읽고 그 다음에 토의에 참여하는데 이 경우 자료에 제시된 용어, 개념, 저자의 의도, 주된 주제, 하위 주제, 본 자료와 기존 지식과의 통합, 재료의 응용, 저자의 의도한 내용의 평가가 토의의 대상이 된다. 이 토의는 주로 교사의 질문으로 이어지는데 이해, 분석, 적용, 통합, 평가의 영역에 걸쳐 질문이 이루어진다.

두 번째 문제중심의 토의는 학생들의 태도 변화를 의도하고 있는 토의이다. 일반적으로 사회심리학자들은 태도를 인지(아이디어, 신념), 정의(감정), 심체(사회적 행위) 영역으로 나눈다. 문제중심토의의 일차적 목적은 타인의 태도를 인지, 이해시키는 것(신념, 감정, 행위)이고 이차적 목표는 자신과 타인의 행동을 분석, 평가하도록 돕는 것이고 세 번째 목적은 분석, 평가 결과에 따라 자신의 태도를 수정하도록 돕는 것이다. 네 번째 목적은 집단이 합의를 도출하고자 할 경우 타 집단 구성원들을 합의한 사항으로 태도를 바꾸게 하는 것이다.

세 번째 유형의 토의는 집단 구성원들이 문제를 해결하도록 돕는 토의 유형이다. 여기서 중요한 것은 집단이 문제를 공유하고 집단 구성원 모두가 책임감을 갖고 문제 해결을 위하여 공동 노력할 것이 요구된다는 것이다. 이 토의의 효과는 독창적이고 기발한 문제 해결이 아니라 어느 정도의 집단 구성원의 공동 참여로 나타나는 것이다.

5. 토의수업 집단의 특징

토의수업 집단과 강의수업 집단 간에는 집단의 크기나 기능 면에서 차이가 있다. 여기서는 토의수업 집단의 특성을 집단의 크기와 구성, 집단 응집성, 의사소통망 유형, 지도성을 중심으로 알아본다.

(1) 집단의 크기

수업방법에 따라 집단의 크기는 달라진다. 한 개인을 대상으로 하는 수업으로는 프로그램 수업, 개별화 처방수업이 있고 두 명을 대상으로 하는 수업으로는 튜터링(tutoring), 동료 교수(peer teaching) 등이 있다. 집단의 크기를 얼마로 하는 것이 좋으냐에 대하여는 학자마다 상이한 견해를 갖고 있다. Hare(1962)의 연구에 의하면, 적당한 집단의 크기는 5명이다. 그는 이어 5명 이하가 되면 집단 구성원들은 집단의 규모가 작다고 불평을 호소하며 또한 5명 이상이 되면 집단 규모가 너무 크다고 하여 5명 정도가 적당하다고 한다. Cheydleur(1945)는 1919년에서 1943년에 걸쳐 불어수업을 대상으로 연구를 수행해왔다. 그는 소집단의 크기를 9명에서 33명에 이르도록 소집단을 구성하여 연구를 실시하였는데 집단의 크기가 작을수록 학업성취가 높게 나타났다. 한편 Schellenberg(1959)는 소집단의 크기가 4, 6, 8, 10명인 경우 학생들이 가장 만족해했으며 학생들의 성취도 높았다고 밝혔다. 이와 같은 연구결과를 놓고 볼 때 집단의 크기가 클수록 집단의 자원은 늘어나지만 그 자원을 활용할 집단의 능력은 감소된다고 볼 수 있다. 집단의 크기가 늘어날수록 학생 간의 상호작용은 줄어들고, 학생들끼리 말할 기회도 줄어들고 집단의 문제해결 능력도 감소된다.

(2) 집단의 구성

토의집단을 구성할 경우 문제시되는 것은 이질집단을 구성할 것인가 아니면 동질집단을 구성할 것인가를 결정하는 일이다. 또한 이들을 결정하는 기준이 무엇이 되어야 할지도 문제이다. 일반적으로는 학습능력과 인성이 그 기준이 되었다. Newcomb(1960)에 의하면 태도와 대인지향성을 기준으로 편성한 동질집단은 이질집단보다 집단 응집력이 더 큰 것으로 나타났다. 이와는 반대로 Cartwright

(1968)에 의하면 동질집단과 집단 응집력과는 관계가 없다. Hoffman은 인성 특징을 기준으로 동질집단과 이질집단의 문제해결력의 차이를 연구한 결과 이질집단이 더 높은 성취를 보였으나 역할놀이에서는 차이를 보이지 않았다.

Hoffman과 Harburg, Maier(1962)는 혼성집단, 남성집단, 여성집단 간에 문제해결 능력에 차이가 있는지를 연구한 결과 혼성집단이 남성집단, 여성집단보다 더 높게 나타났다. 이상의 연구를 종합해볼 때 동질집단과 집단 응집력 간에는 긍정적 관계가 있으나 문제해결력에 있어서는 이질집단이 동질집단보다 더 나은 것으로 나타났다. 따라서 교사가 토의집단을 구성할 때 되도록이면 이질집단을 구성하는 것이 효과적이다.

(3) 집단 응집력

Schumark과 Schumark(1975)에 의하면, 응집력이 높은 학급에서는 학생들끼리 서로 서로의 일에 적극 개입하고 관심을 가지며 서로 서로를 도와준다는 것이다. 그들은 이어 집단 응집력을 높이기 위해서는 개방적 토론, 지도성의 배분, 우정집단의 개발, 빈번한 의사소통의 격려를 주장한다. 여러 연구결과에 의하면 집단 응집력은 집단 참여의 증대, 의사소통의 증대, 대인관계 개선에 효과적이다. 더욱이 집단 구성원이 토의 목적을 지지하고 높은 응집력을 갖게 되면 자연적으로 토의는 원만히 진행된다. 그러나 지나치게 응집력이 높을 경우 집단 구성원은 그들끼리의 상호작용에서 노는 즐거움에만 집착한 나머지 과제 목적을 소홀히 여길 위험도 존재한다. 그러나 적당한 응집력을 유지하는 경우는 구성원 간의 상호작용에서 오는 즐거움과 보람을 느끼며 동시에 집단의 목적도 달성할 수 있게 된다.

(4) 의사소통망의 유형

의사소통망에 따른 학업성취의 차이에 관한 연구는 오래전부터 연구자들의 관심의 대상이 되어왔다. 이들 연구결과는 크게 세 가지로 나누어진다.

첫째, 전체집단의 만족은 중심 의사소통망보다 분산 의사소통망 집단에 더 크게 나타났다. 중심 의사소통망이란 한 개인 또는 중심인물을 중심으로 내용이 전달되는 망을 말하고 분산 의사소통망이란 집단 구성원들끼리 열려 있는 의사소통망인 것이다.

둘째, 분산 의사소통망 집단이 중심 의사소통망 집단보다 정보 교환이 요구되는 문제해결에 더 오랜 시간을 보냈다.

셋째, 분산 의사소통망 집단은 중심 의사소통망 집단보다 복잡한 학습과제를 해결해 나가는 속도나 정확성이 뛰어났다.

결론적으로 복잡한 문제를 해결할 경우는 분산 의사소통망을 활용하는 것이 효과적이다.

(5) 토의수업에서의 지도성

교사가 토의를 효과적으로 이끌어가기 위해서는 자기 자신의 지도성이 어떠하며, 학생들에게 미치는 효과가 어떠한지를 잘 알고 있어야 한다. 지도성이란 한마디로 집단의 목표를 달성하기 위하여 집단을 이끌어가는 행위이다. 일반적으로 집단 구성원들은 토의 목적이 무엇이고 이를 달성하기 위해서 무엇을 해야 하는지에 대하여 상이한 생각들을 갖고 있다. 그러므로 목적을 분명히 하여 집단의 목적을 달성하기 위해서는 지도성이 요구된다. Makeachie(1986)는 교사의 지도성에 대하여 다음과 같이 언급하고 있다.

1. 토의 시작 선언 및 토의 주제 제시
2. 토의 진행 도중 목표의 명료화
3. 요약
4. 의견 차이의 조정 및 명료화
5. 의제 설정
6. 집단과정의 평가

6. 토의수업의 유형

토의수업의 유형은 개방성 여부, 교사와 학생의 주도적 활동 정도, 사전의 계획, 참여자 인원, 주제, 토의 방법에 따라 다양하게 나누어진다. 토의 형태를 자유토의, 반통제된 토의, 통제된 토의로 나누기도 하고 자유토의, 정보 교환을 위한 토의, 기능 개발을 위한 토의로 나누기도 한다. 여기서는 개방성에 따른 분류와 운영 방식에 따른 분류를 중심으로 살펴본다.

1) 개방성에 따른 토의수업 유형

개방성에 따라 수업은 교사 중심 토의와 학생 집단 중심 토의로 나누어볼 수 있다. 교사 중심 토의수업에서는 교사가 회의 진행에 주도권을 갖고 토의를 전개해 나간다. 그러나 학생 중심 토의에서는 교사의 역할이 축소되며, 교사도 토의 집단의 학생과 똑같은 하나의 구성원으로 생각된다. 대체로 토의수업은 교사 중심 토의법보다는 학생 집단 중심 토의법을 활용함이 본래의 토의수업의 목적에 비추어볼 때 바람직하다. 학생 집단 중심 토의법은 집단 중심적인 형태를 취하므로, 학생 상호간의 상호작용을 증대시키고 학생들이 토의 전개의 모든 책임과 지도성을 발휘하도록 한다. 집단 토의는 수많은 문제를 제시하고, 수많은 사람들이 사실을 통합하고, 가설을 세우고, 관련된 증거를 수집하고, 결론을 평가하는 경험을 갖도록 한다. 교사는 일종의 자원 인사 또는 중재자로서 역할을 한다.

2) 토의운영 방식에 따른 토의수업 유형

① 일제 문답식

교사가 학습 전원을 대상으로 문답을 통하여 토의를 전개해 나가는 방법으로 교사 중심의 통제된 토의 형태를 취하는 경우가 많다.

② 공개식

어떤 주제에 대하여 1~2명의 발표자(학생)가 규정된 시간(5~10분) 내에 발표하고, 발표한 내용을 중심으로 발표자와 나머지 학생 사이에 질의 · 응답으로 토론이 진행된다.

③ 대좌식

주어진 주제에 대하여 학생들을 서로 상반된 의견을 가진 두 집단으로 나누어, 각 집단의 견해를 주장하게 하면서 토의를 전개하는 방식이다.

④ 원탁식

10명 내외의 인원이 원탁에 둘러앉아 자유롭게 토론하는 방식이다. 원탁식은 모든 참가 인원이 자유롭게 발언할 수 있다는 점에 특색이 있으므로, 개방적인 분위기를 조성하여 누구나 균등하게 발언할 수 있도록 하는 것이 중요하다.

⑤ 워크숍

교실의 강의식 방식을 벗어나 학생들을 몇 개의 그룹으로 나누어, 자주적으로 특정한 작업과 토론을 전개하는 방식이다.

⑥ 자유 토의

학급 학생 전체가 관심 있는 주제를 가지고 자유롭게 토의하는 형태이다. 학생들은 토의에 적극적으로 참여하며, 다양한 의문과 의견 등을 제시하여 쟁점을 결정한다. 교사는 학생들이 자유롭게 토론하도록 조정 역할을 한다.

⑦ 버즈법

학생들을 4~6명씩 소집단으로 구성하고 학습해가는 도중에 6~10분 정도로 학습주제에 대하여 집단별로 자유롭게 토의를 전개하는 방식이다.

⑧ 브레인스토밍(머리 짜내기)

학생들을 6~8명 정도로 집단을 형성하게 하고, 집단별로 새로운 아이디어를 찾아내게 한다. 집단별 토의 시에는 각 집단의 사회자를 정하고 사회자에 의하여 토의를 전개한다.

⑨ 대화법

어떤 주제에 대한 권위자나 전문가를 초청하거나 방문하여 면접을 통해 질의 · 응답하는 방식이다.

3) 집단 크기에 따른 토의수업 유형

집단의 크기에 따라 대집단 토의와 소집단 토의를 구분해볼 수 있다.

(1) 대집단 토의

패널, 심포지엄, 디베이트는 소집단 토의에서 사용될 수 없는 것으로 대집단 활동에 사용된다.

(2) 소집단 토의

① **브레인스토밍**(Brainstorming)

브레인스토밍 방법은 학생들에게 창의력을 길러줄 때 사용되는 토의 방법 중의 하나이다. 브레인스토밍 활동에는 많은 학생들이 참여할 수 있다.

② **필립** 6 · 6(Phillips 6 · 6)

이 방법은 필립이 개발한 방법으로 6명을 1개 집단으로 6분간 토의한다고 하여 필립 6 · 6이라고 불린다.

학급을 6명씩 한 개 집단으로 나눈 후, 1분간은 지도자와 서기를 선출하는 데 보내고, 1분이 지날 무렵 교사는 토의 문제를 간단하고 명확하게 제시한다. 그리고 학생들은 6분간에 걸쳐 문제에 대한 해결책을 구한다.

③ **개별 토의 지도**(Turorial)

개별 토의 지도 방법은 학습에 곤란을 겪고 있는 학생들을 도와주는 데 흔히 사용되는 방법이다. 이 방법에서는 통상 학생수가 6명 이하로 구성되고, 구체적인 내용을 집중적으로 나눈다.

④ **과제 집단 토의**

과제 집단 토의에서는 각 집단 구성원은 집단 과제 해결에 공헌하여야 한다. 제일 먼저 해야 할 일은 집단 구성원에게 과제를 구체적으로 제시하는 것이다. 과제 집단은 토의 목적을 분명히 정리하고, 개인별 과제를 분명히 정해주고 각 구성원의 역할을 정해야 한다. 또한, 교사는 토의 계획을 수립하고 토의를 조정하고, 학습 자원을 제공해 주어야 한다.

⑤ **탐구 집단 토의**

만일에 교사가 문제해결이나 발견수업을 강조하고자 한다면 탐구 집단 토의 방법이 가장 적합하다. 탐구 집단은 대체로 6명에서 10명으로 구성하는 것이 적당하다. 이 토의 방법의 목적은 과학적 사고의 자극, 문제 해결 기능의 개발, 새로운 사실획득이다. 이 토의 방법에서는 교사가 지도자 역할을 할 수도 있지만, 가능하면 발문 기술이 뛰어나고 논의 중인 개념을 잘 이해하고 있는 학생이 있다면, 그 학생이 지도자가 되는 것이 좋다.

7. Gage와 Berliner의 토의수업 모형

여기서는 Gage와 Berliner(1979)의 토의수업 모형을 중심으로 논의한다.

토의를 통하여 달성하고자 하는 목표는 다양하지만, Gage는 그 목표로서 비판적 사고력, 민주적 기능, 복잡한 인지적, 사회정서적 목표를 들고 있다. 그는 이어 토의법은 논쟁의 여지가 있는 문제에 대한 태도를 변화시키고, 의견이 분분한 분야에 적합하며, 특히 인내력이 강하고 정서적으로 안정된 교사에게 유리하며, 학생들의 문제해결력과 발표력을 기르는 데 적합한 방법이라고 주장한다. 그래서 토의법은 다양한 수업목표를 달성하기 위하여 사용되며, 협동학습과 같은 다양한 형태를 취한다. 토의수업을 전개하려면 여러 요소들을 고려하여야 한다. 그 요소들로는 수업목표, 학습자의 요구, 토의활동 시기, 집단의 크기 등이 있다. 토의 단계는 토의 전 단계, 토의 진행 단계, 토의 후 단계로 구성된다.

1) 토의 전 단계

토의 전 단계는 토의수업을 계획하는 단계이다. 어느 형태의 수업과 마찬가지로 토의수업에 있어 계획은 중요하다. 강의수업보다 토의수업의 계획이 더 복잡할 뿐 아니라 어려움이 따른다. 강의수업은 대체로 교사가 일방적으로 정보를 전달하는 데 반하여, 토의수업은 정보의 일방 전달 과정이 아니라 교사와 학생, 학생과 학생 간의 정보 교환을 특징으로 삼는다. 그러나 계획 단계에서는 이들 교환의 과정을 쉽게 예측할 수 없다.

토의 전 단계에서 해야 할 일로는 주제를 선정하고 배경 지식을 제공하며, 토의목표를 구체화하고, 의사소통 구조를 고려한 물리적 환경 배치 등을 결정하는 일이 있다.

(1) 주제 선정

인간이 관심을 갖고 있는 사항은 모두가 토의 주제가 될 수 있으며, 주제를 결정하려면 학습자의 특성과 교과를 고려해야만 한다. 주제의 성격에 따라서는 토의 방법이 달라질 수 있다. 단순한 과제를 토의할 때와 복잡한 과제를 토의할 때, 그 토의의 과정에는 차이가 있을 수 있다.

주제는 크게 논쟁의 여지가 없는 주제와 논쟁의 여지가 있는 주제로 나눌 수 있다. 논쟁의 여지가 있는 주제는 일정한 정답이 없으며, 따라서 이러한 주제를 토의할 때는 정답을 찾으려 하지 말고, 그 해결책에 대한 논리적 사고를 더 중시하게 된다. 그러나 논쟁의 여지가 거의 없는 주제는 대개 정답을 요구하게 된다.

① 논쟁의 여지가 없는 주제

논쟁의 여지가 없는 주제는 정답이 존재한다. 따라서 토의를 통해 도달한 결과는 다른 사람들이 도달한 결과와 같을 수가 있다. 그러나 일반적으로 이러한 주제에 대한 수업은 토의보다는 다른 수업, 예를 들면 강의를 통해서 더 효율적으로 가르쳐질 수 있다. 그럼에도 불구하고 논쟁의 여지가 없는 주제라 하더라도, 학생들에게 분명한 자기 입장을 갖도록 하기 위하여 토의를 사용할 수도 있다.

다음의 예를 생각해보자.

1. 6학년 사회 과목에서 나오는 경도와 위도
2. 고교 화학 과목에 나오는 원자의 의미
3. 14행시(Sonnet)의 적절한 형태

위의 주제는 논쟁의 여지가 없는 주제이다. 그럼에도 불구하고 이러한 주제에 관한 토의를 벌임으로써 자기 자신의 의견이 명확해지고, 나아가 자신의 의견을 표현할 수 있는 능력이 길러지며, 똑같은 아이디어라 할지라도 그 표현 방법을 다양화해 나가는 기회를 얻게 된다. 또한 결론을 평가하고 비판하는 능력을 기를 수가 있는 것이다.

② 논쟁의 여지가 있는 주제

사실 토의에는 논쟁의 여지가 없는 주제보다는 논쟁의 여지가 많은 주제가 적합하다. 토의의 가치는 반드시 어떤 주제에 대한 정답만을 찾아내는 데 있는 것이 아니다. 그러나 지금까지 생각해 보지도 않던 새로운 주제일 경우, 정답을 필요로 할 수도 있을 것이다.

아무튼 논쟁의 여지가 있는 주제의 가치는 토의를 통하여 학습의 동기를 유발시키며, 타인의 논리나 설명에 말려들지 않으며, 오히려 자신의 논리, 정도, 입장을 보다 철저히 밝히는 데 있다. 또한 이러한 토의를 통하여 일정한 토의 절차를 알게 되고, 바람직하지 못한 해결책을 가려내고, 바람직한 해결책을 찾아내도록 해준다. 그래서 이러한 토의를 통해서는 교과내용을 포괄적으로 다룬다기보다는 오히려 복잡한 사고를 요하는 주제를 깊이 있게 다루어 나가게 된다.

그럼에도 불구하고 대부분의 교사들은 논쟁의 여지가 많은 주제는 회피하는 경향이 있다. Massialas, Sweeney와 Freitag(1969)의 연구에 의하면 연구대상 교사의 54%는 논쟁의 여지가 있는 주제에 대한 토의를 할 경우, 전체 토의 시간의 10%도 할애하지 않는다.

(2) 배경 지식의 획득

토의 계획 단계에서 주제 선정이 우선되어야 함을 지적하였다. 주제가 결정되고 나면, 그 다음으로 교사는 학생들에게 배경 지식을 제공해 주어야 한다. 흔히, 교사들이 우발적으로 문제를 제기하고 토의를 시작해 보이는 경우가 종종 있다. 다행히도 그 주제가 학생들이 알고 있는 경우에는 큰 문제가 없으나, 학생들이 잘 모르는 주제일 경우에는 거의 토의가 이루어지지 않는다. 토의는 그 주제에 관련된 정보나 지식이 있을 때에만 가능할 것이다. 토의 주제와 관련된 배경 지식은 독서 과제를 통해서 얻을 수도 있지만, 주제의 성격에 따라 영화, TV, 현장 답사 등을 통해서도 얻을 수 있다.

(3) 토의 목표의 구체화

주제 자체를 목표로 볼 수도 있다. 그러나 이러한 목표는 너무 일반적이어서 토의 방향을 구체적으로 설정하기가 어렵다. 토의가 실효를 거두려면 토의 목표를 구체화할 필요가 있다. 목표 진술에는 배경 지식, 거론될 문제의 영역까지 모두를 포함한다.

그 한 예로 다음과 같이 목표를 진술할 수 있다.

1. 과학의 기원에 관한 영화를 감상한 후, 학생들은 연금술에 따른 과학의 발달과 과학적 방법을 반대하는 주요한 네 가지 이유에 대한 토론을 벌인다.
2. 에너지의 여러 원천에 대한 글을 읽고 학생들은 에너지의 활용 가능성, 경제적 이용가능성, 활용하는 데 걸리는 시간, 정보의 역할, 환경적 영향에 관한 토의를 실시한다. 토의는 45분 단위로 다섯 차례에 걸쳐 실시한다.

이러한 형태로 목표를 진술하게 되면, 학생이나 교사 모두 토의를 진행해 나가는 데 우왕좌왕하지 않고 적극적으로 자기가 맡은 소임을 다할 수 있게 된다. 토의를 할 때는 시간의 안배 또한 중요하다.

(4) 물리적 환경과 의사소통 구조

물리적 환경은 토의 과정에 중요한 영향을 미친다. Sommer(1967)는 세미나식 또는 원형의 좌석 배치와 줄지어 앉는 강의식 좌석 배치를 비교하였다. 두 좌석 배치에서 교사를 직면하는 학생들은 양가에 앉는 학생들보다 학습의 참여정도가 더 높았다. 강의식 좌석 배치에서 앞줄과 교실 중간에 앉아 있는 학생들은 좌우 양가에 앉아 있는 학생들보다 학습에 대한 참여도가 더 높았다. 좌석 배치에서 가장 중요한 것은 시선접촉이다. 집단 구성원끼리의 시선접촉은 세미나식이건 강의식이건 상관없이 의사소통을 증진시킨다.

Takarnishi-knowles(1973)는 24개 학교의 3, 4학년 학생들의 수업을 연구하였다. 그 연구에 의하면, 교사가 학생들을 소집단으로 구성했을 때 대집단으로 구성했을 때보다 학습 참여도가 더 높게 나타났다.

2) 토의 진행 단계

특정 주제에 관한 토의 목표가 설정되고 물리적 환경이 조성되면, 예정된 주제에 대한 토의에 들어가게 된다. 토의 진행 단계에서 가장 중요한 것은 토의 중 교사는 무엇을 해야 하느냐의 문제이다. 그러나 이러한 문제는 학습자에게도 해당된다.

토의 진행 단계에서 교사가 해야 할 일은 우선 도입 단계와 토의 목적을 확인하고, 토의 주제를 확인 또는 결정하는 일이 가장 시급한 일이다. 그 다음으로 토의 방식을 결정하고 집단 편성 및 역할 분담을 하여야 할 것이다. 그리고 토의의 구체적 절차를 알려주어야 할 것이다.

토의 전개 단계는 집단에 설정한 공동 목표를 달성하기 위하여 토의를 펼쳐나가는 단계이다. 가장 중요한 사항은 모든 집단 구성원들이 참여하여 토의의 목적 달성을 위하여 기여하여야 한다는 점이다. 따라서 교사는 모든 학생들이 토의에 참여하도록 자극해야 하고, 토의가 원만히 올바른 방향으로 진행되도록 토의를 안내 · 조정해 나가야 한다. 정리 단계에서는 토의의 내용을 요약 · 정리하고, 그 결과를 평가하여야 할 것이다.

여기서는 도입 단계에서 중요한 사항인 집단 편성 및 역할 분담, 그리고 전개 단계에서의 토의 진행의 안내와 토의 조정을 논의한다.

(1) 집단 편성 및 역할 분담

① 집단 편성

집단의 규모는 토의 유형에 따라 달라질 수 있다. 대집단 토론의 경우는 그 규모가 한 학급의 전체 또는 한 학년의 전체 또는 그 이상이 될 수도 있다. 그러나 소집단의 경우 그 규모에 대하여는 정설이 없는 것 같다. 앞에서 언급했듯이, Chedy-dleur(1945)의 연구에서도 소집단의 규모를 9명에서 33명에 이르도록 집단을 구성하여 연구한 결과 규모가 작을수록 효과가 있었다. Schellenberg(1959)의 연구에서는 집단의 규모를 4, 6, 8, 10으로 구성한 경우가 학생들이 만족해하고, 또한 학업 성취도도 높게 나타났다. 따라서 일률적으로 그 규모를 설정할 수는 없고, 주제의 성격, 학습자 특성, 학생의 수 등을 고려하여 규모를 설정하되, 일반적으로는 6명 정도가 적합하다.

6명으로 집단의 규모를 설정하더라도, 그 다음 제기되는 문제는 이질 집단으로 구성할 것인가, 아니면 동질 집단으로 구성할 것인가이다. 지금까지 밝혀진 연구 결과로는 이질 집단 편성이 동질 집단 편성보다 효과적이다.

② 역할 분담

소집단이 편성되면 집단 구성원들의 역할을 분담하여야 한다. 집단 구성원들에게는 참여자, 조정자, 지도자의 역할이 요구된다. 이들 역할 분담은 모든 집단 구성원들에게 공히 이루어져야 한다. 여기에 교사의 역할, 지도자의 역할, 기록자의 역할, 참여자의 역할을 간단히 적어본다.

1. 교사의 역할

- 토의를 안내한다.
- 토의의 참여 정도를 결정한다.
- 토의 내용을 분석하고 논리나 관련성, 사실의 정확성을 평가한다.
- 학생들의 질문에 대답을 해주거나 다른 학생들에게 질문을 제기한다.
- 소수 학생의 독점을 막고 소극적인 학생을 토의에 참여시킨다.
- 토의가 혼란에 빠지거나 주제와 동떨어질 경우, 토의에 개입하여 토의의 문제를 재인식시키고, 토의에서 거론되는 사실, 견해들을 재정리하여 토의를 진행시킨다.
- 학생들의 의견이 상충되는 경우, 스스로 합의를 이끌어내도록 조정한다. 이때 교사가 답을 제시하는 것은 옳지 않다.

2. 지도자의 역할

- 주제에 흥미를 갖도록 하여 참여자들의 반응을 유도한다.
- 토의의 분위기를 조성한다.
- 서로 다른 자신의 견해들을 제시하도록 격려한다.
- 감독자로서의 역할을 한다.
- 자신의 견해는 자제하며, 다른 사람의 의견에 대한 판단을 하지 않는다.
- 다른 사람의 의견을 존중해줄 것을 강조한다.
- 토론을 적절한 수준으로 유지한다.
- 토의의 결과를 요약한다.

3. 기록자의 역할

토의의 기록자는 토의 동안에 이루어진 언어적 상호 교환을 어떤 형태로든 기록하여 제시한다. 일반적으로 칠판이나 플로어차트(flow chart), 토의된 다양한 아이디어와 관계들을 보여주는 개념망 등으로 나타낼 수 있다. 교사는 학생의 특성이나 토의의 목적에 따라 얼마나 상세히 기록할 것인가와 얼마만큼의 아이디어를 기록할 것인가를 학생들에게 제시한다. 단지 중요한 단어를 기록하는 것으로도 계속되는 토의에서 더 많은 아이디어와 상호 교환이 일어나는 계기를 마련해준다.

4. 참여자의 역할

- 자신의 의견을 간단명료하게 제시한다.
- 자신의 의견을 조직하여 제시한다.
- 순시나 규칙에 따라 의견을 제시한다.
- 남의 의견을 자신의 의견과 비교하며 경청한다.
- 남의 의견의 타당성 여부를 평가한다.
- 남의 의견을 존중한다.
- 집단의 공동 목표 달성을 위해 상호 협조한다.
- 집단 구성원의 인화를 위하여 노력한다.

(2) 토의의 전개

토의에 있어 교사는 토의를 준비하고 진행하며, 그 과정을 검토하여야 한다. 우선 토의가 시작되기에 앞서 교사는 모든 사람들이 토의에 대한 준비가 되어 있는지를 확인하여야 한다.

토의가 시작되면서 교사는 토의를 안내하여야 하는데, 다음과 같은 사항에 대하여 관심을 가져야 한다. 교사의 대안은 무엇인가? 어떠한 기반 위에서 그 대안들을 선택하여야 하는가? 일반적으로 그 대안에는 교사의 참여 정도와 토의의 구조화가 포함된다.

교사는 그 토의에 있어 어느 정도 참여하여야 하는가? 원한다면 토의가 진행되는 동안 계속 자신의 의견을 제시할 수도 있다. 아니면 교사는 침묵만을 지킬 수도 있다. 또한 교사는 그 중간 입장을 취할 수도 있다. 아무튼 교사가 발언을 많이 할수록 학생의 발언이 줄어들고, 그 결과 토의의 효과는 줄어든다. 이러한 결과는 결국 교사의 참여를 되도록 줄이는 편이 낫다는 생각을 갖게 한다. 그러나 교사는 청취자, 관찰자, 경우에 따라서는 의장, 자문으로서의 역할을 수행하게 된다.

이상적으로 볼 때 교사는 단지 학생들의 의견을 청취하고, 학생들이 토의를 진행해 나가는 것이 좋다. 교사가 학생들의 의견만을 청취한다고 하여 교사는 아무

일도 하지 말고 가만히 있으라는 말은 아니다. 교사는 침묵을 지키면서도 토의 내용을 분석하고 논리나 관련성, 사실의 정확성을 평가하고 있어야 한다. 이러한 사실을 토의 참여자들과 함께 논의해보는 것이 무엇보다 중요하다. 이러한 논의에서는 학생들의 의견을 비판하거나 토의 시간을 너무 많이 소비하는 것은 좋지 않다.

토의가 혼란에 빠지거나 주제와 동떨어질 경우, 교사는 토의에 끼어들어 토의의 문제를 진행시켜야 한다. 교사가 자신의 의견을 제시할 경우, 되도록 사실이나 견해에 대하여 완전한 설명보다는 어느 정도까지는 설명을 보류하고, 학생이 스스로 나머지 해답을 찾아내는 즐거움을 갖도록 하는 것이 좋다.

또한, 토의를 진행하다 보면 교사는 여러 가지 문제에 봉착하게 된다. 그 중의 하나가 소수의 학생이 말을 독점하는 경우이다. 이 경우, 교사는 지금까지 논의된 내용을 요약하여 토의를 다음 단계로 진전시키는 것이 좋다. 또한 말을 독점하는 학생에게 질문을 던져 그 학생이 대답을 하면, 그 대답에 대하여 다른 학생에게 그 대답에 대하여 어떻게 생각하고, 느끼는지를 물어볼 수도 있다. 아니면 "예" 또는 "아니요"로 답할 수 있는 질문을 하고, 다른 학생으로 하여금 대답한 학생의 견해에 대하여 질문을 독점하는 학생을 막을 수 있다.

또, 토의를 진행하다 보면 토의에 소극적으로 참여하는 학생들이 있다. 이들 학생을 토의에 끌어내기 위해서는 쉽게 대답할 수 있는 사실적인 질문을 제기함으로써 토의에 참여케 할 수 있다.

그러나 학생들 간에 의견이 상충되는 경우가 있다. 이 경우, 교사는 어느 편도 들어서는 안 되고 학생들이 합의를 이끌어 내도록 지도하여야 한다. 특히, 교사는 유머를 사용하여 자유롭고 편안한 분위기 조성에 노력하여야 한다.

(3) 학생의 역할

교사의 역할을 개선하는 방법은 학생들에게 학생들 자신의 역할이 무엇인지에 대하여 명백히 이해하도록 하는 것이다. 집단 토의에서 학생들은 문제에 대한 자신의 해결책(의견)을 제안할 수 있어야 하고, 자신의 의견을 교사와 다른 학생들을 통하여 수정하고, 반대 의견에 대하여 반박할 수 있도록 해야 한다. 그리고 자기의 의견을 다른 사람의 의견과 관련시킬 수 있어야 하고, 필요하다면 반대 의견에 따라 자기의 의견을 수정할 수 있어야 한다. 한 학생의 발언은 가능하면 그의 동료 학생들에 의해 평가되어야 하고, 그 학생은 다른 사람의 평가가 있을 때 참여해야 한다. 동료 학생에게 자신의 입장을 명확하게 해달라고 요청하고, 필요할 때 상호 질문함으로써 의사소통이 가장 적합한 방법임을 확인해야 한다.

(4) 토의 조정

효과적인 토의수업이 일어나기 위해서는 교사, 학생 모두가 조정자로서의 역할을 이해해야만 한다. 효과적인 토의수업을 통해 학생들은 다음과 같은 것을 알아야 한다.

1. 사실의 본질
2. 그들이 지지하는 입장
3. 다른 사람이 생각하는 것
4. 문제점을 해결하기 위한 방안

이러한 목적을 달성하기 위해서 교사가 토의의 안건을 결정할 때, 학생들을 참여시키면서 토의를 시작해 나갈 수 있다. 그리고 의견을 표현하지 않는 학생을 지명하여 의견을 묻고, 인기 없는 의견을 제시하는 발언자의 권리도 인정해 주어야 한다. 토의에 초점을 맞추기 위해서 교사는 토의의 시작이나 토의 중에도 논제를 진술할 수 있다. 교사는 학생들의 발언에 대한 적절성과 관련성에 대한 의문을 제기할 수도 있다. 또한, 교사는 토의의 방향을 요약해줄 수 있다. 끝으로, 교사는 학생들로 하여금 이제까지 제시된 의견을 검토하도록 함으로써 토의를 마무리지어야 한다. 즉, 수용된 다양한 견해를 발표하게 한다. 특히 그 학생 자신의 의견과 다른 의견, 어떤 사람의 의견이 수정되었는지를 점검하고, 이유를 말해주고, 차후에 취해질 조치를 토론해야 한다.

학생들은 다른 사람의 의견을 정확하게 요약함으로써, 그 사람의 의견을 인정하는 방법을 배워야 한다. 학생들은 정보나 발언, 증거의 타당성, 가치의 적절성에 대하여 의문을 제기할 수 있어야 한다. 이러한 방법으로 토론의 과정이 철두철미해질 수 있고 대안적 견해가 보다 잘 이해될 수 있다.

토의가 끝나갈 때, 학생들은 또한 앞으로 취해야 할 행동에 대하여 토론할 수 있어야만 한다. 집단 토의에 대한 만족도는 이러한 기술들이 배워지고 실행되었을 때 더 높아진다. 토의 진행 도중 원만한 토의를 위해 교사가 개입해야 할 시점이 있다.

첫째, 본제를 벗어난 토의가 너무 오랜 시간 계속될 때, 교사는 토의에 개입하여 토의 주제와 토의가 진행 중인 부분을 확인시켜 주어야 한다.

둘째, 토의 중단이 너무 길어질 때, 교사는 토의에 개입하여 중단 이유를 알아내야 한다.

셋째, 명백히 잘못된 사실이 수용되어 토의의 타당성에 중대한 영향을 미칠 때, 교사는 개입하여 잘못을 바로잡아 주어야 한다. 여기에서 중요한 문제는 교사 스스로 가치와 사실을 구별할 수 있어야 한다는 점이다.

넷째, 중대한 논리적 오류가 발견되었을 때, 교사는 개입하여 이를 지적해 주어야 한다.

흔히 토의수업에서 교사가 범하게 되는 두 가지 측면의 맹점이 있다. 하나는 지적인 측면의 맹점이고, 다른 하나의 사회 · 정서적인 측면의 맹점이다. 지적인 측면의 맹점으로는 은연중에 토의를 편파적인 방향으로 이끌어 가거나 집단의 결정에 승복하도록 부추기며, 중요한 정보를 제공해야 할 시점임에도 불구하고 정보를 제공하지 않고 보류하거나, 교육적으로 쓸모없는 주제를 고집하는 등의 맹점이 있다. 이러한 맹점으로부터 벗어나기 위해서 교사는 자신의 신념을 합리적인 방법으로 가르쳐야 하고, 소수 의견을 존중해 주어야 한다. 또한 중요한 정보를 제공해야 할 상황을 잘 파악하여야 하며, 토의를 녹음하여 분석해봄으로써 쓸모없는 주제에의 집착으로부터 벗어날 수 있다.

사회 · 정서적인 맹점은 학생들의 태도에서 비롯되는 맹점들이다. 이러한 맹점으로는 학생들의 불참, 방관, 학생의 기분을 상하게 하는 위험 등을 지적해볼 수 있다. 학생의 불참에서 비롯되는 맹점으로는 교사의 개괄적 언급이나 질문 이후의 학생의 침묵 방관, 집단 구성원의 불공정한 참여, 참여에서의 성과 연령 혹은 인종에 따른 차별, 내성적이거나 수줍음을 타는 학생에 대한 무관심 등이 있다. 또 다른 맹점으로는 학생들을 비꼬거나, 조롱하고, 미워함으로써 학생들의 기분을 상하게 하는 점이 있다.

3) 토의 후 단계

이 단계에서의 교사의 활동은 토의에 대한 기록과 보존, 평가로 이루어진다. 토의가 끝난 후, 교사는 차후 토의의 효과를 극대화하기 위해서 기록을 해둘 필요가 있다. 이러한 기록에는 토의 중에 나온 기발한 생각들이 포함되어야 한다. 이러한 생각들은 앞으로 다른 학생들과 함께 동일한 주제를 다루게 되는 토의의 계획을 세우는 데 중요한 부분이 된다. 또한 교사는 토의 진행을 어렵게 하였던 사항, 문제, 정의 혹은 논리적 오류 등을 기록해야 한다. 그리하여 차후 토의의 도입 단계에서 이러한 점들에 주의를 불러일으킴으로써 학생들로 하여금 지적 연속성과 토의의 과정을 보다 잘 인식하도록 할 수 있다.

다음으로 토의에 대한 평가가 이루어지는데, 평가란 목표의 도달정도를 판단하는 과정이므로, 토의학습에서의 평가 역시 그 수업의 목표를 어디에 두느냐에 따라 달라질 것이다. 앞에서도 살펴보았듯이 토의수업의 목표는 다양하다. 그러므로 학업 성취도 평가도 하나의 방법이 될 수 있겠지만, 앞으로의 토의의 개선을 위한 토의 자체에 대한 평가도 함께 이루어져야 한다.

(1) 평가의 내용

① 개인

이상적으로 볼 때 개인 참여자는 그들의 욕구와 목적을 근거로 하여 평가되어야 한다. 적당한 기준만 있다면, 자기 평가가 가장 좋은 방법이다. 교사는 개인 학생으로 하여금 자신의 목적을 설정하도록 돕고, 교사와 학생 모두가 어떤 인지적, 행동적 변화가 일어났는지를 평가할 수 있다.

② 집단

집단 평가에는 집단의 구조, 지도성, 분위기와 응집성, 의사소통과 상호작용, 결과가 평가의 대상이 될 수 있다.

Gulley(1968)는 지도성의 평가기준으로 집단과정에 대한 지식, 문제에 관한 지식, 추리능력, 타인에 대한 존경심, 언어능력, 토의지도, 토의안내, 토의종결 등을 들고 있다. 이때 평가자는 집단의 목적이 무엇인지를 분명히 알아야 한다.

분위기와 응집성을 평가하기 위한 가장 좋은 기준은 집단 구성원들이 자기가 소속된 집단과 집단의 성과에 대해 어떻게 느끼고 있느냐 하는 점이다.

의사소통과 상호작용은 참여자의 발언횟수, 발표시간, 발표대상 등을 기준으로 평가할 수 있다.

(2) 토의의 평가 방법

① 토의활동 참여에 대한 자기 평가

토의학습 평가에서는 토의과정의 발언의 활발성보다는 토의 자체가 문제해결을 위해 좋은 과정이었는가에 중점을 두고 학습자 전원이 자신들의 특성을 발휘하면서 토의에 참가하였는가에 대한 자기 평가를 해야 한다. 다음 질문을 통해 평가될 수 있다.

1. 다른 사람과 이야기할 때 열심히 들었는가?
2. 다른 사람이 이야기하는 내용을 얼마나 이해했는가?
3. 셋째, 다른 사람의 이야기가 나에게 어떻게 느껴졌는가?
4. 다른 사람의 반응을 얼마나 참고하려고 노력했는가?
5. 토의할 때 얼마나 많이 이야기했는가?
6. 토의활동 시 이야기되는 내용에서 해결의 실마리를 찾으려고 노력했는가?
7. 다른 사람의 문제를 해결하도록 도와주어야 한다는 책임감을 얼마나 느꼈는가?

② 집단 토의에서 교사의 자기 평가

한 학교 내에서 문제해결을 위해 교사와 학생들 간에 토의를 할 때에 지도자가 토의를 계획하고 토의를 진행하며, 토의가 끝났을 때에 교사의 입장에서 자기 평가를 다음과 같이 할 수 있다.

〈토의 후 교사의 자기 평가〉

구분	평가 관점	평점		
		상	중	하
토의 계획	1. 집단 구성원의 관심 있는 주제설정을 도왔다. 2. 토의에 앞서 주제에 대해 독자적으로 연구하도록 집단 구성원을 고무시켰다. 3. 토의를 하는 동안 제기할 유도 질문을 준비하였다. 4. 토의를 할 수 있는 환경을 갖추었다.			
토의 진행	5. 토의 주제와 목적을 소개하였다. 6. 토의내용이 주제를 벗어나지 않도록 했다. 7. 집단 구성원 사이에 동등한 참여가 이루어지도록 하였다.			
토의가 끝났을 때	8. 토의에 대한 결론을 내렸다. 9. 토의를 통해 얻은 통찰력을 이용해볼 수 있는 방법이나 조치를 제안했다. 10. 토의에 대한 집단의 성취도를 연수생들과 함께 평가했다.			

③ 토의 진행 평가

토의학습은 학습자들이 토의를 통해서 문제를 해결해 나가기 때문에, 제기된 문제에 대해 학습자 전원이 공동으로 생각하고, 문제 자체에 대한 이해를 좀 더 깊이 토의하며, 모든 학습자에게 발표의 기회를 균등하고 충분하게 제공하기 위하여, 소집단별로 토의를 진행하도록 하고, 그 진행과정에서 학습자의 활동에 대한 평가를 실시한다.

〈교사의 토의 진행표 평가〉

평가요소	착안 사항	평점		
		상	중	하
창의성	1. 자료의 다양성 2. 자신 있는 제안 3. 독창적인 아이디어			
협동성	4. 타 의견의 존중 5. 청취하는 자세 6. 감정 억제력			
표현력	7. 의견발표의 논리성 8. 의사전달의 명확성 9. 음성의 속도 10. 설득력			
연구심	11. 문제 해결력 12. 자료의 풍부성 13. 자료의 명확성 14. 지식의 강도			
태도	15. 발언시간 16. 진지성 17. 전체 인상 18. 몸가짐 19. 성의(열의)			
총평		장점		
		단점		

④ 토의 결과 보고 평가

토의학습은 토의발표를 통해 자기 문제의식의 배양, 남의 의견 존중, 결정된 사항에 대한 순응과 협력 등 민주시민으로서의 태도를 기르는 데 유용한 학습방법이므로, 결과에 대한 보고과정을 소홀히 할 수 없다.

〈토의 결과 보고 평가〉

평가요소	착안 사항	평점		
		상	중	하
서론	1. 주제의 명확성 2. 문제의 제기 및 인식			
본론	3. 내용의 논리성 4. 자료의 조직력 5. 자료의 풍부성			
결론	6. 합리적 해결방법 7. 앞으로의 문제점 8. 해결방안의 현실성			
표현력	9. 문장 표현력 10. 자료의 간결성 11. 자료의 정확성			
기타	12. 전체 인상(공감) 13. 성의 14. 작품의 진실성			
총평		장점 단점		

(3) 토의학습 평가 시 유의사항

토의학습의 결과를 평가할 때 유의사항은 다음과 같다.

첫째, 토의의 성과를 평가하는 기본 과정은 토의 자체가 문제해결을 위해 적절한 사고과정이었는가에 중점을 두어야 한다.

둘째, 학습자 전원이 자신들의 특성을 발휘하면서 토의에 참가할 수 있는 운영방법을 생각하고 참가자에 대하여 자기 평가를 할 수 있는 기회를 주어야 한다.

셋째, 토의종결 단계에서는 중요한 학습내용이 학습자에게 잘 이해되었는지를 확인하는 질문을 하여야 한다.

넷째, 평가결과 성취수준이 부진하게 나타난 항목에 대하여는 보충학습계획을 세워 지도해야 한다.

다섯째, 토의학습의 평가에서는 토의학습을 하기 위한 사전계획의 평가, 토의 진행상의 평가, 토의결과 보고평가, 토의활동 참여에 대한 학습자의 자기 평가가 지속적으로 이루어져야 한다.

다음은 미국의 장학, 교육과정 개별협회가 개발한 토의평가 체크리스트이다.

각 집단 구성원과 특정의 토의 지도자

- 집단으로서 구체적인 문제와 문제해결 방식의 결정에 기여한다.
- 문제와 관련된 아이디어와 제안을 제시한다.
- 다른 사람들이 하는 말을 경청하고 도움이 되는 아이디어와 통찰을 찾는다.
- 필요한 경우 명확한 설명을 요구한다.
- 집단과정을 관찰하고 제안을 한다.
- 필요하면 다양한 역할을 담당한다.
- 집단이 서로 친해지도록 돕는다.
- 집단이 기본규칙을 정하는 일을 돕는다.
- 집단과제를 위하여 사전회의 계획의 결과를 보고한다.
- 집단이 계획하고 결정하는 일을 돕는다.
- 집단이 문제와 제안된 해결을 명료화하고 분석하며 요약하도록 요구한다.
- 어느 한 사람이 독점하지 못하게 한다.
- 여러 사람들이 특별히 기여한 것을 안다.
- 기록자를 돕는다.
- 필요한 경우 집단의 사고를 요약한다.

기록자

- 토의가 진행되면서 기록할 사항에 대하여 집단과 상의한다.
- 토의에 나타난 주요문제, 이슈, 아이디어, 사실, 결정에 관한 기록을 남긴다.
- 요청에 따라 집단 토의결과를 요약한다.
- 다른 집단 구성원과 함께 결의안과 최종보고를 준비한다.
- 계획된 집단 내 위원회에 참석한다.
- 최종집단 보고서를 준비한다.

각 집단 구성원은 다음과 같은 방식에 주의를 기울인다.

- 목적을 명확히 진술한다.
- 참여가 용이하고 확대되도록 허용한다.
- 토의를 명확히 한다.
- 지도적 책임을 감수한다.
- 자원을 활용한다.

- 목표를 지향하여 앞으로 나아간다.
- 필요한 경우 목적을 수정한다.
- 집단과정 평가에 참여한다.
- 집단과정 관찰에 대한 요구를 받게 되면 집단에 보고한다.

자원으로서 집단 구성원

토의집단의 모든 구성원은 다음과 같은 사항에 책임이 있다.

- 부탁을 받거나 토의에 필요하다고 생각되면 집단에 정보나 기타 자료를 제공한다.
- 관련이 있다고 생각되면 자신의 경험을 이야기한다.
- 지도자가 집단의 목적달성을 위하여 나가도록 돕는다.

출처: A.S.C.D. (1954). Convention program. Washington, DC: The Association, a department of the National Education Association. pp. 54-55.

8. Hill의 토의수업 모형

1) 수업모형의 단계

Hill의 토의수업 모형도 일반 토의수업 모형에 포함시킬 수 있다. Hill은 자신이 개발한 토의수업 모형을 토의학습(Learning Throught discussion: LTD)으로 명명하였다. 이 수업 모형은 어느 특정 교과 내용을 가르치는 데 사용되기보다는 다양한 교과에 두루 적용되는 수업모형이다. 그는 이 수업모형을 대학생을 대상으로 그들을 가르치기 위한 모형으로 개발하였으나, 이 모형은 초·중등 학생에게도 동시에 활용될 수 있는 토의모형이다. 이 모형에 따르면 토의에 앞서 준비 단계를 거치는데, 준비 단계에서 해야 할 일로는 학생들은 교사가 부과한 과제 즉, 자료나 교과 내용을 읽고 토의 전반에 대한 준비를 갖추는 일이 있다.

토의가 시작되면 학생들은 과제 수행을 통해 얻은 지식이나 기능을 토의하며, 용어, 개념, 저자의 의도, 주제, 하위 주제, 교과 내용과 지식 내용과의 통합, 자료의 응용, 평가의 절차를 거쳐 내용 진술 및 토의를 진행해 나간다. Hill은 1969년 자기의 토의수업 단계를 9단계로 나누었으나, 1994년도에 출판된 『토의 학습』이라는 책에서는 토의수업 단계를 8단계로 제시하고 있다. 9단계는 시간 배당, 글 주제와 하위 주제의 토의, 교과 내용과 지식 내용의 통합, 토의 문제의 적용, 자료의 평가, 토의와 토론자의 평가이다. 8단계는 사전 준비, 어휘, 교과 내용에 대한 일반 진술, 주 주제와 하위 주제의 설정, 내용의 통합, 내용의 적용, 내용의 평가, 집단 및 개인 성취 평가로 구성된다.

언뜻 보기에 9단계와 8단계는 차이가 있어 보이나, 근본적으로 차이는 없는 것 같다. 단지 8단계에서는 사전 준비가 더 강조되었을 뿐이고, 나머지 단계는 표현만 다를 뿐 구체적인 내용은 거의 같다. 이제 8단계를 중심으로 Hill의 토의수업 모형에 대해 알아본다. 여기서는 편의상 8단계를 간단히 소개하고, 이어 효과적인 토의 집단 구성, 집단 구성원의 역할 및 기능, 지도자의 역할, 교사의 역할을 다룬다.

단계 1 사전 준비(Checking in)

앞에서 Hill의 토의학습(LTD)모형은 대학생을 대상으로 개발된 토의모형임을 지적하였다. 대학은 일반 초·중등학교와 달리 집단 구성원들이 이 강좌에서 저 강좌로 옮겨 다니기 때문에, 강좌마다 서로 잘 모르는 학생들로 집단을 구성한다. 그러므로 서로를 잘 알지 못하기 때문에, 토의 집단을 구성하여 토의를 시도하려면 우선 집단 구성원끼리의 자기 소개가 필요하다. 자기 소개를 통하여 학생들은 이름만 소개할 뿐만 아니라 전화 번호도 서로 교환하게 되며, 과와 전공도 서로 알게 된다. 그러므로 집단 구성원끼리 서로 친밀감이 조성되어 토의가 원만히 진행될 수도 있다. 그러나 자기 소개는 되도록 빨리 끝내는 것이 좋다. 왜냐하면, 본 토의 시간이 줄어들기 때문이다. 또한 이 단계에서는 자기 소개 이외에, 학생들에게 토의 절차를 알려줄 필요가 있다. Hill은 저서 『토의 학습(LTD)』 책을 학생들에게 나누어주어 이 책을 읽어오도록 하는 것이 좋으며, 시간이 없을 경우에는 『토의 학습(LTD)』 책을 직접 간략히 설명해줄 것을 권장하고 있다.

단계 2 어휘(용어와 개념 정의)

어려운 자료를 읽어보면 새로운 용어나 개념에 봉착하게 된다. 이 경우, 이들 용어나 개념의 뜻을 정확히 파악하는 것이 좋다. 사전은 좋은 참고서가 된다. 그러나 단지 사전에 의한 뜻만 아는 것에 그치지 말고, 자기 스스로 용어의 의미를 이해하는 것이 필요하다. 또한 용어나 개념의 의미가 상황에 따라 어떻게 달라지는지도 알아둘 필요가 있다. 이것은 단지 용어의 의미를 파악하는 것으로 그치지 않고 독서 습관이나 언어에 대한 관심, 공부 습관을 기르는 데에도 도움이 된다.

단계 3 내용의 일반 진술(General Statement of the Author's Message)

이 단계는 독서 자료를 읽고 중심 내용을 파악하는 단계이다. 어떠한 책에는 서론 부분에 중심 내용이 제시되어 있는 경우도 있다. 만일에 독서 과제가 실험 보고서인 경우 중심 내용은 일반 가설이 될 수도 있다. 그러나 많은 경우, 필자가 하고자 하는 말이 무엇인지를 정확히 파악하기 어려운 경우도 많다. 비록 중심 내용이 목차나 서론 부분에 제시되어 있다 하더라도 자신의 말로 중심 내용을 표현할 줄 알아야 한다. 그렇다 하더라도 다른 사람들에게 있어서는 중심 내용으로 인식되지 않는 경우도 있다. 이러한 경우에는 중심 내용이 무엇인지에 대한 토론이 요구된다.

단계 4 주 주제와 하위 주제의 설정 및 토의

학습자료들은 여러 개의 중요한 주제와 하위 주제로 나누어진다. 그런데 많은 책들은 각 장이나 절마다 주요 주제와 하위 주제를 제시하고 있다. 또, 어떠한 교재에서는 주요 주제나 하위 주제가 도표로 제시되는 경우도 있다.

그러나 그렇지 않은 교재도 많다. 예를 들면, 국어의 문학 부분에는 구체적인 주제가 제시되어 있지 않다. 이러한 경우에는 상당히 깊은 사고를 동원하여 주제를 결정하지 않으면 안 된다. 교과 내용에 관한 토의에서는 셋 내지 네 개의 주제를 결정해야만 된다. 어떠한 주제는 1시간 정도 소요될 수도 있으며 토의에만 2주 이상 소요될 수도 있다. 중요한 것은 시간에 쪼들려 토의학습이 방해되어서는 안 되며, 오히려 하찮은 토의를 줄여나가는 것이 좋다. 더욱더 중요한 것은 토의학습(LTD)에서는 학생의 의견보다는 특정 주제에 관한 내용이 무엇인지를 결정하는 것이다. 이것은 학생 의견이 중요하지 않아서가 아니다. 반대로, 학생 의견은 오히려 토의 과정에 있어 아주 중요하다. 그러나 만일 토의를 시작할 때, 집단 구성원들이 각자의 의견을 제시하지 않으면 토의학습(LTD)의 성과가 없기 때문이다.

예를 들면 대부분의 사람들은 진화론이나 정신 분석, 공산주의에 대하여 고정관념은 갖고 있으나, 다윈의 진화론이나 프로이드의 정신 분석학, 막스의 공산주의론에 대해서는 거의 모르거나 결코 읽은 일이 없을 수도 있다. 이러한 상황에서는 구체적인 내용을 모르기 때문에, 진정한 학습이 이루어질 수 없는 것이다.

앞에서 언급한 네 단계는 결국 교재 내용 자체의 이해에 국한된 것이다. 내용 자체를 올바로 이해하고 있으면, 그 내용에 대한 자기 의견이 생기기 마련이며, 이 단계에서부터 토의가 시작된다.

단계 5 내용의 응용(통합)

이 단계는 토의에서 거론된 내용을 통합하는 단계이다. 대부분의 교육자들은 학교에서 배운 내용이란 단편적이고 단절적이라고 주장한다. 그럼에도 불구하고, 교사들은 학생들에게 단절된 지식을 전달하고 있다.

그러나 단절된 지식이란 인간의 삶을 이해하는 데 큰 의미를 갖지 못한다. 지식과 지식이 서로 관련을 맺으면서 통합된 지식으로서의 체계를 갖출 때, 비로소 지식은 의미를 갖게 되는 것이다. 따라서 이 단계에서는 토의에서 거론된 내용을 이미 거론된 토의 내용이나 아니면 이미 배운 지식, 앞으로 배울 내용과 관련을 지어 이해하도록 돕는다. 이 단계에서 해야 할 과제는 다음과 같다.

1. 토의에서 거론된 내용이 다른 개념이나 아이디어를 이해하는 데 어떠한 의미를 갖고, 어떻게 활용될 수 있는지를 진술하게 한다.
2. 토의에 거론된 내용이 이미 학습한 내용과 일치하는지를 알 수 있는 질문을 구성한다.
3. 이어 그 내용이 어떠한 점에서 일치하고, 모순되며, 보완될지를 진술하게 한다.
   - 다른 구성원들이 진술한 내용을 간략히 요약한다.
   - 집단들이 어려워하는 내용을 진술하게 한다.
   - 토의 내용을 보다 간략히 진술하도록 하거나 도와준다.
   - 특히 도움이 될 만한 설명에 대해서 관심을 갖거나 보상을 해준다.

단계 6 토의 내용을 자신에게 적용하기

지식이란 분절할 필요도 있지만 통합되어야 한다. 지식은 자신에게 가치나 의미를 부여할 때 그 의미가 있다. 이론적 지식이 실제 응용될 때 개인은 지식에 대한 애착을 느끼며, 토의된 내용을 동일시하고 나아가 책에 있는 내용대로 경험하거나 수정하거나 한다. 이 단계에서 교사가 해야 할 과제는 아래와 같다.

1. 토의 내용이 집단 구성원들에게 왜, 어떻게 유용한지를 진술하게 한다.
2. 토의 내용이 어떻게 응용되고, 어떻게 유용한지에 관한 실례를 들도록 한다.
3. 교과의 필자가 가치롭게 보는 이유와 자신의 경험을 비교하게 한다.
4. 토의 내용의 유용성을 점검하게 한다.
5. 토의 내용의 설명이 이해에 도움이 되는 것에 관한 예를 들도록 한다.

단계 7 자료 내용의 평가

토의 과정에서 중요한 것은 개인의 반응이다. 그 반응은 비판이 될 수도 있고, 토의 내용에 대한 감정 표현이 될 수도 있다. 토의가 효과적이면 건설적 비판은 필수적이다. 단, 비판할 경우에는 내용 자체여야지 개인의 인격에 관련된 비판이 되어서는 안 된다.

이 단계에서의 평가는 교과 내용의 필자의 주장이나 이론, 논리, 방법, 결론을 포함한다. 이 단계에서의 교사의 역할은 아래와 같다.

1. 교재 내용을 토의 집단이 평가하는 데 도움이 되는 질문을 제기한다.
2. 필자의 주장의 타당성을 지지하는 점, 또는 질문하는 점을 진술하게 한다.
3. 내용 자체가 왜, 어떻게 쓸모가 있는지, 또는 없는지를 진술하게 한다.
4. 자료의 유용성을 평가하는 데 도움이 되는 질문을 구성한다.

단계 8 집단 및 개인 성취의 평가

토의의 마지막 단계는 평가 단계이다. 대체로 토의법의 효과는 개인적 차원에서 개인의 교과 성취에 국한되어 있으나, 토의를 효과적으로 이끌기 위해서는 집단의 성취, 집단의 과정 또한 중요하다.

2) 효과적인 토의수업 운영

효과적인 토의가 운영되려면 철저한 준비, 적극적인 참여, 집단 구성원 간의 협조 등이 요구된다. Hill은 효과적인 토의수업 운영을 위한 몇 가지 원칙을 제시하고 있다.

첫째, 가능한 집단 구성원은 전원 참석하여 토의 준비를 갖추어야 한다. 효과적인 토의를 위해서는 집단 구성원이 단지 자리만 메꾸는 것이 아니라, 적극적으로 참여하여 토의 자료를 읽고 이해한 내용에 대하여 서로 의견을 교환하여야 한다.

둘째, 집단 토의는 협동적인 학습 경험을 요구한다. 전통적인 수업에서는 학생들의 경쟁을 조장한다. 점수를 통한 서열화가 그 예이다. 그러나 토의학습(LTD)에서는 집단 간의 노력을 통한 교과 목표의 달성을 강조한다. 따라서 경쟁보다는 집단 구성원 간의 협동이 요구된다.

셋째, 모든 집단 구성원은 적극적으로 참여하여 상호 작용해야 한다. 이것이야말로 토의학습의 핵심이다. 적극적으로 참여한다는 말은 모든 개인이 토의 자료를 사전에 검토해올 뿐만 아니라, 토의가 진행되는 과정에서 자료 검토 후, 자료 내용에 대한 자신의 의견을 제시하는 것을 포함한 집단 구성원 간의 인간 관계 개선에도 노력함을 뜻한다. 만일에 자료 검토가 불충분할 경우에는 타 구성원의 의견을 경청할 뿐만 아니라, 타인의 아이디어나 의견에 대하여 질의나 설명을 요구할 수 있다. 그러나 참여와 상호 작용은 다른 의미이다.

상호 작용이란 상대방의 의견이나 아이디어에 대한 반응을 보이고, 이에 대한 상대의 반응이 교환되는 과정을 뜻한다. 다시 말한다면, 의견이나 아이디어가 교환되는 과정이라고 볼 수 있다.

넷째, 토의수업은 즐거워야 한다. 모든 수업이 그러하듯이 수업 분위기는 중요하다. 특히 토의에서는 학생들이 자신의 의견이나 아이디어를 발표하기를 꺼려한다. 그러므로 상대의 아이디어에 대하여 비판한다거나 조롱하게 되면, 발표자는 더욱 의기소침해져 발표를 꺼리게 된다. 무엇보다 민주적이고 화목한 분위기를 형성하도록 노력해야 할 것이다. 특히, 아이디어나 문제 해결력은 비위협적이고 수용적인 분위기 속에서 생겨난다는 점을 유의하여야 한다.

다섯째, 토의 자료는 충분히 다루어져야 한다. 자료를 효과적으로 다루기 위해서는 개인들의 준비 상태, 구성원 간의 협동적인 상호 작용, 인지 기능 등이 요구된다. 그러나 이러한 특징들만 갖추었다고 효과적인 토의를 보장할 수는 없다. 효과적인 토의를 위해서는 토의에 필요한 절차가 요구된다. Hill에 의하면 효과적인 토의를 위해서는 토의학습(LTD) 절차가 요구된다.

여섯째, 토의 평가는 개인 평가와 집단 평가를 필요로 한다. 일반적으로 전통적 수업에서는 개인의 성원만을 강조하는 데 반하여, 토의에서는 개인의 성원뿐만 아니라 집단의 과정이나 성취를 강조한다. 왜냐하면, 집단 간의 과정이나 성원을 통해서 개인의 성취도 향상되기 때문이다.

3) 집단 구성원의 역할

① 토의의 시작

집단 구성원들이 토의를 시작할 때, 역할을 분담하는 일은 매우 어렵지만, 서로 양보하지 말고 자진해서 먼저 발언하는 것이 바람직하다.

② 정보 교환

토의학습(LTD) 방법에서 학생들은 하위 주제에 포함된 일반적인 내용이나 아이디어로 진술할 필요가 있다. 토의 훈련이 잘된 학생들은 자발적으로 정보를 교환하겠지만, 특히 토의 시작 단계에서 정보를 제시하는 것이 바람직하다.

③ 의견 교환

만일 한 구성원이 정보를 제시한다면, 나머지 구성원들은 이에 대한 의견을 교환하도록 하여야 한다. 구성원들 간에 의견 교환이 많을수록 유익한 아이디어나 해결책을 얻을 수 있는 것이다.

④ 본보기 제시 및 재진술

집단 구성원들은 상대방이 무엇을 발언했는지를 재진술할 필요가 있다. 그러므로 발언자가 의도하고 있는 것을 정확하게 알 수 있다. 또 본보기를 제시함으로써 자기가 한 말의 의미를 보다 명확히 할 수 있다.

⑤ 사실 검증

앞에서 살펴보았듯이 누군가가 발언한 내용이 무엇인지를 재진술함으로써 사실을 검증할 수 있다. 그렇게 함으로써 의사소통 과정이 잘 이루어졌는지 또한 의사소통 과정 중의 아이디어가 옳은지 그른지를 판단하게 된다. 잘못된 정보와 진술은 학생들에게 도전감을 주지 못할 것이고, 학습 효과를 높이는 데 방해가 된다.

⑥ 명료화, 종합, 요약

아주 단순한 자료라 하더라도 집단 구성원들 간에 논쟁을 야기시킬 수 있으므로, 수시로 누군가가 분명하게 정리해둘 필요가 있다. 주제에 대한 재진술이 있고 난 후에는 종합을 하게 된다. 명료화와 종합, 요약을 하게 되면 토의는 종결되고 다음 과제로 넘어가게 된다.

⑦ 토의 유지와 진행

토의의 유지와 진행을 위한 가장 일반적인 행동 중의 하나는 참여를 촉진하는 것이다.

⑧ 시간 관리

시간 관리는 토의학습(LTD) 방법에서 특히 중요하다. 만일 집단이 예정된 토의 시간을 지키려고 한다면, 집단이 스스로 시간 관리에 숙달될 때까지 누군가는 시간을 관리해야 한다.

⑨ 평가와 진단

토의에 참여한 모든 학생들이 평가에 참여해야 한다. 토의의 마지막 단계까지 평가가 지체되더라도 모든 참여 학생들은 토의 중이나 토의가 중단될 때, 암암리에 평가를 수행해야 한다. 토의 활동 과제에 의견을 같이 하는 회의를 할 때에도 다양한 정서적 감정에 사로잡혀 토의학습 과정을 방해하거나 혼란을 초래할 수 있다.

4) 토의를 저해하는 활동

① 침묵

토의학습(LTD)에서 중요한 것은 심리적 안정감을 주고 모든 사람을 토의에 참여시키는 것이다. 따라서 침묵은 금물이다. 각자가 토의에서 아이디어를 표현할 수 없다고 할지라도, 학생들은 주의 깊게 경청하고 대화 과정에 참여해야 한다. 교사는 생산적인 토의를 위해 왜 학생들이 발언하지 않는지를 알아보아야 한다.

② 과도한 참여

어떤 경우에는 생각하는 모든 것을 말로 표현할 수 없기 때문에 침묵을 지키는 것이 오히려 편안하게 느껴질 때도 있지만, 집단을 위해 유쾌하고 생산적이며 집단에 도움이 된다면, 서슴없이 누구를 막론하고 발언할 필요가 있는 것이다. 그러나, 너무 많은 발언은 집단 토의의 목적을 저해하고 토의를 엉뚱한 방향으로 몰고 갈 수도 있다.

③ 토의에의 방관적 태도

토의에 적극 참여하지 않고 아예 관심 없이 수수 방관하는 학생들이 있다. 이 경우에는 이들 학생들이 발언할 때까지 기다렸다가 그들이 무엇인가를 발언하면, 그에 대해 "네가 말하고자 하는 것이 무엇이지?" 또는 "네가 의도하고 있는 것이 무엇이냐?"와 같은 질문을 던져, 그 학생으로 하여금 자신의 아이디어를 정확히 판단할 기회를 주는 것이 좋다.

④ 주제에서 벗어난 토의

이따금 토의 주제와 동떨어진 주제에 대한 발언을 하는 학생들이 있다. 이러한 경우에는 토의 주제를 명확히 전달하여 토의가 본 궤도로 돌아오게 한다.

⑤ 장황한 발언

어떤 학생은 별로 중요하지도 않은 내용을 장시간 장황하게 늘어놓는 경우가 있다. 한 사람이 시간을 많이 차지하게 되면, 나머지 학생은 상대적으로 시간을 박탈당하게 된다. 장황한 발언보다는 짧은 시간이라 하더라도 요점만 발언하도록 지도하는 것이 좋다.

⑥ 정서가 불안한 상태에서의 발언

정서가 불안한 상태에서는 자신의 의견이나 아이디어를 정확히 발언하기가 어렵다. 이러한 학생들에게는 되도록 칭찬을 자주 해준다든지, 다음 토의에 대한 구체적인 과제를 준비시키는 것이 좋다.

⑦ 이의만을 제기하는 발언

이 경우는 토의에 문제가 되기도 하지만, 이의를 제기하는 사람을 잘 설득하여 건설적으로 지도하면 오히려 도움이 된다.

5) 교사의 역할

토의에서 교사는 결정적인 역할을 수행한다. 토의의 질은 결국 교사의 질에 달려 있다. 교사의 역할은 자료의 선정, 토의 진행, 평가에 이르기까지 걸쳐 있다. 특히 토의 자료 선정은 무엇보다 우선적으로 중요하다. 자료의 질 여하에 따라서 토의의 효과가 결정되기도 한다. 따라서 자료가 불충분할 경우 교사는 자료를 작성하든가, 논문이나 자료 복사물을 준비하여 학생들이 참고할 수 있도록 도와주어야 한다. 토의에서 교사의 역할은 크게 전문 자원, 집단 훈련, 집단 지도자 자원, 학생 평가로 나누어볼 수 있다.

(1) 전문 자원

교사는 토의 과정에서 전문 자원으로서의 역할을 담당하여야 한다. 집단 구성원들이 문제에 봉착했을 경우, 교사는 구성원 스스로 문제를 해결하도록 할 수도 있지만, 경우에 따라서는 즉, 구성원들이 배경 지식이 모자라는 경우, 토의 자료도 도움이 되지 않는 경우, 교사는 직접 해결책을 제시하기보다는 문제 해결에 필요한 정보를 제공해 주어야 한다. 그러나 전체 집단 토의에서 교사가 집단에 정보를 제공해주는 일은 용이하지만, 학급이 소집단 토의를 전개하는 경우에는 정보 제공이 그렇게 용이하지 않다. 이 경우 교사는 집단을 선회하면서 집단 지도를 할 수도 있고, 아니면 모든 토의 집단이 봉착한 문제에 대해서는 전체 집단을 대상으로 사전 모임을 통하여 필요한 정보를 제공할 수도 있다.

또한 소집단 토의에서 어느 집단은 쉽게 문제를 해결하기도 하지만, 그렇지 못한 집단이 있을 수도 있다. 만일 학생들이 교사의 설명을 요구한다면 이에 응해주어야 한다.

(2) 집단 훈련

토의에서 흔히 간과하기 쉬운 부분이 바로 학생들이 토의법에 익숙하도록 하기 위한 훈련 과정이다. 많은 현장 교사들의 지적 중 하나는 학생들이 토의를 잘해 나갈 수 없어 토의를 포기하는 경우가 많다는 것이다. 다시 말하면 학생들이 토의 절차나 토의 기술이 부족하여 토의가 잘 안 된다는 것이다. Hill은 토의 훈련이 중요함을 역설하면서, 그 방법으로 토의에 임하기 전에 먼저 토의학습(LTD)을 소개하고 시범을 보이거나 아니면 토의학습(LTD)에 관한 비디오테이프를 학생들에게 보여줄 것을 권장하고 있다. 또한 토의가 진행되는 동안 교사는 각 토의가 원만히 진행되고 있는지를 관찰하고, 어려운 문제에 봉착하게 되면 필요한 제안을 해주어야 한다. 필요시에는 학생들을 관찰자로 지명하여, 그 학생으로 하여금 토의 진행 과정을 기록하게 하여, 그 결과를 전 집단에 보고하게 함으로써 토의 집단 과정을 개선하도록 한다. 그러나 토의 집단이 원만히 운영된다면 굳이 관찰자를 임명할 필요는 없다.

(3) 집단 지도자 자원

집단 구성원을 위한 전문 자원, 집단 훈련자의 역할 이외에 교사는 집단 지도자를 위한 전문 자원과 훈련자의 역할을 수행하여야 한다. 집단 지도자는 토의 자료에 대한 지식과 지도력이 갖추어졌더라도 교사의 도움을 필요로 한다.

집단 지도자들은 이따금 관련 자료를 필요로 할 수도 있다. 이 경우, 교사와의 계속적인 접촉을 통하여 관련 자료를 수집할 수 있다.

이상적으로 볼 때, 30~60여 명의 학습 집단이 있는 경우, 6 내지 8명의 집단 지도자가 필요하다. 집단 지도자 훈련을 위해서는 집단 지도자들을 대상으로 토의학습(LTD)을 소개하고, 교사가 이 토의수업 모형을 전개해 가면서 평가에 얼마나 시간을 소요하고 건설적 비판을 어떻게 고무하는지를 보여줄 수도 있다. 또한 모든 토의 집단과 교사 주도 토의 집단이 서로 다르다는 것을 인식시켜 줄 필요가 있고, 학생 주도 토의 집단과 교사 주도 토의 집단이 서로 다르다는 것을 알려줄 필요가 있다.

(4) 학생 평가

교사의 역할 중 하나는 학생 평가이다. 토의에서의 학생 평가는 주로 주관적인 성격을 띠기 마련이다. 그러나 되도록 학생들이 학생들을 평가하는 것이 좋다. 그러나 학생들이 다른 학생을 평가하기를 꺼려하는 경향이 있다. 그래서 객관적인 기준을 내주고, 이 기준에 따라 다른 학생들을 평가하게 할 수 있다.

그렇게 함으로써 주관이 배제되고 또 비밀리에 평가 기준에 따라 평가를 실시할 수 있어 다른 학생의 오해도 없앨 수 있다. 객관적인 평가 기준을 예시하면 아래와 같다.

1. 토의 자료의 이해

못함 1 2 3 4 5 6 7 8 9 10 아주 잘함

2. 아이디어의 표현 능력

못함 1 2 3 4 5 6 7 8 9 10 아주 잘함

3. 자료 내용의 적용 능력

못함 1 2 3 4 5 6 7 8 9 10 아주 잘함

4. 집단 학습에의 기여도

못함 1 2 3 4 5 6 7 8 9 10 아주 잘함

그러나 어떠한 평가 방법을 활용하든 교사는 평가 기준을 잘 이해할 필요가 있다. 또한 교사는 평가 결과에 대한 학생의 피드백을 확인하지 않으면 안 된다.

다음 표는 Hill의 토의수업 모형에 근거한 수업안과 수업에 따른 교수-학습 과정안을 예시한 것이다.

〈Hill의 토의수업 모형을 토대로 한 국어과 수업안〉

학습 단계	중심 내용	교수 활동		지도상의 유의점
		교사 활동	학생 활동	
도입	1. 사전준비	조별로 선정된 작품을 읽어 왔는지 확인한다. 본시 학습 목표를 알려준다. 토의 절차를 알려준다. 전반적으로 토의가 잘 진행되도록 조장하는 활동을 한다.	대답 경청	좌석배열은 수업시작 이전에 완료
	2. 어휘파악		• A조의 활동 '우리들의 일그러진 영웅' 에서 중요한 용어인 '힘' 에 대한 개념을 공유한다.	조별발표를 대비하여 조원 한 사람은 토의한 내용을 요약하여 기록한다.
전개	3. 내용의 일반 진술		줄거리를 발표한다.	
	4. 주제 설정 및 토의		토의할 주요 주제(힘의 논리)를 선정한다. 선정된 주제에 대한 조원들의 느낌과 생각을 말한다.	

〈Hill의 토의수업 모형을 토대로 한 국어과 수업안〉 (계속)

학습 단계	중심 내용	교수-활동		지도상의 유의점
		교사 활동	학생 활동	
	5. 내용의 통합		주요인물(석대, 병태)의 행동을 자신들이 알고 있는 '사회정의'와 관련하여 생각해본다.	책을 읽고나서 하는 활동이므로 5단계와 6단계는 굳이 구분하여 진행할 필요가 없다.
	6. 자신에게 적용		자신이 주요인물이라면 등의 상황을 가상하여 토의 내용에 자신의 의미와 가치를 부여한다.	
	7. 자료 내용의 평가		작품에 대한 평가를 나름대로 내려본다.	
정리	8. 토의의 평가	조별로 토의한 내용을 발표하게 한다. 교사의 총평	발표(조별 대표는 주제를 중심으로 토의한 내용을 발표한다.)	

참고문헌

A.S.C.D. (1954). *Convention program.* Washington, DC: The Association, a Department of the National Education Association.

Cartwright, D. (1968). The nature of group cohesiveness. In D. Cartwright & A. Zander (Eds.), *Group dynamics: Research and theory* (3rd ed.). New York: Haper and Row.

Cheydleur, F. D. (1945). Criteria of effective teaching in basic french courses at the University of Wisconsin. *Bulletin of the University of Wisconsin Madison.* University of Wisconsin.

Gage, N. L., & Berliner, D. C. (1979). *Educational psychology* (2nd ed.). Chicago: Rand McNally.

Gall, M. D., & Gall, J. (1976). The discussion method. *The psychology of teaching methods: The seventy-fifth yearbook of the national society for the study of education* (pp.166-216). Chicago: University of Chicago Press.

Gulley, H. E. (1968). *Discussion, conference and group process* (2nd ed.). New York: Holt, Rinehart and Winston.

Hare, A. P. (1962). *Handbook of small group research.* New York: Free Press.

Hill, W. F. (1969). *Learning through discussion.* Beverly Hills, CA: Sage.

Hoffman, L. R., Harburg, E., & Maier, N. R. R. (1962). Differences and disagreement as factors in creative group problem solving. *Journal of Abnormal and Social Psychology,* 64(3), 206-214.

Makeachie, W. J. (1986). *Teaching tips: A guide book for the beginning college teacher* (8th ed.). Ann Arbor, MI: George Wahr.

Massialas, B. G., Sweeney, J. A., & Freitag, N. (1969). *Identification of social issues by teacher.* Ann Arbor, MI: Mimedgraph.

Newcomb, T. M. (1960). Varieties of interpersonal attraction. In D. Cartwright & A. Zander (Eds.), *Group dynamics: Research and theory* (2nd ed.). NV: Row, Peterson.

Potter, D., & Anderson, M. P. (1970). Discussion: A guide to effective practice. CA: Wordsworth.

Schellenberg, J. A. (1959). Group size as a factor in success of academic discussion group. *Journal of Educational Sociology,* 33(2), 73-79.

Schumark, R. A., & Schumark, P. A. (1975). *Group processes in the classroom* (2nd ed.). Dubuque, Iowa: William C. Brown.

Sommer, R. (1967). Classroom ecology. *Journal of applied behavioral science,* 3(4), 489-503.

Takarnishi-knowles, R. (1973). *Relationships among instructional group size, student engagement, and teacher strategies.* Unpublished Doctoral Dissertation, Stanford University.

Wagner, R. H., & Arnold, C. C. (1952). *Group discussion.* Boston: River Side Press.

제8장

발문기술

1. 발문이론

학교 교실수업을 들여다보면 대부분은 언어활동, 즉 교사의 설명, 발문, 학생의 반응, 질문으로 이루어진다. 교사의 설명을 통하여 학생들이 몰랐던 내용에 대한 지식과 이해력을 넓혀가며 교사의 발문을 통하여 지식과 이해력을 바탕으로 사고력을 확장해 나간다. 그렇다고 한다면 설명은 학생들의 사고력을 넓혀나가기 위한 전제조건이며 그 본질은 발문에 달려있다고 할 수 있다. 그러므로 수업기술 중 핵심이 되는 기술은 발문이라고 볼 수 있다. 발문을 왜, 무슨 내용에 관하여 어떻게 할 것이냐가 교사의 주된 관심거리가 된다. 우선 발문은 왜 하는가?

우리나라의 학교현장을 들여다보면 저학년으로 내려갈수록 발문의 빈도는 높아진다. 가장 발문의 빈도가 낮은 곳은 아마도 대학일 것이다. 그러나 학교에서 주로 사용하는 대부분의 발문은 사실, 지식에 관한 발문이다. 사실, 지식에 관한 발문을 하는 일차적 목적은 학습한 내용에 대한 지식이나 이해력의 확인일 것이다. 학습내용에 대한 지식, 이해력의 확인을 통하여 교사는 다음 수업을 용이하게 진행할 수 있다는 점에 그 의의가 있다. 그러나 발문이 단지 학습내용의 획득이나 이해수준의 확인에만 머문다면 발문의 의의는 사라지고 말 것이다. 인간은 끊임없는 의심, 탐구심, 의문을 통하여 문화를 발전시켜 왔다. 이러한 의문은 의문 자체로 끝난 것이 아니다. 이 의문에 답하기 위하여 부단히 생각을 거듭했던 것이다. 발문은 학생들로 하여금 생각하게 만든다. 결국 발문을 하는 근본목적은 학습내용의 습득에 대한 확인이 아니라 학습내용의 지식을 통하여 사고를 확장하는 데 있는 것이다.

그러나 발문은 지식의 획득, 이해력의 확장, 사고력의 증진과 같은 인지능력을 향상시키기 위해서만 사용되는 것은 아니다. 감정을 개발하고 태도를 변화시키고 가치관을 정립하도록 돕기 위하여 발문은 사용된다. 그러나 지금까지 학교교육에서 발문은 주로 인지능력의 향상, 다시 말하면 지식, 이해력의 증진만을 목적으로 사용되어온 느낌이 적지 않다. 태도 변화나 가치관 정립을 위한 발문에 관한 연구조차 찾아보기가 매우 어렵다. 1982년도에 Kissock와 Iyortsuun에 의해 출간된 『발문 지침(A Guide to Questioning)』이란 책에서는 발문을 크게 인지적 발문과 정의적 발문으로 구분하고 있다(Kissock & Iyortsuun, 1982). 정의적 발문은 다시 감수, 반응, 가치화, 조직화, 인격화 발문으로 나누고 있다. 이 발문은 결국 Bloom 등(1952)이 제시한 교육목표 분류학 중 정의적 영역에 속한 행동을 중심으로 분류된 발문으로 결국 태도, 자아개념, 가치와 같은 정의적 특성들을 보다 명료화하고 나아가 내면화하도록 하기 위한 발문인 것이다. 현재도 그러하지만 앞으로 인성교육은 더욱더 강조될 전망이다. 이러한 시점에서 정의적 발문에 대한 부단한 연구가 이루어져야 하겠고 그 연구 결과를 현장에 적용하려는 노력이 뒤따라야 할 것이다. 우선 발문의 목적부터 구체적으로 살펴본다.

1) 발문의 목적

교사들은 수업 중 자주 발문을 사용한다. 특히 초등학교에서 발문이 자주 사용된다. 그러나 대부분의 발문은 학생들의 학습내용에 대한 이해 정도를 확인하기 위하여 사용한다. 발문의 주된 목적은 학습내용의 이해를 확인하기보다는 학생들에게 사고력을 길러주는 데 있다. 여기에서는 발문의 목적에 대하여 구체적으로 살펴보기로 한다(권낙원, 1995).

(1) 발문은 학생과의 의사소통을 촉진시킨다.

발문을 통하여 교사와 학생 간에는 언어 상호작용이 일어난다. 교사가 발문을 하면, 학생들은 발문에 대하여 응답을 하게 되며, 응답에 따라 교사의 설명, 칭찬, 또는 부가 발문이 제기된다. 학생 역시 교사의 발문이나 설명에 대하여 질문을 제기할 수 있어 결국 교사와 학생 간에는 언어 상호작용 즉 의사소통이 촉진된다.

(2) 발문은 주제의 내용에 주의를 집중시킨다.

교사가 발문을 할 때에는 모든 내용을 다 포함하는 것이 아니라 그 내용 중 핵심내용을 발문하게 된다. 핵심내용에 대한 발문을 하게 되면, 학생들은 이 내용이 중요하다고 생각하여 주의를 집중하게 된다.

(3) 발문은 학생들의 지식, 이해 정도를 평가하는 데 사용된다.

교사들은 가끔 학생들이 이미 배운 내용을 제대로 이해하고 있는지를 판단하기 위하여 질문을 제기한다. 발문에 대하여 응답이 옳을 경우에는 다음 학습과제로 넘어가지만 응답이 불충분하거나 틀렸을 경우에는 보충 설명을 통하여 올바른 응답을 가르쳐 주어야 한다.

(4) 발문은 특정 유형의 사고와 인지활동을 자극하기 위하여 사용된다.

발문은 대체로 인지적으로 낮은 수준의 지식 이해나 인지적으로 높은 수준 즉 고등정신 기능을 지도하기 위해서 사용된다. 특히 발문은 고등정신의 기능을 길러주는 데 더 큰 의의가 있다.

(5) 발문은 학생들의 사회적 행동을 통제하기 위하여 사용된다.

발문은 종종 바람직한 행동을 권장하거나 바람직하지 못한 행동을 제한하기 위해서 사용된다. 특히 학생들의 대인관계에 관한 발문은 학생들의 사회적 행동을 지도하기 위한 것이다.

(6) 발문은 학생들의 학습동기를 유발하기 위하여 사용된다.

학습의 효과는 학생들이 학습에 적극적으로 참여했을 때 증진된다. 발문은 학생들의 학습참여를 촉진시켜 준다. 단 발문을 할 때는 한 개인 학생을 지적하기보다는 여러 학생을 대상으로 하는 것이 좋다.

발문은 위에 열거한 어느 하나의 목적을 달성하기 위해서만 사용되는 것은 아니다. 발문을 통하여 여러 목적이 동시에 달성될 수 있음을 명심해야 한다.

2) 발문의 종류

발문은 어떠한 관점에서 보느냐에 따라 그 분류 방법이 다양하다. 그러나 이러한 분류는 중복되는 부분도 있으며, 때로는 같은 발문이 여러 분류 체계에 포함되기도 한다. 교사는 이들 분류를 잘 이해하고 각 분류된 발문의 종류가 자기가 가르치는 교과목과 어떠한 관련성을 갖고 있는지를 고려하여 적용하여야 한다.

(1) 높은 수준의 발문과 낮은 수준의 발문

낮은 수준의 발문(low order question)은 교과의 지식이나 사실 또는 구체적인 내용의 회상과 관련된 발문이다. 따라서 사실발문이라고도 한다. 높은 수준의 발문(high order question)이란 교과내용의 해석, 적용, 분석, 종합, 평가에 관련된 발문으로 사고발문이라고도 한다. 높은 수준의 발문과 낮은 수준의 발문을 사용할 때의 유의점으로는 첫째, 학생들이 기본개념을 학습할 때는 낮은 수준의 발문을 자주 하는 것이 좋고, 둘째, 낮은 수준의 발문은 높은 인지능력을 향상시키는 데 도움이 되며, 셋째, 높은 인지능력 즉 사고력을 향상시키기 위해서는 높은 수준의 발문과 낮은 수준의 발문을 병행하는 것이 좋다는 점이다.

(2) 산출발문, 과정발문, 의견발문

Good과 Grouws(1977)는 발문을 산출발문, 과정발문, 의견발문으로 분류하였다. 산출발문(product question)은 결론, 결과, 산출과 같은 답을 요구하는 발문이며, 그 답은 간단하다. 예를 들어 '남북전쟁의 발발 원인 세 가지는 무엇인가?'와 같은 발문이 산출발문이다.

과정발문(process question)은 학생들에게 해결책을 찾고 결론에 도달하게 되는 절차, 목적에 이르는 수단이나 단계의 설명을 요구하는 발문 유형이다. 예를 들어 '남북전쟁의 발발 원인 세 가지가 왜 중요한 이유라고 생각하는가?'와 같은 발문이 과정발문이다.

의견발문(opinion question)은 학생들에게 판단이 요구되는 상황에서 자신의 견해를 제시하도록 요구하는 발문이다. '남북전쟁 이전의 귀족의 생활습관에 대하여 어떠한 생각을 하고 있는가?' 와 같은 발문이 의견발문으로 이에 대한 답변에는 객관적인 증거뿐만 아니라 주관적인 의견이나 판단도 작용된다.

일반적으로 학교수업에서는 산출발문이 많이 사용된다. 왜냐하면 교사들은 자기가 가르친 학습내용을 이해하고 있는지를 확인하고 싶어서 그러하다. 높은 수준의 인지능력을 향상시키려면 과정발문이 좋고, 의견발문은 주의를 집중시킨다든가 하는 다양한 관점을 갖도록 지도할 때 유익하다.

(3) 개방적 발문과 폐쇄적 발문

폐쇄적 발문(closed question)은 수렴적 사고를 조장하며, 단지 좁은 범위의 대답만을 요구한다. 개방적 발문(open question)은 확산적인 또는 창의적인 사고를 강조하며, 넓은 범위의 대답을 요구하는 발문이다. 이 발문 가운데 어느 것을 사용할 것인가는 발문의 목적과 가르칠 교과내용에 따라 달라진다. 일반적으로 기초기능을 기르는 수업에서는 정확한 답이 강조되는 폐쇄적 발문이 좋고, 문항이나 사회적 문제해결과 같은 영역에서는 확산적 사고가 요구되므로 개방적 발문이 좋다.

(4) 기억발문과 탐구발문

기억발문(memory question)은 교과내용의 회상을 요구하는 발문이다. 기억은 학습에서 중요하며, 기억발문을 적절히 활용하므로 학습의 효과를 증진시킬 수 있다. 그렇다고 하여 기억발문만을 강조한다면 사고력을 기르는 데는 방해요인이 될 수 있다. 탐구발문(search question)은 기억발문처럼 즉시 대답하지 않고 어느 정도의 탐구과정을 거쳐야 해결되는 발문이다. 실생활에 있어 대부분의 문제해결은 관련된 자료를 조사 · 분석하는 능력에 달려있다. 따라서 탐구발문은 기억에 요구되는 능력과는 다른 능력, 조사 · 분석 · 종합하는 능력에 의하여 결정된다.

(5) 수렴적 발문, 확산적 발문, 평가적 발문

수렴적 발문(convergent question)이란 정답을 요구하는 발문이다. 즉 수렴적 발문은 학생들로부터 지식이나 이해와 같은 낮은 수준의 사고를 의도할 때 사용된다. 오늘날 대부분의 교사들은 연역적인 수업방법을 사용하고 있으며, 이 경우 수렴적 발문이 주로 사용된다. 국어 교사들이 어휘나 철자를 가르칠 때, 과학 교사가 과학용어를 가르칠 때, 사회과 교사가 특수한 정보나 사실을 가르칠 때, 수학에서 단답이 요구되는 수의 계산 문제를 가르칠 때 주로 수렴적 발문이 사용된다. 수렴적 발문은 주로 정답이 요구되는 발문이므로 사고를 자극하기 위한 좋은 발문은 아니다.

확산적 발문(divergent question)은 수렴적 발문과는 대조되는 발문으로 학생들의 보다 깊고 다양한 반응을 요구한다. 따라서 학생들의 다양한 반응을 얻고자 한다면 확산적 발문이 좋다. 예를 들면, 정답이 없는 문제를 토의해나갈 때 확산적 발문이 효과적이다.

평가적 발문(evaluative question)은 발문의 형태가 확산적이면서 평가적인 특성을 지닌 발문이다. 그러나 확산적 발문과 평가적 발문의 차이는 가치기준을 사용한다는 점에 있다. 평가적 발문은 반응자가 어떤 사람이나 사건 또는 정책에 대하여 자신의 견해를 표현하도록 요구한다.

(6) 인지적 발문

Sanders(1966)는 Bloom의 교육목표 분류학 중 인지적 영역에 근거하여 인지적 발문(cognitive question)의 종류를 다음과 같이 분류하고 있다. 그는 발문 유목을 크게 기억, 이해, 문제해결, 분석, 창출, 판단으로 나누었다. 지식이란 이미 배운 정보, 아이디어 원리 등을 상기하거나 인지하는 것으로 이와 관련된 용어로는 기억, 지식, 반복, 기술 등이 있다. 이해란 이전에 배운 내용을 토대로 정보를 번역, 해석하는 활동으로 이와 관련된 용어로는 설명, 비교, 예시가 있다. 문제해결이란 최소한의 지침을 갖고 자료를 선정, 변환, 사용하고 원리를 이용해 주어진 과제를 완결하는 활동으로 이와 관련된 용어로는 해결, 응용, 수렴적 추리가 있다. 분석이란 가설 설정, 증거 수집, 결론을 도출하는 활동으로 여기에는 논리, 귀납, 연역, 형식 추리가 관련된다. 창출은 아이디어를 결합, 통합하여 새로운 것을 만들어내는 활동으로 확산적 사고, 생산적 사고가 주된 개념이 된다. 판단은 일정한 기준에 따라 비판하는 활동으로 판단, 선정이 주요 개념이 된다.

(7) 정의적 발문

정의적 발문(affective question)은 학교교육에서 도외시되어 온 발문이다. 이미 앞에서도 지적했듯이 학교수업 중 주종을 이루는 발문은 인지적 발문이며 그 가운데에서도 주로 사실적 발문이 주류를 이루어오고 있다. 그러나 태도나 성격은 지력의 발달 못지않게 중요하며 최근에 와서는 세계화와 더불어 그 중요성이 부각되고 있다.

Kissock와 Iyortsuun(1982)은 발문을 Bloom의 교육목표 분류학에 근거하여 인지영역의 발문과 정의영역의 발문으로 분류하였다. 정의영역은 수용(감수), 반응, 가치화, 조직화, 인격화로 나뉜다. 이들이 분석한 정의적 발문형태와 실제 행동을 요약하면 아래와 같다.

〈표 8-1〉 정의영역의 발문 분류표

정의 수준	가치화 과정	정의 수준별 발문	실제 활동
복합 가치에 의한 성격화	가치나 아이디어는 개인 삶의 일부가 되어 작용한다.	학교에서는 강의법이 가장 유용한 수업방법이어서 교사들은 모든 교과에서 강의법을 사용해야 한다는 결정을 내렸다. 당신은 이 점에 대하여 어떻게 대처하겠는가? (학교당국자의 마음을 바꾸게 하거나 아니면 새로운 직장을 구해야 할 것이다.)	수업계획이나 실제수업에서 발문은 큰 비중을 차지한다. 교사는 학생들의 높은 수준의 사고를 자극하고, 그 가치를 인식시키기 위해 발문한다.
가치의 조직화	아이디어들이 기존의 가치나 신념에 첨가되어 융합된다.	학생들은 질문을 제기해야만 한다는 신념과 어떻게 통합할 수 있을까? (수업을 학생의 요구나 흥미에 적응시키는 것이 보다 바람직하다.)	고차적 발문을 포함시켜 수업을 계획하여 학생들에게는 자유스럽게 질문할 기회를 준다.
가치화	가치가 담겨있는 아이디어에 집착한다.	강의법, 발문법, 또는 지필시험 중 어느 방법을 우선적으로 개선해야 하는가? (발문법)	다른 교사들에게도 발문의 중요성을 역설하고 수업 중 발문을 개선하려고 노력한다.
반응	더 많은 정보를 적극적으로 탐색한다.	발문에 대해 더 많은 것을 배우려고 노력하고 있는가? (그렇습니다.)	부담 없이 발문에 관한 책을 읽는다. 책 속에 담겨있는 내용들은 재미있고 유익하다.
수용	아이디어를 인지하고 그 아이디어를 기꺼이 학습한다.	이 교재에 제시되어 있는 주제는 무엇인가? (수업에서의 발문 활용)	정의발문에 관한 책을 읽고 수업에서의 발문의 역할과 효과를 인지한다.

출처: Kissock, C., & Iyortsuun, P. (1982). *A guide to question: Classroom procedures for teacher.* New York: Macmillan. pp.13-14.

3) 발문에 관한 연구

발문에 관한 연구는 주로 발문의 양, 발문의 수준, 발문과 학업성취와의 관계에 관한 연구로 집약해볼 수 있다.

최초의 연구는 1912년 Stevens의 연구이다. 이 연구에 의하면, 수업시간의 약 80%는 발문과 응답의 연속이라고 한다(Stevens, 1912). 반세기가 지난 1971년에 발표된 Clegg의 연구도 역시 Stevens의 연구와 비슷한 결과를 제시하고 있다. 즉 고등학교 수업을 보면 하루 평균 395개의 발문을 하며, 이들의 대부분은 기억력을 묻는 발문이라는 것이다.

Floyd는 10명의 초등학교 교사를 대상으로 실시한 연구에서 교사는 하루 평균 348개의 발문을 하였다고 밝히고 있고, Moyer는 12명의 초등학교 교사를 대상으로 한 연구에서 과학시간에 평균 180개의 발문을 한다고 밝히고 있다. Stevens(1912)의 연구에 의하면, 학교시간의 4/5는 문답대화이고, 그가 표집한 고등학교 교사들의 경우, 하루 평균 395개의 발문을 하고 있으며, 교사 발문의 2/3는 교과서 지식의 직접적인 재생을 요구하는 것이라고 하였다. 발문수준에 관한 연구에서는 대체로 발문수준을 크게 단순사실에 관한 발문과 사고를 요하는 발문으로 나누고 있다. Haynes는 역사시간에 교사 발문의 77%가 사실발문이라고 밝히고 있고, Floyd는 초등학교의 우수교사 40명의 경우, 구체적 사실을 요구하는 것이 42%, 학생의 사고를 요하는 것이 20%였다고 밝히고 있다. Guszak, Davis와 Tinsley, Gallagher, Clegg, Aschner, Schreiber도 낮은 수준의 발문이 많다는 데 견해를 같이한다(권낙원, 1995). 발문의 수준과 학업성취와의 관계에 대해서도 많은 연구가 이루어졌다. 일부 연구는 발문의 수준과 학업의 성취는 의미 있는 관계가 없다고 밝히고 있다. Ryan(1973)은 발문의 수준과 학생의 학업과 성취와의 관계에 대한 연구에서 높은 수준의 발문은 높은 수준의 이해뿐만 아니라 낮은 수준의 이해에서도, 낮은 수준의 발문보다 더 뛰어난 효과가 있다고 보고하였다.

Hunkins(1972)는 초등학교 6학년을 대상으로 여러 수준의 발문이 학생 사고에 어떠한 영향을 미치는지에 관한 연구를 수행하였다. 그는 특히 Bloom의 교육목표분류 중 지적 영역인 분석력과 평가력에 관한 발문이 학생의 성취를 증진시키는지를 조사하였다. 학생들을 무선표집하여 두 개의 상이한 집단을 구성하고 이들에게 특별히 준비된 자료와 함께 한 집단은 분석력과 평가력을 재는 질문을 47% 사용했고, 나머지 집단은 지식에 관한 발문을 87% 사용했다.

4주 후에 Bloom 등의 인지적 영역인 6개의 인지 특성, 즉 지식, 이해, 적용, 분석, 종합, 평가 영역의 성취도 검사를 실시하였다. Hunkins는 이 연구에서 발문은 학생들의 성취에 도움이 될 뿐만 아니라 낮은 수준의 사실을 이해하는 데에도 도움이 됨을 알아냈다. Martin(1970)은 높은 수준의 발문이 학생의 과정변인(학습행동)과 산출변인(성취와 태도)에 미치는 영향에 관한 실험연구를 하였다. 그 결과 고차적 발문의 증가는 학생들에게 높은 수준의 특성에 대한 반응의 증가를 가져왔다고 밝히고 교사가 여러 수준의 발문을 하는 것이 학생의 성취에 유리하다고 보고하였다.

Winne(1979)는 18개의 연구를 검토하여 높은 수준의 인지적 발문은 학업성취에 거의 영향을 주지 않는다고 밝혔다. 그러나 일반적인 연구결과들은 교사가 묻는 발문의 종류와 학생의 성취는 의미 있는 관계가 있으므로, 높은 수준의 발문이 학생 성취를 증가시킨다고 보고하였다. Redfield와 Rousseau(1981)는 20개의 연구결과를 메타분석(meta-analysis)하였다. 그 결과, 수업시간에 높은 수준의 발문을 사용한 경우 학생의 성취에 긍정적 영향을 현저히 준다고 보고하였다. 이 밖에 다수의 연구들이 높은 수준의 발문과 학생 성취 사이에 의의 있는 관계가 있다고 밝혔다.

이상의 연구를 종합해보면, 학교수업에서 발문이 차지하는 비중은 일률적인 결론을 내리기는 어렵지만 약 70% 이상을 차지한다고 볼 수 있다. 또한 발문수준에 관한 연구결과를 종합해보면, 높은 인지수준의 발문은 학생들의 낮은 수준의 성취뿐만 아니라 높은 수준의 인지성취를 높이는 데 기여한다. 그러나 이에 대한 보다 심층적인 연구가 요구된다.

4) 학생의 질문

'질문' 하면 흔히 교사의 학생에 대한 질문만을 생각하기 쉬우나 학생의 교사에 대한 질문도 있을 수 있다. 학교수업에서는 교사의 질문뿐만 아니라 학생들이 자신의 의견이나 생각을 자유로이 표현할 수 있는 기회를 주어야 하며, 학생의 의사전달 역시 강조되어야 할 것이다. 이러한 학생의 질문은 그들에게 질문을 하는 방법을 가르침으로써 이해력을 증진시킬 수 있으며, 이와 관련하여 Cornbleth(1975)는 그녀의 연구에서 다음과 같은 점을 제시해주고 있다.

1. 학생을 격려하여 고차적인 질문을 하게 할 수 있다.
2. 학습자가 질문을 많이 하면 할수록 그 질문은 고차적인 질문이 될 가능성이 커진다.
3. 칭찬은 사회 · 경제적 지위가 낮은 아동의 생산적인 사고를 격려하고 자극할 수 있다.
4. 학생들은 질문을 하도록 격려받을 때 더욱더 수업에 참여하게 된다.

이와 같은 연구결과를 지지하는 연구로 Gall과 Duning, Weatherby(1971)의 발문, 암송, 학습에 대한 실험연구는 암송수업은 장기간의 비암송 수업보다도 학생들의 학습에 더욱 효과적임을 밝혀냈다. 그들은 또한 학생들이 모르는 질문에 대하여 교사가 대답을 해주고 정보들이 동료에 의하여 주어질 때 학생들은 더 잘 학습함을 밝혀냈다. 이러한 연구는 사실에 대한 질문은 고차적인 인지기술의 학습에 해가 되지 않음을 말해준다.

이러한 연구결과는 일반화하기에는 너무 표집수가 적다. 아무튼 이 연구에서 얻은 결론은 잘 설계된 낮은 수준의 질문은 높은 인지수준을 묻는 질문보다도 더 중요할지도 모른다는 점과 소집단으로 나누어 학습할 때 학습의 효과가 더욱 커진다는 점일 것이다. 아직까지 이러한 증거들이 결정적인 것은 아니지만, 교사가 묻는 질문의 수준과 학생의 반응수준 간에는 관계가 있다는 점이다. 더욱이 교사가 기대수준을 높이고 질문수준을 점차로 높여 나간다면 결과적으로 학생의 반응수준은 높아질 것이다. 이러한 연구결과들이 교사의 의사결정에 주는 시사점은 많이 있다.

첫째로, 만일에 교사가 학생들의 고차적인 사고능력을 개발시키고자 한다면 교사는 고차적인 질문을 할 수 있는 방법을 배우지 않으면 안 된다.

둘째로, 교사가 학생들을 학습과정에 참여시키고자 하면 교사는 학생들이 보다 많은 질문을 제기하도록 격려해야만 한다. 어떠한 형태의 질문을 할 것이냐 하는 것은 전적으로 교사가 결정해야 할 일이다.

〈표 8-2〉 질문의 분류

유목	기대되는 인지 활동	주요개념 (용어)	질문의 예
지식	학생들은 그들이 배운 정보, 아이디어, 원리를 상기하거나 인정한다.	기억 · 지식 반복 · 기술	1. 책의 내용은? 2. 정의하기 3. 열거하기 4. 누가 발명했는가?
이해	학생들은 전에 배운 것을 토대로 정보를 번역, 이해 또는 해석한다.	설명 · 비교 · 예시	1. 설명하라. 2. 결론은? 3. 자기 용어로 표현하라.
적용	학생들은 최소한의 지시를 갖고 자료를 선정, 변환, 사용하고 원리를 이용해 주어진 과제를 완성한다.	해결 · 응용 · 수렴적 추리	1. A와 B를 알면 C를 결정할 수 있는가? 2. 만일에 ~라면 어떠한 일이 일어날까?
분석	학생들은 자기가 사용하고 있는 사고과정을 알고 가설, 증거, 결론을 분류, 관련 짓는다.	논리 · 귀납 · 연역 · 형식적 추리	1. 저자의 목적, 편견은? 2. 어느 것이 사실이고 어느 것이 의견인가?
종합	학생들은 아이디어를 결합 · 통합하여 새로운 것을 만들어낸다.	확산적 · 생산적 사고	1. 구성하라.
평가	학생들은 주어진 기준에 따라 사정, 비판한다.	판단 · 선정	1. 무슨 이유 때문에 너는 그것을 좋아하는가?

2. 발문의 구성

앞에서 지적했듯이 수업에 있어 발문은 중요하다. 그럼에도 불구하고 학교 수업에서는 발문이 적절히 사용되지 못하고 있다. 그러므로 효과적인 발문을 위해서는 발문의 목적, 특징, 기능이 무엇이고 발문의 종류에 따라 어떠한 사고력이 유발되는지를 알아야 한다. 어떤 발문은 사실의 재생만을 의도할 수도 있다. 또 다른 발문은 아동의 사고 과정을 유도할 수도 있다. 물론 이 두 유형의 발문은 학교 수업에 모두 필요한 것이다. 그러나 사실발문에만 치중하는 것은 학생들의 균형 잡힌 지적 발달을 위해서는 바람직하지 못하다.

앞 절에서 발문의 종류를 살펴보았듯이 발문의 종류는 다양하다. 그러나 이들 여러 종류의 발문 구성을 모두 살펴보기란 쉽지 않다. 그래서 여기서는 가장 널리 사용되고 있는 Bloom 등(1952)의 교육목표 분류에 따른 발문을 살펴보기로 한다.

Bloom 등의 목표 분류에서는 인지적 영역을 지식, 이해, 적용, 분석, 종합, 평가로 나누었는데, 이 분류는 결국 인지과정이 점점 복잡해지는 과정이라고 볼 수 있다. 또한 정의적 영역인 감수(수용), 반응, 가치화, 조직화, 인격화는 정의적 특성이 내면화되어 가는 과정으로 볼 수 있다. Bloom 등의 목표 분류에서 하위 단계의 지식이나 감수는 상위 단계의 이해나 반응의 기초가 된다. 따라서 상위 단계의 지적 과정이나 정의적 과정은 전 단계의 지적 과정이나 정의적 과정을 기초로 삼게 된다.

그렇다면 학교 수업에서 발문을 어느 한 수준에만 국한시킬 것이 아니라 전 수준에 걸쳐 골고루 사용해야 할 것이다. 발문을 수업에 활용할 경우 1차적 과제는 발문을 구성하는 일이다. 대체로 지식에 관한 발문 구성은 용이하기 때문에 학교에서 주로 사용되어 왔다. 그 상위 수준의 발문은 이해발문을 제외하면 거의 사용되지 못하고 있는데 그 이유의 하나는 발문 구성을 잘 모르는 데 있는 것 같다.

우선 인지영역의 발문 구성부터 알아본다.

1) 인지영역의 발문 구성

Bloom 등은 인지영역을 지식, 이해, 적용, 분석, 종합, 평가로 나누고 있다. 따라서 여기에서는 발문의 종류를 지식발문, 이해발문, 적용발문, 분석발문, 종합발문, 평가발문으로 나누고 각 발문의 특징과 예, 발문에 사용되는 용어에 대하여 살펴보고자 한다.

(1) 지식발문

지식이란 이미 배운 내용으로 사실, 개념, 원리의 기억을 의미한다. 기억발문이란 기억을 요구하는 발문이라 볼 수 있다. 따라서 지식을 변용하거나 적용하는 것이 아니라 단지 이미 학습한 내용만을 기억해 내기만 하면 된다. 지식발문은 크게 세 영역, 즉 사실지식을 요구하는 발문, 절차적 지식을 요구하는 발문, 개념, 일반화, 이론지식을 요구하는 발문으로 구분된다.

지식발문과 관련된 용어로는 '정의하다, 회상하다, 기억하다, 열거하다, 찾아내다, 어디에서, 누가, 언제, 무엇을, 명명하다, 얼마나 많이, 약술하다' 와 같은 것이 있다. 이제 지식발문의 예를 들어본다.

① 사실적 지식발문의 예

어떠한 결론을 내린다든가 판단을 내릴 때 이에 관련된 사실지식이 필요하다. 사실적 지식발문은 단지 사실, 정보의 회상만을 요구하지만 이 사실정보는 사고력의 기초가 된다.

1. 한국 대통령의 이름은?
2. 6 · 25 전쟁은 몇 년에 일어났는가?
3. 사다리꼴과 평행사변형의 중요한 차이점은?
4. 누가 자동차를 발명하였는가?

② 절차적 지식발문의 예

지식발문은 구체적 사실에만 관심을 두는 것이 아니다. 구체적 사실, 정보를 조작하고 활용하는 방법 및 절차 즉, 여러 유형의 정보, 사건의 순서, 정보의 분류, 판단의 기준을 조직하고 활용해 나가는 절차에도 관심을 둔다.

1. 창의적 수업 모형의 첫 단계는?
2. 과학실험의 절차는?
3. 여러 동식물을 제시하고 이 가운데 동물은 어느 것이며, 식물은 어느 것인가?
4. 소설과 비소설의 차이는 무엇인가?
5. 예술 작품의 평가 기준은 무엇인가?

③ 개념, 일반화, 이론지식 발문의 예

사실, 정보에 관한 지식도 필요하지만 그보다 더 중요한 지식은 개념, 일반화에 관한 지식이다. 일반화나 이론은 주어진 현상을 기술해줄 뿐 아니라 나아가 설명, 예언해 주기도 한다. 그러므로 사실지식보다는 일반화나 이론 지식이 더 유익하다 하겠다.

1. 지능과 학업성취와는 어떠한 관계가 있는가?
2. 지난 시간에는 가족 형태에 대해 배웠다. 우리 마을의 두 가지 상이한 가족 형태는?

(2) 이해발문

이해력이란 이미 배운 내용의 의미를 파악하는 능력으로 단순한 정보를 기억하는 수준을 넘어 자료의 내용을 다소 치환해도 그 의미를 알고 해석하고 토론하는 능력이다. 이해발문이란 학생들의 이해력을 유발하기 위한 발문이다. 이해력을 나타내는 용어로는 '설명하다, 번역하다, 예시하다, 토론하다, 예언하다, 추론하다, 관계 짓다' 와 같은 것이 있다. 이해력의 발문은 크게 번역발문과 해석발문으로 나누어진다.

① 번역발문의 예

1. 이 시를 자기 용어로 어떻게 쓰겠는가?
2. "To be or not to be. That is the question." 이 문장을 번역해보라.

② 해석발문의 예

1. 한국 국기와 일본 국기의 차이점을 비교하라.
2. 한국에서 연간 강우량이 비슷한 지역을 예시하라.
3. 사변과 동란의 뜻을 비교해보라.
4. 비료 A, 비료 B를 사용하면 식물에는 어떠한 변화가 일어나는가?

(3) 적용발문

적용력은 이미 배운 내용인 개념, 규칙, 원리, 이론, 기술, 방법을 구체적인 또는 새로운 방면에 응용할 수 있는 능력이다. 지식이나 이해력은 적용력의 기초가 되며, 적용력으로부터 사고력이 생긴다고 볼 수 있다. 적용발문이란 학생들의 적용력을 확인할 뿐 아니라 적용력을 유도하기 위한 발문이다. 즉, 발문을 통하여 학생들의 적용력을 길러줄 수 있는 것이다.

적용력에 관련된 용어로는 '응용하다, 계산하다, 변화시키다, 분류하다, 수정하다, 준비하다, 관계 짓다, 사용하다, 작성하다, 어떻게, 어느 것' 등이 있다.

1. 서울에서 부산까지 가장 적은 비용으로 가려면 어떠한 교통수단을 이용해야 하는가?
2. 엘리베이터가 내려간다. 엘리베이터 안에서 공을 던진다. 승강기의 속도에 따른 공의 움직임은?
3. 지난 시간에 배운 수업계획 작성 원칙에 따라 자기가 가르칠 교과의 교수학습 과정안을 작성해보라.
4. 적용력에 관한 내용을 학습하고 자기가 담당한 교과에서 적용력에 관한 발문을 구성해보라.

(4) 분석발문

분석력은 조직, 구조 및 구성 요소의 상호관계를 이해하기 위해 주어진 자료의 구성 및 내용을 분석하는 영역이다. 분석발문이란 자료를 분석할 수 있는 능력을 기르기 위한 발문이다. 관련된 용어로는 '왜, 분석하다, 분류하다, 지적하다, 지지하다, 세분하다, 추론하다' 와 같은 것이 있다.

1. 이 소설의 등장인물은 누구누구인가?
2. 이 인물들 간의 관계는 어떠한가?
3. 이 인물들은 어떠한 신념에 따라 행동하였는가?

(5) 종합발문

종합력이란 여러 요소나 부분을 모아 새로운 체계를 만들 수 있는 능력으로 창의적 사고를 필요로 한다. 따라서 종합발문이란 학생들의 창의적 사고를 유발하기 위한 발문으로, 이에 관련된 용어로는 '창조하다, 계획하다, 고안하다, 설계하다, 재구성하다, 결론을 내리다' 와 같은 것이 있다. 종합발문을 예시하면 다음과 같다.

1. 우리 학교의 이름을 새로 바꾼다면 어떠한 이름이 좋겠는가?
2. 이상적인 학교의 설계는 어떻게 하는 것이 좋은가?
3. 수소와 산소를 가지고 물을 만들어내는 실험계획은?
4. 폐품 수집과 활용의 효과적인 방안은?

(6) 평가발문

평가력이란 작품, 사상, 자료 등에 대하여 가치 판단을 내릴 수 있는 능력을 말한다. 따라서 평가발문이란 학생들이 주어진 사상에 대하여 가치 기준을 설정하여 가치를 판단할 수 있도록 유도하기 위한 발문이다. 평가력에 관련된 용어로는 '평가하다, 판단하다, 사정하다, 비평하다, 왜, 비교하다' 와 같은 것이 있다. 평가발문을 예시하면 아래와 같다.

1. 역할놀이 수업에서 실연자와 청중들의 역할 분담은 적절했는가? 그 분단의 결론은 실연결과와 과연 일치하는가?
2. 경제적 실현성의 기준에 비추어 공기 오염 해결책의 특징에 대하여 평가해 보라.
3. 주어진 신문사설의 논리 전개 과정은? 논리의 일관성은?
4. 주어진 어떤 주장에서 논리적 결함은?
5. 내적 준거를 근거로 주어진 작품을 어떻게 평가하겠는가?
6. 주어진 미술작품의 가치는?
7. 두 시의 문학적 수준은 어떠한가?

2) 정의영역의 발문 구성

정의적 발문이란 감정이나 태도, 흥미에 대한 수용, 반응, 가치화, 조직화, 인격화를 요구하는 발문이다. 학교 수업에서는 정의적 영역의 중요성을 인식하면서도 이 부문에 대해서는 소홀히 취급해왔다. 그 이유는 여러 가지가 있겠지만, 우선 입시에서 주로 인지적 영역의 능력만을 대상으로 삼았지 정의영역은 대상으로 삼지 않았기 때문이다. 또 다른 하나의 이유는 인지영역보다 정의적 영역이 더 복잡하고 각 정의영역별 발문의 형태가 뚜렷이 구분되지 못하기 때문이다. 또한 정의영역의 발문을 구성하기가 어려울 뿐 아니라 그 평가 역시 인지영역만큼 쉽지 않으며 주관적인 판단에 많이 좌우되기 때문이다.

아무튼 지금까지 정의적 영역을 도외시해온 것은 사실이지만 인성 교육에 있어서는 인지영역 못지않게 중요하기 때문에 정의적 특성을 기르기 위하여 노력을 집중하지 않으면 안 된다. 최근 세계화에 따른 교육 개혁안에서도 바람직한 인성 교육을 중요한 목표로 설정하고 있다. 여기서 말하는 인성 교육은 다른 말로 바꾸어보면 결국 정의영역의 교육이 된다. 따라서 교사는 정의영역의 발문은 어떠한 것이 있고 또한 이러한 발문을 어떻게 구성해야 할지를 알아야 한다. 여기서는 정의영역의 관계를 설명하고 각 단계별 발문을 예시하고자 한다.

(1) 수용발문

수용(receiving)이란 어떠한 자극이나 활동을 기꺼이 수용하고 자발적으로 주의를 기울이게 되는 것과 같은 민감성을 의미한다. 이러한 민감성을 유도하는 발문이 수용발문이다. 수용발문에 관련된 용어로는 '듣다, 묻다, 답하다, 주의를 기울이다, 관찰하다, 수용하다, 민감한, 의식한' 등이 있다. 발문의 예로는 다음과 같은 것들이 있다.

1. 그 아이디어에 관심이 있는가?
2. 그 사람이 매력적이라고 생각하는가?
3. 이러한 종류의 그림을 보고 싶은가?

(2) 반응발문

반응은 어떠한 자극 또는 활동에 적극적으로 참여하고 자발적으로 반응하며 그러한 참여와 반응에서 만족감을 얻게 되는 행동을 말한다. 따라서 반응발문이란 활동에 적극적인 참여와 활동의 만족을 유도하기 위한 발문이다. 이와 관련된 용어로는 '대답하다, 노력하다, 돕다, 연습하다, 암송하다, 말하다, 쓰다' 등이 있다. 반응발문의 예를 아래에 제시한다.

1. 어떠한 활동이건 자발적으로 참여하고 싶은가?
2. 다른 학생들의 학습을 기꺼이 도와주는가?
3. 자신의 생각을 자주 그림으로 묘사하는가?
4. 교과와 관련된 다른 종류의 책을 읽은 적이 있는가?

(3) 가치화 발문

가치화란 특정 대상, 활동 또는 행동에 대하여 의의와 가치를 직접 추구하고 행동으로 나타내는 정도를 말한다. 가치화 발문은 특정 대상 활동에 가치를 부여하고 이를 추구하도록 유도하는 발문이다. 이와 관련된 용어로는 '완성하다, 기술하다, 구분하다, 설명하다, 추구하다, 형성하다, 중요한, 관여하는, 채택하다' 등이 있다. 가치화 발문의 예로는 다음과 같은 것이 있다.

1. 공부하는 데 많은 시간을 보내는가?
2. 1개월 동안 책임감 있는 시민으로 어떻게 실천해 왔는가?
3. 당신은 가끔 독서에 몰두하는가?
4. 수학공부가 가치 있다고 생각하는가?

(4) 조직화 발문

조직화는 일관성 있는 가치체제를 내면화시키는 전초단계로서 서로 다른 수준 또는 종류의 가치를 비교하고 통합하는 행동을 뜻한다. 이에 관련된 용어는 '주장하다, 결합하다, 비교하다, 설명하다, 방어하다, 조직하다, 판단하다, 수정하다, 통할하다' 등이 있다. 그 예를 들면 아래와 같다.

1. 글이나 강연을 통하여 수학의 중요성에 대한 자신의 의견을 피력한 적이 있는가?
2. 우아함이란 단어가 수학문제 해결에 적합하다고 생각하는가?
3. 상반된 친구의 주장을 어떻게 조화시키겠는가?

(5) 인격화 발문

인격화는 개인의 활동 및 생활의 기준이 되며, 가치관이 지속적이고 일관성 있고 또 그것이 그의 행동을 예측할 수 있을 정도로 확고하게 그의 인격의 일부로 내면화된 정도를 의미한다. 이와 관련된 용어로는 '생활화하다, 행동하다, 변별하다, 경청하다, 수정하다, 하고 싶어 하다, 나타내다, 끊임없는, 예측할 수 있는' 등이 있다. 그리고 인격화 발문의 예들은 다음과 같다.

1. 그는 모든 수업시간에 학생에게 자연스럽게 질문을 권장하고 있는가?
2. 소말리아와 같은 가난한 국가의 구호활동을 도와주기 위해 여러분은 무엇을 하겠는가?
3. 여러분은 김구 선생과 같은 훌륭한 분의 전기를 읽고, 그것에 영향을 받았다고 생각하는가?

3. 발문기술

무엇을 어떻게 발문하느냐 하는 문제는 곧 발문기법에 관련된다. 효과적인 발문은 학생들의 주의를 집중시킬 뿐만 아니라 소기의 목적을 달성할 수 있지만 비효과적인 발문은 학생들을 혼란에 빠뜨릴 가능성이 크다. 효과적인 발문을 위한 몇 가지 기법이 있다. 이 기법을 잘만 활용한다면 큰 효과를 거둘 수 있다.

1) 학생에 대한 교사의 발문

(1) 수업목표에 따라 다양한 발문을 한다.

어떠한 발문을 어떻게 할 것이냐는 수업목표에 따라 달라진다고 할 수 있다. 교과의 특성에 따라 강조되는 수업목표가 따로 있기는 하지만 대부분의 교과에서는 인지적 목표, 정의적 목표를 동시에 추구하기 마련이다. 이러한 목표를 달성하기 위해서는 발문의 종류도 다양해야 할 것이다. 앞에서 언급한 지식, 이해, 적용, 분석,

종합, 평가, 수용, 반응, 가치화, 조직화, 인격화 발문을 수업목표에 따라 적절히 사용해야 할 것이다. 너무 사실적인 발문만을 사용한다든지 너무 높은 수준의 발문만을 사용하는 것은 좋지 않다.

(2) 학습자의 능력에 적합한 발문을 한다.

학습자의 특성이란 다양하다. 그 중 능력, 성격, 태도, 적성은 학습의 효과에 영향을 미치는 중요한 요인이다. 학습자의 특성을 고려한 수업모형으로는 특성처치 상호작용 수업모형이 있다. 발문도 수업전략의 하나이다. 그렇다면 학습자의 특성에 따라 발문의 전략이 달라져야 함은 당연한 논리이다. 학습자의 능력수준이 높은 경우에는 쉽고 어려운 발문이 모두 효과적이라고 볼 수 있지만 쉬운 발문이 계속될 경우는 학습에 대한 흥미를 상실하게 되며 오히려 어려운 발문을 하는 것이 학습에 대한 도전감을 주어 더욱 효과적일 수 있다. 학습능력수준이 낮은 학습자에게는 너무 어려운 발문은 대답하기도 곤란할 뿐만 아니라 당황하게 만들어 결국 효과를 거두기 어려운 것이다. 오히려 쉬운 발문을 통해 올바른 응답을 유도하여 그 결과에 따라 강화를 받도록 하는 것이 좋을 것이다.

또한 학습자의 정서도 발문에 영향을 미칠 수 있다. 아무리 학습능력이 뛰어나다 해도 늘 학습에 긴장하고 불안을 느끼는 아동에 대해서는 되도록 쉬운 발문을 하는 것이 효과적이다. 그러나 정서가 안정된 학생은 학습에 대하여 좀 더 적극적이어서 보다 수준 높은 발문을 통해 도움을 받게 된다.

학습자의 성취동기도 학습에 영향을 미친다. 성취동기가 높은 학생에게는 비교적 학습자의 능력수준보다 높은 수준의 발문이 더 효과적이라고 볼 수 있고, 성취동기가 낮은 학습자에게는 보다 쉬운 내용의 발문을 하는 것이 효과적이다.

(3) 발문에 사용되는 어휘나 구문은 명확하고 이해 가능해야 한다.

발문에 사용되는 어휘가 모호하거나 학생들이 잘 모른다면 기대되는 답변을 얻을 수 없다. 어휘나 구문이 명확하고 학생들이 익숙하고 이해 가능하다면 올바른 대답을 얻을 수 있다.

(4) 한 발문에 하나의 요점만을 묻는 발문을 한다.

교사들은 너무 길거나 복잡한 답을 요하는 발문을 해서는 안 된다. 그러나 굳이 길고 복잡한 질문이 필요하다면 한 발문에 한 가지 요점만을 묻는 발문의 계열을 만들어 발문하고 나중에 이를 통합하여 발문을 하는 것이 효과적이다.

(5) 한 번에 여러 종류의 발문을 하지 말고 한 가지만 발문한다.

여러 가지 발문을 동시에 하게 되면 학생들은 어떠한 발문부터 대답해야 할지 몰라 당황하게 된다. 결국 학생들은 모든 발문에 대답하려고 하지만 그 대답은 오히려 혼란스럽게 될 뿐이다. Wright와 Nuthall(1970)의 연구에 의하면 교사가 한 번에 한 가지를 발문하는 경우가 학생들이 한 가지 발문에 대답하기도 전에 계속하여 수정발문을 하는 경우보다 학생들의 성적이 더 증가했다고 한다.

(6) 구체적 목적에 따라 순서를 정하여 발문한다.

일반적으로 교사들은 구체적 사실을 제시하고 이러한 사실들을 통합하여 어떠한 결론을 내리도록 지도한다. 이러한 경우는 낮은 수준의 발문으로 시작하여 높은 수준의 발문으로 이어지도록 하는 것이 좋다. 또 다른 경우는 어떠한 결론을 제시하고 결론에 이르는 과정을 지도할 수도 있다. 이 경우는 높은 수준의 발문을 제시하고 낮은 수준의 발문으로 유도할 수 있다.

(7) 교과내용의 논리적 계열의 순서에 따라 발문한다.

적당한 논리적 순서를 정하여 발문을 조직하게 되면 학생들은 교과내용을 더 잘 이해할 것이다. 교과의 핵심내용인 사실, 개념, 원리 또는 원리, 개념, 사실의 순서를 정하여 발문하면 학생들의 이해력은 증진될 것이다.

(8) 발문 후에 학생들이 답변을 준비할 수 있도록 충분히 시간적 여유를 둔다.

발문 후의 답변 대기 시간의 길이는 학생 반응의 양과 질에 큰 영향을 준다. 특히 1초 이하의 시간을 주었다가 이를 5초로 늘리어 시간을 대기시켰을 때 학생들의 답변의 길이가 길어졌고, 보다 사려 깊은 반응이 증가했으며 반응이 느린 학생들의 참여가 증대되었다. 그러나 신속하고 자동적 반응이 중요하거나 연습, 복습시간에는 대기시간이 짧은 것이 좋다.

(9) 수업에 참여한 학생들에게 골고루 발문하고 어느 특정 학생만을 지적하여 발문하지 않는다.

학습의 효과는 학생들이 학습에 적극적으로 참여하느냐 하지 않느냐에 따라 결정된다. 따라서 교사는 모든 학생들이 발문에 응답할 기회를 골고루 주는 것이 좋다. 단지 발문에 대한 응답뿐 아니라 학생 스스로 질문할 수 있도록 분위기를 조성해 줄 필요가 있다.

(10) 발문이나 발문에 대한 학생의 답변을 되풀이하지 않는다.

학생들은 발문이나 발문에 대한 응답이 반복될 것이라는 사실을 알게 되면 발문에 대하여 주의를 기울이지 않게 된다. 만일 학생들이 이전 경험을 미루어보아 교사가 반복발문을 하지 않을 것으로 생각한다면 학생들은 처음 발문에 주의를 기울이게 될 것이다. 경우에 따라서는 발문을 반복할 경우도 있다. 예를 들어 학생들이 발문내용을 정확히 알아듣지 못했을 때는 발문을 반복할 수도 있다.

2) 학생의 대답에 대한 교사의 반응

교사의 발문에 대한 학생들의 답변에는 여러 가지 형태가 있을 수 있다. 정확한 답변이 있는가 하면 부분적으로 맞고 부분적으로 틀린 답변도 있으며, 부정확한 답변도 있을 수 있고, 전혀 답변을 못하는 경우도 있을 수 있다. 따라서 교사는 이에 적절히 대처해야만 할 것이다. 그러기 위해서는 다음에 제시된 몇 가지 원리를 참고하는 것이 도움이 될 것이다.

(1) 교사는 학생들에게 발문할 때 관대하고 비위협적 분위기를 조성하는 것이 중요하다.

학생들은 자신들이 제시한 답변에 대하여 교사가 비판을 하거나 꾸지람을 하게 되면 설령 맞는 답변이라 하더라도 주저하게 된다. 따라서 교사는 학생의 답변에 대하여 관대하며 수용적이어야 한다.

(2) 발문에 대한 답변에 대하여 긍정적인 태도를 취한다.

교사는 학생의 답변을 긍정적으로 고무시킬 필요가 있다. 학생들이 불충분한 답변을 부연하도록 하기 위해 교사는 적합한 답변을 수용하고, 그렇지 않을 경우 학생을 비판하지 말고 탐구적 발문을 하거나 격려적 발문을 사용하는 것이 좋다. 교사가 학생들의 답변을 경청하고 관심을 보이고 학생의 어떠한 답변도 기꺼이 수용한다는 자세를 보이는 것 또한 중요하다. 말로 격려하는 것도 좋으나 미소나 고개를 끄덕이는 것 또한 도움이 된다.

(3) 발문에 대한 답변 과정에서 의사를 표현하는 데 곤란을 겪는 학생에게 용기를 준다.

어떤 학생들은 언어 표현이 서툴러 발문에 대한 답변을 할 때 수줍어하거나 긴장하게 된다. 유능한 교사라면 이것을 알아차리어 이런 학생들을 돕겠지만 경험이 부족한 초임교사는 이들 학생을 방치하기 쉽다. 교사는 되도록 학생들을 자주 칭찬하고 격려해주어 답변 과정에 참여하여 만족감과 성취감을 갖도록 해야 한다. 만일 학생들이 답변 과정에서 멈칫거리면 교사는 미소나 관심을 표명하여 답변을 계속하도록 격려해야 된다. 만일 학생들이 지적받았을 때 답변을 못하면 곧바로 다른 사람을 지적하여 발문에 답하도록 하는 것보다는 잠시 기다리거나, 본래의 발문을 다른 말로 바꾸거나, 추가적인 단서를 제공하여 발문 내용을 단순하게 해야 한다. 그러나 계속적인 격려를 해주어도 답이 나오지 않는 경우 정답을 제시하거나 다른 학생을 지적하여 답변을 요구하는 것이 나을 것이다.

(4) 일상적인 답변이 아닌 대체 답변을 수용할 준비를 한다.

교사들은 모든 답변들, 즉 비록 어떤 상황에서는 맞지 않는다 하더라도 이들을 기꺼이 숙고하고 존중해야 한다. 만일 교사가 기대한 준거에 꼭 맞는 답변만을 받아들이려고 한다면, 학생들은 그러한 답을 말할 수 없다는 불안 때문에 발문에 답하기를 꺼리고 답변을 삼갈 것이다. 가능하다면, 교사는 확산적 사고를 장려하는 것이 좋다. 답변이 아주 적절하지 않을 때라도 답변을 하려는 시도에 대한 가치는 인정해야 한다. 그런 후에 교사는 심화 설명이나 근거를 물음으로써 다른 종류의 답변을 추구해야 한다. 그 후에 여러 대체 답변들이 비교될 수 있고, 그들의 상대적 가치도 평가될 수 있다.

(5) 학생들의 답변에서 학생들이 발문내용을 잘못 이해하는 것으로 나타나면 그들이 이해할 수 있게 다시 발문한다.

가끔 학생의 답변을 통하여 발문내용이 잘못 해석되었다는 것을 알 수 있다. 때때로 학생들은 그런 발문을 하는 교사의 의도가 무엇인지 몰라 당황해하거나 또는 거칠고 애매하게 하는 발문 때문에 당황해한다. 이러한 경우, 교사는 다시 발문을 해야 한다. 유능한 교사는 흔히 다음과 같이 말한다. "그것을 다른 식으로 물어볼까?" 혹은 "그 문제는 잊어버리자. 그러나 이번에는 이런 식으로 물어보지." 발문을 다시 하려면 가끔 단순화된 어휘나 예비설명을 요구한다. 이러한 방식은 학생들이 이해를 쉽게 하며 적절한 답을 만드는 데 도움이 된다.

(6) 학생의 답변이 적절치 않거나 완전치 못하면 지원적인 정보를 제공한다.

교사는 만일 학생들의 답변이 정확하지 않거나 완전하지 못하면, 학생들이 지원적인 정보를 필요로 하고 있음을 감지해야 한다. 이런 상황에서 교사는 정답에 도움이 되는 추가적인 암시나 단서를 제공해 주거나 혹은 정의를 묻고 나아가 주어진 답변에 대한 보충 설명 혹은 근거(정당화)를 요구함으로써 학생들의 반응을 도와주어야 한다. 교사는 다음과 같이 말할 수 있다. "그래, 그것 참 좋구나. 그렇지만 우리는 이것도 보충할 수 있을 거야." 혹은 "참 훌륭한 대답이야. 그러나 우리는 그것을 이런 식으로 말할 수도 있지." 추가적인 설명의 형태로 이어지는 긍정적인 반응은 늘 부정적인 반응보다는 낫다.

4. 발문기법

수업에서 효과적인 발문을 증진하기 위해 유능한 교사는 다양한 발문기법을 통하여 학생들이 스스로 발문에 대한 해답을 찾을 수 있도록 돕고, 학급토의에 학생들의 참여를 촉진한다. 이러한 기법들은 발문에 대한 학생들의 반응에 대한 충분한 이해에 기초를 두고 있다. 다음에 이러한 모든 기법들을 상세히 다룰 것이다.

1) 발문에 대한 해답을 찾도록 도와주기

학생들이 발문에 대한 해답을 찾는 데 곤란을 겪으면, 교사는 적절한 해답을 찾도록 도와야 한다. 발문에서 교사의 역할은 조장적이고 지원적이어야 하지 비판적이거나 평가적이어서는 안 된다. 다음은 교사가 사용할 수 있는 몇 가지 기법들이다.

(1) 휴지(pausing)

학생들이 답변을 못할 때, 교사가 취할 수 있는 첫 번째 전략은, 학생들이 발문에 관해 생각하고 답을 얻을 수 있는 시간을 학생들에게 허용하기 위하여 단지 끈기 있게 기다리는 것이다. 만일 기다려도 답이 나오지 않으면, 교사는 다음의 기술들 중에서 한 가지를 사용할 수 있다.

(2) 격려(prompting)

가끔 학생들은 답변을 못하거나 부분적인 답변만을 하는 경우에 완전한 답을 얻기 위해 교사의 계속적인 자극이나 격려를 필요로 한다. 격려에는 시각적이거나 언어적인 단서 혹은 조장적인 발언 등이 있다(예, "답이 참 좋구나. 거기에 무언가를 더 포함시킨다면….").

(3) 반복(repeating)

대부분의 교사는 습관적으로 발문을 반복하지 않는데, 그 이유는 만일 발문을 반복하면 학생들이 첫 번째 받는 발문에 귀를 기울이지 않을 것이기 때문이다. 그러나 그 같은 반복발문을 하는 것이 적절할 경우가 있는데, 특히 학생들이 발문의 중요한 부분을 듣지 못한 경우에 그렇다. 발문을 반복할 때는 발문 속의 잠재적인 의미(예, "John이 그 오래된 박물관에 가려고 한 진짜 이유는 무엇이냐?"), 학생들이 주의를 집중해야 할 발문의 중요한 국면(예, "이것이 흥미로운 점이야. 왜 Mary는 John을 따라 박물관에 안 갔지?")을 부각시키기 위해 낱말이나 구를 강조하는 것이 도움이 된다.

(4) 고쳐서 발문하기(rephrasing)

학생들이 발문을 이해하지 못하면, 학생들이 이해할 수 있는 형태로 발문을 고쳐보는 것도 좋은 방법이다. 교사는 학생들이 발문을 이해하지 못한다고 비난해서는 안 되며 대신, 발문의 의미를 명확히 강조해 주어야 한다(예, "네가 그것을 더 잘 이해할 수 있는 방식으로 물어볼까?"). 발문을 고쳐서 말하는 것은, 학생들이 적절한 답을 찾아내려고 노력하는 데 격려가 된다.

(5) 추가적인 정보의 제공(providing additional information)

학생들은 정보의 핵심내용을 몰라서 발문에 대한 정확한 답을 제시하지 못할 때가 있다. 교사들은 그런 문제점을 알고 있어야 하며, 곤란을 야기할지도 모를 누락된 정보를 보충해 주어야 한다(예, "NA+가 +1의 산가를 가지고 있다는 것을 내가 말해준다면, 너는 그 질문에 답할 수 있겠니?"). 학생들에게 추가적인 정보를 제공하며 돕는 것은 정답을 말해주는 것보다 일반적으로 나은 방법이다. 그러한 도움은 발문에 답하기 위해서 필요한 것이 무엇이며 정답을 얻기 위해 마쳐야 할 과정이 무엇인가를 다른 학생들에게 보여줄 것이다.

(6) 추가적 발문(asking supplementary questions)

때로 학생들은 적절치 못하고 애매하거나, 초점에만 지나치게 얽매인 답변만을 한다. 추가적인 발문은 학생들이 그들의 사고를 명확히 하고 다양한 관점으로 원래의 발문을 탐구하도록 하는 데 도움을 줄 것이며, 이렇게 해서 그들이 좀 더 포괄적인 답변을 할 수 있게 한다.

(7) 학생이 답변을 예상하도록 격려하기(encouraging students to predict answer)

학생들은 답을 확신하지 못할 때에 발문에 답하기를 꺼린다. 그들은 교과에 대한 지식이나 문제해결 능력에 자신감이 부족한 것이다. 교사들은 여러 방법을 사용하도록 격려해야 하는데, 가설검증이나, 답변예상에 대한 긍정적인 태도를 갖는 것도 한 가지 방법이다. 이런 상황에서 그들은 설명을 할 수도 있고 학생들이 답변을 예상하도록 하기 위한 발문을 할 수 있는 것이다(예, "그 선장이 선원들을 돕지 않았다면 어떤 일이 일어났을까?", "만일 내가 2/5에 254를 곱한다면 가장 가까운 답은?", 또는 "내가 너에게 지금 막 읽어주기 시작한 이 이야기는 어떻게 끝날 것 같니?"). 대부분의 학생들은 이런 종류의 발문에 호기심을 느끼고, 나중에 평가를 내리는 데 협조할 것이다.

(8) 대상전환 발문(redirecting)

만일 학생이 교사의 격려나 추가적인 도움에도 불구하고 발문이 너무 어렵다고 느끼면, 다른 학생에게 답변을 요구하는 것도 바람직하다. 그러나 교사가 대상학생을 너무 자주 바꾼다는 것은 본래의 발문이 너무 어렵다는 것을 뜻하므로, 발문이 요구하는 인지적 수준을 바꾸는 것이 필요하다.

(9) 인지적 요구수준의 변경(changing level of cognitive demand)

만일 발문이 지나치게 난해하거나, 학생의 능력 이상의 인지적 기술을 요구하면 발문의 인지적 요구수준을 낮추어서 학생들에게 보다 적절하게 조정하는 것이 필요할 것이다. 이는 어휘를 보다 쉽게 하고, 발문을 이해하는 데 도움이 되는 도표나 모델, 혹은 보조 자료의 이용을 포함하는 여러 방식으로, 또는 발문의 강조점을 이해에서 단순한 회상으로 전환시킴으로써 이루어질 수 있다. 물론 이러한 변화들은 본래 발문의 목적과 본질을 바꿀 수도 있을 것이다. 그러나 교사와 학생 사이의 상호작용이 유지된다는 것을 보장할 수 있다면 그것은 필요한 것이다. 교사는 그 임시적인 발문이 해결되면 뒤에 가서 본래의 발문으로 되돌아올 수 있는 것이다.

(10) 구조화(structuring)

이는 일련의 질문에 대한 대답에 평가적 논평이나 해석을 달거나 혹은 일련의 발문과 답변과정의 끝에 가서 정보를 요약하는 것이다. 이 모든 활동들은 제시된 발문에 대해 구조와 틀을 제공하며, 일련의 난해한 발문으로 달리 나타날지도 모를 것들에 대한 버팀대를 마련해준다.

2) 발문에 대한 학생들의 반응 이해

수업 중에 학생이 발문에 대답할 때 교사나 동료학생들이 그를 어떻게 평가할 것인가 염려하는 학생들의 생각(perception)을 이해하고, 그러한 생각이 학생들이 질의 응답에 참여하는 데 어떻게 영향을 미치는지를 알아야 한다. 교사의 태도와 기대감은 학생들의 발문에 대한 반응에 직접적인 영향을 미친다. 다음은 이러한 관계에 대해서 자세히 설명하고자 한다.

종종 학생들은 수업 중 교사가 하는 발문에 답할 때, 그 대답의 질 또는 수준에 대해서 불안해한다. 그들은 틀린 대답을 하면 교사가 그를 교과내용에 대한 지식이 부족하다고 판단할 것이며 동료학생들은 자신의 능력을 비웃을 것이라는 걱정을 한다. 그러므로 학생들이 교사의 발문에 대답을 할 때 매우 조심스러워하는 것은 당연한 일이다. 흔히 학생들은 그들이 말하고자 하는 대답이 교사가 의도하는 대답이 아니라고 생각하게 되면 답을 얼버무리거나 아니면 교사의 질문을 이해하지 못했다고 말을 한다.

참고문헌

권낙원(1995). 발문기술. 서울특별시교육연구원 (편), 수업 기술의 이론과 실제 (pp. 192-229). 서울: 서울특별시교육연구원.

Bloom, B. S., Engelhart, M. D., Furst, E. J., Hill, W. H., & Krathwohl, D. R. (1952). *Taxonomy of educational objectives: The classification of educational goals: Handbook 1 cognitive domain*. New York: David Mckay.

Cornbleth, C. (1975). Student questioning as a learning strategy. In ASCD (Ed.), *Educational Leadership* (December, 1975). Washington, D.C.: ASCD.

Gall, M., Dunning, B., & Weatherby, R. (1971). Minicourse 9: Higher cognitive questioning. In Far West Laboratory for Educational Research and Development (Ed.), *Teacher' s handbook*. Beverly Hills, CA: Macmillan.

Good, T. L., & Grouws, D. A. (1977). Teaching effects: A process-product study in fourth-grade mathematics classroom. *Journal of Teacher Education,* 28(3), 49-54.

Hunkins, F. P. (1972). *Questioning strategies and techniques*. Boston: Allyn and Bacon.

Kissock, C., & Iyortsuun, P. (1982). *A guide to questioning: Classroom procedures for teacher*. Hong Kong: Macmillan.

Martin, J. R. (1970). *Explaining, understanding and teaching*. New York: McGraw-Hill.

Redfield, D. L., & Rousseau, E. W. (1981). A meta-analysis of experimental research on teacher questioning behaviour. *Review of Educational Research,* 51, 237-245.

Ryan, F. L. (1973). Differentiated effects of levels of questioning on student achievement. *Journal of Experimental Education,* 41, 63-67.

Sanders, N. M. (1966). *Classroom questions: What kinds?*. New York: Harper & Row.

Stevens. R. (1912). The question as a measure of classroom practice. In Teachers College Press (Ed.), *Teachers College Contributions to Education* (no. 48). New York: Teacher College Press.

Winne, P. H. (1979). Experiments relating teachers' use of higher cognitive questions to student achievement. *Review of Educational Research,* 49, 13-49.

Wright, C. J., & Nuthall, G. (1970). Relationships between teacher behaviors and pupil achievement in three experimental elementary science lessons. *American Educational Research Journal,* 7, 477-491.

제9장

학습관리 기술

영어로 Classroom Management Skill을 학습관리 기술로 옮겨놓아 보았다. 직역하면 학급경영 기술로 볼 수도 있다. 학급경영은 통상 수업보다는 행정영역에 속하며, 교육의 목적을 달성하기 위하여 인적 · 물적 자원을 효율적으로 관리해 나가는 과정이라고 볼 수 있다. 그러나 여기에서는 수업기술로서의 학급관리 기술을 논의하고자 한다. 따라서 물리적인 환경의 관리보다는 심리적인 환경, 다시 말하면, 학습행동의 관리에 초점을 맞출 것이다. 이에 우선 학습관리의 정의부터 알아본다.

1. 학습관리의 정의

Weber(1986)는 『Classroom Teaching Skills』라는 책 3판에 소개되어 있는 Classroom Management에 대한 다양한 정의를 다음과 같이 설명하고 있다. 그는 아홉 개의 정의를 제시하고 있는데, 각 정의마다 철학적 입장과 적용방법이 상이함을 지적하고 있다.

첫째, 권위적 접근방법에서는 학습관리란 학생의 행동을 통제하는 과정이다. 이 입장에서 보면 교사의 역할은 학급의 질서를 세우고 유지하는 것이다. 따라서 일차적으로 훈육을 통하여 질서와 통제의 유지가 강조된다. 한마디로 이 입장을 지지하는 사람은 훈육과 학습관리를 동일어로 본다.

두 번째 입장은 위협적 방법으로 첫 번째의 권위적 접근방법과 약간 관련은 있으나 어느 면에서는 다르다. 이 접근방법 역시 학습관리를 학생의 행동을 통제하는 과정으로 본다. 그러나 권위적 접근방법과는 달리 위협적 접근방법에서는 학생의 행동은 교사의 위협적 행동을 사용하여 가장 잘 통제될 수 있다고 본다. 예를 들면, 비꼼, 조롱, 강압, 협박, 무력, 비난과 같은 것들이 있다.

세 번째 견해는 두 번째의 위협적 방법과 정반대인 허용적 접근방법이다. 이 이론을 지지하는 사람들에게 있어 교사의 역할은 학생의 자유를 극대화시키는 일로, 학생들이 자신이 원하는 것은 언제, 어디에서고 자유롭게 행동할 수 있도록 돕는 것이다. 그렇게 하지 않는다면 학생들의 자연적인 발달에 지장이 온다는 것이다.

네 번째 입장은 앞의 입장들과는 다른 요리책 접근방법이다. 이 입장은 어느 단일 이론이나 심리적 기반에 근거하여 도출된 것이 아니라, 할머니들의 이야기, 민담, 상식을 다 섞어 만든, 교사가 종교적으로 꼭 지켜야 하는 처방이 있다는 것이다. 여기에는 문제 상황에 처해서 교사가 꼭 해야 할 것과 하지 말아야 할 것을 기술해놓은 목록이 있다. 이 목록은 마치 요리책에 제시되어 있는 조리법과 같다. 따라서 교사는 마치 요리책에 제시되어 있는 조리법을 따르기만 하면 된다.

다섯 번째 접근은 수업 접근방법으로 신중하게 계획하여 실천한 수업은 대부분 학생의 행동문제를 예방하고, 예방하지 못한 문제들은 해결할 수 있다는 것이다. 따라서 교사가 할 역할은 좋은 수업을 계획하고 실행하는 것이다. 여기에서 말하는 좋은 수업이란 학습자의 요구와 흥미에 적합하고 학생들의 학습동기를 유발하는 수업이다.

여섯 번째 입장은 행동수정원리 방법이다. 이 입장에 의하면, 학습관리란 학생들의 행동을 수정하는 과정이다. 따라서 교사는 바람직한 학생의 행동을 기르고 바람직하지 못한 행동을 제거하는 역할을 해야 한다. 간단히 말해 강화이론으로부터 도출된 원리를 적용하여 학생들이 적절한 행동을 배워 나가도록 도와야 한다.

일곱 번째 입장은 학습관리를 학급 내에서 긍정적인 사회정서적 분위기를 조성하는 과정으로 본다. 이 입장에 의하면, 학습은 긍정적인 교실분위기에서 극대화되고 긍정적인 교실분위기는 좋은 대인관계, 즉 교사와 학생의 관계, 학생과 학생의 관계로부터 만들어진다. 물론 이러한 인간관계에 있어 교사는 핵심 인물이 된다. 그러므로 교사는 건전한 대인관계를 수립하여 긍정적인 사회정서적 교실분위기를 발전시켜 나가야 한다.

여덟 번째 입장은 교실을 사회체제로 보고 집단과정을 가장 중시하는 입장이다. 이 입장에서 보면, 수업은 집단적 맥락 안에서 일어난다는 것이다. 그러므로 교실 집단의 본질과 행동은 학생에게 중요한 영향을 미친다고 보인다. 여기에서 교사가 해야 할 일은 효과적인 교실 집단을 개발하고 운영하는 것이다.

이상으로 여덟 가지 서로 다른 학습관리에 대한 입장을 검토해 봤는데, 이들 이론마다 각각의 지지자들과 실천가들이 있어 어느 이론이 어느 이론보다 더 좋다 혹은 나쁘다고 평가하기가 어렵다. 그렇다고 이 가운데 가장 좋은 이론이라고 할 만한 이론도 없는 상황이다. 차라리 어느 한 이론을 따르기보다는 여러 이론을 함께 포괄하는 포괄적 정의를 내리는 것이 좋을 것 같다.

Weber는 이러한 포괄적 의미의 정의를 '다원적 정의' 라고 칭하였다. Weber에 의하면 학습관리란 교사가 효과적이고 효율적인 수업을 촉진하는 교실조건을 만들고 유지하는 행동이다. 이 정의에 의하면 학습관리란 교사가 수행하는 활동이거나, 아니면 교수행동이다. 다시 말하면, 교사가 행하는 그 무엇인 셈이다. 두 번째로 학습관리가 효과적이라면 단 한 가지 전략만을 사용해서는 안 되고, 다양한 방법의 여러 전략을 사용하여야 한다는 점이다.

수업은 크게 교수와 관리활동으로 구성된다. 이 경우 교수활동은 구체적인 교육목표의 성취의 촉진을 의도하는 활동으로 학습자의 요구를 진단하고, 정보를 제시하고, 질문을 제기하고, 학습자의 학습 진전을 평가하는 활동으로 구성된다. 반면에 관리활동이란 수업이 효과적이고 효율적으로 일어날 수 있는 조건을 만들어 유지할 것을 의도하는 활동이다.

여기에는 보상, 교사와 학생 간 래포 형성하기, 생산적 집단규범 만들기 등이 포함된다. 논리적으로 볼 때, 효과적인 교수활동이 일어나려면 효과적인 학습관리활동은 필수적이다. 교사효과성에 관한 연구결과에 의하면 교사의 학습관리 행동과 학생의 바람직한 학습결과 사이에는 긍정적인 관계가 있다는 것이다. 이어 이 연구에 의하면 가장 우수한 어느 특수한 한 가지 학습관리 방법은 존재하지 않지만 몇 가지 학습관리 전략들은 효과적인 것으로 나타났다. 따라서 우리가 기대하는 학습결과를 얻기 위해서는 적합한 학습관리 전략을 사용하여야 할 것이다.

2. 학습관리의 절차

학습관리란 학습의 효과를 높이기 위하여 학습 환경을 조성하는 과정으로 이미 설명하였다. 여기서는 구체적으로 어떠한 절차를 거쳐 학습을 관리해 나가는지를 살펴본다. Weber는 그 절차를 바람직한 교실조건의 상세화, 기존의 교실조건 분석, 관리전략의 선정과 활용, 관리효과의 평가 등 네 단계로 나누어 제시하고 있다. 우선 바람직한 교실조건의 상세화부터 알아본다.

(1) 바람직한 교실조건을 상세화한다.

학습관리는 유목적적 활동으로 교사는 목적달성을 위하여 다양한 학습관리 전략을 사용한다. 학습관리의 궁극적 목적은 학생들에게 효과적인 수업을 촉진할 수 있을 것으로 생각하는 특수한 교실조건을 수립하고 유지하는 것이다. 결국 효과적인 학습관리의 첫 번째 단계는 교사가 바람직하다고 생각하는 조건을 상세화하는 것이다. 즉, 이상적인 조건을 상세화하는 것이다.

교사는 학생들을 효과적으로 가르칠 수 있을 것으로 믿는 조건을 분명하고 신중하게 개념화해 놓아야 한다. 그렇게 하려면 어느 정도 교사의 개인적 철학이 반영되게 되는데 교사는 이 점을 인정해야 할 것이다. 다시 말하면, 교사가 바람직하다고 여기는 조건은 일반적으로 수용되고 경험적으로 타당화된 진리라기보다는 오히려 개인적인 수업관이 반영되는 것이다. 이외에 교사는 조건에 대한 개념화의 유용성을 계속 검토하고, 상황에 따라 이를 수정할 필요성이 있음을 인정해야 한다.

어찌되었던 교사들이 바람직하다고 믿는 교실조건에 관심을 갖고 있는 교사는 그렇지 않은 교사에 비하여 다음과 같은 이점을 갖는다. 즉, 그들은 학습관리란 문제가 발생한 후 이에 대처하는 과정으로 보려 하지 않는다는 점과 그들은 노력을 기울여야 할 일련의 관리목표를 갖게 되고 그 목표를 기준으로 성과를 평가하게 된다. 결국 학습관리의 목표를 분명히 이해한 교사는 그렇지 않은 교사보다 더욱 더 효과적일 가능성이 크다.

(2) 기존의 교실조건을 분석한다.

바람직한 교실의 조건을 상세화한 후 교사는 기존의 교실조건을 분석해야 한다. 이러한 분석을 통하여 교사는 ① 기존의 조건과 바람직한 조건의 차이를 확인하게 되며 어느 것이 즉각적인 주의가 필요하고, 어느 것이 궁극적인 주의를 요하며, 어느 것이 조정을 필요로 하는지를 결정하게 된다. ② 잠재적인 문제로, 교사가 예방책을 사용하지 못해 차이가 발생될 문제를 확인하게 된다. ③ 바람직하기 때문에 교사가 유지하고 격려하며, 지속하고자 하는 현재의 조건을 확인하게 된다.

이 두 번째 단계로만 볼 때 효과적인 교사란 분석을 잘하는 교사, 즉 교실의 상호작용을 능수능란하게 분석하고 교실 내에서 일어나는 모든 것에 민감한 교사가 효과적인 교사가 되는 셈이다. 다시 말하면, 효과적인 교사는 학생들이 무엇을 하고 있고, 무엇을 하고 있지 않으며, 무엇을 하려 하는지를 정확히 이해하고 있는 교사이다.

(3) 학습관리 전략을 선정하고 활용한다.

기존의 조건을 분석한 결과 교사의 개입이 필요할 경우 교사는 목표를 달성할 가능성이 가장 큰 학습관리 전략을 선정하여 적용하여야 한다. 그 목표는 문제를 해결하는 것이 될 수도 있고, 문제를 예방하는 것이 될 수도 있고, 바람직한 조건을 유지하는 것이 될 수도 있다. 효과적인 교사라고 한다면 학습관리에 대한 각각의 접근방법이 함의하고 있는 관리전략을 충분히 이해하여 특정 상황에 가장 적합한 전략을 찾아 이를 적용해야 한다. 다시 말해 교사는 상황과 학생의 특성에 따라 이에 맞는 전략을 선택하여 사용하여야 효과가 있다는 말이다.

(4) 관리효과를 평가한다.

네 번째 과정은 교사 스스로 관리적 효과성을 평가하는 것이다. 틈틈이 교사는 바람직한 조건이 어느 정도 유지되고 있으며, 현재의 조건과 이상적 조건 간의 차이는 어느 정도 좁혀지고 있는지를 평가하여야 한다. 이러한 평가에는 교사의 행동만이 아니라 학생의 행동도 포함된다. 우선 교사는 그들이 사용하려는 학습관리 행동을 어느 정도 사용하고 있는지를 평가하여야 하며, 동시에 사용하고 있는 학습관리 전략이 바람직한 조건을 만드는지를 평가해야 한다. 둘째로 교사는 학생이 어느 정도 바람직한 행동을 보이느냐를 평가하여야 한다. 교사와 학생의 행동에 관한 자료는 교사, 학생, 그리고 제삼의 관찰자를 통하여 얻을 수 있다.

3. 학급관리의 과제

학습관리란 교사가 존경스럽고 서로 배려하고 질서 정연하고 생산적인 환경을 조성하기 위한 행위를 말한다. 이러한 환경을 만들기 위해 교사는 어떠한 일을 하여야 하는가? Weinstein과 Weber(2011)는 학습관리의 과제를 다음과 같이 여섯 가지로 나누어 설명하고 있다.

1) 물리적 환경의 설계

교실의 물리적 환경은 교사와 학생의 행동에 영향을 미친다. 이러한 환경은 직접적일 수도 있고 간접적일 수도 있다. 비록 이미 고정된 전기 장치, 칠판, 창문 등은 교사가 어떻게 통제할 수는 없으나 의자, 책상, 컴퓨터 등은 교사가 적절히 배치할 수 있다. 특히 책, 걸상은 수업의 형태에 따라 모두가 교사를 바라보도록 배치할 수도 있고, 소집단의 학습인 경우는 서로가 얼굴을 마주보도록 배치할 수도 있다. 이러한 물리적 설계는 또한 학급의 분위기에도 영향을 미친다. 실내의 색깔, 화초, 매력적인 게시판 등은 교실에 들어오는 것을 더 반기고 기분 좋게 할 수 있다. Evertson(1987)은 학급의 물리적 배치를 디자인할 때 고려사항으로 다음의 세 가지를 제시하고 있다.

1. 가시성(Visibility)－학생들은 칠판과 다른 시각 자료를 볼 수 있는가? 교사는 모니터를 할 수 있도록 모든 수업 장면을 한눈에 볼 수 있는가?
2. 접근성(Accessibility)－학급에서 연필깎이가 있는 곳이나 출입문과 같이 학

생들 통행이 잦은 곳이 능률적으로 이동할 수 있도록 배치되어 있는가? 이러한 통행이 혼잡한 영역은 이 학급에서 방해를 최소화할 수 있도록 설계되어 있는가?

3. 주의산만성(Distractibility)—잠재적으로 시끄러울 수 있는 장소와 다른 장소가 분리되어 있는가? 문이나 창문들이 주의를 산만하게 하는가?

여기에 교실 공간을 설계하는 데 도움이 되는 몇 가지 제안을 제시한다.

1. 자주 사용하는 교수 학습자료는 학생들에게 근접해 있는지 확인한다.
2. 자료들이 있는 곳에 따라 자료의 이름을 붙여 놓는다.
3. 혼란을 피하기 위해 교실 통로를 정해 놓는다.
4. 교사가 설명하는 것을 학생들이 명확히 볼 수 있도록 좌석을 배치한다.
5. 학생과의 상호작용을 고려하여 좌석을 배치한다.
6. 교사 자신의 교수 자료를 어디에 보관할지 결정한다.
7. 특수아를 위하여 환경을 바꿀지 고려한다.
8. 예를 들면 휠체어를 타는 학생을 위해 공간을 넓히는 일이다.

2) 교사–학생의 긍정적인 관계 구축

여러 연구 결과들에 의하면, 효과적인 학습관리에 있어 긍정적인 교사–학생 관계가 핵심이라는 것이다. 그리고 이러한 관계는 학생들의 문제를 많이 줄여줄 수 있다는 것이다. 학생들이 지지를 받고 돌봄을 받는다고 느끼게 되며 그들은 다른 사람의 권위를 수용하고 자신의 행동을 학급의 규범에 따라 규제해 나가게 될 것이다. 문제는 '어떻게 하면 학생과의 긍정적인 관계를 맺어가느냐?' 하는 것이다. Weber(1986)는 이 문제에 대한 제안을 다음과 같이 제시하고 있다.

1. 학생들을 환영한다. 미소를 지으면서 친절히 대하므로 학생들이 가까이 다가설 수 있는 분위기를 조성한다.
2. 학생의 생활에 대하여 배운다. 배려와 존중을 나타내는 또 하나의 방법은 학

생의 생활을 배우는 일이다. 질문지를 통하여 학생의 흥미, 좋아하는 교과 등을 물어볼 수 있고, 학생들의 놀이, 스포츠 등에 관심을 보일 수 있고 수업 전후 간단한 얘기를 나누는 것도 한 가지 방법이 될 수 있다.

3. 문화적 소양을 기른다. 다문화 가정이 점점 늘어나고 있어 학생들의 다문화에 대한 지식이 더욱 요구된다.
4. 높은 기대를 전달한다. 학생에게 높은 기대를 갖고 밀어붙이는 것도 교사가 학생에 대한 관심을 나타내는 것이다. 교사의 기대는 학생에게 전달되고 학생은 기대에 부응하는 경향이 있다.
5. 좋은 의사소통 기술을 개발한다. 교사와 학생의 긍정적 관계 구축을 위해서 교사는 좋은 경청자가 되어야 한다. 좋은 경청이란 주의를 기울이고 학생의 느낌을 인정하는 데에서 시작된다. 주의를 기울이는 것 이외에 능동적 경청을 사용할 수 있다. 이것은 학생의 말에 조심스럽게 귀 기울이고 메시지 내용을 반성하거나 자신의 용어로 메시지를 피드백하는 것이다.

이것은 이해의 정확성을 증명하고 메시지를 정정할 기회를 준다.

3) 공동체 분위기 조성

교사와 학생 관계도 중요하지만, 이에 못지않게 학생과 학생의 관계 또한 중요하다. 다시 말하면 지원적이며 서로가 존중하는 학생 관계가 중요하다. 이러한 공동체 의식 구축을 위한 몇 가지 제안을 아래에 제시한다.

1. 학생 서로가 서로를 배울 수 있는 기회를 준다.
2. 소집단 학습 또는 협동 학습을 사용한다.
3. 집단 문제 해결, 개방된 의사소통을 조장하는 집단 모임을 갖는다. 학급 회의는 좋은 예가 된다.
4. 또래를 괴롭히는지에 대하여 주의를 기울인다.

4) 행동 규범 가르치기

행동의 규범은 크게 규칙과 절차로 나누어진다.

(1) 학급 규칙

학급 규칙은 학생의 행동에 대한 기준이 된다. 그것들은 효과적인 경영을 위해 필수적인 요소이다. 그리고 많은 연구들은 끊임없이 그들의 가치를 문서화하고 있다(Evertson & Emmer, 1982; Evertson et al., 1983). 명확하게 진술되고 끊임없이 모니터되는 규칙들은 경영 문제를 예방하기 위해 많은 역할을 한다. 규칙을 준비하기 위한 몇 가지 안내사항이 아래에 개괄되어 있다.

① 학급의 규칙과 학교의 규칙을 일치시킨다.
이 제안은 자명한 것이다. 교사들은 학교나 학교구의 정책과 일치하지 않는 학급 규칙을 세울 수 없다. 규칙을 준비하고 학생들에게 규칙을 제시하기 전에 교사들은 지역구와 학교의 규칙을 재검토하고 그것에 따라서 자신의 학급 규칙을 세워야 한다. 예를 들어, 만약 학교가 의복 규정을 가지고 있다면, 교사 개개인도 전문적으로 그것을 실행할 의무가 있다. 규칙이 적당하지 못하다고 강하게 느끼는 교사들은 그것을 뒤엎으려고 하지 말고 변화시키기 위해 노력해야 한다.

② 규칙을 명확하게 진술한다.
규칙은 이해 가능해야 한다. 그렇지 않으면 규칙은 학생들의 행동에 어떤 영향도 미치지 못할 것이다. 또한 모호한 규칙은 계속해서 해석되어야 할 필요가 있는데, 그것은 학습의 흐름을 방해한다. 예를 들어, "항상 준비하고 수업에 들어와라"라는 규칙은 불확실한 의미를 나타낸다. 반면에 "수업에 필요한 준비물을 날마다 챙겨와라"라는 규칙은 훨씬 더 명확하다. 두 번째 규칙도 효과적이기 위해서는 주의 깊게 토론되고, 재검토되고, 강화되어야 한다.

③ 규칙의 근거를 제시한다.
왜 이 규칙이 존재하는가를 설명하는 것은 중요하다. 특히 학급 분위기와 그것이 학생에게 미치는 감정적인 영향을 위해 중요하다. 근거들이 제시될 때, 학생들은

세상이 이성적이고 지각이 있다는 것을 알게 된다. 그리고 그것은 질서에 대한 그들의 욕구를 충족시키도록 도와준다. 근거 없이 제시된 규칙들은 권위주의자 세상, 심지어는 멋대로이고 변덕스러운 세상이라는 인상을 남긴다. 이것은 어린아이들에게조차도 적용된다. 어린아이들이 규칙의 근거들이 제시될 때 그것들을 완전히 이해하지 못한다 할지라도 그것을 진술하는 것은 여전히 중요하다. 그렇게 하는 것은 학생들이 세상은 이치에 맞다는 것을 알 수 있는 분위기를 만들어주고, 학생의 발전을 향상시킬 경험을 제공해준다.

④ 규칙을 긍정적으로 진술한다.

"대답하기 전에 선생님이 지목할 때까지 기다려라"가 "대답을 불쑥 말하지 마라"보다는 더 낫다. 긍정적으로 진술된 규칙들은 긍정적인 기대와 학생들의 책임감을 만들어낸다. 게다가, 부정적으로 진술된 규칙들은 학생들이 바람직한 행동을 이해하는 것을 도와주지 못한다. 그것들은 단지 바람직하지 못한 행동을 구체화할 뿐이다.

⑤ 규칙 목록을 간결하게 만든다.

이 제안은 실용적이다. 학생들은 단순히 규칙을 잊어버리기 때문에 일반적으로 규칙을 깬다. 규칙이 효과적이기 위해서는 학생들이 계속해서 규칙을 인지하고 있어야 할 필요가 있고 그것은 규칙 목록이 간결할 때에만 가능한 일이다. 교사들은 그들의 규칙에 대해 분별력이 있어야 하고, 반드시 실행할 의도가 있는 규칙만을 포함시켜야 한다. 실행되지 않은 채로 남겨진 추상적이고 그다지 중요하지 않은 규칙은 오히려 목록에 포함된 모든 규칙의 신뢰성을 떨어뜨리게 된다.

⑥ 규칙을 만들 때 학생들의 의견을 반영한다.

연구에 따르면, 통제에 대한 욕구는 인간에게 있어서 본질적이라고 지적한다. 학생들에게 그들의 학급 환경에 대하여 통제권을 줄 수 있는 한 가지 방법은 규칙을 개발할 때 그들의 의견을 반영하는 것이다. 게다가, Lepper와 Hodell(1989)은 통제를 내재적 동기의 원천들 중 하나로서 인정해오고 있다. 학급 회의라는 형태 안에서 규칙을 만드는 것은 또한 학생들의 사회적 책임감을 개발시키는 것을 도와주고 이어서 학생의 행동을 개선하고 학생의 성취도를 증가시키는 것으로 연결되고 있다(Wentzel, 1991).

(2) 학급 절차

규칙이 학생들의 행동 기준을 제공하는 반면, 절차는 학생들이 날마다의 활동에서 따라야 하는 일상의 과정을 확립시킨다. 규칙은 다음과 같은 활동들을 다룬다.

1. 수업 시작하기
2. 결석과 지각 다루기
3. 학급에 들어오고 나가기
4. 한 활동에서 다음 활동으로 넘어가기
5. 과제 제출하기
6. 연필 깎기
7. 도움 요청하기

이러한 활동들을 다루기 위한 절차들은 학생들이 교사의 지시 없이도 행할 수 있도록 잘 확립되어야 할 필요가 있다. 이것은 교사가 모든 에너지를 수업에만 쏟을 수 있도록 만들어준다. 만약 절차가 잘 만들어지지 않는다면, 교사들은 학생들에게 과제를 제출하는 방법, 다른 학생들과 함께 끝마칠 때까지 도움을 요청하기 위해 기다리는 방법, 또는 토론이 계속되는 것을 방해하지 않고 연필을 깎는 방법 등을 상기시키는 데 시간과 에너지를 사용해야 한다.

5) 학부모와의 의사소통

학부모가 그들의 자녀의 교육에 참여하지 않고서는 어떤 학급관리 시스템도 효과적일 수 없다. 학습은 협동적인 모험이다. 교사, 학생, 학부모가 함께 참여해야 한다. 여기서는 학생들의 학습에 영향을 미치는 요소들을 재검토하도록 한다.

(1) 의사소통의 장점

연구에 의하면 학부모가 참여하면 학생들은 최소한 네 가지 면에서 이득을 본다고 한다.

1. 더 높은 학업 성취
2. 더 긍정적인 태도
3. 더 나은 출석률
4. 더 많은 숙제에 대한 노력

이러한 성과들은 학교 활동에 대한 학부모들의 높은 참여, 학교에 대한 그들의 보다 더 긍정적인 태도, 학습자의 가정환경에 대한 교사들의 높은 이해에 기인한 것이다. 학부모들의 참여를 권장하는 교사들은 수업과 학교에 대한 더 긍정적인 생각을 갖고 있다. 또한 교사들은 학부모들의 지원을 더 높이 평가하고 수행하며 학부모들에 대한 더 높은 기대를 갖고 있다.

(2) 학부모들을 참여시키기 위한 전략

사실상 모든 학교는 학교 개방과 같은 공식적인 의사소통 장치를 가지고 있다. 주로 새학년이 시작되고 처음 2주안에 시행된다. 이에는 각 학기의 중간 지점에 학생들의 성취도에 대해 학부모들에게 알려주는 중간 발달 보고서, 학부모 회의, 성적표 등이 해당된다. 비록 이러한 과정들이 학교 차원으로 일어나는 것이고 필요한 것이지만, 한 교사 개인으로서 대화 과정을 늘릴 수 있다. 이를 위한 몇 가지 방법들은 다음과 같다.

1. 초기 대화
2. 의사소통의 유지
3. 학부모 소환

6) 부적합한 행동에 대한 대처

부적합한 행동을 예방하려고 해도 가끔 문제가 발생하기 마련이다. 이러한 문제에 대처하기 위하여 아래에 몇 가지 제안을 제시한다.

(1) 사소한 비행 다루기

문제가 사소한 경우에는 겸손한 전략이 가장 효과적이다. 시선접촉이나 손으로 보내는 신호 같은 비언어적 전략이 효과적일 수 있다. 또한 교사가 비행을 저지르는 학생에게 가까이 다가감으로써 비행을 중지시킬 수도 있다. 교사가 학생 앞에 있다는 것 자체가 학생들을 과업에 집중하게 한다. 이러한 비언어적 전략이 효과가 없을 때는 약간의 비지시적 언어전략이 사용될 수 있다. 이따금 비행을 저지르는 학생을 호명하는 것만으로도 충분한 경우도 있다. "나" 메시지도 비지시적 언어전략인 셈이다. 여기서 중요한 것은 ① 교사가 학생의 행동을 있는 그대로(비 판단적인 용어로) 기술하고, ② 행동의 효과를 기술하고, ③ 교사가 그 효과를 어떻게 느끼는지 기술하며, 끝으로 직접적인 명령이나 지시를 사용할 수도 있다는 것이다. "앉아.", "공부해.", "연필을 쥐어." 등과 같은 말은 권위에 익숙해 있는 학생들에게는 효과적이다.

(2) 좀 더 심각한 비행 다루기

이따금 비언어적 단서나 언어적 전략이 바람직한 행동을 가져오는 데 비효과적인 경우가 있다. 또 어느 경우는 비행이 너무 심각해서 위에서 언급한 전략으로는 충분치 않은 경우도 있다. 이러한 경우에는 가능하다면 벌을 주는 것이 효과적이다. 여기에 이에 대한 몇 가지 제안을 제시한다.

1. 잘못된 행동을 논의하고 어떻게 할 것인가를 논의하기 위해 개별적 면담을 갖는다.
2. 특권을 박탈한다(자리 선택, 자유 시간 등).
3. 타 학생과 격리시킨다.
4. 부모에게 연락한다.
5. 방과 후 나머지 공부를 시킨다.
6. 교무실로 소환한다.

(3) 상습적 비행 다루기

이 경우는 현실요법을 사용하는 것이 좋다. 현실요법은 학생들을 돌보는 관계를 갖고, 과거의 행동이 아닌 현재의 행동에 초점을 맞추고, 학생들로 하여금 행동에 대한 책임감을 이해하도록 돕고, 학생들과 함께 행동 변화에 대한 계획을 수립하고 이 계획을 헌신적으로 수행해 나가는 활동으로 구성된다. Glasser(1969)는 다음과 같이 제안한다.

① 학생들 자신의 행동에 대한 책임을 끊임없이 강조한다.
좋은 행동은 좋은 선택에서 나오기 때문에, 정기적으로 학생들의 선택과 행동에 대한 책임을 분명히 한다.

② 규칙을 정한다.
규칙은 반드시 필요하므로 이것은 교사와 학생이 학기 초에 동의한 것이어야 한다. 규칙은 집단 성취와 집단 사기를 촉진시켜야 한다. 규칙은 평가되고 바뀔 수 있지만 규칙이 존재하는 한 규칙은 집행되어야 한다.

③ 변명은 수용하지 않는다.
교사는 학생이 행동에 대해 옳고 그른 것을 구분할 수 있는 한 부적합한 행동에 대한 어떠한 변명도 수용하지 않는다. 특히 학생이 규칙을 꼭 지켜야 하는 경우, 어떠한 변명도 수용하지 말아야 한다.

④ 가치 판단을 활용한다.
학생들이 문제 행동을 나타낼 때, 교사는 학생에게 그들의 행동에 대해 가치 판단을 내려보라고 요청해야 한다. 이것은 학생이 더 나은 선택을 하는 데 대한 책임감을 높인다.

⑤ 문제 행동에 대해 적절한 대안을 제안한다.
교사는 선택을 해야 하고, 그 선택은 그들의 책임감을 강화한다.

⑥ 합리적인 결과를 집행한다.
학생이 어떤 행동을 선택하든지 합리적인 결과가 뒤따라야 한다. 문제 행동의 결과는 변덕스럽고, 감정적이고, 냉소적이거나 신체적으로 벌을 주는 것이어서는 안

된다. 좋은 행동의 결과는 학생에게 만족스러워야 한다. 교사는 결과를 조작하거나 행동을 한 후에 합리적인 결과가 일어나지 않았다고 변명을 해서는 안 된다.

⑦ 지속적이어야 한다.

교사는 학생이 바람직한 행동에 전념하고 있는지 항상 확인해야 한다. 교사는 항상 학생이 선택을 하고, 나쁜 행동에 대해 가치 판단을 하도록 도와야 한다.

⑧ 끊임없이 검토한다.

학문적인 활동과 구분된 학급 회의를 하는 동안 학급 회의에 관한 절차를 논의하고, 개발한다. 이때는 학생과 교사가 문제에 대한 그럴듯한 해결책을 찾는 시간이다. 학생들이 다른 사람들의 결점이나 비난할 점을 찾거나 소리치거나 위협하는 것이 허용되어서는 안 된다. 진정으로 염려하는 문제로 주의가 유도된다면, 교사와 학생 간의 긴밀한 유대와 보살피는 태도가 형성될 기회를 갖게 될 것이다.

(4) 상습적 비행 다루기(행동학습원리에 기초한)

행동 수정은 행동의 변화가 사고나 지식이 아닌 외적인 사태의 결과라는 원리에 기반을 두고 있다. 행동이 일어나면 반드시 결과가 수반되는데 그 결과는 긍정적일 수도, 부정적일 수도 있다. 행동주의자들은 특정 행동의 빈도는 행동이 일어난 다음의 결과의 본질에 의존한다고 가정한다.

두 가지 형태의 행동 결과로 보상(긍정적 강화)과 혐오적 또는 바람직하지 않은 결과(벌)가 있다. 긍정적 강화란 행동의 빈도를 증가시키는 것이다. 즉, 보상받은 행동은 강화되고 미래에도 이러한 행동은 반복된다. 반면에 처벌은 행동의 빈도를 감소시키는데 처벌받은 행동이 단절되는 경향이 있다.

4. 학습관리의 접근

학습관리에 대한 정의를 검토할 때 여덟 가지 학습관리 접근에 나타난 정의를 살펴보았다. 여기에서는 이들 모두에 대하여 알아본다.

1) 권위적인 학습관리 접근

이 접근법에 있어서 학습관리 과정이란 교사가 학생의 행동을 통제하는 과정으로 본다. 이 접근법에서 교사는 통제전략을 사용하여 학급 내의 질서를 세우고 유지해 나가는 역할을 담당한다. 즉 교사의 주요 목적은 학생의 행동을 통제하는 것이다. 교사가 학생의 행동 통제에 책임을 지는 이유는 교사가 학생들을 가장 잘 알기 때문이다. 교사는 학급의 규칙과 규정을 제정하고 시행하여 학생의 행동을 통제한다.

그렇다고 권위적 접근을 다음에서 다룰 위협적 접근과 같은 것으로 보아서는 안 된다. 권위적 접근을 따르는 교사는 순종을 강요하지 않고, 학생의 품격을 떨어뜨리지 않으며, 가혹한 처벌을 사용하지 않는다. 권위적인 교사는 최대한의 학생 이익을 위하여 노력한다. 이 입장은 Canter와 Canter(1979)에 의하여 가장 잘 설명되고 있다. 그들은 그들의 입장을 단호한 훈육이라고 한다. 그들에 의하면, 교사는 명확한 기대, 제한, 결과를 수립할 권한이 있으며, 교사는 학생으로부터 수용 가능한 행동만을 고집하고 필요시, 즉 규칙을 어겼을 때 결과를 끝까지 추적해 나간다. 그들은 모든 학생들에게는 제한이 요구되며 교사는 이러한 제한을 설정하고 강행할 권리가 있다고 주장한다. 이 접근방법에서 사용되는 학습관리 전략은 크게 다섯 가지가 있다.

첫 번째 전략은 규칙의 제정과 시행이다. 규칙이란 적합하거나 적합하지 못한 행동을 공적으로 기술해 놓은 진술로서, 공식적인 행동의 지침이 된다. 권위주의적 접근을 지지하는 사람들은 교사는 규칙을 제정하여 실행하되, 그 규칙이 현실적이고, 합리적이며 잘 정의되고, 규칙의 수도 제한하고 분명하게 이해되는 것이어야 한다고 주장한다. 규칙을 정할 때 학생을 참여시키는 것이 좋은가, 아니면 교사 단독으로 정하는 것이 좋은가, 아니면 교사와 학생이 공동으로 참여하여 제정하는 것이 좋은가에 대한 찬 · 반 양론이 존재하지만 대체로 교사와 학생이 협력하는 것이 좋다는 데 의견들이 모아지는 것 같다.

두 번째 전략은 지휘, 명령, 지시를 하는 것이다. 지시와 명령이란 교사가 학생이 하기를 바라는 기대되는 행동을 학생들에게 말하는 것이다. 예를 들어 유치원 어린이들에게 이야기 방으로 자리를 옮기라고 지시하는 경우, 그리고 학생들에게 교과서 47쪽을 펴라고 말하는 행위는 지시나 명령을 사용하고 있는 것이다. 권위적인 학습관리 전략을 지지하는 사람들은 교사가 학생들을 강요할 생각이 없는 한 학생들을 통제하기 좋은 방법 중 하나는 명확하게 진술되고 쉽게 이해가 가는 지시와 명령을 사용하는 것이라고 주장한다.

세 번째 전략은 가벼운 제재를 가하는 것이다. 학급의 규칙 시행에 대해서는 여러 가지 제안이 있다. 온건적인 처벌에서 강건적인 처벌에 이르기까지 그 방법은 다양하다. 그러나 권위적인 학습관리 입장을 지지하는 사람들은 강도 높은 처벌은 비효과적이라고 생각하며, 오히려 온건한 처벌을 권한다. 통상 가벼운 제재, 점잖은 제재, 부드러운 질책, 교정과 같은 용어들은 규칙을 위반한 바람직하지 못한 행동을 꾸짖을 때 사용되는 관리전략이다. 연구결과에 의하면 가벼운 제재는 사소한 비행을 저지르는 학생들을 돕는 데 효과적인 방법이다. 즉, 한눈을 팔다가 다시 공부에 주의를 기울이게 하는 데 효과적이다.

네 번째 전략은 근접통제를 활용하는 것이다. 현재 비행을 저지르고 있거나 막 비행을 저지르려는 학생에게 다가가 그 비행을 막을 때 근접통제를 활용하는 것이라고 볼 수 있다. 교사의 이러한 근접통제 행위는 교사의 신체적 접근만으로 학생들의 비행을 억제하게 하는 데 충분하다는 가정에 기초하고 있다. 근접통제는 학생들에게 처벌을 주거나 위협을 가하려고 하는 것이 아니라 혼란스러운 상황을 막는 데 그 목적이 있다. 근접통제에 있어 중요한 점은 교사가 학생의 행동을 알고 있다는 사실을 학생들에게 알리는 것이다. 학생들이 이러한 사실을 알고 있다고 생각하는데 교사가 나타나게 된다면 결국 자신들이 잘못하고 있는 행동을 중단하고 바람직한 행동으로 되돌아가 학습이 관리되는 것이다.

마지막 전략은 격리와 제외를 활용하는 것이다. 격리, 제외, 근신, 정학 같은 방법은 일반적으로 학생들의 비행에 대한 대책으로 생각해볼 만한 방법이다. 이러한 분야를 연구하는 사람들은 다양한 형태의 추방을 사용할 것을 권장하고 있다. 이들은 모두가 이러한 관리전략들이 효과가 있음을 입증하고 대부분은 이들 전략이 비처벌적이라고 생각한다. 반면에 Wallen과 Wallen(1978)은 격리는 궁극적인 처벌로 가장 심각한 처벌이라고 한다. 격리를 사용하는 경우가 증가하고 있는데, 여러 형태의 추방 가운데 근신이 심각한 학생의 비행을 다루는 데 효과적인 것으로 인식되고 있다.

2) 위협적인 학습관리 접근

권위적인 접근법과 마찬가지로 위협적인 학습관리에서도 학생의 행동통제를 통하여 학습을 관리해 나간다. 단 이 두 가지 방법의 차이점이 있다고 한다면, 권위적인 학습관리에서는 인간적인 교사의 행동이 강조되는 반면, 위협적인 학습관리에서는 위협적인 교사의 행동이 강조된다는 사실이다. 위협적인 교사의 행동으로는 비꼼, 조소, 강압, 협박, 무력, 무시 같은 방법이 사용된다. 이 방법에서 교사의 역할이란 교사의 지시에 따라 행동을 강요하는 것뿐이다. 이에 따라 학생들은 두려운 나머지 교사가 바라는 대로 처신해야 한다. 비록 이 방법이 많이 사용되기는 하지만 이 분야를 연구하는 전문가들은 이 방법이 효과가 있다고 믿는 사람은 거의 없으며, 오히려 비판에 나서고 있다. 특히 Johnson과 Bany(1970)는 처벌적이고 위협적인 방법과 지배적이고 압력적인 방법이 비효과적임을 지적하고 있다. 또한 이러한 방법들은 일시적 문제해결은 될 수 있을지라도 근본적인 문제해결이 될 수 없으며, 더욱더 심각한 것은 이러한 방법은 학생들에게 적대심을 불러일으켜 교사와 학생 간의 대인관계를 파괴시킨다는 점이다. 이 방법은 기껏해야 문제의 증상만을 다루었지 문제 그 자체를 다루지는 못한다.

그러나 심각한 비행을 저지르는 경우에는 단호한 제재조치와 같은 위협적인 방법이 사용될 수 있다. 여기서 중요한 점은 교사가 주로 위협적인 방법을 사용하여 학습을 관리해 나가는 것은 비효과적이라는 것이다.

3) 허용적인 학습관리 접근

허용적 학습관리에서는 학생의 자유를 극대화시킬 필요성을 강조한다. 교사는 학생들이 원하는 것이라면 무엇이든, 언제, 어디에서든 할 수 있도록 허용해 주어야 한다. 교사의 역할은 학생의 자유를 신장시켜 그들의 자연적 발달을 돕는 것이다. 이 접근에서는 본래 교사에게는 가능한 한 최소한의 개입이 요구된다. 교사는 학생들이 자신들을 자유롭게 표현하여 그들이 잠재력을 최대한 실현시켜 나가도록 하여야 한다.

그러나 이러한 접근을 지지하는 사람들은 거의 없다. 이 방법은 학교와 같은 공적 상황에서는 실천에 옮기기가 거의 불가능하다. 반면에 반대 입장도 있다. 이들에 의하면, 학생들은 심리적으로 자유롭고, 약간의 모험이 따르고, 학교경험의 일부를 타협해 나가고, 자기 지도력, 자기 훈육, 자기 책임을 담당할 기회를 가져야 한다는 것이다. 확실히 교사는 학생들에게 자신의 행동에 대해 스스로 책임질 수 있는 기회를 제공해야 한다. 결론적으로 여러 상황을 잘 파악하여 허용적 접근 방법을 사용해야 할지, 말아야 할지를 결정해야 할 것이다.

4) 요리책 학습관리 접근

요리책에는 요리비법이 적혀있다. 학생들의 학습을 관리하는 데에도 요리책과 마찬가지로 어떠한 비법이 있다는 것이다. 이 비법을 적용하면 학습을 관리해 나갈 수 있다는 입장이다. 그런데 이러한 비법은 앞의 정의에서도 살펴보았듯이, 상식이나 민담에서 전하여 내려오는 이야기를 근거로 만들어진 것이지, 어떠한 이론이나 연구를 통해 만들어진 것이 아니라는 데 문제가 있다.

예를 들어보면 다음과 같은 것들이 학습관리의 원칙으로 사용되고 있다.

1. 아동들을 항상 개인적으로 꾸짖는다.
2. 아동들을 훈계할 때는 절대로 소리를 크게 지르지 않는다.
3. 아동들을 대할 때는 늘 변함없이 공정하게 대한다.
4. 학생들을 보상할 때는 늘 아동들이 좋아하는 것만 사용하지 않는다.
5. 학생들을 처벌하기에 앞서 학생의 잘못을 꼭 확인한다.
6. 모든 학생들이 모든 규칙과 규정을 알고 있는지 확인한다.
7. 언제나 일관성 있게 규칙을 시행한다.

비록 요리책 접근법은 이처럼 여러 가지 문제 상황에 대한 전략을 제시하고 있으나, 앞에서 지적한 대로 일반화하기는 어렵다. 게다가 요리책 접근법은 학습을 관리해 나갈 때 문제가 발생한 후 교사가 어떻게 문제에 대처해 나가야 할지를 제시하고 있다. 다시 말하면, 요리책 접근법을 사용하는 교사는 구체적인 문제에 반응하게 하고 단기적인 해결을 요구하고 있다. 그러나 학습관리는 보다 장기적인 면에서, 그리고 어떠한 문제가 발생하기 이전에 문제를 예상하여 그 문제를 예방하는 것이 더욱 효과적인 것이다.

5) 수업을 통한 학습관리 접근

이 접근에 의하면 수업을 잘 계획하면 대부분의 관리적 문제도 예방되고, 예방되지 않은 관리문제도 해결된다는 것이다. 이 접근에서 효과적인 학습관리는 질 높은 수업계획의 결과라고 본다. 그러므로 교사의 역할은 학습과제를 학습자의 요구와 능력수준에 맞추어 조직하고 각 학생들이 학습에 성공을 거둘 수 있는 적당한 기회를 제공하며 학생 각자의 흥미를 끌고 학생 각자의 학습동기를 유발하도록 수업계획을 수립하여야 한다. 한마디로 수업을 흥미 있게 만들어야 하는 것이다.

수업을 통한 학습관리를 주장하는 사람들은 교사의 수업행동을 통하여 다음의 두 가지 핵심적인 학습관리의 목적을 달성할 수 있다고 본다. 즉 ① 학습관리 문제를 예방하고, ② 학습관리 문제를 해결하는 데 학습관리의 목적이 있는 것이다.

물론 수업을 잘 계획하고 실천하여 문제를 예방하고 해결할 수도 있지만 수업을 통한 학습관리를 주장하는 사람들은 오히려 문제의 해결보다는 문제의 예방에 더욱더 효과가 있다는 점을 지적하고 있다. 반면에 수업을 잘못 계획하고 잘못 실천하여 오히려 학습관리상에 많은 문제가 발생한다는 연구결과도 많이 축적되고 있다. 이러한 접근을 주장하는 사람들은 다음과 같은 수업전략을 통하여 효과적인 학습관리를 해나갈 수 있다고 믿는다. 그 전략은 아래와 같다.

1. 흥미 있고, 관련성이 있으며, 적절한 교육과정과 수업을 제공한다.
2. 효과적인 활동전환을 관리한다.
3. 학급의 일상적 관례를 만든다.
4. 명확한 지시를 내린다.
5. 관심을 부추긴다.
6. 곤란극복을 도와준다.
7. 환경 변화를 위한 계획을 세운다.
8. 교실환경을 계획하고 수정한다.
9. 상황을 재구조화한다.

(1) 흥미 있고, 관련성이 있으며, 적절한 교육과정과 수업을 제공한다.

이제 이들 전략에 대하여 간단히 설명한다.

Davis(1974)에 의하면 교사에 의하여 잘 계획된 교육과정은 전통적으로 학생의 혼란스러운 학습행동을 억제해 왔다고 진술하고 있다.

Kounin(1970)은 효과적인 학습관리의 핵심은 부주의, 싫증, 비행을 예방하는 수업을 계획하고 실행할 수 있는 교사의 능력이라는 것을 연구를 통하여 알아내었다. 그에 의하면 성공적인 교사는 혼란을 최소화하고, 초점을 잃지 않고, 한 활동에서 다음 활동으로 넘어가는 데 거의 시간을 낭비하지 않고, 학생들의 능력과 흥미에 맞추어 학습활동을 꾸려나갈 준비가 잘 되어 있고 수업의 페이스를 적절히 조절해 나가는 교사이다. 이러한 교사는 효과적으로 학습활동의 전환을 관리해 나간다.

(2) 효과적인 학습활동 전환을 관리한다.

효과적인 학습활동 전환관리는 교사가 한 활동에서 다른 활동으로 순조롭게 넘어가고 어느 한 활동 안에서 추진력을 유지해 나가느냐에 따라 결정된다. 학습활동의 흐름과 속도를 조절할 수 있는 능력은 학생들이 학습과제를 벗어난 행동을 예방하는 데 결정적으로 중요하다. Kounin은 또한 그의 연구에서 성공하지 못한 교사는 수업준비도 제대로 되어 있지 못하고 수업의 순조로움과 추진력을 보여줄 수 없다는 것이다.

(3) 학급의 일상적 관례를 정한다.

학급의 일상적 관례를 정해놓으면 학생들은 매일 매일의 활동과 관련하여 구체적으로 무엇을 할지를 알게 된다. 학급의 일상적 관례에 대한 교사의 기대를 분명히 해두는 것이 학습을 효과적으로 관리하고 생산적인 학습 집단을 개발하는 첫걸음이 될 것이다. 이것이야말로 잠재적인 문제들을 최소화하는 방안이 될 것이다.

(4) 분명하게 지시한다.

많은 사람들은 간단, 명료한 지시가 중요함을 강조한다. Long과 Frye(1977)는 단순하고 명확한 수업은 바람직한 행동을 증진시키는 데 기본이 된다고 주장한다. 또 다른 사람들은 지시는 분명하고, 정확하며, 요점이 드러나고, 앞뒤가 맞게 제시되어야 한다고 주장한다. 효과적인 학습관리자들은 학생들이 분명히 이해할 수 있는 지시를 내린다.

(5) 관심을 부추긴다.

학생들이 싫증을 느끼거나 들떠있다는 기색이 보일 때, 교사는 정말로 학생들의 학습에 관심이 있다는 것을 보여주기 위하여 특별한 노력을 기울여야 한다. 교사는 학생들의 학습을 면밀히 주시하고, 그들의 노력에 칭찬을 아끼지 말고 개선을 위한 제안을 해주어야 한다. 이러한 식으로 교사는 학생들이 과제에 계속 머물게 하여 비행을 방지해 나가야 한다.

(6) 곤란극복을 도와준다.

여기서 말하는 곤란극복이란 일상적인 일에서의 보통의 문제해결을 위한 도움이 아니라, 보다 긴박한 상황에서의 문제해결로 즉시 도와주지 않으면 도저히 해결할 수 없는 상황에 처한 문제해결을 도와주는 경우이다. 이처럼 긴박한 상황에서의 문제해결을 도와주므로 학생들의 파괴적인 행동을 미연에 방지할 수 있다.

(7) 환경의 변화를 위한 계획을 세운다.

학습관리에 관한 관련문헌이나 연구에 의하면, 학습관리의 문제를 최소화하기 위하여 교사는 미리 모종의 환경변화를 예측하고, 이러한 환경변화에 대처해 나가도록 학생들을 준비시켜야 한다. 예를 들면, 교사가 결근할 가능성이 있으면, 미리 대치교사를 준비시켜야 한다. 미리 계획을 수립함으로써 문제가 발생하기 이전에 학생들이 어떻게 행동해야 할지를 알게 해야 한다.

(8) 교실환경을 계획하고 수정한다.

많은 연구자들은 즐겁고 질서정연하며, 생산성을 극대화하고 비행을 최소화하며, 학생들의 물리적 배치를 잘 고려한 학급환경의 중요성을 지적해왔다. 이들에 의하면, 어떤 수용 불가능한 행동을 예방하거나 제거하기 위해서는 학급환경을 새로 계획하거나 수정할 필요성이 있다는 것이다.

(9) 상황을 재구조화한다.

상황을 재구조화하는 것도 학습관리 전략 중 하나로 교사는 단순한 단서 예를 들면, 한두 개의 문장을 통하여 새로운 활동을 시작하거나 아니면 과거의 활동을 다른 방식으로 수행할 수 있다. 활동의 본질을 바꾸고, 주의의 초점을 바꾸고, 똑같은 일도 과거와 다른 새로운 방법을 찾는 것은 학습관리 문제를 예방하는 데 효과가 있을 수 있다.

6) 행동수정 학습관리 접근

행동수정 학습관리 접근은 행동심리학의 원리에 기반을 두고 있다. 이 접근의 주된 원리는 결국 행동은 학습된다는 것이다. 이 원리는 적절한 행동과 부적절한 행동 모두에 적용된다. 행동수정 접근을 지지하는 사람들은 학생의 비행에는 "학생들은 부적절하게 행동하는 것을 학습하였다." 또는 "학생들은 적절히 행동하는 것을 배우지 못했다."와 같이 크게 두 가지 이유가 있다고 주장한다.

행동수정 접근은 첫째, 학습을 설명하는 네 가지 기본과정이 있으며, 둘째, 학습은 대체로 환경의 사태에 의하여 영향을 받는다는 두 가지 가정을 갖고 있다. 그러므로 교사의 주된 과제는 행동주의자들이 인간의 행동에 영향을 미치는 것으로 알려진 네 가지 기본 학습 원리를 숙달하여 적용하는 것이다. 여기에는 정적 강화, 벌, 소멸, 부적 강화가 있다.

Piper(1974)는 학습의 네 가지 기본과정을 쉽게 설명하고 있다. 그는 이어 인간의 행동이 있은 다음에는 결과가 따르기 마련인데, 이 행동결과에는 네 가지 기본 유목이 있다고 주장한다. 즉 ① 보상이 주어질 때, ② 벌이 주어질 때, ③ 보상이 제거되었을 때, ④ 벌이 제거되었을 때 등의 유목이 있다.

여기에서 보상은 정적 강화가 되고, 벌은 부적 강화가 된다. 또한 보상의 제거는 소멸 또는 일정시간 동안 격리시키는 것(time-out)이라고 하고, 벌의 제거는 부적 강화라고 한다.

행동주의자들은 특별한 행동의 빈도는 행동이 행동 결과의 본질에 의존한다고 주장한다. 행동이 일어난 후에 주어지는 보상 즉, 정적 강화는 강화된 행동의 빈도를 증가시킨다. 그러므로 보상받은 행동은 강화되어 미래에도 반복적으로 나타난다. 예를 들면, Brad는 과제를 깨끗이 작성하여 교사에게 제출한다(학생 행동). 교사는 Brad의 과제에 대해 칭찬을 해주고 과제를 아주 쉽게 읽을 수 있다고 이야기한다(긍정적 강화). 다음 과제에서도 Brad는 상당히 신경을 써서 글을 깨끗이 쓴다(강화받은 행동의 증가).

벌은 어떠한 행동이 일어난 후 바람직하지 않거나 혐오스러운 자극을 주는 것으로 벌을 받은 행동의 빈도를 감소시키는 기능이 있다. 소멸은 예전에 어떠한 행동이 보상받은 경우가 있었는데 이러한 예상된 보상(정적 강화의 보류)을 보류하는 것으로, 이전에 보상받은 행동의 빈도를 감소시킨다. 타임아웃은 보상을 제거하는 것으로, 이것은 강화의 빈도를 감소시키고 나아가 행동의 빈도를 감소시킨다.

부적 강화는 어떠한 행동이 일어난 다음 바람직하지 못하고 혐오스러운 자극을 없애는 것인데, 이것은 행동의 빈도를 증가시킨다. 벌의 제거는 행동을 강화하고 행동을 반복하는 경향을 증대시킨다. 여기서는 긍정적 강화 중 대표적인 칭찬과 부적 강화의 대표적인 벌에 대하여 좀 더 구체적으로 알아본다.

(1) 칭찬

칭찬은 보통 강화의 한 방법으로 사용된다. 그러나 가끔 칭찬은 어떠한 행동을 강화시키는 목적 이외에 소외된 학생과의 관계를 개선하거나 학생의 행동을 강화하기 위해 활용되지만 어떠한 학생은 그렇게 생각하지 않는다. 특히 인본주의교육을 강조하는 사람들은 칭찬을 활용할 것을 권장한다. 그들은 칭찬과 비판을 가끔 비교한다. 긍정적인 면의 강조는 부정적인 면을 강조하는 것보다 더 나으며 학생들을 비판하는 교사들은 교실을 통제하는 데 어려움을 겪고 있으며 학생들의 학습을 촉진시키는 데 거의 성공을 거두지 못하고 있음이 여러 연구에 의하여 밝혀지고 있다(Dunkin & Biddle, 1974). 그러나 교사의 칭찬횟수와 학생의 학업성취와의 상관은 언제나 긍정적인 것은 아니며 상관관계가 너무 없어 실제적으로 중요하지는 않다는 것이다(Brophy, 1981). 일반적으로 학생들은 자주 칭찬해주는 교사를 좋아한다. 교사와 마찬가지로 학생도 교사의 칭찬을 중요하고 강력한 강화요인으로 보지는 않는다(Ware, 1978). 교사로서 중요한 것은 바람직한 행동이 일어난 후에 그것을 칭찬하는 것보다는 바람직한 행동이 일어나도록 전략을 세우는 것이다. 칭찬은 오히려 칭찬횟수보다는 칭찬의 질이 더 중요하다. 효율적인 교사는 언제 어떻게 칭찬을 해주어야 하는지를 잘 알고 있다.

효과적인 칭찬은 학생들이 학습의 발전을 가져오거나 기능의 숙달을 가져올 때 주는 것이다. 칭찬은 학생의 노력 또는 성취에 대한 찬사이다. 칭찬은 궁극적으로 학습을 단지 교사에게만 의존하지 않고 자신의 내발적 동기에 따라 수행해 나가게 하는 데 도움이 된다. 그러나 불행히도 칭찬은 노력이나 성취에 대한 찬사의 뜻을 표현하는 데 사용되기보다는 학생들의 행동을 통제하기 위하여 사용되고 있다는 점이다. 또한 칭찬이 너무 많이 사용되고 있는 것도 문제가 아닐 수 없다. Good과 Brophy(2008)는 효과적인 칭찬의 지침을 다음과 같이 열거하고 있다.

1. 칭찬은 감정적이거나 꾸밈이 없이 자연스러운 목소리로 간단하고 직접적으로 주어져야 한다. 아주 나이 어린 아이들까지도 가장된 칭찬은 불성실하고 거짓된 것으로 본다.
2. 칭찬은 감탄사나 수사적 질문을 사용하는 대신 직선적이고 서술적인 문장형태로 제시한다("그것 참 흥미롭구나. 나는 전에 그러한 것을 결코 생각해 본 일이 없단다."). 수사적 질문이나 감탄사를 사용하는 칭찬은 보상이 되기보다는 오히려 당황하게 만든다.
3. 칭찬받을 성취를 구체적으로 밝히고 단지 "그것 참 잘됐구나."라고 칭찬하는 대신 주목할 가치가 있는 노력 또는 인내를 인정한다("참 잘했구나! 너 혼자 그것을 생각해 냈구나. 나는 네가 포기하지 않고 끝까지 해낸 그 태도를 좋아한다"). 새로운 기능 또는 발전한 것에 주의한다("나는 네가 작문을 짓는 데 여러 다른 문장을 사용할 수 있음을 알고 있다. 그 문장은 더욱 흥미롭구나. 계속 잘해주렴").
4. 여러 문구를 사용하여 칭찬해준다. 같은 형태를 너무 과용하게 되면 불성실하게 들리며 교사는 학생에게 큰 관심을 갖고 있지 않다는 인상을 주게 된다.
5. 말로 하는 칭찬은 고개를 끄덕이는 것과 같은 비언어적인 의사전달 방법을 같이 사용하여 더욱 효과적이 될 수 있다. "그것 참 잘됐다"라는 말은 무표정하고 볼멘 목소리로, 그리고 거만한 태도로 표현될 때는 보상이 되는 것이 아니다. 그러나 똑같은 말이라도 학생의 등을 두드리든가, 미소를 지으며, 감사하는 말을 사용한다면 더욱 효과적이다.
6. "너 오늘은 참 잘했구나."와 같은 애매한 말은 삼가는 것이 좋다. 학생들은 이러한 표현을 학습을 촉구하기보다는 순종을 바라는 것으로 받아들인다. 대신 칭찬은 학습에 대한 노력을 보상하는 방법으로 사용해야 한다. 즉, "나는 오늘 아침 네가 책을 읽으니 참 마음이 기쁘다. 특히 네가 감정을 넣어가며 책을 읽는 것에 대해 기쁘다. 계속 그렇게 하려무나."
7. 일반적으로 학생들은 개별적으로 칭찬해 주어야 한다. 공공적인 칭찬은 학

생들을 당황케 하고 동료학생의 문제를 야기할 수 있다. 개별적으로 상호작용하면서 칭찬을 하는 것은 이러한 문제를 처리하고 학생들에게 칭찬이 진실이라는 것을 알려줄 수 있다.

다음 표는 효과적인 칭찬과 비효과적인 칭찬을 비교하고 있다.

〈표 9-1〉 효과적인 칭찬과 비효과적인 칭찬

효과적인 칭찬	비효과적인 칭찬
1. 이따금 한다.	1. 아무 때고 무계획적으로 한다.
2. 구체적 성취를 밝힌다.	2. 전반적으로 긍정적 반응에 국한한다.
3. 자연성, 다양성, 신뢰성을 보인다. 학생의 성취에 분명한 관심을 보인다.	3. 거의 관심 없이 조건화된 반응에 대한 일정한 행동만을 보인다.
4. 구체적인 성취기준에 도달했을 때 칭찬을 한다.	4. 성취과정이나 결과를 고려함이 없이 단지 참여만을 칭찬한다.
5. 학생들에게 능력이나 성취의 가치에 대한 정보를 준다.	5. 학생들의 현재 상태에 대하여 정보를 가르쳐 주지 않는다.
6. 과제 지향적 행동과 문제해결을 위한 사고를 중시하게 한다.	6. 상대를 비교하고 경쟁에 대해 생각하게 한다.
7. 현재의 성취를 기술하기 위해서는 동료의 성취를 이용한다.	7. 현재의 성취를 기술하기 위해서는 그전의 성취를 이용한다.
8. 어려운 과제에 대한 노력 또는 성공을 인정한다.	8. 성취나 노력과 관계없이 상대를 인정한다.
9. 성공을 노력이나 능력의 탓으로 돌린다.	9. 성공을 능력만으로 돌리거나 아니면 운이나 과제의 어려움과 같은 외적 요인의 탓으로 돌린다.
10. 학생들은 자신이 과제를 즐기거나 과제와 관련된 기능을 발전시키고 싶기 때문에 과제에 대한 노력을 확장한다고 믿는다.	10. 학생들은 외적인 이유, 즉 교사를 기쁘게 하거나, 경쟁에 이기거나, 상을 받기 위해 과제에 대한 노력을 확장한다고 믿는다.
11. 학생은 자신의 과제관련행동에 주의를 집중한다.	11. 학생은 외적 권위자로서의 교사에게 주의를 집중한다.
12. 학습과정이 끝난 후의 과제관련행동을 중시하고 바람직한 특성을 중시한다.	12. 과제관련행동에서 주의를 다른 곳으로 돌리고 학습이 계속 진행되는 가운데 개입한다.

(2) 처벌

처벌이란 문제 학생을 지도하는 데 사용되는 방법이긴 하지만 문제가 있다고 반드시 벌을 사용해서는 안 된다. 벌을 효과적으로 사용하기 위해서는 언제, 어떠한 벌을, 어떻게 사용할지에 대하여 알고 있지 않으면 안 된다.

① 처벌시기

일반적으로 벌은 학생들이 계속적인 비행을 저지를 때 이를 막기 위하여 사용된다. 물론 자신의 비행을 스스로 알아차리고 이를 시정하는 학생도 있지만, 자신의 비행을 스스로 고치지 못하는 학생에게 벌을 사용할 수 있다. 그러나 교사는 학생들에게 벌을 줄 때 너무 안이하게 생각해서는 안 된다. 왜냐하면, 벌은 교사가 학생 자신을 믿을 수 없다는 것을 의미함은 물론 교사가 학생이 문제를 스스로 개선하려 하고 있지 않다고 생각하고 있음을 나타내는 것으로 학생들의 자아개념을 손상시키고 비행을 해결하고자 하는 기회도 감소시킨다.

비행이 반복된다 하더라도 학생이 개선하려는 노력이 보일 때 벌은 삼가는 것이 좋다. 벌은 학생들이 교사가 타일러도 교사의 말을 듣지 않고 계속 문제를 일으킬 때 마지막 방법으로 사용되어야 한다.

② 처벌의 기능

벌의 효과는 제한되어 있으며 특수하다고 할 수 있다. 여러 연구결과에 의하면 벌로 비행을 통제할 수는 있으나 벌 자체로 바람직한 행동을 가르칠 수 없으며 비행을 저지르려는 욕망을 감소시키지도 못한다. 따라서 벌은 결코 그 자체가 해결책은 아니며 기껏해야 해결책의 일부이다. 정당한 이유가 있을 때 벌을 사용한다.

벌을 사용할 때는 의식적으로 신중히 생각하지 않으면 안 된다. 교사도 인간이기에 화도 나고 흥분하기 쉽다. 그래서 말을 분별없이 하는 경우가 있는데 학생들을 벌할 때는 언제나 감정을 억제하고 이성을 갖고, 벌을 주어야 하는지, 주어야 한다면 어떠한 벌을 줄 것인지, 어떻게 주어야 할 것인지를 신중히 생각하지 않으면 안 된다.

③ 부적절한 처벌

인신공격 이 방법은 결코 좋은 방법이 못된다. 심한 개인적 비판은 행동을 수정하지 못하며 비판을 받는 학생이나 비판을 받지 않는 학생에게 원한을 사게 만든다.

체벌 가끔 체벌을 사용하는 경우가 있는데, 어찌되었던 이 방법은 권장할 만한 방법이 아니다. 체벌은 결국 사람들로 하여금 화가 날 때는 다른 사람을 공격하라는 것을 가르치는 것이며 훈육의 목적인 바람직한 행동을 가르쳐 주지는 못한다. 또한 체벌은 자기의 잘못을 깨닫게 하기 전에 감정을 상하게 하므로 오히려 바람직하지 못한 행동을 더욱 조장할 우려가 있다.

특별한 학습과제 부여 교사들 중에는 학생들에게 벌을 줄 목적으로 특별한 학습과제를 부여하는데 이것은 학교공부 자체를 싫어하게 만들 가능성이 있어 권장할 만한 방법이 못된다. 일반적으로 자기의 잘못에 대하여 작문을 짓도록 하는 것은 효과적일 수 있다. 그 다음 교사는 학생과 작문에 대하여 서로 토의할 수 있다.

아무튼 개인적 비판, 체벌, 특별한 과제할당은 처벌로 사용되어서는 안 된다.

④ 효과적인 체벌

벌은 어떠한 형태냐 하는 것보다 어떻게 주어지느냐가 더 중요하다. 우선 말투와 태도가 대단히 중요하다. 벌을 사용할 때는 언성을 높이거나 겁을 주는 일이 있어서는 안 되겠다. 대신 벌이 필요한 이유를 조용히 동정적인 태도를 보이며 얘기를 하고 깊은 관심과 학생의 행동에 대하여 후회하는 태도를 보여주어야 한다. 이러한 말과 태도는 결국 다음과 같은 것을 의미한다. 즉 "학생은 계속 문제를 저질러왔다. 나는 도우려고 노력해 왔으나, 학생은 여전히 문제를 저질러왔다. 그러나 나는 이러한 행동이 더 이상 일어나도록 허용할 수는 없다. 만일에 또 그러한 행동이 일어나면 나는 학생을 처벌할 것이다. 나는 그렇게 하고 싶지 않지만 나는 어쩔 수 없이 그렇게 하지 않으면 안 된다."

만일에 벌이 필요한 경우에는 벌을 범행과 관련시켜야만 한다. 예를 든다면 만일에 학생들이 학습자료를 잘못 사용하고 있다면 잠시 동안 자료를 사용하는 것을 제한하는 것이 좋을 것이다. 또한 만일에 학생들이 쉬는 시간에 계속 싸움만 한다면 쉬는 권한을 빼앗을 수도 있다. 또한 학생들이 집단을 분열시킨다면 그 집단에서 제외시킬 수 있다.

또한 교사는 학생들이 왜 벌을 받고 있는지 그리고 정상적인 위치로 돌아가기 위해서는 무엇을 해야 하는지를 설명해 주어야 한다. 그렇게 함으로써 학생은 수용되지 않는 행동을 했을 때만 벌을 받고 이러한 행동을 고침으로써 정상적인 위치를 회복할 수 있음을 알게 된다.

⑤ 집단으로부터 제외

이 방법은 잘못 사용하게 되면 벌이 아니라 상으로 작용할 수도 있다. 옆 사람과 장난을 심하게 하는 학생을 잠시 앞으로 나오게 하든가, 아니면 책상에서 일어나 교실 맨 뒤에 서 있도록 할 수 있다. 이 경우 학생에게는 이것이 벌로 인식되게 하는 것이 중요하다.

그러나 일단 학생이 자기의 행동이 잘못되었고 앞으로 잘하겠다는 의사를 표시한다면 그대로 시인하여야 한다. 그러나 전에도 잘못했다고 하면서 계속 나쁜 짓만 했다면 학생의 말을 바로 믿어서는 안 되며 좀 더 기다렸다가 학생의 태도가 진지하다고 판단될 때만이 벌을 해제하여야 한다.

⑥ 최후수단으로서의 벌

벌은 되도록 사용하지 않는 것이 좋다. 이것은 학생들의 행동을 막는 최후의 수단이며, 사소한 비행이 남을 방해하지 않는 경우나 학생이 무엇을, 어떻게 해야 좋을지를 모르는 학생에게 적용해서는 안 된다. 이 말은 곧 남을 방해하지 않는 행동은 계속 있어도 된다는 말은 아니다. 백일몽이나 잠 같은 것이 계속 존재한다면 이것은 심각한 문제가 아닐 수 없다. 그러나 이러한 행동을 고치기 위하여 벌이 적절한 방법은 아니다. 문제에 대답을 못하는 학생, 과제를 못해내는 학생에게 벌을 주는 것도 좋은 방법이 못된다. 과제를 제때에 제출하지 못한 학생은 방과 후라든가 나머지 시간을 이용해 제출하도록 하고 벌을 주어서는 안 된다. 끝으로 학생이 무엇 을, 어떻게 해야 할 것인지를 모를 경우 학생을 벌하지 말고 지도를 해주어야 한다.

Kounin(1970)은 벌이란 바람직하지 못한 행동에 주의와 강조를 두기 때문에 학습참여를 저해하고 긴장 수준만 높이는 결과를 가져온다고 한다. 학생의 행동을 통제하기 위하여 벌을 사용하는 것은 이외의 몇 가지 다른 문제를 야기시킨다. 이 점이 바로 교사가 벌을 많이 사용할수록 학생들에게는 문제가 더욱 많아진다는 이유가 될 것이다.

7) 사회정서적 분위기를 통한 학습관리 접근

사회정서적 학습관리 접근은 그 근원을 상담과 임상심리에 두고 있으며, 결과적으로 대인관계에 큰 비중을 두고 있다. 그 기본가정은 효과적인 학습관리, 효과적인 수업은 긍정적인 교사—학생 관계와 함수관계에 있다는 것이다.

사회정서적 분위기 접근 지지자들은 교사가 대인관계와 교실분위기의 주요 결정자라는 점을 내세우고 있다. 따라서 교사의 핵심적 학습관리 과제는 긍정적인 대인관계를 구축하고 긍정적인 사회정서적 분위기를 증진시키는 것이다.

(1) 진실성, 수용성, 공감적 이해의 전달

사회정서적 분위기 접근의 많은 아이디어들은 Rogers(1969)의 연구로 거슬러 올라간다. 그의 기본전제는 유의미한 학습의 촉진은 교사(촉진자)와 학생(학습자) 간의 대인관계 속에 존재하는 태도적 특성과 함수관계에 있다는 것이다. Rogers는 교사가 학습을 촉진시키는 데 최대의 효과를 얻고자 하는 경우 필수적이라고 믿는 몇 가지 태도—진실성, 성실함, 일치감; 수용, 칭찬, 배려, 신뢰; 공감적 이해—를 제시하고 있다.

① 진실 전달하기

Rogers에게 있어 진실은 교사가 학습을 촉진시키는 데 반드시 표현해야 하는 가장 중요한 태도이다. 진실은 곧 교사 자신의 자기 존재의 표현인 것이다. 즉 교사는 자기 자신의 감정을 알고 있고, 그 감정을 수용하며, 그 감정에 따라 행동하고, 적당한 때에 자신의 감정을 전달할 수도 있다.

교사의 행동은 교사의 감정과 일치한다. 환언하면 교사는 진실되다. 진실은 학생들이 교사와 관계를 맺을 수 있는 인간으로 지각하게 한다. 그러므로 긍정적인 대인관계의 수립과 긍정적인 사회정서적 분위기의 수립은 교사의 진실 표현능력에 따라 결정된다.

열정이나 싫증의 표현이야말로 진실의 표현이라 볼 수 있다.

② 수용 전달하기

수용은 학생들의 학습촉진에 있어 두 번째로 중요한 태도로 여겨진다. 수용이란 교사가 학생을 가치 있는 인간으로 간주한다는 것을 나타내는 것이다. 수용은 학습자를 무조건적으로 배려하는 것이다. 수용은 기본신뢰의 표현으로, 학생이 신뢰할 가치가 있다고 믿는 것이다. 수용행동은 학생이 수용되고 존중받고 있다고 느끼게 하는 행동으로 학생 자신의 가치를 드높일 뿐만 아니라, 학생들의 잠재력과 능력에 대한 신뢰를 나타내는 것이다. 따라서 학생들을 배려하고 칭찬하고 신뢰하는 교사는 사회정서적 분위기를 조성하여 학습을 증진시킬 가능성이 그렇지 못한 교사에 비하여 더 크다고 볼 수 있다.

③ 공감적 이해

공감적 이해란 교사가 학생의 관점에서 학생을 이해하는 것을 말한다. 이것은 학생의 감정을 민감하게 알아차리는 것으로 비평가적, 비판단적 특성이 있다. 학급에서는 공감을 표현하는 일이 거의 없다고 볼 수 있다. 공감이 생기면, 학생 자신이 생각하고 있고, 느끼고 있는 것이 무엇인지를 이해하고 있다고 생각하게 된다. Rogers는 공감적 이해는 긍정적인 대인관계, 긍정적인 사회정서적 분위기, 유의미한 학습이 일어날 확률을 증가시킨다고 주장한다.

요약하면, Rogers는 학습을 촉진시키는 조건으로 가장 중요한 것은 교사–학생의 대인관계를 나타내는 태도의 질이라고 보고 있으며, 이러한 태도는 래포를 형성하는 데 결정적으로 중요하다고 주장한다. 이 세 가지 태도는 진실, 수용, 공감이다.

(2) 효과적인 의사소통의 활용

Ginott(1972)도 Rogers와 유사한 견해를 피력하고 있다. 그의 저서에서는 일치, 수용, 공감의 중요성을 강조하고 있으며, 교사가 이러한 태도를 어떻게 표현하고 있는지에 대한 많은 실례들을 제시하고 있다. Ginott는 교사와 학생 간의 긍정적 인간관계 증진에 있어서 효과적인 의사소통의 중요성을 역설하고 있다. 교사가 어떻게 의사소통을 하느냐는 결정적으로 중요한 것이다.

Ginott에 의하면 의사소통의 가장 중요한 원리는 교사가 학생에게 말을 할 때 상황을 이야기해야지 학생의 인성과 성격을 이야기해서는 안 된다는 것이다. 학생의 바람직하지 못한 행동을 직면했을 때 교사는 해야 할 것이 무엇이고 보고 느낀 것이 무엇인지를 정확히 기술하는 것이 좋다.

교사는 학생을 수용해야지 학생의 잘못된 행동을 수용해서는 안 된다. 교사는 죄와 죄를 지은 사람을 구분해야 한다. 이러한 생각은 무조건적 · 긍정적 존중이라고 한다. 따라서 교사는 학생이 어떻게 행동하건 관계없이 학생을 가치 있는 인간으로 본다. Ginott는 교사가 효과적으로 의사소통할 수 있는 방법을 다음과 같이 제안하고 있다.

1. 구체적인 상황을 언급한다. 학생의 인성과 성격을 판단하지 않는다. 왜냐하면 학생의 품격을 떨어뜨리는 일이기 때문이다.
2. 상황을 설명하고 상황에 대한 느낌을 표현하고 상황에 대한 기대를 명확히 한다.
3. 감정을 진솔하게 표현하여 학생의 이해를 돈독히 한다.
4. 협동을 촉구하고 학생들에게 독립적인 경험을 할 수 있는 기회를 제공하여 적대심을 줄인다.
5. 방어적인 행동을 유발하는 명령과 요구를 회피하여 반항을 줄여나간다.
6. 학생들의 아이디어와 감정을 인정, 수용, 존중함으로써 자기 가치에 대한 느낌을 증진시킨다.
7. 학생에게 꼬리표를 달아주는 진단과 예측은 삼간다. 왜냐하면 이러한 것이 학생들을 무력하게 하기 때문이다.
8. 과정을 기술하고 결과나 개인을 판단하지 않는다. 지침을 제공하고 비판하지 않도록 한다.
9. 분개와 저항을 불러일으키는 질문과 말을 삼간다.
10. 비꼬는 일을 삼간다. 왜냐하면 이것은 학생들의 자존심을 약화시키기 때문이다.
11. 학생들에게 성급한 해결책을 주어야 한다는 유혹을 뿌리친다. 학생들에게 시간을 갖고 문제해결에 필요한 지침을 준다. 자율을 장려한다.
12. 되도록 말을 간단히 한다. 동기부여가 되지도 않는 설교와 잔소리는 하지 않도록 한다.
13. 자신의 말이 학생들에게 미치는 영향을 알고 조정해 나간다.
14. 진심에서 우러나오는 칭찬을 한다. 왜냐하면 그러한 칭찬은 생산적이기 때

문이다. 판단에 의한 칭찬은 파괴적이기 때문에 삼간다.

15. 학생의 말을 경청하고 그들이 자신의 아이디어와 감정을 표현하도록 격려한다.

물론 여기에 적힌 목록만 갖고 Ginott의 견해를 다 알 수는 없다. 따라서 관심 있는 독자들은 Ginott가 저술한 책 『Teacher and Child』(1972)를 참고하기 바란다.

(3) 현실요법의 활용

세 번째의 사회정서적 접근으로 Glasser(1969)의 접근이 있다. 비록 사회정서적 접근을 지지하는 사람들이 진실, 수용, 공감을 강조하더라도, Glasser는 일차적으로 이들 요소를 강조하지 않고 오히려 교사의 참여와 현실요법이라는 전략을 더 중시한다. Glasser는 인간의 단 한 가지 기본욕구는 정체감에 대한 욕구라고 주장하고 있는데, 정체감이란 자신의 독특성과 가치에 대한 감정을 말한다. 학교에서의 성공에 대한 정체감을 획득하기 위해서는 학습자가 사회적 책임감과 자기 존중감을 개발하여야 한다고 Glasser는 주장한다.

사회적 책임감과 자기 존중감은 타인, 즉 동료, 성인들과의 긍정적 관계를 개발함으로써 생겨나는 것이다. 그러므로 참여는 성취에 대한 정체감을 개발하는 데 결정적으로 중요하다. Glasser는 학생의 비행을 학생들이 성공에 대한 정체감을 개발하지 못한 결과라고 주장한다. 그는 여덟 단계로 이루어진 일대일 상담과정을 제안하고 있는데, 이것은 학생들이 문제행동을 바꾸게 하는 데 도움이 된다. 이 과정을 현실요법이라 부르는데 이것은 여러 면에서 행동계약, 행동수정 전략과 유사하다.

Glasser는 교사가 해야 할 일을 다음과 같이 제안하고 있다.

1. 학생들과 인간적인 관계를 맺는다. 학생을 수용한다. 그러나 학생의 비행을 수용하는 것은 아니다; 학생이 자신의 행동문제를 해결하도록 기꺼이 도와준다.
2. 학생의 현재 행동을 기술하게 한다. 학생의 문제를 다루어야지 학생 자신을 평가하거나 판단해서는 안 된다.

3. 학생이 행동문제에 대하여 스스로 가치를 판단하도록 도와준다. 학생이 문제를 일으키고 실패를 가져온 행동에만 집중한다.
4. 학생이 보다 나은 실행과정을 계획하는 일을 돕는다. 필요하면 대안을 제안한다. 학생들이 자기 스스로 내린 평가에 근거하여 자기 결정에 도달하도록 하여 자기 책임감을 갖도록 하는 것을 돕는다.
5. 학생이 선택한 실행과정에 지켜 나가도록 안내한다.
6. 학생이 계획을 따르고 실행과정을 지켜나갈 때 이러한 행동을 강화한다. 학생의 진전을 알고 있음을 학생들에게 알린다.
7. 학생들이 자기가 세운 실행과정을 지켜나가지 못할 경우 어떠한 변명도 수용하지 않는다. 학생들이 자신의 행동에 책임을 져야 한다는 것을 스스로 이해하도록 도와준다.
8. 비행의 결과에 대한 경험을 하게 한다. 그러나 학생을 처벌하지는 않는다. 학생이 보다 나은 계획의 수립을 시도하도록 돕고 그 계획에 전념할 것을 기대한다.

Glasser는 이상의 현실요법이 비행을 저지르는 학생들이 보다 생산적인 행동을 하도록 돕는 데 효과가 있다고 본다. 이외에 Glasser는 전체 학급이 집단행동 문제를 해결하도록 돕기 위하여 위와 유사한 과정을 제안하고 있다. 학습관리 전략으로 Glasser가 제시하고 있는 학급회의 모형은 가장 좋은 집단과정 관리전략으로 알려져 있다.

(4) 민주주의 학습관리와 논리적인 결과의 활용

네 번째 사회정서적 분위기 접근으로 Dreikurs(1968)의 접근이 있다.

Dreikurs의 연구에는 효과적인 학습관리에 중요한 시사점을 주고 있는 많은 아이디어들이 있지만, 여기에는 다른 연구들과 다른 두 가지 아이디어가 있다. 즉 ① 학생, 교사가 과정과 진전에 대한 책임을 공유하는 민주적인 학습분위기를 강조하고, ② 자연적이고 논리적인 행동결과는 학생의 행동-비행에 영향을 준다는 점을 인정한다는 점이다.

이 접근은 학생의 행위와 성취는 민주적인 학급에서 촉진됨을 가정한다. 전제적인 학급이란 교사가 학생의 행동을 통제하기 위하여 무력, 압력, 경쟁, 벌, 벌을 주겠다는 위협을 사용하는 학급이다. 자유방임적 학급이란 교사가 허용적인 지도성을 발휘하는 학급이다. 그런데 전제적인 학급과 자유방임적 학급은 모두가 학생들을 좌절, 적대심, 자퇴로 이끈다. 또한 이 두 가지 지도성은 지나칠 정도의 생산성의 결핍을 가져다준다. 진정한 생산성은 교사와 학생이 책임을 공유하는 민주적인 학급에서만 생겨난다. 민주적인 학급에서 학생들은 현명한 의사결정과 문제를 해결할 수 있는 책임 있고 가치 있는 인간으로 취급받는다.

교사와 학생, 학생과 학생 간의 상호신뢰가 조성되는 것은 오직 민주적인 학급에서만 가능한 것이다. 효과적인 교사는 독재자도 아니고 무정부주의자도 아니다. 그는 민주적인 교사이다. 학생들에 대해 민주적인 교사는 안내하고, 독재적인 교사는 지배하고, 자유방임적인 교사는 포기한다. 민주적 교사는 책임을 공유하므로 책임을 가르친다.

Dreikurs의 두 번째 강조점은 결과가 행동에 미치는 영향에 관한 것이다. 학급에서 자연적 결과란 학생 자신의 자연스러운 행동에서 생겨난 것이다. 논리적 결과란 다소 교사에 의하여 조정되나 학생의 논리적 행동의 결과이다. 학생이 뜨거운 시험관을 잡은 자연적 행동결과는 손을 데는 것이다. 시험관을 깨뜨리는 데 대한 논리적 결과는 그것을 대치시키는 데 소요되는 비용을 갚는 것이다. 그러나 그것이 논리적 결과라고 생각되려면, 학생은 결과를 논리적으로 보아야 한다. 그것을 벌로 인식한다면, 그 긍정적 효과는 사라지고 만다. 비록 대부분의 행동주의자들은 논리적 결과와 벌을 구분하지 않지만, 대부분의 사회정서적 접근 지지자들은 이 둘을 구분한다.

Dreikurs와 Grey(1968)는 논리적 결과와 벌을 구분하는 다섯 가지 기준을 다음과 같이 제안하고 있다.

1. 논리적 결과는 사람의 실재를 표현한 것이 아니라, 사회질서의 실재를 표현한 것이다. 벌은 개인의 권위적인 힘을 표현한 것이다. 논리적 결과는 일반적으로 수용되고 있는 사회 규칙을 위반하여 생긴 것이다.
2. 논리적 결과는 논리적으로 비행과 관련이 있다. 벌은 논리적인 관계가 없다. 학생들은 비행과 그 결과 간의 관계를 알고 있다.

3. 논리적 결과에는 도덕적 판단이라는 요소가 없다. 벌에는 반드시 있다. 학생의 비행은 실수로 간주되지 죄로 간주되는 것은 아니다.
4. 논리적 결과는 앞으로 일어날 일에만 관련이 있다. 벌은 과거에 관련된다. 논리적 결과의 초점은 미래에 있는 것이다.
5. 논리적 결과는 우호적인 방식으로 사용된다. 벌은 분노를 표출하거나 감추거나 한다. 교사는 자신의 결과로부터 해방시키도록 해야 한다.

Glasser와 마찬가지로 Dreikurs도 논리적 결과의 적용은 학생의 행동에 긍정적 영향을 미친다는 점을 강조하고 있다. 두 사람 모두 교사는 학생들이 자신의 행동과 그 행동결과 간의 논리적 관계를 이해하도록 돕는 것이 결정적으로 중요하다고 주장한다. 여기서 중요한 점은 학생들의 바람직한 행동으로 바꾸도록 돕기 위하여 교사가 논리적 결과를 적절히 사용할 수 있어야 한다는 점이다.

8) 집단과정 학습관리 접근

집단과정 접근은 사회심리적 접근으로 알려져 있는데, 이 접근은 사회심리와 집단역동의 원리에 기반을 두고 있다. 집단과정 접근의 기본전제는 다음 가정에 근거를 두고 있다.

1. 학교교육은 집단맥락 즉, 학급집단 안에서 일어난다.
2. 교사의 중심과제는 효과적이고 생산적인 학급집단을 구성하고 유지하는 것이다.
3. 학급조직은 하나의 사회체제로, 모든 사회체제의 공통적인 조건으로 어떤 특성을 내포하고 있고 효과적이고 생산적인 학급조직은 공통적인 특성으로 어떤 조건을 갖고 있다.
4. 교사의 학습관리의 주된 과제는 이러한 조건을 수립 · 유지하는 것이다.

효과적이고 생산적인 학급집단의 특징에 대하여는 학자들 간에 거의 합의된 것이 없지만, 여기서는 그래도 많은 사람들에 의하여 자주 인용되고 있는 세 가지 접근, Shumuk과 Shumuk(1979)의 접근, Johnson과 Bany(1970)의 접근, Kounin(1970)의 접근에 대하여 알아본다.

(1) 효과적인 학급집단의 개발

Shumuk과 Schumuk은 효과적인 학습관리에 관한 특성을 기대감, 지도성, 매력, 규범, 의사소통, 응집력으로 제시하고 있다. 이들을 자세히 살펴본다.

① 기대의 명료화

기대란 교사와 학생이 서로의 관계에 관하여 갖는 지각이라고 볼 수 있다. 결국 기대란 자신과 다른 사람들이 어떻게 행동할지에 대한 개인적 예측인 것이다. 그러므로 집단 구성원들이 어떻게 행동할지에 대한 기대는 교사와 학생이 서로 간에 어떻게 행동할지에 상당히 큰 영향을 미친다. 효과적인 학급집단은 기대가 분명하고, 현실적이며, 분명히 이해되는 집단이다. 교사의 행동은 교사가 학생들에게 어떠한 행동을 기대하는지를 전달해준다. 그러므로 학생들은 교사가 자신들에게 비행을 저지르기를 기대한다고 생각하면 비행을 저지를 가능성이 커진다. 반면에 교사가 학생들이 적절한 행동을 하기를 기대한다면 그들은 그렇게 행동할 가능성이 커진다.

② 지도성의 공유

지도성이란 집단이 목표달성을 위하여 전진해 나가도록 도와주는 행동으로 볼 수 있다. 그러므로 지도성 행동은 집단 구성원들의 행동으로 구성된다. 여기에는 집단의 규범 설정을 돕고, 집단이 목표를 향하여 전진하고, 집단 구성원 간의 상호작용의 질을 개선하고, 집단 응집력을 구축하는 행위가 포함된다. 교사의 역할이란 관점에서 보면, 교사는 최대의 지도성 잠재력을 지니고 있다고 볼 수 있다. 그런데 효과적인 집단에서는 교사와 학생 모두에 의하여 지도성이 발휘된다. 이러한 집단에서는 지도성의 기능이 잘 나누어져 있고 구성원이 모두 학습과제를 성취하고 서로 협력하는 데 있어 자신들의 힘과 자기 가치를 느낀다. 학생들이 교사와 지도성을 공유하게 되면 학생들은 자신의 행동에 책임을 지고 자기 행동을 스스로 조절해 나가게 된다. 그러므로 효과적인 교사는 학생들이 지도성의 기능을 발휘해 나갈 수 있는 분위기를 조성해 나가는 교사이다.

③ 매력의 조장

매력이란 학급집단 내의 우정의 유형 또는 학급집단 구성원들 사이에 존재하는 우정의 수준을 말한다. 그런데 매력의 수준은 긍정적인 대인관계가 발전된 정도에 의존한다. 매력의 수준과 학생의 학업성취 사이에는 긍정적인 관계가 있음이 분명하다. 그러므로 효과적인 학급관리자란 집단 구성원 간에 긍정적인 대인관계를 조장하는 사람이다. 예를 들면, 효과적인 교사는 거부된 학생과 새로운 구성원들을 수용해 나가도록 시도한다.

④ 생산적인 집단규범의 발전

규범이란 집단 구성원들의 생각 · 느낌 · 행동에 대한 공유된 기대를 말한다. 규범은 집단 구성원들이 자신에 대하여 기대되는 것이 무엇이고, 다른 사람들에게 무엇을 기대해야 할지를 이해하는 데 도움이 되는 지침을 제공하기 때문에 대인관계에 큰 영향을 미친다. 생산적인 규범은 집단 효과성을 높이는 데 필수적이고 집단 구성원들의 행동을 안내하는 하나의 준거 틀이 된다. 그러므로 교사는 학급집단이 스스로 생산적인 규범을 수립하고 수용하고 유지하도록 도와주어야 한다.

이것은 쉬운 일이 아니다. 집단과정 접근의 지지자들은 생산적인 규범은 교사와 학생 단독으로 바꿀 것이 아니라, 집단토의법을 활용한 공동 노력을 통하여 바꾸어야 한다고 주장한다.

⑤ 개방적인 의사소통의 조장

언어적, 비언어적 의사소통은 집단 구성원들 간의 대화를 통하여 가능하다. 의사소통에는 개인 서로 간의 아이디어, 감정을 이해할 수 있는 능력이 요구된다. 그러므로 의사소통은 집단 구성원 간의 의미 있는 상호작용을 일으키는 수단으로, 의사소통을 통하여 학급 내의 집단과정도 발생하게 된다.

효과적인 의사소통이란 송신자가 전달하고자 하는 메시지를 수신자가 정확히 해석하는 과정을 의미한다. 그러므로 교사의 과제는 두 가지로, 하나는 의사소통 채널을 개발하여 모든 학생들이 자신의 생각과 감정을 정확히, 자주 표현하게 하는 것이고, 나머지 하나는 학생의 사고와 감정을 수용하는 일이다. 이외에 교사는 학생들이 의사소통 기술을 개발하도록 도와주어야 한다.

⑥ 결속력의 강화

결속력이란 학급 구성원들이 학급집단에 대하여 갖는 집단적 감정이다. 결국 집단을 구성하는 개인이 집단에 대하여 갖는 감정의 합으로 볼 수 있다. 매력과 달리 결속력은 개인과 전체로서의 집단 간의 관계를 강조한다. Shumuk과 Shumuk은 집단은 여러 가지 이유로 결속력을 갖고 있음을 주목하고 있다. 즉 ① 구성원들이 서로 좋아하기 때문에, ② 과제에 대한 관심이 높아서, ③ 집단 구성원에 부여되는 명성 때문이다. 그러므로 학급집단은 교사를 포함하여 대부분의 집단 구성원이 전체로서의 집단에 매력을 느낄 때 응집력이 높아지는 것이다.

결속력은 집단 구성원들에 의하여 개인의 욕구가 충족되는 정도에 따라 달리 나타난다. Shumuk과 Shumuk은 결속력이 대인관계, 지도성 스타일, 매력의 유형, 의사소통의 흐름에 다라 달라진다고 주장한다. 교사는 기대에 대한 열린 토의, 지도성의 배분, 몇 개의 우정집단의 개발, 빈번한 쌍방 의사소통을 통하여 결속력이 강한 학급집단을 만들 수 있다. 결속력은 집단의 생산성에 필수적이다. 결속력이 강한 집단은 잘 만들어진 집단규범을 갖고 있다. 그러므로 효과적인 관리자는 목표 지향적 규범을 갖고 있는 결속력이 강한 집단을 만드는 사람이다.

(2) 효과적인 집단과정의 촉진과 유지

Johnson과 Bany의 견해는 앞에서 검토한 Shumuk과 Shumuk의 견해와 어떤 점에서 유사하다. Johnson과 Bany는 두 가지 유형의 관리활동으로 촉진과 유지를 제시하고 있다. 촉진이란 교실 내의 조건을 개선하는 관리전략을 말한다. 유지란 효과적인 조건을 회복 또는 유지하는 관리행동을 말한다. 교실을 효과적으로 관리하는 교사는 이 두 가지, 즉 촉진과 유지 관리행동을 잘 수행해낸다.

Johnson과 Bany는 네 가지 종류의 촉진행동으로 ① 통일과 협력 이룩하기, ② 기준설정과 작업절차 조정, ③ 문제해결을 통한 조건개선, ④ 기존의 집단행동 유형의 변화 등을 제시하고 있다. 이어 세 가지 유형의 관리행동으로 ① 사기의 유지와 회복, ② 갈등의 조절, ③ 관리문제의 최소화를 제시하고 있다.

① 통일과 협력 이룩하기

교사가 학급집단을 최대한 효과적이 되도록 돕고자 한다면 집단의 통합과 협력을 이룩하는 것 자체가 꼭 필요한 목표가 된다. 왜냐하면 결속력은 집단 구성원들이 서로 좋아하고, 그들이 집단 자체를 좋아하는 것에 따라 달라지기 때문에 교사는 집단 구성원이 매력적이고 만족감을 갖도록 하여야 한다.

Johnson과 Bany는 결속력이란 학생들의 상호작용과 의사소통의 양과 빈도, 집단 내에 존재하는 구조의 종류, 그리고 동기와 목표가 공유되는 정도에 의존한다고 주장한다. 그렇다면 교사는 학생의 상호작용과 의사소통을 조장해 나가야 할 것이다. 그러기 위하여 교사는 학생들이 서로 협력하고 그들의 아이디어와 감정을 수용하고 각 개인이 강한 소속감을 발전시킬 구조를 만들면서 학생들을 지원하고 학생들이 공유된 목표를 개발하고 인식할 기회를 제공해 주어야 한다.

② 기준의 설정과 작업절차의 조정

교사의 책임 중 가장 중요하고 어려운 과제 중의 하나가 기준의 설정과 작업절차의 조정이다. 행위의 기준은 어느 주어진 상황에서의 적합한 행동을 상세화해놓은 것이다. 그 작업절차란 상호작용적 수업과정에 적용되는 기준을 말한다. 예를 들면, 행동기준이란 식당에서 줄을 서는 것과 같은, 학생을 위하여 처방되는 행동을 수반할 수 있다. 작업절차는 결국 학생이 과제를 마쳤을 때 또는 학생이 교사에게 질문을 제기할 때 학생들에게 기대되는 행동을 말한다.

분명히 효과적인 수업이란 교사가 적합한 기준을 수립할 수 있고, 이 기준에 이르도록 조장할 수 있는 능력에 따라 달라진다. Johnson과 Bany는 행동기준을 수립하고 이 기준을 따르도록 하는 수단으로 집단의사결정 방법의 중요성을 강조한다. 집단이 수용하는 집단기준은 집단규범이 된다. 결속력이 강한 집단에 있어 집단 구성원들은 이 규범을 따르도록 상당한 압력을 가한다. 그러므로 효과적인 학급집단이란 바람직한 기준과 작업절차가 집단규범으로 수용되고 있는 집단이다.

③ 집단 문제해결 토의의 활용

집단과정 접근의 지지자들은 학습의 조건을 개선하기 위한 방법으로 집단 문제해결 토의를 제안해왔다. 문제해결 과정은 사람들마다 달리 설명하고 있으나, 대체로 다음과 같은 내용을 포함시키고 있다. 즉 ① 문제 규명, ② 문제 분석, ③ 대안적 해결책의 평가, ④ 해결책의 선정 및 실행, ⑤ 피드백의 획득 및 해결책의 평가이다.

이 전략의 기본전제는 학생들에게 기회, 기술, 그리고 필요한 지침이 주어진다면 그들은 교실행동에 관한 책임 있는 결정을 내릴 수 있을 것이라는 점이다. 이러한 전제는 교사가 학생들에게 집단 문제해결에 참여할 기회를 주며, 학생들의 문제해결 기술을 길러주고, 학생들을 문제해결 과정으로 안내하여야 한다는 점이다.

④ 기존의 집단행동 유형의 변화

기존의 집단행동 유형을 바꾸려면, 집단 문제해결 방법과 유사한 방법을 사용하면 된다. 집단 문제해결 과정은 문제에 대한 해결을 찾는 것이 목적이지만, 계획을 바꾸는 과정은 이미 결정된 해결을 수용하는 데 목적을 두고 있다. 그러므로 계획을 바꾸는 과정은 부적합한 목적을 적합한 목적으로 대체하여 조건을 개선하는 방법이다. 집단 목적은 집단 구성원들의 행동에 큰 영향을 미친다. 그래서 집단 목적이 수업의 목적과 갈등을 일으키면, 학생들은 부적절한 행동을 나타내게 된다. 그러므로 교사는 집단이 나서서 부적절한 목적을 적절한 목적으로 대치하도록 도와주어야 한다. 이 경우 목표는 학교의 목표와 일치하여야 하고, 집단의 요구를 충족시킬 수 있어야 한다. Johnson과 Bany에 의하면 집단이 계획을 세우는 것은 부적절한 목표와 행동을 보다 적절한 목표와 행동으로 바꾸는 데 사용할 수 있는 최적의 과정이라고 한다. 그들의 견해의 기본가정은 집단 구성원들이 변화를 위한 결정에 참여하게 되면 이러한 변화는 성취되고 수용될 가능성이 더욱 커진다는 점이다. 따라서 교사가 해야 할 일은 ① 학생들이 달성해야 할 목표를 이해하도록 돕고, ② 학생들이 토의에 참여하도록 돕는 것으로, 이 경우 토의를 통하여 목표를 달성하기 위한 여러 다양한 계획을 검토하고, 계획을 선정하고, 수행해야 할 필요가 있는 과제를 규명하게 된다. ③ 계획을 실천하고 필요한 과제를 수행하도록 돕고, ④ 계획의 효과를 평가하도록 돕는 것이다.

계획을 바꾸는 동안 교사는 외부에 의해서 정해진 목표를 집단에 수용하도록 격려하여야 한다. 간단히 말해, 교사의 촉진 관리행동은 ① 집단 결속력의 발전을 고무하고, ② 생산적인 행동기준의 수용을 촉진하고, ③ 집단 문제해결 과정을 이용하여 문제의 해결을 촉진하고, ④ 적절한 집단 목표, 규범, 행동을 촉진해 나가는 것이다. 이러한 촉진적 관리행동의 의도는 효과적인 수업을 촉진하는 교실조건을 개선하는 데 있고, 유지적 관리행동의 목적은 교실조건을 유지하는 데 있다.

Johnson과 Bany가 제시하고 있는 세 가지 유형의 유지 관리행동은 다음과 같다.

① 사기의 유지와 회복

사기를 유지하고 회복할 수 있는 능력이 중요한 이유는 학생 집단의 사기수준은 집단의 생산성에 큰 영향을 미치기 때문이다. 사기가 높은 집단은 사기가 낮은 집단보다 생산성이 높을 가능성이 더 크다. 촉진적인 행동은 사기를 높여준다. 그러나 효과적인 교사는 여러 요인들이 사기 진작에 원인이 되고 있음을 알고 있다. 그러므로 교사는 사기에 영향을 미치는 요인들을 이해하고 사기를 유지하는 행동을 나타내 보여야 한다. Johnson과 Bany는 사기는 결속력의 수준, 상호작용과 의사소통의 양, 구성원들이 목표를 공유하는 정도, 집단의 목표 지향적 노력이 방해받는 정도, 그리고 불안과 스트레스의 원인이 되거나 아니면 집단에 부정적 영향을 미치는 환경조건에 의하여 영향받는다는 점을 주목하고 있다 이렇게 볼 때, 교사가 해야 할 일은 두 가지로 볼 수 있다. 하나는 사기를 재구축하기 위해 노력하는 일이다. 즉 결속력을 조성하고, 상호작용과 의사소통을 조장하고, 목표의 공유를 촉진해 나가야 한다. 둘째로 교사는 불안과 스트레스를 줄이기 위하여 노력해야 한다. 즉 경쟁보다는 협동을 조성하고, 지도성을 공유하고, 극단적인 좌절적이고 위협적인 상황을 제거하고, 분열적인 세력들을 무력화하고 토론을 통하여 스트레스 상황을 명확히 밝혀나가야 한다. 교사 효과성에 있어 결국 교사가 학생들에 의하여 어느 정도 수용되고 신뢰를 받느냐가 결정적으로 중요하다.

② 갈등의 해결

교사가 당면한 가장 어려운 과제 중 하나가 갈등을 해결하는 일이다. 특히 교사에 대해 직접적으로 나타내는 적대적이고 공격적인 행동에는 파괴적이고 화가 나 있는 감정이 내재되어 있다. 그러나 갈등과 적대심은 학급에서의 상호작용 과정을 통하여 정상적으로 생겨나는 것으로 보아야 한다. 그것을 비정상적으로 생각하는 것은 현실적이지 못하다. 갈등의 원인은 다양하다. 그 가운데 하나가 욕구불만이다. 집단이 목표를 달성하는 데 방해를 받게 되면, 그 결과 욕구불만이 생겨난다. 욕구불만이라는 감정은 적대심, 공격성, 또는 퇴행이나 무관심으로 나타난다. Johnson과 Bany는 갈등의 해결과정을 다음과 같이 제안하고 있다.

1. 토의를 위한 지침을 정한다.
2. 발생한 갈등을 명확히 한다.
3. 견해의 차이를 조사한다.
4. 갈등의 원인을 규명한다.
5. 갈등의 원인과 갈등해결에 관한 합의점을 모색한다.
6. 실천계획을 상세화한다.
7. 집단의 노력을 긍정적으로 평가한다.

갈등을 막기 위해 교사는 집단으로 하여금 합리적인 목표를 정하고 이에 도달하도록 가능한 한 많은 갈등을 줄여 나가도록 하여야 한다.

③ 관리문제의 최소화

관리문제를 최소화하려면, 교사는 자신이 가르치는 학급집단을 이해하고 집단에 영향을 미치는 여러 환경적 요인을 예측하여야 한다. 효과적인 교사는 관리문제를 최소화하는 전략으로, 첫째, 효과적으로 작용하고 목표를 지향하는 학급을 수립, 유지하기 위한 촉진과 유지전략, 둘째, 집단에 기반을 둔 실행은 물론 집단 건강에 대한 계속적인 진단과 분석 같은 전략을 사용한다.

예를 들면, 단결이 와해된 증상이 보이면, 교사는 결속력을 강화시켜 나갈 것이 요구되며, 부적절한 규범이 생겨나면 이것은 적절한 규범으로 바꿀 것을 요구하는 셈이다. 어찌되었건, 교사는 학급으로 하여금 이러한 가능성이 있는 문제에 대하여 철저히 준비할 수 있도록 도와주어야 한다.

9) 전체상황 파악행동, 동시대처 행동, 집단에 초점을 둔 행동

앞에서 Kounin의 이론을 간단히 살펴보았다. Kounin이 제시하고 있는 수업관리 전략 중 집단과정 접근과 관련 있는 세 가지 전략은 전체상황 파악행동, 동시대처 행동, 집단에 초점을 둔 행동이다. 이들에 대하여 간단히 살펴본다.

(1) 전체상황 파악행동

전체상황 파악행동이란 문자 그대로 교사가 학급에서 무슨 일이 일어나고 있고 학생들은 무엇을 하고 있으며 무엇을 하고 있지 않은지를 파악하고 있다는 사실을 학생들에게 전달할 수 있는 행동을 말한다. 덜 성공적인 교사는 교사들 자신이 하는 일에만 열중하기 때문에 교실 내부에서 발생하는 다른 일은 잘 조정해 나가지 못한다. 이러한 현상 때문에 성공을 거두지 못하는 교사들은 뒤늦게 비행을 알아차리고 반응하기 때문에 많은 과오를 범하게 된다. Kounin은 전체상황 파악 전달 능력의 증거로 세 가지를 제시하고 있다.

첫째는 교정이 필요한 학생을 정확히 찾아내는 능력이다. 예컨대 두 학생이 말다툼을 하고 있을 때 실제로 문제를 일으킨 학생을 지목하는 경우가 이에 속한다.

둘째는 두 가지 이상의 문제가 동시 발생했을 때 더 심각한 문제를 지적하는 경우이다.

셋째는 타이밍을 지키는 경우이다. 예를 들어, 한 학생이 종이비행기를 던지면 다른 학생도 그렇게 하고 싶을 것이다. 이러한 상황에서 다른 학생이 비행기를 던지기 전에 교사가 적절한 행동을 취하여 비행기를 던지는 행위를 중단시키는 경우이다.

(2) 동시대처 행동

동시대처란 학급에서 두 가지 이상의 사태가 동시에 발생할 경우 이들을 동시에 처리하는 행위를 말한다. 예를 들면, 소집단을 지도하는데 개별 학생이 질문을 할 경우 소집단 수업의 흐름을 방해함이 없이 개인 학생의 질문에 응답하는 경우이다. 동시대처 행동은 학생들이 요구한 것에 응답할 시간을 기다림 없이 최소화하므로 학생들이 계속 생산적인 활동에 참여하도록 하는 데 도움이 된다. 연구결과에 의하면 한 번에 한 가지 이상의 문제에 주의를 기울일 수 있는 교사는 그렇지 못한 교사보다 더 효과적이라고 한다.

(3) 집단에 초점을 둔 행동

집단에 초점을 둔 행동이란 교사가 개별 과업을 진행하면서 개별 학생보다는 집단에 초점을 맞추려는 행동을 말한다. Kounin은 집단에 초점을 둔 행동의 두 가지 측면을 각각 집단에 주의 기울이기와 책무성이라고 하였다.

집단에 주의 기울이기란 교사가 수업에 참여하지 않는 학생을 참여시키는 정도를 나타내고, 책무성은 과제를 수행하면서 자신의 과제수행에 책임감을 갖게 하는 정도를 말한다. Kounin은 이 두 가지 측면, 즉 집단에 주의 기울이기와 책무성은 학생의 행동과 관련이 있다는 것을 발견하였다. 그는 집단에 초점을 유지하는 교사는 그렇지 않은 교사보다 비행을 예방하고 목표 지향적 행동을 증진하는 데 성공적일 것이라고 제안하고 있다.

10) 학급회의 활용

교사의 지도를 받아 학급을 문제해결 집단으로 활용하여 많은 행동문제들을 해결해 나갈 수 있다. 만일에 각 학생들이 문제해결 집단의 한 구성원이고 자신이 개인적, 집단적 책임감이 있음을 교사의 도움을 통해 인식하게 된다면 집단문제에 대한 토의를 통하여 문제를 해결해 나갈 수 있을 것이다. 이러한 도움이 없다면 학생들은 문제를 회피하고, 타인에게 의존해 문제를 해결하거나, 아니면 문제해결을 기피하게 될 것이다. 사회문제해결 학급회의는 이러한 점에 있어 학생들에게 필요한 도움을 줄 수 있다. 이러한 입장은 대부분의 집단과정 접근 지지자들이 갖고 있으며, 특히 Glasser(1969)에 의하여 가장 잘 설명되고 있다. 그는 사회문제해결 학급회의의 효과를 높이기 위한 세 가지 지침을 아래와 같이 제안하고 있다.

1. 어떠한 집단문제도 토의의 대상이 될 수 있다. 문제는 교사나 또는 학생에 의하여 소개된다.
2. 토의는 문제해결을 지향하여야 한다. 토의 분위기는 비판단적이고 비처벌적이어야 한다. 그리고 문제에 대한 해결에는 벌이나 결점을 찾아내는 것을 포함시켜서는 안 된다.
3. 학급회의는 교사와 학생이 원형으로 좌석에 앉아 진행되어야 한다. 학습회의는 가끔 열려야 한다. 회의는 연령에 따라 30 내지 45분을 초과하지 않도록 한다.

참고문헌

Brophy, J. E. (1981). Teacher praise: A functional analysis. *Review of Educational Research,* 51, 5-32.

Canter, L., & Canter, M. (1979). *Assertive discipline.* LA: Canter and Associates.

Davis, J. E. (1974). *Coping with disruptive behavior.* Washington, D.C.: National Education Association.

Dreikurs, R. (1968). *Psychology in the classroom.* New York: Harper and Row.

Dreikurs, R., & Grey, L. (1968). *A new approach to discipline: Logical consequences.* New York: Hawthorn Books.

Dunkin, M. J., & Biddle, B. J. (1974). *The study of teaching.* New York: Holt, Rinehart and Winston.

Evertson, C. M. (1987). Managing classrooms: A framework for teachers. In D. Berliner & B. Rosenshine (Eds.), *Talks to teachers.* New York: Random House.

Evertson, C. M., & Emmer, E. T. (1982). Effective management at the beginning of the school year in junior high classes. *Journal of Educational Psychology,* 74, 485-498.

Evertson, C. M., Emmer, E. T., Sanford, J. P., & Clements, B. S. (1983). Improving classroom management: An experiment in elementary school classrooms. *The Elementary School Journal,* 84, 172-188.

Evertson, C. M., Emmer, E. T., Sanford. J. P., Clements, B. S., & Worsham. M. E. (1984). *Classroom management for secondary teachers.* Englewood Cliffs, NJ: Prentice-Hall.

Ginott, H. G. (1972). *Teacher and Child: A book for parent and teachers.* New York: Macmillan.

Glasser, W. (1969). *Schools without failure.* New York: Harper & Row.

Good, T. L., & Brophy, J. E. (2008). *Looking in classroom* (10th ed.). New York: Pearson.

Johnson, L. V., & Bany, M. A. (1970). *Classroom management: Theory and skill training.* New York: Macmillan.

Kounin, J. S. (1970). *Discipline and group management in classrooms.* New York: Holt, Rinehart & Winston.

Lepper, M. R., & Hodell, M. (1989). Intrinsic motivation in the classroom. In C. Ames & R. E. Ames (Eds.), *Research on motivation in education* (Vol. 3, pp. 73-105). New York: Academic Press.

Long, J. D., & Frye, V. H. (1977). *Making it till Friday: A guide to successful classroom management.* Princeton, NJ: Princeton Book Company.

Piper, T. (1974). *Classroom management and behavioral objectives: Applications of behavioral modification.* Belmont, CA: Lear Siegler/Fearon.

Rogers. C. R. (1969). *Freedom to learn.* Columbus, OH: Charles E. Merrill.

Shumuk, R., & Shumuk, P. A. (1979). *Group processes in the classroom.* Dubuque, IO: William C. Brown.

Wallen, C. J., & Wallen, L. L. (1978). *Effective classroom management.* Boston: Allyn and Bacon.

Ware, B. (1978). What rewards do students Want?. *Phi Delta Kappan,* 59, 355-356.

Weber, A. W. (1986). Classroom Management. In J. M. Cooper (Ed.), *Classroom teaching skills* (3th ed.). Washington, D.C.: Heath and Company.

Weinstein, C., & Weber, A. W. (2011). Classroom Management. In J. M. Cooper (Ed.), *Classroom teaching skills* (9th ed.). Belmont, CA: Wadsworth, Cengage Learning.

Wentzel, W. R. (1991). Social Competence at School: Relation between Social Responsibility and Academic Achievement. *Review of Educational Research,* 61(1), 1-24.

제10장

피드백 제공 기술

1. 피드백의 개념과 특징

여러 중요한 수업기술 중 하나가 피드백 제공 기술이다. 학생들에게 어떠한 피드백을 어떠한 방법으로 제공하느냐에 따라 학습의 효과는 달라진다고 볼 수 있다. 따라서 여기서는 우선 피드백에 관한 개념 정의 및 특징 등을 알아보고 그 다음 어떻게 피드백을 제공할지에 대하여 알아본다.

피드백은 학자들에 따라 다양하게 정의되고 있다. Cole과 Chan(1987)은 "피드백이란 개개인의 활동이나 반응의 적절성에 관하여 개별 학생에게 송환되는 정보를 뜻한다."라고 정의하고 있다. 따라서 피드백을 주고받는 것은 의사소통의 한 부분으로 교실수업 상황에서는 아주 흔히 있는 일이다. 예를 들면, 학생에게 시험성적을 알려준다거나, 과제 혹은 시험지에 대한 어떤 평을 한다거나, 어떤 집단이나 개인의 학습에 대한 소견을 말하거나 하는 일체의 행동은 피드백을 제공하는 행동이라고 볼 수 있다.

학생들은 피드백을 받음으로써 자신의 성취과정이나 결과의 적절성을 확인해

보고 학습의 진전정도를 조절해 나간다. 가끔 학생들은 과제를 해결해 나가는 방법을 잘 모르는 상태에서 교사의 보충적인 지식전달 혹은 설명만을 기다리는 경우가 있는데 이러한 상황에서 교사가 어떠한 도움을 준다고 이것을 피드백이라고 할 수는 없다. 왜냐하면 학생들은 아직 어떠한 반응조차 시도하려고 하지 않았기 때문이다. 따라서 피드백은 학생들이 어떠한 학습과제에 반응하기 위하여 진지한 노력을 기울인 후에 주어져야만 한다.

피드백은 내적 피드백과 외적 피드백으로 나눌 수 있다. 내적 피드백이란 개인이 모종의 과제를 완수하는 동안 개인 스스로 얻게 되는 성취수준의 질에 대한 정보라고 볼 수 있다. 반대로 외적 피드백은 개인의 모종의 과제성취에 대하여 외부 사람에 의하여 주어지는 정보라고 볼 수 있다. 여기에서는 주로 외적 피드백에 주된 관심을 두고자 한다. 그렇다고 외적 피드백만 중요한 것은 아니다. 오히려 내적 피드백이 더 중요할 수도 있다. 따라서 외적 피드백에만 의존하는 것은 학습의 진정한 발전을 위해서 바람직하지 않다. 이상적인 것은 외적 피드백을 적절히 사용하여 스스로 내적 피드백으로 이어지게 하는 것일 것이다.

외적 피드백에는 크게 세 가지 기능이 있다. 그 중의 하나는 동기유발의 기능이고, 다른 하나는 강화의 기능이고, 나머지 하나는 정보제공의 기능이다. 여기서는 세 번째 정보제공의 기능에 초점을 맞추게 될 것이다. 또한 대부분의 외적 피드백은 교사에서 학생에게로, 학생에서 교사에게로 피드백이 주어진다. 그러나 여기서는 교사로부터 학생에게로 주어지는 피드백에만 관심을 갖는다.

외적 피드백의 한 유형을 결과에 대한 지식이라고 한다. 결과에 대한 지식이란 학생의 학업성취 결과에 대하여 학생에게 주어지는 정보를 말한다. 예를 들어, 학습 진전 정도에 따른 “맞았어.”, “틀렸어.” 또는 “많이 좋아졌어.”와 같은 정보이다.

결과에 대한 지식과 외적 피드백은 모두가 학습상황에서의 학생들의 성취의 정확성, 적합성, 질에 관하여 학생에게 주어지는 정보이다. 그러나 외적 피드백은 결과에 대한 지식보다는 더 포괄적 개념으로 여기에는 단순히 학생들의 과오를 찾아내고 교정하는 데 도움이 되는 보충설명과 실연까지를 포함하는 개념으로 사용되고 있다. 그들의 과오를 찾아내어 교정하는 데 주어지는 피드백을 교정적 피드백이라고 한다.

외적 피드백으로 교사에 의해 주로 사용되는 유형에는 다음과 같은 것들이 있다.

1. 긍정적 피드백과 부정적 피드백
2. 강화와 벌
3. 의도된 피드백과 의도되지 않은 피드백
4. 평가적 피드백과 비평가적 피드백
5. 언어적, 상징적 피드백과 비언어적 피드백
6. 교정적 피드백

2. 교사 피드백의 유형

여기서는 Cole과 Chan(1987)이 정리한 외적 피드백에 대하여 알아본다.

(1) 긍정적 피드백과 부정적 피드백

긍정적 피드백은 학생들의 학습 또는 수행의 적절함 또는 정확함에 관한 정보를 제공하는 데 사용된다. 교사들은 전형적으로 "그것은 옳아." 또는 "그거 맞는 답이야."와 같은 말을 사용하여 학생들의 반응이 적합한지를 알려준다. 이러한 긍정적 피드백을 주는 방법은 다양하다. 단지 말로 "그것 맞다."라고 말할 수도 있고 학습장에 격려해주는 평을 써줄 수도 있다. 이러한 긍정적 피드백은 구체적으로 학생의 어떠한 반응이 긍정적 논평의 가치가 있는지를 지적해줄 때 학습이 증진된다.

부정적 피드백은 부적합하고 부정확한 학생들의 행동을 학생들에게 알려주기 위해 사용된다. 예를 들면, 교사가 "학생의 대답은 틀렸어."라고 말하거나 학생의 과제에서 잘못된 철자법을 고쳐주는 것은 부정적 피드백을 주는 것이다. 이러한 부정적 피드백은 너무 많이 사용하지만 않는다면 단기적으로는 효과적이다. 그러나 교사가 계속적으로 학생들에게 실패나 과오에 대한 정보만을 주면 그 부정적 피드백을 벌로 생각하여 학생의 의욕과 동기를 상실하게 만들 수도 있다. 효과적인 수업이 되려면 긍정적 피드백을 사용할 기회를 많이 갖고 부정적 피드백을 훨씬 적게 사용하는 것이 좋다.

(2) 강화와 벌

강화는 어느 특정한 행동이나 반응을 강화시키는 것을 목적으로 삼지만 반대로 벌은 그러한 행동이나 반응을 약화시키는 것을 목적으로 삼는다. 일반적으로 학생들이 반응을 보이고 나면 강화와 벌이 주어지는데 이것들은 두 가지 기능, 즉 동기유발적 기능과 정보제공적 기능이 있다.

예를 들어, Brophy(1981)는 교사의 칭찬의 두 가지 기능을 다음과 같이 설명하고 있다. 즉 동기유발적 기능은 보상을 통하여 적합한 행동의 발생을 증가시켜 주며, 정보제공적 기능은 반응이 정확한지에 대한 피드백을 제공하는 역할을 한다. 강화와 벌은 학생들이 반응했을 때 어떠한 면이 칭찬을 받고 어떠한 면이 비난을 받는지에 대한 구체적인 정보를 알려주지 않기 때문에 애매하며 동시에 간접적으로 주어지는 피드백 메시지이다.

(3) 의도된 피드백과 의도되지 않은 피드백

의도된 피드백이란 수신자가 송신자가 의미한 대로 해석한 피드백을 말한다. 예를 들면, 교사가 다음과 같이 말하였다고 하자.

"아니야. 질문 4에 대한 답은 풍자시이다. 왜냐하면 그 작가는 아주 비판적이기 때문이지." 물론 학생도 다음과 같이 생각할 수 있다. "풍자시가 내가 답한 것보다 더 나은 답이야. 왜냐하면 그 저자는 이 문장을 풍자적으로 묘사하고 있기 때문이야." 이 경우 교사와 학생은 피드백 메시지에 대하여 똑같이 해석하고 있는 것이다. 똑같은 논평에 대하여 또 다른 학생은 다음과 같이 생각할 수 있다. "내가 답을 모르기 때문에 나를 형편없는 놈으로 볼 거야." 그리고 교사의 피드백을 인격을 비판하는 것으로 해석할 수도 있다.

비의도된 피드백에는 수신자가 본래 의도한 메시지를 수신자가 다르게 인식하는 경우가 포함된다. 학생들은 때때로 교사의 피드백을 오해하는 경우가 많다. 그러므로 교사는 비의도된 피드백을 회피하도록 늘 조심하지 않으면 안 된다.

(4) 평가적 피드백과 비평가적 피드백

평가적 피드백은 관찰된 수행에 대한 암시적, 명시적 가치판단을 포함한다. 예를 들면 "잘했다" 또는 "못했다" 와 같은 말을 포함하는 진술은 대부분의 상황에서는 평가적이라고 볼 수 있다.

때때로 이와 같은 피드백은 비언어적인 방식으로 표현되기도 한다. 예를 들어 교사가 미소를 짓거나(성취를 기뻐함) 눈살을 찌푸릴(불쾌함을 나타냄) 수도 있고 이러한 방법으로 학생의 수행에 대한 교사의 가치판단을 나타낼 수도 있다.

반면에 비평가적 피드백은 사실적이고 객관적인 기준에 초점을 맞춘다. 예를 들면 교사는 점수가 좋은지 나쁜지에 대하여 판단하지 않고 "주어진 과제 10점 만점 중에 7점을 얻었다." 처럼 사실을 그대로 기술할 수 있다. 이 경우 해당 특정 점수의 가치판단을 내리려면 다른 동료 학생이 얻은 점수나 교사가 기대하고 있는 점수를 알아야만 한다. 평가적 피드백과 비평가적 피드백 사이에는 분명한 차이가 있음에도 불구하고 대부분의 피드백은 두 가지 요소를 모두 포함하고 있다.

(5) 언어적, 상징적, 비언어적 피드백

언어적, 상징적 피드백은 언어적, 상징적 의사소통의 형태로서 학생들에게 반응의 정확성이나 부정확성을 알려준다. 피드백으로 사용되고 있는 신체적 의사소통 형태를 비언어적 피드백이라고 부른다. 예를 들어 수업 중 어느 학생의 질문에 대한 대답을 보고 교사는 고개를 끄덕이든가(대답이 적절하다는 것을 나타냄) 또는 얼굴을 찌푸리든가(대답이 부적절함을 나타냄) 또는 부적절한 대답에 대하여 어떠한 반응도 보이지 않을 수 있다.

(6) 교정적 피드백

교정적 피드백은 피드백이 보다 확대된 형태로 학생들의 학습에서의 특정문제를 교정하기 위한 피드백과 추가 설명과 실연을 포함한다. 이것은 정확한 반응과 오류에 대한 정보뿐 아니라 오류를 교정하기 위한 추가적 수업을 포함하는 확대된 형태의 피드백을 말한다. 교사들은 가끔 학생들의 학습목표 숙달을 달성하도록 돕기 위하여 교정적 피드백을 사용해야만 한다.

3. CAI 설계에서의 피드백

Schimmel(1988)은 학습자에게 제공되는 정보의 양에 따라 피드백의 유형을 다음과 같이 네 가지 유형으로 나누었다.

(1) 정오확인 피드백(Confirmation Feedback)

정오확인 피드백은 단지 응답자의 대답이 맞는지 틀리는 지만을 확인해주는 피드백이다. 질문에 대하여 답이 맞았으면 "맞습니다.", "예.", "잘했어요."라는 정보를 제공하는 것을 말한다. 학습자의 대답이 오답이면 "틀렸습니다.", "아니오.", "다시 해 보세요." 등의 정보를 제공하는 것이다.

(2) 정답반응 피드백(Correct Response Feedback)

여기서는 틀린 답과 맞는 답을 확인시켜 주는 것이 아니라 틀린 답에 대한 정답을 제공하는 것이다. 물론 정답을 제공할 때는 "학생의 대답은 틀렸습니다. 정답은 …입니다."라고 진술할 수도 있다.

(3) 설명적 피드백(Explanatory Feedback)

다양한 형태의 설명적 피드백이 사용되어 왔다. Schimmel(1988)은 설명적 피드백을 구체적 재검토(specific review)와 일방적 재검토(general review)로 나누고 있다. 구체적 재검토에서는 부정확하게 답한 문제의 마지막 해결단계만 제외하고 각 단계의 과정을 단계적으로 설명해주는 피드백이다. 일반적 재검토 피드백에서는 학습자의 오답반응 전의 교수내용을 요약해주는 진술을 포함한다. 예를 들면 마케팅 문제해결에서 오답은 학습자가 프로그램을 통하여 배웠던 어떤 원리를 문제 상황에 적용하는 데 실패했음을 나타낸다. 일반적 재검토 피드백에서는 시장의 수요와 기술 이용가능성, 그 회사의 생산일람표를 분석한 필요성 등을 학습자에게 상기시켜 주기 위해 원리를 요약해 주기도 한다. 구체적 재검토에서는 전반적 분석결과를 제시하기보다 구체적인 분석방법을 실제로 수행해 보이기도 한다. Kulhavy(1977)는 연속선상에 놓여있는 설명의 수준에 따라 다양한 유형의 피드백을 설명하였다. 그 연속선상에는 학습자의 대답이 옳은지 그른지를 확인하는 것에서부터 교정을 하고 교수내용을 확장시킬 정도로 긴 설명을 요하는 것 두 가지가 포함되어 있다.

(4) 오류관련 피드백(Bug-related Feedback)

오류는 학습자가 절차를 이해할 때 범하게 되는 체계적인 잘못을 말한다. 오류관련 피드백은 단지 정답을 알려주는 것 그 이상의 역할을 한다. 즉 절차에 관한 학습자의 잘못된 지적 모델을 고쳐주는 데 목적을 두고 있다.

Kemp, Morrison과 Ross(1994)는 피드백의 유형을 보다 종합적으로 제시하고 있다. 이들은 피드백의 유형을 다섯 가지로 나누고 있다. 그 첫 번째 유형은 가장 간단한 형태로 학습자에게 결과에 관한 지식(Knowledge of Result; KR)을 제공하는 것이다. 결과에 관한 지식은 단지 반응이 정확한지 아니면 부정확한지만을 알려준다. 이것은 앞서 Schimmel이 제시한 정오확인 피드백과 일치한다.

Anderson과 Faust(1975)는 결과에 관한 지식의 유형을 아래와 같이 다섯 가지로 나누고 있다.

1. 과오를 도외시한다. 즉 강화를 보류한다.
2. 틀렸다고 학생에게 말한다.
3. 틀렸다고 학생에게 말하고 정답을 제공한다.
4. 틀렸다고 학생에게 말하고 정답을 제공하며, 그 답이 왜 맞았는지를 설명한다.
5. 틀렸다고 학생에게 말하고 틀린 이유를 설명한다.

1, 2번의 피드백에 관한 연구결과를 보면, 오류를 도외시하기보다는 학생이 틀렸다고 말하는 것이 더 좋다는 것이다. Buss와 그의 동료들(1956)은 세 가지 유형의 '맞았다', '틀렸다', '무언급' 피드백의 효과에 관한 연구를 수행하였다. 그 결과에 의하면 '맞았다', '틀렸다' 피드백이나 '무언급', '틀렸다' 피드백 중 어느 피드백에서도 학생이 정확할 때 '맞다' 라고 말하고, 틀렸을 때 어떠한 언급도 하지 않는 것보다 학습이 촉진되었다. 그런데 이러한 연구결과는 일반적으로 학생들이 부정확한 반응을 하였을 때 그것을 모른 체하는 것이 효과적이라는 통설과는 상반된다. 결국 도외시하는 것이 좋은가, 틀렸다고 말하는 것이 좋은가의 문제는 학습자가 정확한 반응을 할 수 있는 능력이 있느냐 없느냐에 따라 달라진다는 것

이다. 한마디로 학생이 바람직한 행동을 할 수 있는 능력이 있으면 가장 좋은 대책은 만족스럽지 못한 반응을 도외시하고 만족스러운 반응을 강화하는 것이다. 그러나 학생이 바람직한 반응을 할 수 있는 능력이 없으면 학생이 정확히 반응할 수 있도록 피드백을 주어야 한다.

여러 연구결과에 의하면, 정답을 제공하는 것은 단순히 학생이 틀렸다고 말하는 것보다는 효과적이다. 보다 복잡한 유형의 결과에 관한 지식에 관한 연구는 거의 찾아보기 힘들다. 정답제공 이외에 설명하는 것이 더 좋은지를 알기 위한 연구들은 확실한 결과를 내놓지 못하고 있다. 그러나 여러 피드백 연구자들은 보다 정교한 피드백이 여러 상황에서의 학습을 촉진시킬 것이라는 데 의견을 같이 하고 있다. 어쨌든 결과에 관한 지식은 학생들을 수동적 위치에 놓이게 한다. 교정절차를 통하여 학생들이 학습 진행에 앞서 적극적으로 정확히 반응하게 하는 것이 더 좋다.

두 번째 유형은 정확한 반응에 관한 지식(Knowledge-Correct Response; KCR) 피드백이다. 이것은 앞서 Schimmel이 제시한 정답반응 피드백과 같은 피드백이다. 여기서는 정답과 오답의 확인이 아니라 틀린 답에 대하여 정답을 제공하는 것이다. 이것은 Anderson과 Faust가 제시한 결과에 관한 지식 유형 중 세 번째 유형에 속한다. 즉 학생들에게 틀렸다고 말하고 정답을 제공하는 경우이다.

세 번째 유형은 정답유도 피드백(Answer-Until Correct; AUC)으로, 이 피드백에서는 학생들이 정답을 선택할 때까지 계속적인 학생의 반응을 요구한다. 이 피드백은 가끔 결과에 관한 지식과 함께 제공되어 반응의 정확성을 학생들에게 알려준다.

네 번째 유형의 피드백은 정교화 피드백으로 정답을 초월한 부수적 정보를 제공하는 피드백을 말한다. 이 피드백 유형은 앞서 Schimmel이 제시한 설명적 피드백과 유사하다고 볼 수 있고, Anderson과 Faust가 제시한 네 번째 유형과 비슷하다. 정교화 피드백은 학습자에게 교재의 특정부분을 보도록 제시하고 메타인지 전략의 사용을 제안하며, 본래의 수업을 초월한 부수적 정보를 제공해준다.

다섯 번째 피드백 유형은 반응별 또는 오류별 피드백이다. 반응별 피드백은 답마다 피드백이 다르며 학습자가 답이 왜 틀리는지 또는 왜 맞는지를 이해하도록 돕고 특정의 오류를 정정하도록 도와준다. 또한 이 유형의 피드백은 반응의 이유에 대한 정보 피드백이다. 즉 학생의 반응이 옳으면 왜 옳고 틀리면 왜 틀리는지에 대한 정보를 제공하는 피드백이다.

위와 같은 피드백의 유형을 선정할 때는 효과적인 면에서 특정 유형을 선정할 수 있지만 현재까지의 연구에 의하면 어느 유형이 어느 유형보다 더 좋다는 일관된 결론을 못 내리고 있는 실정이다. 단 정교화된 피드백일수록 학습을 촉진시킬 것이라는 데 의견의 일치를 보이고 있다.

피드백의 유형을 선정할 때 고려해야 할 또 하나의 요소는 피드백의 시간 간격이다. 즉, 즉각 피드백을 제공할 것이냐, 아니면 지연 피드백을 제공할 것이냐를 고려하여야 한다. 여러 연구결과에 의하면 즉각 피드백은 경험이 적은 학습자가 운동기능 과제를 학습하는 데 효과적이고 지연 피드백은 보다 경험이 많은 학습자에게 더욱 효과적이다. 피드백의 시간 간격을 결정할 때 과제의 본질과 학습자의 특성을 고려하여 결정하는 것이 좋다. 예를 들면, 과제가 어렵고, 수업 초반에 실수를 많이 범하여 오해들이 축적되면 즉각적인 피드백이 좋을 것이다.

마지막으로 피드백의 유형을 선정할 때는 제시방식을 고려하여야 한다. Bruner (1966)에 의하면 피드백은 학습자가 이해할 수 있는 방식으로 제시되어야 한다. 예를 들어, 학습자가 읽을 수 없다면 그림이나 오디오로 제시되어야 한다는 것이다.

4. 학생의 반응 유형과 피드백

피드백이란 학생 반응의 적절성에 대한 정보를 제공하는 활동이라고 볼 수 있다. 따라서 학생의 반응유형에 따라 교사의 반응(피드백)이 달라질 수 있을 것이라 예상해볼 수 있다. Good과 Brophy(1987)는 『Looking in Classroom』(제4판)이라는 책에서 질의응답 피드백 계열 코딩 유목에서 학생의 반응에 따른 교사의 피드백 반응 유형을 다음과 같이 제시하고 있다.

〈표 10-1〉 질의응답 피드백 계열 유목

상징의 명칭	정의	
학생의 성		
M 남성	질문에 대답하고 있는 학생은 남학생이다.	
F 여성	질문에 대답하고 있는 학생은 여학생이다.	
학생의 반응		
+ 맞았다	교사는 학생의 반응을 맞거나 만족스러운 것으로 수용한다.	
± 부분적으로 맞았다	교사는 학생의 반응이 부분적으로 맞거나 아니면 맞기는 하나 불충분하다고 생각한다.	
− 틀렸다	교사는 학생의 반응이 부정확하다고 생각한다.	
0 무응답	학생은 어떠한 반응에도 반응하지 않는다.	
교사 피드백 반응		
++ 칭찬	교사는 학생을 "훌륭해", "좋아", "놀라워", "좋은 생각이야" 와 같은 말로 칭찬하거나 아주 다정하고 유쾌하고, 자극되어 긍정적인 말로 학생을 칭찬한다.	
+ 긍정	교사는 학생의 반응이 맞다고 인정한다. 즉 고개를 끄덕이고 "예스" 또는 "오케이" 라고 말한다.	
0 무응답	교사는 학생의 어떠한 반응에도 반응하지 않는다. 또는 교사는 아무 일 없는 것처럼 다른 일로 넘어간다.	
− 부정	교사는 단순히 학생의 반응이 맞지 않다고 지적한다. 즉 고개를 내젖거나 "아니야", "그것은 정답이 아니야" 라고 말한다.	
− 비판	교사는 "너는 그것보다는 더 잘 알고 있어야 하는데…", "그 말은 의미가 없어!", "너는 좀 더 주의를 기울였어야 했어" 등과 같은 말로 비판하거나, 좌절하고, 화를 내고, 혐오스러운 방식으로 부정적인 언어를 사용하여 비판한다.	
정답 제공하기	교사는 정답을 제시한다.	교사는 학생들에게 정답을 제공한다.
다른 학생에게 질문하기	교사는 또 다른 학생에게 질문한다.	교사는 질문을 다시 제기하여 다른 학생으로 하여금 그 질문에 대답하도록 요구한다.
정답 제공하기	교사는 정답을 제시한다.	교사는 학생들에게 정답을 제공한다.
다른 학생에게 질문하기	교사는 또 다른 학생에게 질문한다.	교사는 질문을 다시 제기하여 다른 학생으로 하여금 그 질문에 대답하도록 요구한다.
다른 학생이 대답하기	또 다른 학생이 대답한다.	또 다른 학생이 대답하면 교사는 그 대답이 옳다고 인정한다.
반복하기	질문을 반복한다.	교사는 처음 질문을 있는 그대로 즉시 반복한다. ("그래", "너는 알고 있는 답이 무엇이지?")
단서 제공하기	말을 바꾸어 표현하거나 단서를 제공한다.	교사는 첫 번째 질문에 학생들이 보다 쉽게 대답할 수 있도록 말을 바꾸어 표현하거나 단서를 제공할 수 있다.
새로운 단서 제공하기	새로운 질문	교사는 새로운 질문을 제기한다. (첫 번째 제기한 질문에 다른 대답을 요구하는 질문)

출처: Good, T., & Brophy, J. (1987). *Looking in classrooms* (4th ed.). New York: Addison-Wessey Longman.

이상의 도표에 제시된 학생의 반응, 그리고 이에 대한 교사의 피드백 유형은 교실 내에서의 수업관찰에 주로 사용되는 도구이다. 지시적 수업과 관련하여 학생의 반응 유형에 따른 피드백을 정리한 대표적인 연구로 Rosenshine과 Stevens (1986)의 연구를 들 수 있다. 그들의 연구결과를 간단히 소개하면 아래와 같다.

그들은 학생의 반응 유형을 크게 네 개의 범주로 나누었다. 첫째는 정확하고 신속하며 확고한 반응, 둘째는 정확하기는 하나 주저하는 반응, 셋째는 부주의하기 때문에 부정확한 반응, 넷째는 모르기 때문에 생긴 부정확한 반응이다. 이들 반응에 따른 피드백을 알아본다.

(1) 정확하고 신속하며 확고한 반응

교사가 가장 원하는 학생의 반응은 아마도 정확하고 신속하며 확고한 반응일 것이다. 이러한 반응은 대체로 한 단위의 수업이 끝나거나 복습할 때 학생들에게서 나타나는 반응이다. 이러한 학생의 반응에 대한 교사의 반응은 똑같은 학생에게 달리 새로운 질문을 제기하는 것이다. 아니면 단지 "맞아."라고 간단히 대답하는 것이다.

(2) 정확하기는 하나 주저하는 반응

두 번째 학생의 반응은 정확한데 주저하고 확신하지 못하는 반응이다. 이러한 반응은 연습 도중 그리고 이해를 점검하거나 비교적 새로운 내용의 복습에서 잘 나타난다. 만일에 맞는데 확신하지 못할 때 교사는 "맞았어." 또는 "아주 훌륭해." 와 같은 긍정적이고 강화적인 피드백을 줄 수 있다. 정확하기는 하나 주저하는 반응이 친절한 대답과 연관 지어지면 더 오래 기억될 가능성이 커진다. 교사가 주저하는 반응에 대한 이유를 언급하지 않는다면 긍정적인 대답만으로는 의미 있는 변화가 일어나지 않는다. 물론 주저하는 반응에 대한 정확한 이유를 발견하려면 시간이 소요된다. 그러나 정답에 요구되는 사실, 규칙이나 단계를 신속히 재진술하므로 학생들은 정답을 보다 효율적으로 알게 되고 이것은 정확하기는 하나 주저하는 반응을 일으킨 학생뿐 아니라 다른 학생들의 주저하는 반응이나 오답률을 낮추게 한다.

(3) 부주의로 인한 부정확한 반응

세 번째 학생의 반응은 부주의로 인한 부정확한 반응이다. 대체로 학생들 반응의 약 20%가 이러한 반응에 속하는데 이러한 경우 교사는 학생들이 정답을 알고 있다고 생각하고 무심코 반응한 학생을 야단치거나 벌을 주고 싶은 충동을 느낄 것이다. 그러나 이러한 충동을 자제하는 것이 좋다. 여러 연구에 의하면 학생의 반응에 감정적으로 대하면 이익보다는 해가 더 크다는 것이다.

최선의 방책으로 교사는 학생의 대답이 오답임을 곧바로 시인하고 곧바로 오답을 시정하거나 다른 학생에게 정답을 요구해야 한다.

(4) 지식의 결핍으로 인한 부정확한 반응

새로운 내용의 학습 초기 단계에서 저지르는 과오 중 하나가 잘 모르기 때문에 발생하는 과오이다. 이러한 문제에 대처하는 방법은 크게 두 가지가 있다. 하나는 학생들에게 적당한 힌트나 자극을 주어 정답으로 안내하는 것이고 다른 하나는 잘 모르는 학생들에게 내용을 다시 가르치는 것이다. 교사들도 연습시 가장 효과적인 방법은 힌트나 자극 또는 간단한 질문을 사용하여 학생들을 정답으로 안내하는 것이다. 그러나 이것은 개인들 간의 접촉(예, 30초 이내)이 짧은 경우는 효과가 있으나 장시간(예, 30초 이상)이 걸리면 나머지 학생들의 주의가 산만해져 효과가 없다. 만일에 짧은 시간을 통하여 학생들을 정답으로 안내할 수 없을 때는 내용 자체를 학생들에게 다시 가르치는 것이 효과적이다. 아무튼 대부분의 경우 학생들이 과오를 범하는 경우 학생들에게 단순히 정답만을 주고 수업을 진행하는 것은 적합한 방법이 아니다. 무엇보다 중요한 것은 과오가 발견되면 초기에 이를 교정하지 않으면 안 된다는 것이다. 초기에 잘못을 교정하지 않으면 나중에 잘못을 교정하기가 어려워지고 체계적인 과오로 인해 후속학습에 방해를 받게 된다.

Kulik과 Kulik(1988)은 수업은 ① 학생들이 시험에 대해 즉각적인 피드백을 받고, ② 학생들의 점수가 절대기준에 도달하지 못할 때 공부를 더해서 또 시험을 치러야 할 때 가장 효과적임을 밝히고 있다.

(5) 부정확한 반응을 교정하기 위한 전략

부정확한 반응을 고치는 가장 일반적인 전략은 아래와 같다.

1. 정확한 해결에 필요한 주요 사실이나 규칙을 복습한다.
2. 정확한 해결에 이르는 단계를 설명한다.
3. 부분적으로 정답을 나타내는 단서나 힌트를 제공한다.
4. 다르면서 유사한 문제를 택해서 학생들을 정답으로 안내한다.

5. 피드백 제공 기술에 대한 선행연구

피드백을 어떻게 제공하는 것이 효과적인지에 대하여는 학자들마다 의견을 달리하고 있으나 공통된 부분도 적지 않다. 여기서는 몇몇 학자의 효과적인 피드백에 관한 연구를 검토해보고 이를 종합하여 제시하고자 한다.

1) Cruickshanks(1985)의 연구

Cruickshanks(1985)는 피드백을 결과에 관한 지식(KR)이라 하고 이것을 ① 학생들에게 그들의 수행의 질과 정확성을 알려주고 ② 학생들이 자신의 학습을 조절하고 개선해 나가도록 도와주는 것으로 본다. 그는 효과적인 피드백은 ① 수행을 평가하는 데 사용되는 기준, ② 기준에 비추어본 수행의 정도, ③ 수행이 개선되어야 하는 방법을 포함한다고 한다.

대부분의 사람들은 피드백을 교사의 언어적 또는 서면적 논평으로 생각한다. 그러나 학생들은 그들 반응의 적합성을 모종의 기준에 비추어 자신의 수행을 관찰 또는 비교하여 배우게 된다. 그러므로 학생들은 교사나 동료가 제공한 피드백을 통하여 배우기도 하지만 비디오테이프나 오디오테이프를 통하여 그들의 수행을 관찰하거나 경청함으로써 배우기도 한다. 피드백의 즉각적 목적은 학습자가 스스로 자신의 이해와 수행을 개선시키는 것이지만 장기적으로는 학습자가 스스로 자기 수행의 적합성을 판단하게 하는 데 목적이 있다. 그는 피드백에 관한 원리를 다음과 같이 제시하고 있다.

1. 가능하면 피드백을 자주 제공한다. 가능하다면 매일 모든 학생에게 피드백을 준다. 가능하면 상호작용적 환경을 계획하여 학생들이 연습하거나 수행할 다양한 기회를 제공하고 이러한 수행에 대하여 피드백을 준다.
2. 가능하면 수행이 끝나는 즉시 피드백을 준다. 예를 들면 시험을 치르고, 곧바로 시험지를 되돌려받아, 곧바로 채점을 하여 언어적 피드백을 주어 학습을 조정해 나간다.
3. 피드백을 구체적으로 준다. 예를 들면 학생의 이름을 부르고, 단지 "잘했어" 또는 "여기가 부족해"라고 글로 표현하는 대신 학생들의 수행에 대하여 구체적으로 지적하여 논평한다.
4. 학생의 의도와 동기가 아닌 학생의 수행의 질에 대하여 피드백을 집중시킨다. 좋은 피드백은 불완전하거나 부정확한 학습에 수용될 수 있다는 인상을 주지 않고 학생들의 능력에 대한 확신만을 전달해야 한다. 이렇게 하는 유일한 방법은 수행의 적합성과 함께 과정에 대한 피드백을 주는 것이다.
5. 학생들이 그들의 학습 진전과 수행을 판단해볼 수 있는 피드백을 고안하여 사용한다. 점차로 학생들로 하여금 자신의 학습 진전 평가에 대한 책임을 지도록 한다. 그리고 그들로 하여금 각자의 시험지를 채점하게 하고 상호 피드백을 주고받도록 하고 그들 수행에 관한 기록을 보고 듣게 한다.

2) Arends(1994)의 연구

Arends(1994)는 지시적 수업과 관련하여 피드백 제공을 위한 몇 가지 지침을 제시하고 있다.

(1) 연습 후 가능하면 곧바로 피드백을 제공한다.

피드백을 연습이나 수행이 끝난 즉시 동시에 제공할 필요는 없으나 되도록 근접할수록 학생들은 자신의 수행을 정확히 기억할 수 있을 것이다. 이 말은 교사가 학생들이 쓴 글에 대해 논평을 한 후 즉각적으로 교정된 글을 학생에게 돌려주어야 한다는 것을 뜻한다.

(2) 피드백을 구체적으로 제공한다.

일반적으로 피드백은 가능한 한 구체적이어야 학생들에게 도움이 된다. 예를 들면 "잘못 쓴 단어가 너무 많아"라고 말하는 대신 잘못 쓴 단어를 구체적으로 지적하여 제시한다.

(3) 피드백은 행동에 집중하지, 의도에 집중하여 주지 않는다.

피드백은 행동이면의 어떤 의도를 해석하기보다는 행동을 직접 의도할 때 학생들의 저항도 줄어들고 학생들에게 도움이 된다.

(4) 학습자의 발달단계에 적합한 피드백을 제공한다.

이따금 학생들은 너무 많은 피드백을 받거나 그들이 처리하기에 너무 복잡한 피드백을 받기도 한다. 학습자가 충분히 소화할 수 있을 정도의 피드백을 제공하는 것이 도움이 된다.

(5) 정확한 수행에 대하여 칭찬과 피드백을 강조한다.

모든 사람은 부정적 피드백보다 긍정적 피드백을 선호한다. 일반적으로 칭찬은 수용되지만 부정적 피드백은 거부된다. 그러므로 교사는 칭찬과 긍정적 피드백을 주도록 노력하여야 한다. 특히 새로운 개념과 새로운 기능을 학습할 경우에는 칭찬과 긍정적 피드백을 제공하는 것이 좋다. 그러나 부정확한 수행이 발견되면 즉시 교정해 주어야 한다. 여기에 부정확한 반응과 수행을 다루는 문제에 대한 방법이 있다.

1. 반응이 정확한 문제를 제시하여 학생의 부정확한 반응이나 수행을 바로잡는다. 예를 들면 미국의 초대 대통령이 누구인지 묻는다면 조지 워싱턴이 정답이 될 것이다.
2. 학생들에게 도움, 힌트, 또는 자극을 준다. 예를 들면, 1828년도의 대통령이 1812년 전쟁의 영웅이었다는 점을 상기시킨다.
3. 학생에게 책임을 지운다. 예를 들면, 여러분은 오늘이 Jackson 대통령의 날인 것을 몰랐다. 그러나 여러분에게 내일 또다시 물었을 때 여러분은 그날을 알게 되기를 희망한다.

(6) 부정적 피드백을 줄 때 정확히 수행하는 방법을 보여준다.

무엇인가 잘못되었다는 것을 안다고 해서 학생이 잘못된 것을 정확히 수행하는 데 큰 도움이 되는 것은 아니다. 부정적 피드백에는 언제나 교사의 정확한 수행을 보이는 행위가 수반되어야 한다.

(7) 학생들이 결과가 아니라 과정에 초점을 맞추도록 돕는다.

초보자들은 언제나 측정 가능한 수행에만 관심을 집중시킨다. "나는 매 분마다 어떠한 실수도 없이 35개의 단어를 타이프로 친다.", "나는 골프공을 175야드까지 쳤다." 학생들이 그 과정을 눈여겨보게 하고, 부정확한 기법으로 즉각적 목표를 달성할 수는 있지만 후의 정기적 성장 · 발달에는 방해가 된다는 것을 학생들이 이해하도록 돕는 것은 교사의 책임이다.

(8) 스스로에게 어떻게 피드백을 주고, 자신의 수행을 어떻게 판단하는지를 학생에게 가르친다.

학생 자신이 자신의 수행을 평가하고 판단하는 방법을 배우는 것은 아주 중요하다. 교사는 학생들이 여러 가지 방법으로 자신의 수행을 판단하도록 도와주어야 한다. 교사는 전문가들이 수행을 판단할 때 사용하는 기준을 설명할 수도 있고 학생에게 기회를 주어 동료를 판단하고 다른 사람과 비교하여 동료의 학습 진전을 평가하게 할 수도 있다. 또는 교사는 자기 조절의 중요성, 목적 설정의 중요성, 교사로부터의 외재적 피드백에만 만족하지 않는 것의 중요성을 강조할 수도 있다.

3) Wilen(2004)의 연구

Bloom(1976)은 그의 연구에서 피드백은 학생들의 학업성취와 상관있는 수업행동이라고 밝히고 있다. 일반적으로 피드백을 받는다고 말하는데 그것은 결국 결과에 대한 지식을 수용하는 것을 말한다. 그러나 반응의 정 · 오답만 안다고 해서 학습하기에 충분한 것은 아니다. 물론 확인이야 되겠지만 정 · 오답에 대한 충분한 설명을 할 수 있다고 볼 수는 없다.

Levin과 Long(1981)은 여러 연구결과를 검토한 후 정 · 오답에 관한 지식만으로는 학습개선에는 거의 또는 전혀 도움이 되지 못함을 지적하고 있다. Bloom은 학생들은 그들이 거쳐야 할 교정적 절차를 꼭 알 필요가 있음을 강조하고 있다. 교사가 학생에게 무엇을 학습해야 하는지에 대한 정보 외 교정적 절차를 알고 있을 때 수업은 효과적이 된다. Bloom은 결과에 관한 지식이 교정절차에 사용될 때 학습에 도움이 된다고 진술하고 있다.

일반적으로 교사가 가장 많이 사용하는 피드백은 점수이다. 그러나 점수는 학생들에게 학습에 필요한 모든 것을 알려주지는 못한다. 점수는 단지 하나의 수행 기준이며 그 기준에 비추어본 자신의 수행의 정도를 가리키나 학생들이 구체적으로 해결해야 하는 문제 또는 거쳐야 할 문제해결 단계를 지적해주는 것은 아니다. 그러므로 교사는 학생들에게 학생들의 학습증진을 돕는 것은 물론 교정적 피드백을 제공해 주어야 한다.

오늘날 많은 교사들은 학생 스스로 자신의 학습을 조절해 나가기를 원한다. 이것이 곧 메타인지이다. 메타인지 피드백이 정답 피드백보다 더 효과적임은 말할 필요도 없다. Wilen 등(2004)은 피드백의 효과적 사용에 대하여 다음과 같은 원리를 제시하고 있다.

(1) 수행기준, 학습 진전, 교정절차에 관심을 갖는다.

앞에서 효과적인 피드백 기준으로 ① 수행의 기준, ② 이 기준에 대한 학습 진전 ③ 교정절차 또는 목표나 기준에 도달하는 데 요구되는 수업 피드백을 검토하였다. 여기서 수업 피드백이란 과제나 내용에 관한 여분의 정보를 학생들에게 제공하는 것을 말한다.

피드백을 주려면 평가하기 이전에 학생들에게 수행의 기준을 미리 알리는 것이 중요하다. 그리고 교사와 학생이 공동으로 수행평가의 채점기준을 개발하거나 수락 가능한 문단이나 절차에 관한 예를 제시할 수도 있다. 그리고 교사는 설정해 놓은 기준에 비추어 학생들의 성적이나 수행을 비교하고 그 결과를 학생들에게 전달한다.

그 다음이 중요하다. 결과를 알리는 그 자체가 중요한 것이 아니라 잘못 반응한 경우 무엇이 문제이고 구체적으로 어떠한 단계를 거쳐야 하는지를 알려주어야 한다. 서면을 통한 논평도 중요한 피드백이므로 일종의 칭찬이나 비판을 포함한다. Levin과 Long(1981)은 학생들이 어느 반응은 계속하고 어느 영역은 개선하거나 재학습해야 할지 알 수 있도록 논평이 구체적이야 함을 강조하고 있다.

(2) 즉각적인 피드백을 준다.

효과적인 교사는 규칙적이고 즉각적인 피드백을 사용한다. 예를 들면 교사는 아동 수업이나 연습을 할 때 구두에 의한 피드백을 사용한다. 예를 들어 "모두 눈을 감고, 그 반응이 옳으면 손을 드시오."라고 말하고 그 결과에 따라 즉각적으로 피드백을 줄 수 있다. 빈번한 퀴즈나 검사도 즉각적인 피드백 방법으로 사용된다.

(3) 보고서에 대한 동료평가와 자기평가를 활용한다.

학생들로 하여금 그들의 보고서에 대한 자기평가 및 동료평가에 참여시키는 것이 효과적인 방법이 될 수 있다. 학생들을 둘 내지 세 명으로 집단을 구성하고 그들로 하여금 서로의 학습을 평가하도록 고무하는 것은 학생들이 평가에 대한 책임을 어떻게 해결해 나갈지를 배우게 된다면 상당히 가치 있는 일이 될 것이다.

교사는 학생들에게 동료평가와 자기평가를 위한 절차를 가르칠 수 있다. 초등학교 고학년 학생들은 그 절차를 잘 배워나갈 수 있다. 그 다음 교사나 학생들은 평가기준을 만들 수 있다. 교사는 각 기준에 합당한 예를 들어줄 수도 있다. 그러면 학생들은 각자의 학습수행을 조사하고 서로에게 그 기준에 비추어 피드백을 줄 수 있다.

학생의 학습점검으로 교사가 학생의 보고서 조사에 대한 책임을 모면할 수는 없다. 교사는 어디에서 오류가 발생하는지 알기 위하여 학생의 보고서를 점검할 필요가 있다. 이러한 정보를 토대로 교사는 재수업, 재집단편성 또는 다음 단원으로의 학습 이동을 결정하게 된다.

(4) 강화, 칭찬, 비판을 의도를 갖고 사용한다.

교사가 사용하는 피드백 유형으로 강화, 칭찬, 비판이 있다. 칭찬과 강화란 바람직한 학생의 행동에 보상을 주는 행위이고 비판은 학생의 행동을 꾸짖거나 교정하는 것을 말한다. 일반교사가 사용하는 칭찬의 양은 전체 학급 상호작용 시간의 1~2%에 해당된다고 한다. 그런데 비판은 칭찬의 두 배나 된다고 한다. 강화 피드백은 학생들의 자신감과 동기 개발에 아주 중요하다. 비판은 이러한 학습과 부정적인 관계가 있다. 여러 연구에 의하면 비판은 학습에 방해가 된다는 것이다. 왜냐하면 비판은 동기를 감소시키고 자존심에 해를 끼치기 때문이다.

학생에게 피드백을 제공할 때 교사는 칭찬, 강화 또는 비판을 모두 사용할 가능성이 크다. 효과적인 교사라면 조심해서 선별적으로 사용해야 할 것이다. 칭찬은 긍정적인 자아개념의 발달을 고무한다. 긍정적 자아개념은 또한 학습동기, 참여동기, 자기주도 동기를 증대시킨다. 강화는 여러 가지 형태가 있다. 그것은 칭찬에서 학생 아이디어의 활용, 비언어적인 미소나 등을 두드리는 것 같은 방법이 있다. 마찬가지로 비판에는 언어적 응징에서 비언어적 혐오적 모습이 있는데 학생들이 자신의 잘못과 문제로부터 무엇인가를 배우도록 하기 위하여 비판은 금지되어야 한다.

(5) 학생의 아이디어를 강화물로 사용한다.

효과적인 칭찬에는 학생의 아이디어 사용이 포함된다. 이러한 강화는 학생의 참여가 중요함을 시인한다. 그래서 학생의 참여를 고무한다. 학생의 논평을 이용하는 것은 교사의 수용을 나타내는 것으로 학생의 자기가치에 대한 느낌을 더욱 강하게 갖게 한다.

교실의 수업행동 분석에 관한 연구에서 Franders(1970)는 일곱 가지 교사의 행동유목을 열거하고 있는데 그 중의 하나가 학생의 아이디어 사용이다. 그는 이러한 강화행동이 학생들에게 그들의 아이디어가 좀 더 심사숙고할 정도로 중요하다는 것을 전달한다는 것을 발견하였다. 이러한 긍정적 효과는 단지 그것 "좋아"라고 단 한마디로 말하는 것보다 더 큰 의미를 지닌다.

Rosenshine과 Furst(1973)는 교실 내에서 언어 상호작용이 일어날 때 교사가 학생의 아이디어를 사용할 수 있는 방법을 다음과 같이 제시하고 있다.

1. 큰소리로 학생의 이름과 함께 학생의 반응을 반복하여 학생의 공헌한 바를 시인한다.
2. 학생의 본래의 아이디어를 바꿈 없이 다른 말로 바꾸어 이해하도록 하여 학생이 공헌한 내용을 수정한다.
3. 학생의 반응을 어떠한 상황에 적용하거나 어떠한 사태에 대한 설명으로 사용한다.
4. 학생의 반응을 교재 내의 모종의 내용 또는 유사한 사태와 비교한다.
5. 완전한 이해를 위하여 학생이 공헌한 바를 요약하고 그것을 이용한다.

(6) 언어적, 비언어적 강화물을 사용한다.

지나친 칭찬은 삼가는 것이 좋다. 너무 지나치게 되면 그 효력을 상실하게 된다. 교사는 강화단어의 목록을 만들어 사용할 필요가 있고 나아가 미소, 고개를 끄덕임, 등을 두드리는 것 같은 비언어적 강화물에 대한 계획을 수립할 필요가 있다.

한 가지 조심할 점은 어느 면에서는 언어적 피드백보다는 비언어적 피드백이 효과가 더 크다는 점이다. 학생들은 교사의 언어적 메시지보다는 오히려 얼굴표정을 통한 메시지를 더 중시한다. 그러므로 교사는 신체언어가 중요한 메시지를 담고 있기 때문에 칭찬과 비판을 할 때 여기에 적합한 비언어적 피드백을 조심스럽게 사용하는 것이 중요하다.

(7) 학생들의 메타인지 능력 개발을 위해 피드백을 사용한다.

학생들이 자신의 사고과정을 알도록 돕고 그들과 함께 구체적인 학습기능을 획득해 나가는 것은 교사에게는 중요한 목표 중 하나이다. 그렇다면 교사가 주는 피드백은 정답에 있는 것이 아니라 오히려 학생들로 하여금 자신의 사고를 분석하고 교사의 사고모형과 또는 그들 자신이 마음속에 간직하고 있는 사고모형을 비교 분석하여 사고할 때 발생하는 오류를 눈여겨보고 자기교정을 가하도록 돕는 것에 초점을 맞추어야 한다.

학생들이 메타인지적으로 사고하도록 하기 위해 교사는 학생들에게 학습활동 시 목표를 인지하도록 훈련시키고 이러한 목표에 도달하기 위해 사용하는 전략을 조정하고, 그들이 사용하는 전략의 효과를 분석하며, 그들이 달성하고자 하는 목표에 근거하여 그들의 반응에 만족할지를 결정하도록 훈련시킬 필요가 있다.

이러한 메타인지 능력의 개발은 상당한 시일을 요한다. 교사는 이러한 사고 기능을 학생들의 학습전략에 어떻게 통합할 것인지를 아는 것이 중요하다. 교사는 학생들이 이러한 사고 기능을 그들의 일상생활 속에서 어떻게 효과적으로 적용해 나갈지에 대한 피드백을 주어야 한다. Letteri(1985)는 학생들이 정보를 처리하고 활용해 나가는 데 필요로 하는 사고 기능의 목록을 다음과 같이 열거하고 있다.

1. 분석—복잡한 정보를 확인, 유목화하기 위해 구성요소로 나눌 수 있는 능력
2. 초점화—무관한 정보 또는 이차 정보에 현혹되지 않고 관련 정보 또는 중요한 정보를 선정할 수 있는 능력

3. 비교분석–여러 대안 중 정확한 항목을 선정하고 정보를 비교하여 적절히 선택할 수 있는 능력
4. 유목화–속성을 통하여 새로운 정보를 유목화시킬 수 있는 능력
5. 복합적 인지–복잡한 정보를 기존의 인지구조와 장기기억 속에 혼합할 수 있는 능력
6. 분별–인지구조들을 구분할 수 있고 혼란이나 중복을 피할 수 있는 능력
7. 인내–사고를 조절하고 수정하며, 좌절함이 없이 모호하거나 불분명한 정보를 다룰 수 있는 능력

그들이 이해하지 못하는 영역을 또는 그들이 범한 오류를 조사하기 위해 이러한 사고 기능을 사용하도록 격려하는 피드백은 학습자들을 독립적인 학습자가 되도록 하는 데 도움이 된다. 가장 바람직한 학습 분위기는 학습자에게 도전감을 주어 스스로 자신의 학습에 책임감을 갖게 하는 것이다.

4) Cole과 Chan(1987)의 연구

교사의 피드백이 효과적이기 위해서는 다음과 같은 사항들이 고려되어야 한다.

(1) 학생의 수행에 대한 정확한 분석

피드백이란 학생의 수행의 정확성, 질에 대한 정보를 제공하는 활동이다. 그러기 때문에 가장 우선해야 할 일은 학생의 수행을 정확히 분석하는 일이다. 만일에 그렇지 못하고 잘못 분석된 정보를 제공하게 되면 학생들에게는 오해나 부적절한 학습을 초래하게 될 것이다. 적절하고 정확한 정보를 제공했을 때 학생들은 자신의 학습 진전 정도를 올바로 평가할 수 있으며 이에 따라 적절한 수정과 교정을 위한 계획을 세울 수 있게 된다.

(2) 피드백의 제공 시기 조절

피드백은 반응 직후 혹은 한참 후에 주어질 수 있다. 자신의 학업성취 수준에 대하여 즉시 주어지는 피드백을 즉각적 피드백이라고 하며 만약 정보가 늦게 (수업 후

나 그 다음날) 주어지면 지연 피드백이라고 한다.

일반적으로 즉각적인 피드백이 지연된 피드백보다 더 효과적이라고 한다. 그 이유는 즉각적인 피드백으로 인해 학생은 자신의 잘못을 즉시 시정할 수 있게 되기 때문이라고 한다. 그러나 최근의 연구에 의하면 즉각적 피드백이 항상 지연 피드백보다 효과적인 것은 아니라는 것이다. 일반적으로 학습자의 특성과 과제의 특성에 따라 달라진다는 것이다. 학생들이 학습경험도 부족하고 운동기능과 같은 과제를 학습하는 경우에는 즉각 피드백이 효과적이고 경험이 많은 학생에게는 지연 피드백이 효과적이라고 한다. 또한 과제가 어렵고 학습 초기에 자주 실수를 범하는 경우 오해가 축적된다면 이 경우 즉각 피드백이 좋을 것이다.

(3) 학생의 요구에 적합한 피드백

학습자에게 주어지는 피드백의 유형이나 양은 그들의 지적 능력, 인지양식, 학습 상황의 요구조건에 따라 달라진다. 학습자 중에는 자신의 능력을 믿고 교사의 도움 없이 과제를 완수하려는 학생이 있는가 하면 교사에게 의존하고 어려운 일이 있을 때마다 도움을 얻으려고 하는 학생도 있다. 이러한 학생들은 자신감이 결여되어 있다. 일반적으로 의존적이거나 불안한 학생에게는 빈번한 피드백이 필요하고 자신감 있고 유능한 학생에게는 자주 피드백을 주지 않아도 된다. 더 나아가 빈번한 피드백은 과제를 학습하는 초기단계나 복잡한 과제를 학습할 때 필요하다.

(4) 구체적이고 명확한 피드백

교사 피드백은 일반적인 경우보다는 구체적일 때 그리고 암시적일 때보다는 명확할 때 더 효과적이다. 교사는 학생의 반응 중 어떠한 반응이 적절하고 어떠한 반응이 부적절한지 정확하게 말해줄 필요가 있다. 피드백이 너무 막연하거나 너무 많은 추측을 불러일으키게 되면 도움이 되지 못한다. 잘못된 부분이 있으면 그 부분을 정확히 지적해 말해주고 그것이 왜 부적절한지 그 이유를 설명해주는 것이 좋은 방법이다.

(5) 피드백의 대상

교사의 피드백은 과제수행 그 자체에 주어져야 하지 과제를 수행한 사람에게 주어지는 것이 아니다. 여러 연구결과에 의하면 특히 그 성취가 칭찬할 만한 가치가 없는 데에도 정답을 제시한 학생에게 칭찬하거나 긍정적 피드백을 제공하면 학생들은 오히려 당황하게 된다. 반면에 적절한 반응에 대한 긍정적 피드백은 피드백을 받는 학생 개인뿐 아니라 이것을 보고 듣는 나머지 모든 학생에게도 유익하다. 이것은 특히 부정적 피드백을 사용할 때도 마찬가지다. 부정적 피드백은 개인적인 비난이 아니라 반응이 부정확하다는 것을 나타내는 진술로 표현되어야 한다.

(6) 학생의 반응에 부응하는 피드백

피드백의 효과를 극대화하기 위하여, 교사는 학생의 반응 유형에 따라 피드백의 유형과 양을 맞추어 나가야 한다. Rosenshine과 Stevens(1986)의 연구결과에 의하면 학생의 반응이 신속하고, 정확하고, 확실할 때 수업의 흐름을 방해하지 않기 위한 최소한의 피드백(인정의 표시로 하는 짧은 말 등)이 필요하다. 그러나 반응은 정확하지만 주저하는 경우는 적절한 양의 과정 피드백(바로 정답을 얻기 위한 절차의 설명)을 제시하는 것이 좋다. 학생들의 반응이 부분적으로 옳은 경우 교사는 맞는 부분을 확인시킨 다음 학생들의 틀린 부분을 수정하기 위한 힌트를 준다. 틀린 반응을 했을 때 그것이 부주의로 생긴 것이라면, 교사와 간단히 잘못을 바로잡고 계속 수업을 진행하는 것이 적절한 것이다. 그러나 지식이 부족하여 생긴 잘못일 경우에는 좀 더 세밀한 교정적 피드백이 필요하다.

(7) 학습의 오류에 적합한 교정적 피드백

학생들에게서 흔히 발견되는 오류의 본질과 정도에 따라 교사들은 이에 필요한 교정의 유형과 양을 결정해야 한다. 어떤 경우 교사는 측정 개념에 대한 간단한 설명이나 명료화로 충분하다는 결정을 내릴 수도 있고, 또 어떤 경우에는 교사가 전체 주제를 다시 가르칠 필요가 있다고 생각할 수도 있다.

Rosenshine과 Stevens(1986)의 연구에 의하면 학생들의 오류가 이따금 나타나고 비교적 중요하지 않을 경우 교정 피드백 사용이 가장 효과적이다. 이러한 상황에서 교사는 학생들에게 그들 스스로 오류를 발견하여 교정하도록 자극이나 힌트를 줄 수 있다. 반면에 오류율이 높은 경우 특히 새로운 자료의 학습 초기에 있거나 많은 학생들이 오류를 범할 경우 전반적인 재수업 형태의 교정이 필요하다. 이러한 상황에서는 교사는 주제를 이해하지 못하는 학생에게 여러 다양한 설명, 시연 또는 연습을 제공할 수 있다. 학생들이 측정개념에 대해 문제를 갖고 있거나 교과 내용의 숙달에 어려움을 갖고 있을 때 교사는 학생들이 의도된 학습을 하도록 하는 데 도움이 되는 다양한 단어, 개념, 이미지 또는 유추를 사용해야 한다.

가끔 교사는 방대한 본보기를 수반하는 설명이 담긴 교정을 사용해야 한다. 이러한 본보기에는 개념의 본질적 속성이 분명히 드러나고 학생으로 하여금 본보기와 비본보기를 구분할 수 있는 기회를 갖게 해준다. 학생들은 이전 학습에서 기본 개념이나 절차를 잘 몰랐기 때문에 이들 이해에 문제를 일으켰을 수도 있다. 이러한 상황에서 적절한 본보기를 통하여 한 가지 또는 두 가지 관련 개념을 다시 가르침으로써 학생들의 학습에 도움을 줄 수 있다.

6. 피드백 제공 기술 요약

지금까지 몇 명의 학자들의 피드백 제공에 관한 연구결과들을 검토해 보았다. 여기서는 이들 연구결과를 종합적인 관점에서 정리해 보고자 한다.

(1) 피드백을 제공하기에 앞서 과제분석을 수행한다.

교사가 학습과제의 요소와 그 요소들이 어떻게 학습되는지를 잘 알고 있으면 피드백을 통하여 학생들에게 큰 도움을 줄 수 있다. 수업의 계획부분에서 이미 언급했듯이 학습과제 분석이란 학생들이 최종 수업목표를 달성하기 위하여 반드시 습득해야 할 선수학습 능력을 분석하는 것을 말한다. 그렇게 함으로써 교사는 그 학습과제에 대한 학생의 반응이 정확한지를 평가할 수 있고 학습에 곤란을 야기시키는 점을 찾아내어 학생들에게 적절한 피드백을 제공해줄 수 있다.

(2) 피드백을 제공하기에 앞서 학생의 수행에 대한 정확한 진단을 해야 한다.

부정확하거나 잘못된 진단에 근거한 피드백은 학생들에게는 도움이 되지 못한다. 교사가 문제의 근원을 정확히 파악하여야 학생들이 학습곤란을 극복하는 데 도움이 되는 피드백을 제공할 수 있다. 만일에 만족스럽지 못한 수행이 선수기능의 부족에 있다고 하면, 교사는 곧바로 그 기능을 가르쳐야 할 것이다. 또한 부적절한 반응의 원인이 특정 개념을 잘못 이해한 데 기인한 것이라면 적절한 본보기를 통하여 자세히 설명해주는 것이 도움이 될 것이다. 다시 말해, 학생들의 수행에 대한 정확한 진단 없이 학생들의 학습곤란을 돕는 피드백을 제공할 수는 없다.

(3) 가능하면 피드백을 자주 제공한다.

가능하면 거의 매일 모든 학생에게 피드백을 주도록 노력한다. 가능하면 학생들이 연습하거나 수행할 다양한 기회를 주고 이러한 수행에 대하여 자주 피드백을 제공한다. 특히 새로운 내용을 처음으로 학습할 때, 흔히 학생들은 반응을 주저하거나 옳지 못한 반응을 하는 경우가 있다. 이러한 과오는 되도록 일찍이 발견하여 교정해 주어야 한다. 만일 새로운 내용을 학습할 때 초기에 이러한 과오를 교정해주지 못한다면 부적절한 반응이 고착될 우려가 있다. 그러므로 교사는 학습과제가 새롭고 복잡할 경우 학생들의 성취과정을 자주 점검하여야 한다. 그리고 그 결과를 피드백해 주어야 한다.

(4) 가능하다면 수행이 끝난 즉시 피드백을 제공한다.

여러 연구결과에 의하면 학생들이 반응한 직후에 피드백을 제공하면 효과적이라고 한다. 그 이유는 즉각적인 피드백은 학생의 잘못을 즉시 시정할 수 있게 하기 때문이라고 한다. 그러나 최근의 연구결과에 의하면 즉각적 피드백이 항상 지연 피드백보다 효과적인 것은 아니다. 학습자가 자신의 잘못을 시정하기 위해 어느 정도 노력을 기울인 후에 주는 피드백이 더 효과가 있다는 연구결과도 있다. 한마디로 학습자의 특성과 과제의 특성에 따라 피드백의 제공시기는 달라져야 한다. 학습경험이 부족하고 과제가 단순할 경우에는 즉각 피드백이 효과적이고 학습경험이 많고 과제가 복잡할 경우에는 오히려 지연 피드백이 효과적이다.

(5) 피드백은 명확하고 구체적이어야 한다.

교사가 피드백을 줄 때 애매모호한 표현을 사용한다면 학생들은 자신의 성취과정 또는 결과에 대하여 정확히 판단하지 못한 채 추측하게 된다. 이러한 피드백은 학생들의 수행을 고치는 데 도움이 되지 못한다. 무엇보다 중요한 것은 학생이 교사의 말을 충분히 이해할 수 있도록 피드백이 명확하고 구체적이어야 하는 것이다. 그렇다고 교사가 학생에게 직접 정답을 알려주어야 한다는 뜻은 아니다. 학생들이 곤란을 겪고 있는 과제의 구체적인 점에 대해 명확한 힌트를 주어 학생들이 스스로 문제를 해결해나갈 수 있도록 하여야 한다.

(6) 교사의 피드백은 정확해야 한다.

피드백은 구체적이고 명확해야 할 뿐만 아니라 또한 정확해야 한다. 부정확한 피드백은 학생들을 혼동시키고 의도한 학습을 달성하는 데 방해가 된다. 교사는 학생들의 과제를 점검할 때 특별히 주의를 기울여야 하며, 학생들에게 제공되는 모든 피드백이 학생의 수행의 질을 정확히 그리고 신뢰할 수 있게 나타내고 있는지를 확인해야 한다.

(7) 피드백의 대상은 학습자의 의도 · 동기가 아닌 학습자의 수행과정 적합성이나 질에 초점을 맞춘다.

Wictrock(1986)은 효과적인 피드백의 요건으로 세 가지를 들고 있다. 즉 ① 학생의 수행을 평가하는 데 사용되는 기준, ② 학생의 수행이 그 기준과 어떻게 관계되는지, ③ 그 수행은 어떻게 개선될 수 있는지에 대한 내용을 피드백의 요건으로 보고 있다. 이 요건을 보아 알 수 있듯이 피드백의 주된 관심은 학생들의 수행이지 학생들의 의도나 동기가 아니다. 또한 수행의 결과를 도외시하는 것은 아니나 결과보다는 수행의 과정을 더 중시한다. 결과나 정답의 제시는 자신의 수행의 적합성에 대한 확인은 될 수 있으나 그 결과가 왜 정답이고 왜 정답이 아닌지에 대한 구체적 설명이 없기 때문에 자신의 부적절한 반응을 고치는 데에는 큰 도움이 되지 못한다. 부적절성을 고치기 위한 피드백이라면 결과 자체에 대한 피드백보다는 바람직한 결과에 이르게 하는 과정에 대한 피드백이 더 적절할 것이다.

(8) 건전한 학습전략 개발에 도움이 되는 피드백을 제공한다.

피드백은 사실이나 기능의 학습을 위해서도 필요할 뿐만 아니라, 더욱 중요한 것은 바람직한 학습방법과 학습전략의 습득을 위해서 필요하다. 학생들의 학습전략을 개선시켜 줄 수 있고 효과적인 독자적 학습을 위해 필요한 기능을 습득시켜 줄 수 있는 피드백을 줄 때 학생들은 실질적으로 많은 도움을 얻게 된다. 앞에서 검토한 바와 같이 Letteri(1985)가 제시한 사고 기능을 조장하기 위한 피드백은 독립적 학습자가 되는 데 큰 도움이 된다.

(9) 과제의 특성에 따라 피드백 형태를 달리한다.

앞에서도 이미 지적했듯이 과제의 성격과 학습자의 특성에 따라 피드백의 형태는 달라진다. Schimmel(1988)은 과제 유형에 따른 효과적인 피드백 유형을 다음과 같이 제시하고 있다.

첫째, 언어적 정보과제에서는 정답반응 피드백을 제공한다. 언어적 정보과제에서의 피드백 연구는 주로 확인 피드백과 정답반응 피드백에 관한 연구가 지배적이다. 이들 연구에 의하면 확인 피드백, 정답반응 피드백을 받은 집단은 전혀 피드백을 받지 않은 집단보다 보다 더 높은 성취를 보였다. 그러나 확인 피드백과 정답반응 피드백의 효과에 대하여는 일관된 결론을 내리지 못하고 있다. 그렇지만 정답반응 피드백은 이미 확인 피드백의 의미를 포함하고 있기 때문에 정답반응 피드백만 제시하더라도 피드백의 효과는 거두리라 생각된다.

둘째, 지적 기능의 수업에서는 오류를 확인해주고 교정을 위한 지침을 제공해주며, 잘한 것에 대해 칭찬을 해주는 피드백이 유용하다. 여러 연구결과에 의하면 위의 세 가지 피드백 유형의 효과를 각각 따로 검증했을 때보다 세 가지 유형을 모두 합하여 효과를 검증했을 때 후자가 더 효과적이었다.

셋째, 절차적 수업에 있어서 충분한 사전검토를 통해 특정 내용에서 오류가 확인되고, 피드백에 의해 효과적으로 교정될 수 있다는 것이 밝혀지면 오류관련 피드백을 사용한다. 절차적 수업은 수학 문제를 푸는 것과 같은 절차를 가르치는 수업이다. 오류는 확인하기가 어렵다. 왜냐하면 학생의 반응이 잘못된 경우 여러 오류의 탓일 수도 있고 혹은 단순한 부주의 탓일 수도 있다. 비록 근원적 오류가 정확히 지적된다 해도 이를 고치기 위한 수업은 피드백의 범위를 벗어날 수 있다. 61－24＝43이라는 뺄셈의 예에서 오류관련 피드백은 다음과 같다. “43이라는 대답은 맞지 않다. 1에서 4를 직접 뺄 수가 없기 때문이야. 1을 더 크게 하려면 6에서 빌려와야 해.” 오류에 효과적으로 대처하기 위하여 오류를 확인해야 한다. 오류를 확인하기 위해서는 개별 학생에게 정답을 제시하고 난 후 틀린 대답을 한 이유를 설명하게 하는 것과 여러 가지 잘못을 분석하는 두 가지 방법이 있다.

(10) 학습자의 요구에 적합한 피드백을 제공한다.

학습자의 특성 즉 지적 능력, 인지양식 등에 따라 피드백의 양과 형태는 달라진다. 학습과제를 자율적으로 해결해갈 수 있는 능력이 있는 학생에게는 자주 피드백을 주지 않고 암시만 주어도 스스로 그들의 과오를 교정해나갈 수 있다. 그러나 그렇지 않은 학생들, 다시 말하면 학습능력이 부족한 학생들에게는 빈번한 피드백과 함께 정확한 문제해결을 위해 구체적인 교정 혹은 추가적인 보충설명이 요구된다. 학습자의 특성과 관련 없이 똑같은 피드백을 적용한다면 어느 한편은 유리하겠지만 다른 한편은 불리할 것이다. 따라서 학습자의 특성에 따라 그 특성에 맞는 피드백을 제공해야 피드백은 효과가 있을 것이다.

(11) 학습자의 반응 유형에 적합한 피드백을 사용한다.

앞에서 Rosenshine과 Stevens(1986)의 연구, 즉 학생의 반응 유형에 따른 피드백을 검토하였다. 자세한 내용은 앞 장에 제시된 내용을 참고하기 바란다. 결론적으로 정확하고 신속하며 확고한 반응에 대해서 최소한의 피드백으로 "맞아"와 같은 인정의 표시를 나타내는 말로 피드백을 주고, 정확하기는 하나 주저하는 반응에 대해서는 정답에 이르는 절차를 설명해준다. 부주의로 인한 부정확한 반응에 대해서는 교사가 맞는 부분을 확인시키고 학생들의 틀린 부분에 대한 수정을 위한 힌트를 준다. 틀린 부분이 부주의에 의해 생긴 것이라면 교사는 잘못을 바로잡고 수업을 진행해나갈 수 있다. 그러나 지식이 부족하여 잘못했을 경우에는 세밀한 교정적 피드백이 요구된다.

(12) 학습의 오류에 적합한 피드백을 사용한다.

학생들에게서 발견되는 오류의 본질과 정도에 따라 교사들은 이에 적합한 교정의 양과 형태를 결정하여야 하다. 어떤 경우 교사는 특정 개념에 대한 간단한 설명 피드백을 결정할 수 있고 또 다른 경우 교사가 전체 주제를 가르치는 것으로 교정을 결정할 수도 있다. 학습오류가 별로 중요하지도 않으면서 이따금 발견될 때는 교정적 피드백이 효과적이다. 그러나 학습의 오류율이 높을 경우 재수업 형태를 취할 수도 있다.

(13) 개별 피드백과 집단 피드백을 상황에 따라 적절히 사용한다.

일반적으로 개인의 요구에 부응하는 피드백이 집단의 성취에 기초한 피드백보다 더 효과적이다. 그러나 집단 수업을 할 경우 개별적 피드백은 짧고 간단히 이루어져야 한다. 개별적 피드백은 또래학습을 통하여 제공될 수 있다. 연구결과에 의하면 초 · 중등학교 어디에서고 또래학습을 통한 개별 피드백은 효과가 있었다는 것이다. 그러나 상당수의 학생들이 특정 문제에 곤란을 겪는 경우 개별적 피드백보다는 소집단을 대상으로 한 피드백이 효과가 있었다.

(14) 강화와 피드백을 함께 사용한다.

학생들은 긍정적 또는 부정적 강화가 수반된 피드백에 적극적으로 반응한다. 긍정적 피드백과 함께 정적 강화를 사용하게 되면(예를 들어 정답을 말했을 때 "맞아, 참 잘했어") 더 잘하고자 하는 동기가 생겨난다. 이따금 실수한 원인을 지적해 주면서 부정적 강화를 주게 되어도 좋은 성취를 이루고자 하는 동기가 유발된다. 이러한 방법 중 하나는 부주의로 인해 틀린 개별 문항에 대해 별도의 추가문제를 풀어보도록 요구하는 것이다. 물론 이 방법은 대부분의 학생이 상당한 노력을 기울이면 성취할 수 있는 쉬운 과제일 때 효과가 있다.

(15) 학생들이 자신의 수행을 어떻게 평가하는지를 가르쳐주어 스스로 피드백을 받도록 한다.

학생들은 주로 외적 피드백에 의존하여 학습을 수행해 나간다. 그러나 외적 피드백보다는 내적 피드백이 더 효과적이다. 내적 피드백을 통하여 더 많은 내용을 더 깊이 인내력 있게 학습해나갈 수 있다. 그러기 위해서는 우선 자기 자신의 수행을 평가해 나가는 방법을 배우지 않으면 안 된다. 교사는 전문가들이 수행을 판단할 때 사용하는 기준에 대하여 설명할 수도 있고, 학생들에게 기회를 주어 동료를 판단하고 서로 비교하여 자신과 동료의 학습 진전을 상호 평가할 수도 있다. 좀 더 구체적으로, 학생들이 스스로 내적 피드백을 받기 위하여 그들 자신이 많은 비교를 해볼 수 있도록 '정답표' 를 넣어주어도 좋고, 혹은 이전 반응에 대한 정답을 암시해주는 '확인란' 을 학습과제 중간 중간에 끼워넣는 방법도 좋을 것이다. 그러한 '확인란' 은 학생들이 올바른 절차를 밟고 있는지 또는 다른 해결책을 찾아보아야 할지에 대해 학생들이 스스로 결정할 수 있도록 해준다.

참고문헌

Anderson, R. C., & Faust, G. W. (1975). *Educational psychology: The science of instruction and learning*. New York: Dodd, Mead & Co.

Arends, R. I. (1994). *Learning to teach* (3rd ed.). New York: McGraw-Hill.

Bloom, B. S. (1976). *Human characteristics and school learning*. New York: McGraw-Hill.

Brophy, J. E. (1981). Teacher praise: A functional analysis. *Review of Educational Research,* 51, 5-32.

Bruner, J. (1966). *Toward a theory of instruction*. Cambridge, MA: Harvard University Press.

Buss, A. H., Braden, W., Orgel, A., & Buss, E. H. (1956). Acquisition and extinction with different verbal reinforcement combinations. *Journal of Experimental Psychology,* 52(5), 288-295.

Cole, P. G., & Chan, L, K. S. (1987). *Teaching principles and practice*. New York: Prentice Hall.

Cruickshanks, D. R. (1985). Applying research on teacher clarity. *Journal of Teacher Education,* 36(2), 44-48.

Flanders, N. (1970). *Analyzing teaching behavior*. Reading, MA: Addson-Wesley.

Good, T., & Brophy, J. (1987). *Looking in classrooms* (4th ed.). New York: Addison-Wessey Longman.

Kemp, J. E., Morrison, G. R., & Ross, S. M. (1994) *Designing effective instruction*. New York: Merrill.

Kulhavy, R. W. (1977). Feedback in written instruction. *Review of Educational Research,* 47, 211-232.

Kulik, J. A., & Kulik, C. C. (1988). Timing of feedback and verbal learning. *Review of Educational Research,* 58, 79-97.

Letteri, C. (1985). Teaching students hot to learn. *Theory into Practice, Spring,* 112-122.

Levin, T., & Long, R. (1981). *Effective instruction*. Alexandria, VA: Association for Supervision and Curriculum Development.

Rosenshine, B. V., & Furst, N. (1973). The use of direct observation to study teaching. In M. W. Travers (Ed.), *Second handbook of research on teaching* (pp. 122-183). New York: Macmillan Publishing.

Rosenshine, B. V., & Stevens, R. (1986). Teaching functions. In M. C. Wittrock (Ed.), *Handbook of research on teaching* (3rd ed.) (pp. 376-391). New York: Macmillan Publishing.

Schimmel, B. J. (1988). Providing meaningful feedback in courseware. In D. H. Jonassen (Ed.), *Instructional designs for microcomputer courseware* (pp. 183-195). Hillsdale, NJ: Lawrence Erlbaum Associates.

Wictrock, M. C. (1986). Student' s thought process. In M. C. Wittrock (ed.), *Handbook of research on teaching* (3rd ed.) (pp. 297-314). New York: Macmillan.

Wilen, W., Bosse, M. I., Hutchison, J., & Kindsvatter, R. (2004). *Dynamics of effective secondary teaching* (5th ed.). New York: Pearson.

제11장

평가기술

1. 교육평가의 개념

학교현장에서는 시험이나 각종 검사를 실시하여 각종 정보를 수집하고 있다. 이러한 공식적 방법 이외에 관찰이나 구두 질문 또는 면접 등을 사용하여서도 정보를 수집한다. 이렇게 수집된 정보를 토대로 학습의 정도를 확인할 수도 있고 수업의 효과를 평가할 수도 있으며 학습의 결손을 파악할 수도 있고 차기 수업계획에 반영할 수도 있다. 그런데 학교현장에서는 평가와 관련된 여러 용어들이 혼용되어 사용되고 있어 교육평가의 이해에 혼란을 일으키고 있다. 여기에서는 우선 평가와 관련된 몇 가지 용어들을 살펴본다.

우선 '사정(assessment)'이라는 용어는 자주 사용되지는 않으나 입학 시험을 통하여 합격자와 불합격자를 판단할 때 '입학 사정'이라는 말을 사용한다. 통상 학교에서는 '평가'라는 용어가 더 자주 사용되고 있다. 한국교육평가연구회(2004)는 '사정'이라는 용어를 특정 결과를 통하여 개인의 전체적인 모습을 조명하는 전인적 평가로 정의하고 있다. 한편, 한국교육심리학회(2000)는 개인, 집단

(기관) 또는 프로그램의 특성이나 수행 수준에 관하여 정보를 도출하는 제반 절차를 '사정'으로 규정하고 있다. 미국의 교육심리학회와 미국 교육연구학회는 사정을 다음과 같이 정의한다. "사정이란, 교사가 교실 내의 정보를 수집하기 위한 모든 체계적인 방법이다." 여기에는 지필검사 점수, 면접결과, 공식적 · 비공식적 평가를 통한 결과, 포트폴리오 평가 등 다양한 평가방법이 포함된다.

정보를 체계적으로 수집하는 활동으로는 사정 이외에 검사, 측정이 있을 수 있다. 여기에는 결과에 대한 어떠한 가치나 판단이 부여되지 않는다. 가치와 판단이 적용되는 것은 바로 평가이다. 평가는 측정 결과에 대한 판단이나 가치를 부여하는 활동인 것이다. 그런데 사정 결과에 대하여 가치 판단이 적용되면 그것은 이미 사정이 아니라 평가인 것이다.

Cole과 Chan(1987)은 사정을 다음과 같이 설명하고 있다.

> "사정이란, 수업의 제 측면에 대한 의사결정을 내리기 위하여 정보를 체계적으로 수집, 분석하기 위한 하나의 수단으로서 측정을 활용하는 전략적인 문제 해결 과정이다. 그리고 사정은 수행에 관한 양적, 질적 기술 모두를 포함한다. 따라서 사정은 단순한 과제 수행보다는 고도의 분석을 필요로 한다."

사정의 정의에서 보아 알 수 있듯이 사정의 정의 속에는 측정이 이미 포함된다. 측정은 학생의 성취에 대한 양적인 기술로 보통 숫자나 유목적 척도로 표현된다. 측정이라는 용어 자체가 뜻하고 있듯이 '측정한다'라는 말은 수를 헤아리는 것, 수를 열거하는 것, 순서를 정하는 것 또는 유목화한다는 것을 뜻한다. 예를 들어 한 학생이 성취도 검사에서 75점을 획득했거나 또는 학습 태도 검사를 하여 5점 척도에서 3점을 맞았다고 하자. 이러한 수치나 유목 점수들은 우리가 측정하고자 하는 행동을 양적으로만 기술하고 있을 뿐이지, 어떠한 질적인 기술도 그리고 어떠한 가치 부여도 없는 상태이다.

검사(test)는 시험, 고사와 함께 행동을 측정하기 위한 도구이다. 검사는 비교적 단기적이고, 학생을 선발 · 분류하고 특정 교과의 성취수준을 결정하고, 학습 문제를 진단하는 등의 광범위한 목적을 위하여 사용된다.

반면에 시험은 더 형식적으로 조직되고 보다 많은 시간을 필요로 한다. 시험은 일반적으로 교육정치나 직업정치를 목적으로 학생들의 등급을 매기거나 자격을 부여할 목적으로 학기 중 또는 학기 말에 실시된다.

평가에 대해 Tyler(1949)는 교육목표가 어느 정도 실현되었는지를 결정하는 과정으로, Scriven(1967)은 장점이나 가치를 사정하는 것으로, Gronlund(1985)는 학생들이 수업목표를 어느 정도 달성하였는지를 결정하기 위하여 정보를 수집 · 분석 · 해석하는 체계적 과정으로 정의하였다. 이들 정의에 의하면 평가는 성취 정도를 양적 · 질적으로 기술하는 것 이외에 평가 결과의 바람직성에 관한 가치 판단까지를 포함한다고 볼 수 있다. 보통 평가는 측정, 사정보다도 더 넓은 개념이다. 더욱이 사정은 평가받는 사람의 문제에 관한 의사결정을 내리는 데 도움이 되는 정보를 수집하는 데 주된 관심이 있다. 이에 반해 평가는 사정의 정보를 사용하여 수업 프로그램, 교육결과, 교수과정 또는 교육과정의 가치를 평가한다. 아무튼 사정, 평가는 모두가 수업에 대한 의사결정을 내릴 목적으로 한 학생 또는 학생집단에 관한 관련 자료를 체계적으로 수집, 분석하는 것을 목적으로 삼는다. 평가를 토대로 의사결정을 하게 된다. 다시 말하면 사정이 먼저이고, 그 다음 평가가 있고, 그 다음 의사결정이 있다. 의사결정의 영역은 선발과 판정, 분류 및 정치, 수업계획, 수업에 대한 학생반응 평가, 수업 프로그램 효과 평가로 나누어진다.

2. 교육평가의 절차

교육평가의 절차는 학자에 따라 약간 차이가 있다. 그러나 가장 대표적인 절차는 Tyler(1949)가 제시한 절차이다. Tyler는 교육평가의 일반절차를 다음과 같이 일곱 단계로 나누어 제시하고 있다.

1. 교육목표의 설정
2. 교육목표의 분류
3. 교육목표를 아동의 행동형태로 진술
4. 기대되는 행동이 나타날 수 있는 장면의 선정
5. 행동을 적절히 평가할 수 있는 방법의 선정 및 실시
6. 결과의 종합과 해석
7. 결과의 기록 및 지도에의 활용

여기서는 평가의 절차를 크게 다섯 단계로 나누어 제시한다. 즉 수업목표의 설정, 평가장면의 선정, 평가도구의 선정 및 제작, 평가의 실시 및 결과처리, 평가결과의 활용으로 나누어 고찰한다.

(1) 수업목표의 설정

수업목표를 설정하려면 교과서 분석을 통해 내용구조를 확인하고 교육과정 분석을 통하여 행동요소를 확인한 다음, 학습자의 특성 · 지역의 특성을 고려하여 수업목표를 설정한다. 현실적으로는 교사들은 직접 교과서, 교육과정을 분석하기보다는 교사용 지도서를 참고하여 수업목표를 확인하고 학습자의 특성과 지역의 특성을 고려하여 수업목표를 재설정하게 된다. 수업목표는 가능하면 학습자 행동의 입장에서 구체적으로 진술되어야 한다. 수업목표가 구체적으로 진술되고 나면 목표에 관한 이원분류표를 작성하는 것이 좋다.

이원분류표는 목표를 내용과 행동으로 분류하는 것을 말한다. 이원분류표는 한 교과나 단원의 수많은 수업목표들을 간결하게 요약해줄 뿐 아니라 수업계획과 수업전개, 평가의 전체 과정에 큰 도움이 된다. 목표 이원분류표에 관한 구체적 내용은 수업계획 부분에 소개되어 있다. 그 부분을 참조하기 바란다.

(2) 평가장면의 선정

이원분류표를 작성하고 나면 그 다음 단계는 평가장면을 선정하는 일이다. 평가장면이란 목표에 나타난 행동이 잘 표현될 수 있는 장면을 말한다. 예를 들어 학생들의 도덕성이나 질서를 지키는 행동을 알아보기 위해 지필검사를 사용할 수도 있다. 그러나 이러한 특성에는 지필검사보다는 관찰이나 면접이 더 적합한 방법이 될 수도 있다. 따라서 이 단계에서는 목표에 나타난 행동을 가장 잘 나타낼 수 있는 장면이 무엇인지 심사숙고하여 결정해야 할 것이다. 평가장면에는 여러 가지 종류가 있다. 질문지, 필답검사, 각종 표준화 검사 등의 비교적 다루기 쉬운 방법이 있는가 하면 면접, 관찰, 현장실습과 같은 비교적 어려운 평가 방법도 있다. 이러한 평가 방법은 방법 나름대로의 특징이 있으며 각 행동 증거마다 적합한 방법이 있다. 그러나 어느 한 행동 증거를 수집하는 데 그 어떤 방법보다 모종의 방법이 우월한 것은 아니다. 오히려 모종의 방법과 함께 여러 방법을 동원하여 평가할 때, 보다 종합적이고 타당한 평가를 할 수 있다.

(3) 평가도구의 선정 및 제작

평가장면이 선정되면 그 다음 단계로 평가도구를 선정 또는 제작해야 한다. 이미 만들어진 평가도구 중에서 골라 사용하고자 할 때 평가하고자 하는 행동 특성을 가장 잘 반영하고 있는 도구를 선정하여야 한다. 그러나 어느 한 도구로 측정하고자 하는 행동 특성을 충분히 알아볼 수 없다고 판단되면 이러한 부족한 부분을 보충할 수 있는 도구들을 함께 사용할 수도 있다. 또한 기존 도구들로 주어진 행동 특성을 제대로 측정할 수 없다고 판단되면 새로운 도구를 제작하여야 한다. 이 경우에는 도구의 타당도, 신뢰도에 특히 유념하여 도구를 제작하여야 한다.

(4) 평가의 실시 및 결과처리

평가의 실시는 수업목표와 밀접히 관련되어 있다. 따라서 평가를 실시할 때는 학생들이 목표 행동을 잘 나타낼 수 있는 상황이나 조건을 조성해야 한다. 그러기 위해서는 평가의 실시시기 및 횟수, 실시대상, 소요시간, 장소, 평가의 종류, 학생의 동기유발과 같은 사항을 고려하여 실시하여야 한다.

평가를 실시하고 난 뒤에는 학생이 반응한 결과 즉, 행동의 증거를 정리해야 한다. 결과의 정리는 양적일 수도 질적일 수도 있을 것이다. 양적인 결과라 하더라도 그 해석은 언제나 질적이고 목표 의식이 포함되어야 한다. 결과가 정리되면 이것을 어떻게 기록하느냐의 문제가 남게 된다. 기록은 분석적이면서 종합적이고 계속적인 누가기록이 될 수 있도록 한다.

(5) 평가결과의 활용

앞에서 평가를 실시하고 그 결과를 정리 · 기록하는 과정을 살펴보았다. 그렇다고 하여 평가가 마무리되는 것은 아니다. 여기까지의 절차로 교육평가 활동을 위한 기초자료가 마련된 셈이다. 이 기초자료를 근거로 하여 목표 달성도를 평정하고 이에 대한 해석을 하게 되며 부차적으로 교수학습의 전 과정에 관한 해석을 할 수 있다. 다시 말하면 교육목적의 설정, 학습경험의 선정 및 조직, 학습지도 및 교육평가의 적절성 및 효율성 그리고 개선을 위하여 평가결과가 활용된다.

임인재는 교육평가 결과의 활용에 대하여 다음과 같이 제시하고 있다.

1. 교육평가 활동의 결과는 교육적 정치(placement)를 위한 자료로 활용된다.
2. 교육평가 활동의 결과는 학생들의 학습결손을 진단하고, 이에 대한 교정지도 계획을 수립하는 데 활용된다.
3. 교육평가 활동의 결과는 수업과정에서 학생들이 당면하는 학습곤란을 극복하고 학습지도 방법을 개선하는 데 활용된다.
4. 교육평가 활동의 결과는 생활지도를 위한 자료로 활용된다.
5. 교육평가 활동의 결과는 개개인의 성적을 평정하는 자료가 된다.

3. 평가도구의 제작

앞에서 평가의 절차에 대하여 알아보았다. 평가도구의 제작도 평가의 절차 중 하나이다. 이 부분을 따로 떼어 논의하는 것은 평가도구의 제작이 평가에서 가장 중요한 영역이기 때문이며, 이에 절을 달리하여 그 구체적 내용을 살펴보고자 한다.

임승권과 임인재(1982)는 검사도구 제작의 일반 절차를 아래와 같이 제시하고 있다.

1. 교육목표의 진술
2. 교과내용의 명세화
3. 이원분류표의 작성
4. 성취수준의 설정
5. 문항형식의 선정
6. 검사문항의 제작
7. 검사의 편집

여기서는 평가문항의 제작을 중심으로 논의한다. 평가의 절차 중에서 평가도구의 제작이 가장 중요하다고 하겠다. 그리고 평가도구의 제작 절차 중에서도 가장 중요한 단계가 있다고 한다면 그것은 평가문항의 제작일 것이다. 어떠한 평가문항이냐에 따라서 그 검사도구가 얼마나 타당한지가 결정된다. 평가문항이 잘못되면 결국 평가가 잘못되는 것이다. 우선 문항 제작자의 기본 자질부터 알아본다.

1) 문항 제작자의 자질

황정규(1968)는 문항 제작자가 갖추고 있어야 할 기본 자질을 다음과 같이 언급하고 있다.

첫째, 문항 제작자는 그 문항으로 평가하려고 하는 교과목에 관한 충분하고 깊은 이해가 있어야 한다. 여기에서 '교과목' 이라고 하는 것은 상당히 넓은 의미로 사용되었다. 즉, 그 교과목에 관한 사실이나 원리를 잘 알고 있는 것뿐만 아니라 그것이 교과목 내에 또 교과목 간에 갖는 연관성, 함축성을 알아야 한다는 뜻도 포함하고 있다. 즉, '이해' 하고 있어야 한다. 이해한다는 것은 다른 분야와의 관련, 그 교과목에서의 보편적인 오류, 잘못된 개념 등이 무엇인지를 아는 것까지도 포함한다.

둘째, 문항 제작자는 합리적이고 잘 발달된 수업목표관을 필요로 한다. 이미 설명했듯이 단순한 장식으로서의 언어화에 그치는 목표관이 아니라 이러한 목표를 행동적 의미나 내용적 의미로 분석, 번역할 수 있는 능력도 포함하며 이같이 분석된 교수목표에 의거해서 자기의 사고방향을 바로잡고 그것을 문항 속에 투영시킬 수 있는 능력을 의미한다. 수업목표와 문항의 관계는 작성하는 교사의 능력에 따라 다양한 함수관계를 갖는다. 교사의 능력에 따라 문항이 볼록렌즈의 역할을 할 수도 있고, 오목렌즈의 역할을 할 수도 있다. 목표가 아무리 방대하고 많더라도 볼록렌즈를 통과시키면 한 개의 초점에 모을 수 있으며, 또 아무리 조그맣고 가벼운 목표라고 해도 오목렌즈를 통과시켜 분산된 빛을 발휘하도록 만들 수 있다. 이같이 들어온 빛을 초점에 모으기도 하고 분산시키기도 하는 볼록렌즈나 오목렌즈의 역할은 교사가 목표를 문항이라는 렌즈를 통해 투사시키는 능력에 의해 좌우된다.

셋째, 문항 제작자는 심리학적으로나 교육학적으로 검사받으려는 학생 및 학생집단을 잘 이해하고 있어야 한다. 학생의 학습발달 수준이 어느 정도이며, 이들에게 어느 정도의 복잡성, 난이도를 가진 문항이 적합할 것이며, 정답의 단서나 정답의 모호성은 어느 정도 피할 수 있는가 등을 알아야 한다.

넷째, 문항 제작자는 자기의 아이디어를 언어라는 의사소통의 매체를 통하여 정확, 정밀, 분명하게 표현할 수 있는 능력을 갖추어야 한다. 아무리 좋은 아이디어라도 의사전달이 제대로 안 되거나 잘못되거나 하면 전혀 다른 방향의 수업목표를 평가하게 된다. 교과목에 관한 지식과 문항 제작의 기술을 바탕으로 자기의 아이디어를 어떻게 전달하느냐 하는 것은 모방하기 힘든 예술에 속하는 기술이다.

다섯째, 문항 제작자는 문항 제작에 대한 특별한 지식, 기술, 기능이 있어야 한다. 문항의 여러 가지 유형, 그 유형이 갖는 장점과 단점, 좋은 문항이 요구하는 일반적인 준거, 문항 제작에서 흔히 빠지기 쉬운 오류 등에 관한 깊은 이해가 있어야 한다. 그러나 보다 중요한 것은 '바라는 지식이나 능력을 정확하게 평가할 수 있는 문제상태를 창안하는 상상력과 발명력'에 있다. 이것은 문항이 가능한 한 직접적으로 간결하게 관련이 되도록 문제상태에서 요체를 확인하는 능력이다. 이 같은 능력은 단지 문항 제작에 관한 지식에 의해서만 얻어지는 것이 아니며 계속적인 문항 제작의 경험에 의해서만 체득될 수 있는 능력이기 때문에 문항을 만드는 과정에서 제작자 스스로가 경험과 체험을 통해 학습해야 한다는 것이 필수이다.

2) 문항 제작 시 유의사항

Gronlund(1988)는 문항 제작 시 공통적으로 장애가 되는 요소로 필요 이상의 어려운 단어, 불필요하게 복잡한 문장구조, 모호한 문장, 너저분하게 기술된 문장, 불분명하게 제시된 그림, 혼돈스러운 지시문, 인종과 성별의 편파성이 포함된 자료 등을 들고 있다. 이외에도 많은 요소가 있을 수 있다.

여기서는 좋은 문항의 기준을 다음과 같이 제시한다.

1. 문항의 내용이 측정하고자 하는 내용과 일치해야 한다. 다시 말해 타당성이 있어야 한다.
2. 문항내용이 단순한 사실의 기억에만 중점을 둘 것이 아니라 보다 복잡한 적용 · 분석 · 종합 · 평가력과 같은 고등정신 기능을 골고루 묻는 내용으로 구성되어야 한다.
3. 문항의 난이도가 적절해야 한다. 학생들의 수준에 맞지 않는 어렵고 특수한

단어나 문구를 사용해서는 안 된다.
4. 문항은 명료하고 모호하지 않으며 문법적으로도 정확하게 진술되어야 한다.
5. 문항 속에 정답을 암시하는 단서가 있어서는 안 된다.
6. 문항의 형식면에서 각 문항 유형의 제작 지침을 따라야 한다. 문항 형식으로 선택형에는 진위형, 배합형, 선다형이 있고 서답형 문항으로는 단답형, 완성형, 논술형이 있으며 이들 유형에 따라 제작 요령이 다르다.
7. 특정 집단에만 유리하도록 문항이 제작되어서는 안 된다.
8. 문항이 윤리적, 도덕적으로 문제를 지니고 있어서는 안 된다.
9. 문항 자체가 교육적으로 의의가 있을 때 좋은 문항이라고 볼 수 있다. 문항이 비윤리적이고 반사회적일 때는 교육적으로 문제가 생긴다.

이외에도 문항 작성 시 고려해야 할 사항이 많이 있다. 그러나 위에 제시된 내용과 큰 차이는 없다고 생각된다. 이상으로 간단하게 문항 제작 시 고려해야 할 사항을 알아보았다. 좀 더 자세한 내용은 교육평가에 관한 전문서적들을 참고하기 바란다.

3) 문항의 작성

평가문항을 작성하기 위해서는 우선 문항의 형식을 결정하고 이어 평가문항을 작성해야 할 것이다. 여기서는 먼저 문항의 형식을 선택형과 서답형으로 나누고 이에 따른 문항 작성을 알아본 뒤 행동 유형에 따른 문항 작성에 대하여 알아본다.

(1) 문항 형태에 따른 문항 작성

문항의 형태를 분류하는 방법에는 여러 가지 방법이 있으나 여기서는 크게 선택형과 서답형으로 나누어 고찰한다. 선택형에는 진위형, 배합형, 선다형이 있고 서답형에는 단답형, 완성형, 논문형이 있다.

① 선택형

선택형 문항은 답지에 여러 개의 선택지를 제시해놓고 그 중에서 적합한 답지를 선택하도록 요구하는 문항 형식이다.

● **진위형**(true-false type)

진위형은 피검사자에게 진술문을 제시하고 그것의 진위, 정오를 판단하게 하는 방법이며 흔히 이자택일형(alternative-response type)이라고도 한다. 진술문 한 개만을 주어 그것이 옳은지 틀린지를 판단하게 하는 방법도 있지만, 진술문 두 개를 주고 그 중 어느 것이 옳은지를 묻는 방법도 있다.

진위형(true-false variety)

정오 · 긍부로 판단케 하는 방법이다.

예 고정된 가스(gas)의 양에 주는 압력은 온도가 일정하면 부피에 따라 변한다. (맞다, 틀리다)

수정형(correction variety)

이것은 틀린 곳을 수정해서 옳게 하는 방법이다.

예 증기의 사용은 17세기 교통수단에 혁명을 일으켰다.(틀린 곳을 고쳐 쓸 것.)

군집형(cluster variety)

이것은 한 가지 아이디어를 가진 문제에 대해 여러 각도로 진위형 진술문을 주고 각각 진위를 판단케 하는 방법이다. 형식 자체는 선다형과 비슷하게 보이나 각각의 진술문에 대해서 모두 진위로 반응하게 하는 데 차이가 있다.

문항 작성 시 유의사항은 아래와 같다.

1. 진위형 진술문에는 한 가지 해석만 가능한 절대적 진, 절대적 위의 진술문을 사용한다.
2. 한 개의 문항에는 단일한 아이디어만 포함시킨다.
3. 부정문장은 가능한 한 피한다.
4. 교과서 내용의 문장을 그대로 사용하지 않는다.
5. 종속절이나 조건이 많이 포함된 복합문이나 긴 문장은 사용하지 않는다.
6. 정답의 단서를 제공하는 절대적 어구나 일반적 어구를 사용하지 않는다.

절대적 어구: '단', '…뿐', '모든', '반드시', '…아니다', '결코' 등
일반적 어구: '때때로', '대체로', '흔히', '…는 경향이 있다' 등

● 배합형(matching type)

배합형은 일련의 전제와 일련의 답지, 그리고 전제와 답지를 배합시키는 지시문의 세 가지로 구성된다. 전제와 답지에는 단어, 어구, 기호 등 무엇이든지 사용할 수 있다.

단순배합형(simple matching type)
이것은 전제와 답지가 한 묶음으로 되어 있는 경우이며 가장 보편적으로 사용되는 방법이다.

복합배합형(compound matching type)
이것은 한 개의 전제에 대해 두 개 이상의 답지가 관련되도록 배합시키는 방법이다.

분류배합형(classification matching type)
이것은 어떤 조건 · 신념 · 법칙, 개념, 사실(이것이 전제가 되는 셈이다)에 비추어 주어진 답지를 분류시키는 방법이다.

관계분석형(relational analysis type)
이것은 답지에 제시된 두 개의 진술문 사이에 인과관계가 성립하는지 어떤지를 분석해서 주어진 전제에 따라 분류하는 방법이다.

관계분류형(both-neither classification type)
이것은 답안지에 두 개의 조건을 제시하고 그 관계를 전제에 비추어 어느 것으로 분류할 수 있는가를 묻는 방법이다.

공변관계형(variation relationship type)
이것은 양적 관계와 인과관계를 합쳐서 문항을 제작하는 방법으로 변인 사이의 양적 인과관계를 측정하는 형식이다.

교사는 문항 작성 시 다음과 같은 사항에 유의하여 문항을 작성해야 한다.

1. 전제나 답지는 고도의 동질성이 있는 것끼리 묶을 것
2. 답지나 전제의 수와 길이는 적절히 제한할 것

특별한 목적이 있는 경우를 제외하고는 전제나 답지의 수는 10개를 넘지 않는 것이 적절하다. 이상적으로는 전제가 5개, 답지가 7~8개가 적당하다. 항목의 길이도 가능하면 짧도록 하는 것이 바람직하다.

3. 답지의 수는 전제의 수보다 반드시 많을 것
4. 전제와 답지의 항목은 최대한 계열성 있게 배열할 것

항목 사이에 논리적 순서나 시간적, 양적, 공간적 계열성이 존재하면 이에 따라 배열하는 것이 좋다.

5. 어떤 기초 위에서 배합할 것인지 분명히 지시할 것

단순배합형인 경우에는 어떤 관계로 어떻게 배합할 것인지 자명하지만 복합배합형, 분류배합형, 관계분석형 등 복잡한 배합형인 경우에는 ① 배합, 분류, 관계의 근거, ② 답을 지시하는 방법, ③ 같은 답지를 두 번 이상 사용하는지의 여부 등에 대해서 구체적인 지시가 뒤따라야 한다.

6. 전제와 답지의 각 항목은 중첩되는 개념이 아닐 것

● **선다형**(multiple-choice type)

선다형은 문항(item stem)과 그에 잇따르는 두 개 이상의 답지로 구성된다. 문항은 대개 의문문이거나 불완전 문장으로 되어 있다. 선다형은 다른 형에 비해 내재적인 결점이 적기 때문에 가장 보편적으로 사용되고 있는 방법이다. 또한 이 방법은 여러 가지 문제상태 · 목적 · 내용을 다룰 수 있는 다양성 · 포괄성이 있고 수험자의 우연적 오차의 영향도 적게 받기 때문에 문항형식으로서는 가장 좋은 셈이다. 그러나 다른 형식에 비해 이 형식으로 좋은 문항을 제작하는 데는 많은 노력과 시간이 소모된다.

최선답형(best-answer variety)

이것은 여러 가지 답지 중에서 '가장 맞는 답', '정답의 정도가 가장 큰 것'을 선택하는 방법이다. 이 형식이 모든 선다형의 모체라고 볼 수 있으며, 그 이외의 것은 모두 변형인 셈이다. 또한 선다형 가운데에서는 이 문항 형식이 가장 제작하기 힘들다. 그러나 좋은 문항을 만들기만 하면 어떤 형식보다도 유용하다.

정답형(correct-answer variety)

이것은 여러 개의 답지 중에 한 개만이 정답이고 다른 것은 전혀 관계없는 오답으로 되어 있는 형식이며, 최선답형과 형식상의 차이는 없고 다루는 화제의 차이가 있을 뿐이다. 이 형식도 비교적 보편적으로 사용하는 형식이다.

불완전 문장형(incompletement-statement variety)

이것은 문항의 진술문이 직접 질문이 아니고 일부분이 비어 있는 불완전 문장으로 되어 있고, 이 불완전한 곳에 채워야 할 정답을 답지에서 찾는 방법이다.

다답형(multiple-response variety)

이것은 답지에 정답이 여러 개 있는 형식이다. 분명한 정답이 여러 개 있고 그것을 한 문항 속에 담고 싶을 때 이 형식을 사용한다. 수험자에게는 반드시 답지 중에서 정답인 것을 '여러 개 고를 수 있다'는 것을 주지시키지 않으면 학생의 수험상태에 착오가 발생하기 쉽다.

합답형(combined-response variety)

이것은 여러 개의 답지 중에서 하나 혹은 하나 이상이 합해서 정답이 되는 형식이다. 이것은 답지 중 정답인 것을 하나만 알아서는 안 되며 여러 개를 종합적으로 알아야 한다. 형식은 다답형과 비슷하지만 '합해진 답지 세트'에 대해서 정답으로 채점한다는 점에서 차이가 있다. 이 형식은 수험자가 완전히 이해해야 답을 할 수 있다는 장점도 있으나, 묶여 있는 답지군 때문에 정답의 단서를 줄 수도 있다는 점에서 장점인 동시에 단점도 되고 있다.

부정형(negative variety)

이것은 답지 중 한 개는 거짓인 항목을 주고 그것을 선택하게 하는 방법이다. 이 형식을 사용할 때는 반드시 부정적 표현의 어구에 밑줄을 긋거나 다른 방법으로 주의를 환기시켜야 한다.

교사는 다음 사항에 유의하여 문항을 작성하는 것이 좋다.

1. 답지 중 정답은 분명하고 오답은 그럴듯하게 만들 것
2. 각 답지에 반복되는 어구는 문두에 포함시켜 표현할 것
3. 문제나 답지의 내용은 특수한 것보다 일반적일 것
4. 문제에는 직접 질문형이나 불완전 문장형을 사용할 것
5. 가능한 한 문제는 긍정문이 되도록 할 것
6. 오답은 지나치게 전문적 용어로 표현하지 말 것
7. 가능한 한 문제는 자세히, 답지는 간결하게 표현할 것
8. 정답에 대한 단서를 주지 말 것
9. 맹목적인 학습자를 가려내기 위해서는 문두나 답지에 상투적인 표현을 피할 것
10. 답지에 어떤 논리적 순서가 있으면 그에 따라 배열할 것
11. 답지의 길이는 비슷하게 할 것
12. '정답 없음' 이 정답이 되는 답지 방식도 사용할 것

② **서답형**(supply type)

서답형은 문두만 제시하고 응답자로 하여금 답을 생각하여 쓰게 하는 문항 형식이다. 여기에는 단답형, 완성형, 논문형이 있다.

● **단답형**(short-answer type)

단답형은 간단한 단어, 구, 문장, 숫자, 그림 등 제한된 형태로 대답하게 하는 형식을 말하며, 대개 직접 질문이나 '…을 들어라', '…을 쓰라' 와 같은 명령문으로 되어 있다. 문항 작성시 유의사항은 아래와 같다.

1. 답이 간단한 단어 · 어구 · 수 · 수식으로 대답할 수 있도록 할 것
2. 정답의 수는 될 수 있는 대로 한 개 혹은 몇 개가 되도록 한정할 것
3. 질문이 명료할 것
4. 술어에 관한 지식이나 이해력을 물을 때는 술어를 주고 정의를 대답하도록

할 것
5. 정답이 여러 가지로 표현될 수 있는 경우는 모두 정답으로 간주할 것
6. 내용을 묻는 문항일 때는 철자법이나 문법 등에 의해 채점하지 말 것
7. 답을 쓸 수 있는 여백을 적절히 마련할 것

● **완성형**(completion type)

완성형은 진술문의 일부분을 비워 놓고 거기에 적합한 단어, 구, 기호 등을 써 넣게 하는 방법이다. 이 형식을 때에 따라서는 단답형 속에 포함시키는 사람도 있다. 그러나 단답을 요구하는 것으로 보면 같지만, 형식으로는 차이가 있다. 문항 작성 시 유의사항은 아래와 같다.

1. 문장 중 의의 있고 중요한 부분만을 빠뜨리게 한다. 주로 교수목표에 관련된 부분을 빠뜨릴 것
2. 공백란의 수(3~4개가 적당)와 길이는 적절히 제한할 것
3. 문장 속에 정답의 단서를 포함시키지 말 것
4. 채점할 때는 빈칸 하나를 채점단위로 할 것
5. 문장을 교과서에서 그대로 옮겨오지 말 것

● **논문형**(essay type)

논문형에는 별다른 형식이 있을 수 없다. 어떤 질문 혹은 지시에 따라 자유롭게 수험자의 능력을 구사할 수 있게 하는 반응의 무제한성이 특징이다. 그렇다고 '아무것이나 제멋대로 쓰라' 는 것이 논문형이 아님을 충분히 인식해야 한다. 문항 작성 시 유의사항은 아래와 같다.

1. 평가하려는 표적 집단의 성질을 고려할 것.
   논문형은 그 형식이 반응의 자유도를 최대한으로 허용하고 있기 때문에 검사받을 집단의 동질성과 이질성을 분명하게 파악하지 않으면 반응이 지나치게 다양해질 가능성이 있다.

2. 지식보다는 고등정신 능력을 측정하도록 만들 것
3. 구체적인 목적을 검사할 수 있도록 구조화시키고 제한성을 갖도록 할 것
4. 여러 문항 중에서 선택해서 쓰도록 하지 말 것
5. 가능하면 채점 기준을 미리 제시할 것
6. 문항수를 적절히 조정할 것
7. 문항을 난이도의 순서로 배열할 것

(2) 행동 유형에 따른 문항 작성

여기서는 Bloom 등(1952)과 Krathwohl, Bloom과 Masia(1964)가 제시한 교육목표분류학을 중심으로 지적, 정의적 영역의 목표 진술 방법과 평가문항 작성시 유의사항에 대하여 알아본다.

① 지적 영역의 목표

지적 영역은 크게 지식과 지적 기능으로 분류된다. 이중 지적 기능은 다시 이해 · 적용 · 분석 · 종합 · 평가의 다섯 가지 영역으로 분류되며 이러한 지식과 지적 기능은 위계적 관계를 갖고 있다.

● 지식목표

지식이란 인지나 재생에 의하여 과거에 학습한 자료를 기억해내는 것을 의미한다. 이러한 기억은 특정한 사실이나 용어, 방법, 원리 및 이론 등에 관한 학습 내용을 회상해내는 능력을 의미한다. 이 유목은 가장 낮은 수준의 학습으로 흔히 기계적 암기를 뜻한다.

1. 일반교수목표: …에 관한 용어를 안다, 특수 사실을 안다, 방법과 과정을 안다, 기초 개념을 안다, 원리를 안다
2. 명세적 목표: …에 관하여 정의한다, 기술한다, 찾아낸다, 명명한다, 연결시킨다, 이름을 말한다, 요약한다, 회상해낸다, 선택한다, 지적한다, 진술한다

지식평가 문항의 예를 들면 아래와 같다.

1. 우리 나라 3대 대통령의 이름은?
2. 임진왜란은 몇 년에 일어났는가?
3. 다음 파동에 관한 글 중 주기를 정의하고 있는 것은 어느 것인가?
   - 정지점으로부터 물체가 이동한 최대거리
   - 한 물체가 완전한 진동을 한 번 하는 데 소요되는 시간
   - 초당 완전진동의 횟수
   - 일정한 방법으로 변화해가는 거리에 대한 시간의 비율

지식목표에 관한 문장을 만들 때는 학습 상황에서 경험한 것과 거의 비슷한 수준의 문항으로 구성해야 하며 학생들에게 익숙한 용어나 장면을 사용하여야 한다.

- 이해목표

이해력은 지식을 알기 쉽게 바꾸어 말할 수 있는 능력, 자기 자신의 말로 설명하고 요약할 수 있는 능력, 그리고 담겨진 뜻에 따라서 논리적으로 확대시킬 수 있는 능력 등을 말한다. 이해력에 관한 일반 목표는 다음과 같이 진술된다.

1. 일반교수목표: …에 관한 사실과 원리를 이해한다, 말이나 문장의 뜻을 해석한다, 그림이나 도표를 설명한다, 방법과 과정을 정당화한다, 자료에서 미래의 결과를 추리한다
2. 명세적 목표: …을 번역한다, 변형시킨다, 구별한다, 추정한다, 설명한다, 표현한다, 해석한다, 예언한다, 예를 든다, 일반화한다, 추론한다

이해에 관한 평가문항의 예를 들면 아래와 같다.

1. 다음에서 역학에너지 보존의 법칙을 가장 바르게 설명하고 있는 것은?
   - 역학에너지는 다른 종류의 에너지로 전환되지 않는다.
   - 운동에너지와 위치에너지는 같은 것이다.
   - 물체는 어떤 경우에든 역학에너지를 보존하고 있다.
   - 운동하고 있는 물체가 갖는 위치에너지와 운동에너지의 힘은 언제나 일

정하다.

2. 물리수업을 들을 때 '가설', '이론', '과학적 법칙' 등과 같은 용어들을 흔히 접하게 된다. 이들 용어들을 예를 들어 알기 쉽게 설명해 보아라.
3. 이번 시간에 많이 다룬 용어가 다음과 같은 것이었다. 가설, 이론, 과학적 법칙, 과학적 태도. 각각의 용어에 대해 각자 자기 말로 두 줄로 설명하고, 일상생활에서 들 수 있는 예가 있으면 제시하라.

● 적용목표

적용은 과거에 학습한 자료를 새로운 구체적인 사태에 사용할 수 있는 능력을 말한다. 즉 과거에 학습한 개념, 법칙, 원리, 방법, 이론에 관한 지식을 새로운 사태에 적용하는 문제 해결 활동을 의미한다.

1. 일반교수목표: …에 관한 개념과 원리를 새로운 사태에 적용한다, 법칙과 이론을 실제적 상황에 응용한다, 응용문제를 푼다, 도표나 좌표를 구성한다, 방법이나 과정에 대한 올바른 적용을 보여준다.
2. 명세적 목표: 변화시킨다, 계산한다, 보여준다, 발견한다, 조작한다, 수정한다, 사용한다, 이용한다, 나타낸다, 해결한다, 예언한다, 준비한다, 다룬다

적용에 관한 문항을 예시하면 아래와 같다.

1. A와 B가 함께 숙제를 6일간을 하였다. 그런데 그 후 A가 숙제를 그만두었다. 그래서 B가 혼자서 30일을 더 숙제를 하여 모두 끝냈다. 만일 A가 처음부터 혼자서 숙제를 하였다면 며칠이나 걸렸을까?
   ① 30일 ② 40일 ③ 50일 ④ 60일 ⑤ 모두 아니다
2. 만일 주전자 속에서 물이 끓고 있을 때 자주 주전자의 뚜껑을 연다면 물이 끓는 시간은 오래 걸릴 것이다. 그 이유에 대한 설명으로 가장 옳은 것은?
   - 수증기의 압력이 증가하면 물은 보다 높은 온도에서 끓기 때문이다.
   - 수증기가 새어 나오면 물의 온도가 떨어지기 때문이다.
   - 수증기가 새어 나오면 물의 부피는 감소하기 때문이다.

- 수증기의 온도는 일정한 온도에서 수증기의 부피와 비례하기 때문이다.
- 보다 많은 공기가 주전자 속으로 들어가면 결국 물에 대한 압력은 감소하기 때문이다.

3. 엘리베이터가 아래로 내려가고 있다. 어떤 승객이 엘리베이터 안에서 고무공을 위로 던졌다. 승강기의 속도에 따른 공의 움직임은? (답지 생략)

적용에 관한 문항을 작성하기 위해서는 우선 문제 사태가 새롭고 잘 알려지지 않은 것이어야 한다. 그렇다고 지나치게 비현실적이거나 이상한 것은 안 된다.

● 분석목표

분석력은 주어진 자료를 구성부분으로 분해하고 부분 간의 관계와 그것이 조직되고 있는 방법을 찾아낼 수 있는 능력을 말한다. 주어진 자료의 구성요소를 찾아내고 그 구성요소 간의 관계를 분석하고 거기에 포함된 조직의 원리를 인식하는 능력을 포함한다.

1. 일반교수목표: …에 관한 진술되지 않은 기본 가정을 인지한다, 추리에서 논리적 오류를 인지한다, 사실과 추리를 구별한다, 자료의 적합성을 따진다, 한 작품(예술, 문학작품)의 조직 구성을 분석한다
2. 명세적 목표: 구성 부분으로 나눈다, 도표화한다, 차이점을 식별한다, 구별한다, 변별한다, 찾아낸다, 분석 · 설명한다, 추리한다, 요약한다, 지적한다, 세분한다.

분석에 관한 문항 예를 제시하면 아래와 같다.

1. 아래 문제를 읽고, 그 내용이 사실이지만 실험이나 관찰에서 진리로 밝혀졌으면 (A), 사실이지만 거짓으로 밝혀졌으면 (B), 기존이론의 한 부분이면 (C), 기존의 이론과 모순이 된다면 (D), 단지 사용된 단어나 구의 정의에 의해서만 진리가 된다면 (E)로 답하시오.
   - 물은 0도에서 언다.

- 원자의 내부는 거의 비어 있다.
- 기체에 의한 압력은 분자의 무게에 기인한다.
- 철은 산소와의 결합에 의해 녹이 슨다.
- 부피가 같은 기체는 같은 온도와 압력에서 무게가 같다.

2. 갈릴레오는 아주 짧은 시간을 측정할 수단이 없었기 때문에 아주 매끄러운 평면의 경사각을 증가시켜 가면서 그 위에 공을 굴림으로써 낙하물체의 가속문제를 연구했다. 이렇게 하여 얻은 자료에서 그는 자유낙하의 경우를 유추했다. 이 유추에 내포되어 있는 가정은 다음 중 어느 것인가?
   - 자유낙하에 있어서는 공기의 저항은 무시할 수 있다.
   - 물체는 일정한 가속도를 가지고 낙하한다.
   - 경사진 평면에서 볼 수 있는 가속현상은 자유낙하에서의 가속현상과 같다.
   - 평면은 마찰이 없는 것이다.
   - 수직면과 수직에 가까운 평면은 공이 구르는 데 대하여 거의 같은 영향을 미친다.
3. 위의 내용(생략)은 1991.12.3일자 신문의 사설이다. 그의 요지를 30자 내외로 요약하시오.

분석력에 관한 문항을 작성할 때는 특히 분석되어야 할 문제 사태, 문항 자료들이 새롭고 생소하며, 수업에서 사용한 것과는 다른 것이어야 한다. 그리고 그러한 자료들을 학생들이 분석할 때 쉽게 사용할 수 있어야 한다.

- **종합목표**

종합력은 한 자료의 구성요소나 부분을 결합하여 새로운 전체를 구성할 수 있는 능력을 말한다. 종합력 문항을 작성할 때 지켜야 할 사항은 다음과 같다. 종합력을 측정하는 문항은 수업에서 사용한 것과 다른 새로운 내용이어야 한다. 학생들은 과제나 문제를 자유롭게 선정할 수 있고 여러 가지 자료를 자유롭게 이용할 수 있어야 한다. 종합력을 측정하는 문항은 아마도 논문형이 적절할 것이다.

1. 일반교수목표: …에 관하여 조직된 주제를 가진 글을 쓴다, 실험 계획을 제안한다, 새로운 체제를 구상한다, 잘 조직된 연설을 한다.

2. 명세적 목표: …를 분류한다, 종합한다, 편집한다, 구성한다, 새롭게 만들어 낸다, 고안한다, 설계한다, 설명한다, 수정한다, 조직한다, 계획한다, 재구성한다, 재조직한다, 수정한다, 요약한다, 쓴다.

종합력을 묻는 문항의 예를 들면 아래와 같다.

1. 당신이 어떤 어려운 문제에 봉착해 있다고 생각해 봅시다. 그리고 당신은 이 어려운 문제를 꼭 극복해야 한다고 생각해 보면서 이러한 상황에 대해 글을 써 보시오.
2. 수소와 산소를 가지고 물을 만들어 내는 실험계획을 세우시오.
3. 주택의 난방 방법에 관한 몇 가지 실험을 하여 조건이 변화함에 따라 피험자의 기분이 어떠했는지를 물어 그 결과를 표로 나타내었다.

*표를 참고하여 기온이 85도 F, 벽 온도가 50도 F인 방안에 있는 사람이 '춥다' 라는 기분을 어떻게 설명할 수 있겠는가?

● **평가목표**

평가력이란 작품, 사상, 자료 등에 대하여 어떤 준거에 따라 판단하는 것을 말한다. 준거는 정확성, 완전성, 적절성, 일관성, 논리성 등과 같은 내적 준거와 작품의 효용성, 경제성 또는 작품의 유형 등과 같은 외적 준거로 분류된다. 또한 준거는 학생 스스로 정할 수도 있으며, 교사에 의해 제시될 수도 있다. 평가력의 영역에는 진위의 구별, 토론, 어떤 주장이나 자료의 적절성과 정확성에 대한 판단, 새로운 문제 제기 등이 있다. 따라서 평가력을 측정하는 문항은 객관형보다는 서술형 문항이 보다 적합한 경우가 대부분이다.

1. 일반교수목표: …에 관한 글의 논리적인 일관성을 판단한다, 결론이 자료에 의하여 타당한가를 판단한다, 공식적 기준을 사용해서 작품의 가치를 평가한다
2. 명세적 목표: …를 채점한다, 비교한다, 결론을 내린다, 대조한다, 비평한다, 기술한다, 변별한다, 설명한다, 타당화한다, 해석한다, 관련시킨다, 주장한다, 정당화한다.

평가력을 묻는 문항의 예를 들면 아래와 같다.

1. '물리학과 화학은 기초과학이고, 천문학과 지질학은 응용과학이다' 라고 흔히 말한다.
   다음 중 어느 것이 이 진술문을 가장 잘 해석하고 있는가?
   - 물리학과 화학은 증명된 법칙의 건전한 기초 위에 서 있지만 천문학과 지질학은 순전히 억측에 서 있다.
   - 천문학과 지질학이 발전하려면 물리학과 화학의 도움을 필요로 하나, 물리학이나 화학의 발전에는 천문학이나 지질학의 도움이 필요하지 않다.
   - 천문학과 지질학의 전체 학문은 물리학과 화학의 법칙과 방법을 사용해서 구성되어 있다.
   - 인간활동에서 물리학과 화학은 천문학과 지질학보다 기본적으로 더 중요하다.
   - 물리학과 화학은 실험실에서 실험할 수 있으나, 천문학과 지질학은 그렇지 못하다.
2. '만약 우리가 원하는 것이 평화이며 평화에 이르는 유일한 길은 정의라는 것이 당연하다고 하면, 현재의 정책의 윤곽을 볼 때 미래의 세계질서의 헌법적 기본이 어떠해야 하리라는 것을 어렴풋이 알 수 있다. 우리는 현재의 힘(power)의 정책을 버리고 우리나라건 외국이건 간에 정의의 정책을 추구해야 할 필요가 있다'
   현재의 한국의 외교정책과 강대국의 외교정책에서 사용되고 있는 원칙과 아이디어를 이용해서 위의 입장을 분석하고 평가하라.

평가력을 묻는 문항을 작성할 때 요구되는 사항은 분석력이나 종합력을 잴 때 묻는 문항 형식과 큰 차이가 없다.

② 정의영역의 목표

정의적 발문이란 감정이나 태도, 흥미에 대한 수용, 반응, 가치화, 조직화, 인격화를 요구하는 발문이다. 학교 수업에서는 정의적 영역의 중요성을 인식하면서도 이 부문에 대해서는 소홀히 취급해왔다. 그 이유는 여러 가지가 있겠지만, 우선 입시에서 주로 인지적 영역의 능력만을 대상으로 삼았지 정의영역은 대상으로 삼지 않았기 때문이다. 또 다른 하나의 이유는 인지영역보다 정의적 영역이 더 복잡하고 각 정의영역별 발문의 형태가 뚜렷이 구분되지 못하기 때문이다. 또한 정의영역의 발문을 구성하기가 어려울 뿐 아니라 그 평가 역시 인지영역만큼 쉽지 않으며 주관적인 판단에 많이 좌우되기 때문이다.

아무튼 지금까지 정의적 영역을 도외시해온 것은 사실이지만 인성 교육에 있어서는 인지영역 못지않게 중요하기 때문에 정의 특성을 기르기 위하여 노력을 집중하지 않으면 안 된다. 최근 세계화에 따른 교육개혁안에도 바람직한 인성 교육을 중요한 목표로 설정하고 있다. 여기서 말하는 인성 교육은 다른 말로 바꾸어보면 결국 정의적 영역의 교육이 된다. 따라서 교사는 정의적 영역의 문항을 어떻게 구성해야 할지를 알아야 한다.

● 수용목표

수용(receiving)이란 어떠한 자극이나 활동을 기꺼이 수용하고 자발적으로 주의를 기울이게 되는 것과 같은 민감성을 의미한다. 이러한 민감성을 유도하는 질문이 수용질문이다. 수용을 묻는 데 관련 있는 용어로는 '듣다, 묻다, 답하다, 주의를 기울이다, 관찰하다, 수용하다, 민감한, 의식한' 등이 있다.

1. 일반교수목표: …에 관하여 주의 깊게 듣는다, 학습의 중요성을 인식하고 이를 나타낸다, 인간의 욕구와 사회문제에 대해서 예민성을 나타낸다, 인종과 문화의 차이를 인정한다, 학습 활동에 주의 깊은 관심을 나타낸다.
2. 명세적 동사: 묻는다, 선택한다, 기술한다, 따른다, 준다, 주의를 집중한다, 찾아낸다, 명명한다, 지적한다, 선정한다, 대답한다, 사용한다.

수용에 관한 문항 예로는 다음과 같은 것들이 있다.

- 그 아이디어에 관심이 있는가?
- 그 사람이 매력적이라고 생각하는가?
- 이러한 종류의 그림을 보고 싶은가?

● **반응목표**

반응은 어떠한 자극 또는 활동에 적극적으로 참여하고 자발적으로 반응하며 그러한 참여와 반응에서 만족감을 얻게 되는 행동을 말한다.

따라서 반응발문이란 활동에 적극적인 참여와 활동의 만족을 유도하기 위한 발문이다. 이와 관련된 용어로는 '대답하다, 노력하다, 돕다, 연습하다, 암송하다, 말하다' 등이 있다.

1. 일반교수목표: …에 관하여 주어진 숙제를 끝마친다, 학교 규칙을 지킨다, 학급토의에 참석한다, 실험과제를 끝마친다, 어떤 작업이나 과제를 자발적으로 지원한다, 학과에 홍미를 보인다, 다른 사람을 도와주는 데 만족감을 느낀다.
2. 명세적 동사: 대답한다, 돕는다, 편집한다, 복종한다, 토의한다, 인사한다, 도움을 준다, 실행한다, 제시한다, 읽는다, 선택한다, 공부한다, 일한다

반응을 재는 문항의 예를 아래에 제시한다.

- 어떠한 활동이건 자발적으로 참여하고 싶은가?
- 다른 학생들의 학습을 기꺼이 도와주는가?
- 당신의 생각을 자주 그림으로 묘사하는가?
- 교과와 관련된 다른 종류의 책을 읽은 적이 있는가?

● **가치화 목표**

가치화란 특정 대상, 활동 또는 행동에 대하여 의의와 가치를 직접 추구하고 행동으로 나타내는 정도를 말한다. 즉 어떤 현상을 가치 있는 것으로 지각하고 그 현상과 관련되는 행동에 일관성을 나타내는 것을 뜻한다. 이와 관련된 용어로는 '완성하다, 기술하다, 구분하다, 설명하다, 추구하다, 형성하다, 중요한, 관여하는, 채택하다' 등이 있다.

1. 일반교수목표: …를 감상한다, 깊은 관심을 보인다, 헌신적인 태도를 보인다, 문제해결의 태도를 보인다.
2. 명세적 동사: 완성한다, 기술한다, 설명한다, 따른다, 정당화한다, 해낸다, 발휘한다, 제안한다.

가치화 문항의 예로는 다음과 같은 것들이 있다.

- 공부하는 데 많은 시간을 보냈는가?
- 1개월 동안 책임감 있는 시민으로 어떻게 실천해왔는가?
- 당신은 가끔 독서에 몰두하는가?
- 수학 공부가 가치 있다고 생각하는가?

- 조직화 목표

조직화는 일관성 있는 가치체제를 내면화시키는 전초단계로서 서로 다른 수준 또는 종류의 가치를 비교하고 통합하는 행동을 뜻한다. 이에 관련된 용어로는 '주장하다, 결합하다, 비교하다, 설명하다, 방어하다, 조직하다, 판단하다, 수정하다, 통합하다' 등이 있다.

1. 일반교수목표: 항상 의식하고 행동을 한다, 자신의 장점과 단점을 이해하고 받아들인다, 객관적인 태도를 취한다, 좋은 건강 습관을 유지한다, 흥미 및 신념에 따라 인생의 계획을 세운다
2. 명세적 동사: 교수한다, 변경한다, 결합한다, 완성한다, 비교한다, 설명한다, 일반화한다, 준비한다, 관련시킨다

조직화 문항의 예를 들면 아래와 같다.

- 글이나 강연을 통하여 수학의 중요성에 대한 자신의 의견을 피력한 적이 있는가?
- 우아함이란 단어가 수학문제 해결에 적합하다고 생각하는가?
- 상반된 친구의 주장을 어떻게 조화시키겠는가?

- 인격화 목표

인격화는 개인의 활동 및 생활의 기준이 되며, 가치관이 지속적이고 일관성 있고 또 그것이 그의 행동을 예측할 수 있을 정도로 확고하게 그의 인격의 일부로 내면화된 정도를 의미한다. 이와 관련된 용어로는 '생활화하다, 행동하다, 변별하다, 경청하다, 수정하다, 하고 싶어하다, 나타내다, 끊임없는, 예측할 수 있는' 등이 있다.

1. 일반교수목표: …에 관하여 항상 의식하고 행동을 한다, 집단 활동에서 협동을 실천한다, 객관적인 태도를 취한다, 근면 · 성실 및 자제력을 보여준다, 좋은 건강 습관을 유지한다.
2. 명세적 동사: …를(에): 활동한다, 영향을 준다, 주의를 기울인다, 수정한다, 실천한다, 실행한다, 봉사한다, 교정한다, 해결한다, 사용한다, 증명한다.

인격화 문항의 예들은 다음과 같다.

- 그는 모든 수업시간에 학생에게 자연스럽게 질문을 권장하고 있는가?
- 소말리아와 같은 가난한 국가의 구호활동을 도와주기 위해 너는 무엇을 하겠는가?
- 너는 김구 선생과 같은 훌륭한 분의 전기를 읽고, 그것에 영향을 받았다고 생각하는가?

4. 문항 분석

검사가 제작 · 실시되고 나면 각 문항에 대한 학생들의 반응을 검증하고 분석해서 문항의 효과와 능률을 평가해 보아야 한다. 한 개의 검사는 여러 개의 문항들로 구성되어 있기 때문에 한 검사의 양호도는 결국 검사 속에 있는 여러 문항들의 좋고 나쁜 정도에 따라서 결정된다. 전통적으로 문항 분석은 문항 난이도, 문항 변별도, 문항 반응 분포 등을 검증함으로써 이루어진다.

1) 문항 난이도

문항 난이도(item difficulty)는 문항의 양호도를 알아보는 한 가지 방법으로서 각 문항의 어려운 정도를 나타내는 말이다. 어떤 문항에 전체 인원의 80%가 통과되었다고 한다면, 그 문항은 50%가 통과된 것보다 쉬운 문항이라고 말할 수 있다. 이와 같이 어떤 문항에 대한 통과율을 문항 난이도 지수라고 하며, 그 계산 방식은 다음과 같다.

1. 총 사례수만을 기저로 한 공식: $P = 100 \times \dfrac{R}{N}$

   P = 난이도 지수

   R = 정답한 학생수

   N = 전체 사례수

2. 추측요인을 고려한 계산 공식: $P = \left[\dfrac{R - \dfrac{W}{n-1}}{N} \right] \times 100$

   W = 오답한 학생수

   n = 문항의 답지수

3. 미달항 수를 고려한 계산 공식: $P = 100 \left(\dfrac{R}{N - NR} \right)$

4. 추측요인과 미달항을 고려한 계산 공식: $P = 100 \left[\dfrac{R - \dfrac{W}{n-1}}{N - NR} \right] \times 100$

5. 서답형 문항의 곤란도 계산 공식: $P = \frac{\Sigma XH_i + \Sigma XL_i - (N \times N_{min})}{N(X_{man} - X_{min})} \times 100$

ΣXH_i = 상위집단이 한 문항에서 받은 점수의 총합

ΣXL_i = 하위집단이 한 문항에서 받은 점수의 총합

X_{max} = 한 문항에서 줄 수 있는 최고 점수

X_{min} = 한 문항에서 줄 수 있는 최하 점수

N = 상위집단과 하위집단을 합한 총 사례수

P값이 클수록 어려운 문항이고, P값이 작을수록 쉬운 문항이다. 앞의 공식 ①, ②, ③과 반대로 해석된다.

2) 문항 변별도

문항 변별도(item discrimination)란 한 문항과 어떤 준거와의 상관도를 말한다. 예컨대 언어능력검사의 각 문항에 통과한 사람이 실제의 언어생활능력(준거)에서도 좋은 성과를 보일 때 그 문항은 제구실을 하게 되는 것이다. 이러한 준거와의 상관이 곧 변별력이 된다.

<검사총점>

〈문항 1〉

	오답	정답	
H	40	10	50
L	20	30	50
	60	40	100

〈문항 2〉

	오답	정답	
H	25	25	50
L	25	25	50
	50	50	100

〈문항 3〉

	오답	정답	
H	15	35	50
L	40	10	50
	55	45	100

위의 예로 든 세 개의 문항은 검사 총점에 의해서 사간상관표를 만든 것이며 검사집단은 100명으로 되어 있다.

다음에 위의 사간상관표의 특징을 하나하나 살펴보자.

문항 1은 검사 총점에서 좋은 성적을 딴 상부집단(H)에서는 정답보다 오답이 많고, 반대로 하부집단(L)에서는 오히려 오답보다 정답이 많은 어딘가 좀 비정상

적인 문항이라는 것을 쉽게 짐작할 수 있다. 이러한 문항은 결국, 성적이 우수한 학생들은 잘 못 맞추지만, 성적이 나쁜 학생들은 잘 맞추는 결과를 빚어내는 문항이다.

문항 2에서는 공부를 잘하든 못하든 정답을 하는 비율이 똑같다. 다시 말하자면, 능력의 차를 전혀 가려낼 수 없는 문항으로 있으나마나 별로 소용이 되지 않는 문항이다.

문항 3에서는 상부집단의 학생들이 정답을, 하부집단의 학생들이 오답을 많이 한 경우로서 이 문항이 능력의 차를 제대로 변별해내는 바람직한 문항이라 할 수 있다.

문항 변별도 지수(D.I.: discrimination index)를 구하는 공식은 다음과 같다.

(공식) $$D.I. = \frac{HR - LR}{\frac{N}{2}}$$

$D.I.$ = 문항 변별도 지수

$H.R.$ = 점수 상위집단에서 정답한 학생수

$L.R.$ = 점수 하위집단에서 정답한 학생수

N = 사례수

예컨대 어떤 학급의 100명의 학생을 대상으로 검사를 실시하여 다 채점을 했다고 하자. 이때 변별도 지수를 계산하는 순서는 다음과 같다.

1. 점수를 높은 데서 낮은 순위로 정리한다.
2. 점수 상위집단(H)과 점수 하위집단(L)으로 이등분한다. 즉, 50명, 50명씩.
3. 상위집단 답안지에서 문항 1에 맞는 학생의 수를 세고, 하위집단 답안지에서 문항 1에 맞는 학생의 수를 세어 다음과 같은 표를 만든다.

〈문항 1〉

	오답	정답	검사 총점
H	20	80	100
L	40	60	100
	60	140	200

H = 점수 상위집단

L = 점수 하위집단

4. 표에 나타난 수치를 공식에 대입하여 변별도 지수를 구한다.

$$D.I. = \frac{80 - 60}{100} = \frac{20}{100} = .20$$

별도 지수가 일반적으로 .20 미만일 때는 버리거나 수정해야 하는 문항, .20~.39 사이의 문항은 더 고쳐야 하거나 고칠 수도 있는 문항, .40 이상은 매우 좋은 문항으로 해석할 수 있다.

3) 문항 반응 분포

문항 반응 분포(item response distribution)란 문항의 각 답지에 대한 반응의 분포 상태를 분석함으로써 각 집단의 기능이나 역할을 알아보는 것을 의미한다. 예컨대 다음과 같은 세 개의 문항이 있다고 하자.

	답지	반응 학생수
〈문항 1〉	①	50
	② (정답)	150
	③	48
	④	52
	계	300

	답지	반응 학생수
〈문항 2〉	①	60
	②	70
	③	80
	④	90
	계	300

	답지	반응 학생수
〈문항 3〉	①	200
	②	0
	③	20
	④	80
	계	300

문항 1은 정답지에 비교적 많은 학생이 분포되어 있고 나머지 오답지에도 같은 정도의 학생이 매력을 느끼고 있어 바람직한 문항이라고 할 수 있다. 이에 비해 문항 2는 정답지에 반응한 학생수나 오답지 각각에 반응한 학생수가 거의 비슷해서 정답지가 정답지 구실을 못하고 있는 좋지 않은 문항이다. 마찬가지로 문항 3은 정답지에만 학생들이 몰려 있으며 오답지가 오답지의 구실을 못하므로 좋은 문항이라고 할 수 없다. 문항 2와 3은 답지가 제구실을 할 수 있도록 수정하지 않으면 안 된다. 이상의 문항분석에 대한 전반적인 내용 및 심화된 설명은 정종진(2010)을 참고하기 바란다.

참고문헌

임승권, 임인재(1982). 교육평가. 서울: 한국방송통신대학교출판사.

정종진(2010). 교육평가: 이론과 실제. 경기 파주: 양서원.

한국교육평가연구회(2004). 교육평가용어사전. 서울: 학지사.

한국교육심리학회(2000). 교육심리학 용어사전. 서울: 학지사.

황정규(1968). 교육평가. 서울: 교육출판사.

Bloom, B. S., Engelhart, M. D., Furst, E. J., Hill, W. H., & Krathwohl, D. R. (1952). *Taxonomy of educational objectives: The classification of educational goals: Handbook 1 cognitive domain*. New York: David Mckay.

Cole, P. G., & Chan, L, K. S. (1987). *Teaching principles and practice*. New York: Prentice Hall.

Gronlund, N. E. (1985). *Stating objectives for classroom instruction* (3rd ed.). New York: Macmillan.

Gronlund, N. E. (1988). *How to construct achievement tests*. Englewood Cliffs, NJ: Prentice-Hall.

Krathwohl, D. R., Bloom, B. S., & Masia, B. B. (1964). *Taxonomy of educational objectives: Handbook 2 affective domain*. New York: David McKay.

Scriven, M. (1967). The methodology of educational evaluation. In R. Stake (Ed.), *Perspectives of curriculum evaluation*. Chicago: Rand McNally.

Tyler, R. W. (1949). *Basic principles of curriculum and instruction*. Chicago: The University of Chicago Press.

찾아보기

저자소개

권낙원

공주사범대학 교육학과 졸업(문학사)
서울대학교 교육대학원 교육심리전공(교육학석사)
미국 미네소타대학교 대학원 교육과정 및 수업전공(Ph.D)
한국교육개발원 책임연구원 역임
중학교 특별활동교과용도서 심의회 심의위원 역임
학습자중심 교과교육학회 회장 역임
현, 한국교원대학교 명예교수

저서

- 학습자 중심 교수방법(번역), 원미사, 2012.
- 교육과정 분석(번역), 교육과학사, 2012.
- 교육과정(공저), 동문사, 2011.
- 수업모형(번역), 아카데미프레스, 2010.
- 교사를 위한 교육과정론(공저), 공동체, 2010.
- 교수-학습 이론의 이해, 문음사, 2006.(문화관광부 선정 우수 학술 도서 선정)

논문

- 노인봉사활동이 여중생의 진로발달에 미치는 영향: 진로태도성숙도, 진로결정수준을 중심으로, 한국산학기술학회논문지, 12(10), 2011.
- 학교 교육과정 개발 연구 동향과 시사점, 학습자중심교과교육연구, 10(1), 2010.
- 교사전문성으로서의 수업의 윤리적 측면, 학습자중심교과교육연구, 9(3), 2009.
- 보건교사의 교사효능감 척도개발, 지역사회간호학회지, 19(2), 2008.
- 은유분석을 통한 교사상 분석, 학습자중심교과교육연구, 8(2), 2008.
- 전문학습공동체 구성 가능성 탐색, 학습자중심교과교육연구, 7(2), 2007.
- 교사의 전문성 향상을 위한 전문학습공동체 구성 가능성 탐색, 교육과정학연구, 7, 2007.

수업기술

발행일 | 2013년 11월 25일 초판 발행
저　자 | 권낙원
발행인 | 홍진기
발행처 | 아카데미프레스
주　소 | 413-756 경기도 파주시 문발동 출판정보산업단지 507-9
전　화 | 031-947-7389
팩　스 | 031-947-7698
웹사이트 | www.academypress.co.kr
이메일 | info@academypress.co.kr
등록일 | 2003. 6. 18. 제406-2011-000131호
ISBN | 978-89-97544-40-0 93370

값 20,000원